教育部高等学校高职高专广播影视类专业教学指导委员会
主持与播音专业"十二五"规划教材

丛书主编　毕一鸣

播音主持艺术发声

（修订版）

胡黎娜　编著

中国广播影视出版社

图书在版编目（CIP）数据

播音主持艺术发声 / 胡黎娜编著. -- 修订本. -- 北京：中国广播影视出版社，2020.4重印
教育部高等学校高职高专广播影视类专业教学指导委员会主持与播音专业"十二五"规划教材
ISBN 978-7-5043-8140-8

Ⅰ. ①播… Ⅱ. ①胡… Ⅲ. ①播音员－发声法－高等职业教育－教材 ②主持人－发声法－高等职业教育－教材 Ⅳ. ①G222.2

中国版本图书馆CIP数据核字(2018)第107423号

播音主持艺术发声（修订版）

胡黎娜　编著

责任编辑	任逸超
装帧设计	嘉信一丁
责任校对	龚　晨

出版发行	中国广播影视出版社
电　　话	010－86093580　010－86093583
社　　址	北京市西城区真武庙二条9号
邮　　编	100045
网　　址	www.crtp.com.cn
电子信箱	crtp8@sina.com

经　　销	全国各地新华书店
印　　刷	河北鑫兆源印刷有限公司

开　　本	787毫米×1092毫米　1/16
字　　数	439(千)字
印　　张	22.25
版　　次	2018年7月第1版　2020年4月第2次印刷
书　　号	ISBN 978-7-5043-8140-8
定　　价	52.00元

（版权所有　翻印必究・印装有误　负责调换）

教育部高等学校高职高专广播影视类专业教学指导委员会
主持与播音专业"十二五"规划教材

顾　问

　　王铁城　中央人民广播电台　播音指导

　　吴　郁　中国传媒大学播音主持艺术学院　教授

编审委员会名单

　　王建国　主任委员　广播电影电视管理干部学院副院长　教授

　　陈信凌　副主任委员　南昌大学传媒与社会研究所所长　教授

　　陈　龙　副主任委员　苏州大学凤凰传媒学院副院长　教授

　　毕一鸣　委员　南京师范大学新闻与传播学院副院长　教授

　　布和温都苏　委员　呼和浩特民族学院副院长　教授

　　董广安　委员　郑州大学新闻与传播学院院长　教授

　　高晓虹　委员　中国传媒大学电视与新闻学院院长　教授

　　蒋贻杰　委员　广西职业技术学院教务处处长　教授

　　梁小庆　委员　中央广播电视大学音像出版社社长　教授

　　刘民朝　委员　中央电视台办公室主任　高级编辑

　　王诗文　委员　安徽广播影视职业技术学院院长　教授

　　谢晓晶　委员　北京电影学院副院长　教授

　　张瑞麟　委员　中央广播电视大学图书馆馆长　教授

　　郭卫东　秘书长　广播电影电视管理干部学院教务处处长　教授

　　覃晓燕　秘书　广播电影电视管理干部学院教务处副处长　副教授

序

21世纪，人类社会进入了信息时代与知识经济时代。在这个飞速发展的时代里，经济全球化与文化多元化已经成为不可阻挡的历史潮流。随之而来的是跨文化传播在全球的迅速兴起，而影视艺术作为当今世界影响力最大的艺术创造和文化传播方式之一，在跨文化传播中具有最广泛的观众群和覆盖面。

随着广播影视事业在全国的迅速发展和产业属性的显现，对广播影视人才的需求也越来越大，近年来，我国广播影视类专业高等教育取得了长足的发展，为广播影视系统输送了大量的人才。随着广播影视行业的迅猛发展，社会对广播影视类人才提出了更高的要求。进一步深化人才培养模式、课程体系和教学内容的改革，提高办学质量，培养更多的适应21世纪需要的具有创新能力的广播影视高素质人才，是广播影视教育的当务之急。

作为广播影视教育的重要环节，教材建设肩负着重要的使命，新的形势要求教材建设适应新的教学要求。高职高专教材应针对高职高专学生自身特点，按照国家高职高专教育的特点和人才培养目标，以应用性职业岗位需求为中心，以素质教育、创新教育为基础，以学生能力培养、技能实训为本位，使职业资格认证培训内容和教材内容有机衔接，全面构建适应21世纪人才培养需求的高职高专广播影视类专业教材体系。广播影视类专业教学指导委员会组织编写的规划教材，主要包括影视动画、影视广告、新闻采编与制作、主持与播音、电视节目制作、摄影摄像技术等专业系列教材，本系列教材的出版，必将对高职高专广播影视类专业的人才培养和教育教学改革工作起到积极的推动作用。

  本系列教材的出版，得到了教育部高等教育司领导、国家广播电影电视总局人事司领导及行业专家的大力支持，得到了国内众多同类院校的大力协助，在此对他们表示衷心的感谢！同时，我们也希望广大师生和读者给我们提出宝贵意见，使教材更加完善。

教育部高等学校高职高专广播影视类专业教学指导委员会主任委员

王建国 教授

序　言

《播音主持艺术发声》即将出版，这是学院学科建设的一件大事，可喜可贺。

在中国广播电视协会播音主持委员会的一次会议上，我曾说过，现时全国有200多个院校系招收播音主持艺术专业学生。可是很多单位没有成型的教材，甚至没有专业教师，严重影响了毕业生的质量。广播电影电视管理干部学院，重视师资队伍的培养提高，并编写出反映广播影视最新科学技术成果、理论和实践相结合的教材，着眼艺术与人文相兼顾，教学与播音主持专业相匹配，极力促使教学和广播影视对人才需求的同步，已培养出了一批批适应岗位工作要求且具有发展潜力的学生，受到社会的欢迎。

《播音主持艺术发声》基本知识和原理有很多新鲜的认知和阐述，对技术技巧训练，采用了切实可行的方式、方法。教学及训练设计"情境"，对提高学生发声的意识和能力，将产生积极的作用。在注意共性的同时，加强学生个性化的声音、语言培训，将培养出各具特点的优秀学生。

教学应随广播电视播音主持的发展不断地创新。但浮躁的社会心态，影响了理论创新、知识创新、技术创新。《播音主持艺术发声》是胡黎娜老师把握当今实践，结合前人经验，刻苦踏实教书育人做学问的结晶。

《播音主持艺术发声》是主持与播音专业的基础教材。播音主持吐字发声是每个播音员、主持人的基本功。有了基本功，才具有创作的力量；有了基本功，才能展现创作的艺术魅力。人们可以想见和感知，声音在发出和延展中，有意义、有导向、有情感。没有经过培养和训练的声音，会是多么的苍白和无力。播音员、主持人的语言是有明确目的和价值取向的语言，吐字归音有法，声音延展有度。法度熟练之作，方能达到预期的目的。有些人不注意声音训练，甚至不把它作为一门学问，认为可有可无，这是错误的。语言发声不仅有学问，而且还吸引很多学者去深入研究探索其中的奥秘。波士顿大学认知神经科学家冈瑟说，我们说话的时候，大脑必须协调面部、喉咙、胸腔和腹腔将近100块肌肉。这一切都以闪电般的速度发生。而完成这一绝技的关键是有了人们所说的一个"内部模式"，由它来自始至终地规划和执行语言动作。这种"内部模式"必须经过刻苦训练才能形成。《播音主持艺术发声》是一门学问，掌握这门学问，也应有科学的思想、踏踏实实的作风。

为了便于学习和训练，书中列举了很多字、词、绕口令。基本功的训练会较为单调、枯燥，但坚持时日，即会尝到乐趣，取得成果。我在此道上走过45年，借此机会，将阅读的认识和感受告诉此书的读者和学子，讲得不一定很周全，但是真情。

胡黎娜老师嘱我为书作序，实不敢承担。权且以此文代序。

铁　城

（注：为本书作者系享受国务院特贴专家、全国政协委员、中国广播电视协会播音主持委员会理事长、中央人民广播电台播音指导）

目 录

第一章 概说——播音主持艺术发声的认识 ... 1
第一节 什么是播音主持艺术发声 ... 2
一、语音 ... 2
二、播音主持艺术发声 ... 2
三、播音主持语言与生活语言的区别 ... 3
第二节 播音主持艺术发声的要求 ... 4
一、根据内容 决定形式 ... 4
二、依据条件 因人而异 ... 5
第三节 怎样进行播音主持艺术发声训练 ... 5
一、科学训练 以情带声 ... 6
二、意识控制 勤于苦练 ... 6
三、视觉调整 触觉感受 ... 7
四、听觉判断 客观听辨 ... 8
五、善于思考 融会贯通 ... 8

第二章 特性——播音发声的机理 ... 11
第一节 播音主持艺术发声的物理性 ... 12
一、音高 ... 12
二、音强 ... 13
三、音色 ... 14
四、音长 ... 14
第二节 播音主持艺术发声的生理性 ... 15
一、呼吸器官 ... 15
二、发声器官 ... 15

三、吐字器官 ... 15
四、共鸣器官 ... 16
第三节 播音主持艺术发声的心理性 ... 16
一、语言环境 ... 17
二、交流环境 ... 17
三、性格 ... 18
四、情绪 ... 18
第四节 播音主持艺术发声的社会性 ... 18
一、音、意的社会性 ... 18
二、音系的社会性 ... 19
三、发声的社会性 ... 19

第三章 普通话——播音发声的载体 ... 21
第一节 普通话的认识 ... 22
一、普通话的形成 ... 22
二、普通话的重要性 ... 23
三、普通话的概念 ... 23
四、普通话的特点 ... 23
五、汉语拼音方案 ... 24
六、国际音标 ... 26
第二节 普通话语音的概念 ... 28
一、音节和音素 ... 29
二、元音和辅音 ... 29
三、声母、韵母和声调 ... 30
四、音位和音位变体 ... 31
五、舌位和舌位动程 ... 33

第四章 声母——字音准确的关键 ... 35
第一节 声母的分类 ... 36
一、辅音声母 ... 36
二、零声母 ... 38
第二节 声母的发音 ... 39

	一、声母的发音特点	39
	二、辅音声母的发音	39
	三、零声母的发音	46
第三节	声母发音训练	47
	一、辅音声母训练	48
	二、零声母训练	64
	三、声母辨正训练	67

第五章　韵母——字音响亮的保证　83

第一节	韵母的分类	84
	一、单韵母	84
	二、复韵母	86
	三、鼻韵母	86
	四、"四呼"	87
第二节	韵母的发音	88
	一、韵母的发音特点	88
	二、单元音韵母的发音	89
	三、复元音韵母的发音	92
	四、鼻辅音韵母的发音	97
第三节	韵母发音训练	102
	一、单元音韵母训练	103
	二、复元音韵母训练	109
	三、鼻辅音韵母训练	117
	四、韵母辨正训练	125
第四节	押韵和韵辙	135
	一、什么叫押韵	136
	二、韵辙	136
	三、诗韵	137

第六章　声调——字音表义的灵魂　141

第一节	对声调的认识	142
	一、什么是声调	142

二、声调的作用 ·· 142

　　三、声调的特性 ·· 142

　　四、声调的分类 ·· 143

第二节　声调的发音 ·· 143

　　一、阴平发音要领 ·· 143

　　二、阳平发音要领 ·· 144

　　三、上声发音要领 ·· 144

　　四、去声发音要领 ·· 144

第三节　声调发音训练 ·· 144

　　一、不同音节词组声调训练 ···································· 145

　　二、语句声调训练 ·· 153

第七章　音变——语流优美的体现 ······························ 163

第一节　轻声 ·· 164

　　一、什么是轻声 ·· 164

　　二、轻声的作用 ·· 164

　　三、轻声的一般规律 ·· 165

第二节　儿化 ·· 166

　　一、什么是儿化 ·· 166

　　二、儿化的作用 ·· 166

　　三、儿化的发音规律 ·· 167

第三节　变调 ·· 169

　　一、什么是变调 ·· 169

　　二、变调的发音规律 ·· 170

第四节　语气词"啊"的变化 ···································· 171

　　一、什么是语气词"啊"的音变 ································ 171

　　二、语气词"啊"的音变规律 ·································· 171

第五节　词的轻重格式 ·· 173

　　一、什么是词的轻重格式 ······································ 174

　　二、词的轻重格式的组成 ······································ 174

第六节　语流音变训练 ·· 175

　　一、轻声、儿化训练 ·· 175

二、变调、语气词"啊"等训练 ································· 181

第八章　气息——声音的原动力　191

第一节　播音主持艺术发声对气息的要求 ············· 192
一、气息的持久控制 ······················· 192
二、气息的稳劲状态 ······················· 192
三、气息的自如变化 ······················· 193

第二节　呼吸器官的认识 ····························· 193
一、呼吸器官 ····························· 193
二、呼吸方法 ····························· 194

第三节　呼吸控制要领 ······························· 195
一、吸气要领 ····························· 196
二、呼气要领 ····························· 197
三、换气要领 ····························· 198

第四节　气息控制训练 ······························· 199
一、呼吸控制训练 ························· 200
二、呼吸肌控制训练 ······················· 207

第九章　口腔——声音的"集散地"　209

第一节　播音主持艺术发声的吐字要求 ················ 210
第二节　对吐字器官的认识 ··························· 211
第三节　口腔的"静态"控制 ·························· 213
一、打开口腔 ····························· 213
二、收束唇舌 ····························· 216
三、固定声位 ····························· 216

第四节　口腔的"动态"控制 ·························· 217
一、汉语的音节结构特点 ··················· 218
二、吐字归音要领 ························· 218
三、灵活把握"枣核形" ···················· 221

第五节　吐字归音训练 ······························· 222

一、唇舌训练 ·· 223
　　二、口腔"静态"训练 ·· 225
　　三、口腔"动态"训练 ·· 231

第十章　喉部——声音的"发源地"·································· 241

第一节　喉部的生理构造 ·· 242
　　一、喉部软骨 ·· 242
　　二、喉部肌肉 ·· 243
　　三、声带 ·· 243

第二节　喉部（声带）的发音要领 ···································· 244
　　一、喉部的相对放松 ·· 244
　　二、喉部的相对控制 ·· 245
　　三、喉部与气息、口腔的控制关系 ································ 245

第三节　喉部发音训练 ·· 246
　　一、喉部放松训练 ·· 246
　　二、喉部控制训练 ·· 248

第四节　喉部（嗓音）的保健 ·· 250
　　一、嗓音与心境 ·· 250
　　二、嗓音与饮食 ·· 251
　　三、嗓音与睡眠 ·· 251
　　四、嗓音与健康 ·· 251
　　五、嗓音与训练 ·· 251

第十一章　共鸣——声音的"扩大器"································ 253

第一节　对共鸣的认识 ·· 254
　　一、什么是人声共鸣 ·· 254
　　二、共鸣腔的认识 ·· 254

第二节　播音主持艺术发声的共鸣要求 ································ 256
　　一、播音发声的共鸣方式 ·· 256
　　二、影响发声的物理要素 ·· 258

第三节　共鸣控制训练 ··· 259

　　一、基本共鸣训练 ··· 260

　　二、发音共鸣训练 ··· 264

第十二章　弹性——声音的"万花筒" ··· 271

第一节　什么是声音弹性 ·· 272

　　一、声音弹性的特点 ··· 272

　　二、声音弹性的获取条件 ·· 273

　　三、声音色彩与感情色彩 ·· 274

第二节　播音主持艺术发声与其他语言艺术发声 ·································· 275

　　一、播音主持艺术发声与歌唱表演发声 ··· 275

　　二、播音主持艺术发声与话剧表演发声 ··· 276

　　三、播音主持艺术发声与影视表演发声 ··· 277

第三节　声音弹性训练 ··· 277

　　一、声音的对比训练 ··· 277

　　二、其他语言艺术发声训练 ··· 283

第十三章　材料——声音的"磨刀石" ··· 291

第一节　词组 ··· 292

　　一、四字词组 ··· 292

　　二、世界国名 ··· 293

第二节　语句 ··· 294

　　一、诗词名句 ··· 295

　　二、新闻长句 ··· 299

第三节　故事 ··· 303

第四节　"快口" ··· 312

　　一、故事"快口" ··· 313

　　二、名词"快口" ··· 314

第五节　片段 ··· 315

　　一、自然篇 ··· 315

二、感受篇 ··· 320
　　三、感悟篇 ··· 324
　第六节　诗歌、散文 ·· 329
　　一、现当代诗歌 ··· 329
　　二、古代诗词 ··· 333
　　三、现代散文 ··· 334
参考书目 ··· 338
后　记 ··· 339

第一章 概说——播音主持艺术发声的认识

随着时代的发展和社会的进步，我国的广播电视事业取得了辉煌的成就。同时，越来越多的优秀人才渴望加入到这一行业中，特别是有许多学习者对播音主持工作产生了浓厚的兴趣。想要成为一名优秀的播音员主持人，扎实的播音发声功底是必备的基本素质之一，那什么是播音主持发声？我们又该如何练就扎实的播音发声基本功呢？本书将就这些问题做出详细的解答。在第一章中我们将对播音主持艺术发声进行简单的介绍，使大家有一个初步的认识，为后续章节的学习打好基础。

第一节 什么是播音主持艺术发声

老舍先生说，耳朵不像眼睛那样有耐性，听到一个不懂的字，一句不懂的话，马上就不耐烦。而播音员主持人作为有声语言工作者，怎样在传递信息的同时，使受众真正感受到"内容上能悦心悦神，形式上又悦耳悦目"呢？学习播音主持艺术发声（以下简称播音发声），就像建造播音主持这座富丽堂皇大厦的地基，虽然被矗立在地面上那豪华的建筑所埋没，它却是支撑大厦坚实的基座。这坚实的基座要有上好的材质，更要有能够合理使用这些材质的科学方法与技术。唯有如此，艺术性的"音、声"之美才能得以完美展现。

一、语音

语音是人的发音器官发出的具有一定社会意义的声音。它是语言的物质外壳，是语言的外部形式，是最直接地记录人的思维活动的符号体系。

有声语言是声音和意义的结合体，是人类社会特有的赖以生存和发展的必要条件，是最主要的交流工具。

二、播音主持艺术发声

播音是在具备了一定的语音条件的基础上，所进行的一项语言艺术的创作性传播活动，即播音员和主持人运用有声语言和副语言，通过广播电视等传播媒介所进行的创造性活动。

在这个创造性的活动中，艺术化的有声语言是播音艺术的主要创作媒介，它是非自然状态的有声语言，要受到明确的传播目的的约束，受到艺术创作规范的限制，在传达方式、美感质量等方面已有了新的含义。对于有声语言艺术的学习，尤其是语音、发声等内容来说，艺术化的有声语言不仅剔除了自然语言的随意与松懈，也是提高语言审美质量、完成各种语言表达方式的基础。

播音发声是指在语言表达过程中，声音在情感、气息、共鸣、咬字器官的相互作用下，使有声语言的美感质量具有一定提高的技巧性活动。它是完成播音主持语言艺术的基础。

语音是播音和播音发声的载体，播音发声是语音的"美化器"，悦耳动听的播音是语音和播音发声的训练目标，语音与发声相互依存，相互联系。

三、播音主持语言与生活语言的区别

不同时期的人有不同的审美追求，随着时代的变革与进步，人们更欣赏淳朴自然的语言表达风格，广播电视等传媒工具的表达内容及方式也越来越贴近人们的日常生活。然而淳朴自然不等于随意自由，作为一名有声语言的传播者，要摒弃那些只要求"书同文"，不讲究"语同音"的错误观点，在传递信息的同时，应崇尚并追求传播语言的美感，给人带来听觉上的享受，达到生活语言规范化，规范语言生活化。所以，播音主持语言应是有声语言艺术的再创作，这是大众传播的特点所决定的。

（一）线性传播的准确要求

生活语言是在自然状态下没有任何修饰的言语发声状态，更多用于人际交流中，因为没有"当众性"的传播环境，对语言内容、逻辑关系没有严格要求。所以，人们随想随说，或一句话换一口气，或几句话换一口气，根据自身表达的内容或表达时的情绪自如进行，没有特意的调控。即使错了，漏了，听不清了，也可以重复，只要有说话的能力都可以交流。

电视、广播是视听媒介，传播特点是时效性强，保存性、选择性弱，转瞬即逝。播音员、主持人是广播电视的喉舌，在话筒前说话不仅代表自己，而且代表着媒体形象，甚至代表着一个地区、一个国家的形象，所以音容笑貌、言谈举止都要与之相适应；播音员、主持人在话筒前的表达，是一个稍纵即逝的过程，不可能像生活中的语言那样松懈与随意、无视受众的听觉习惯，"那么、后来、接下来、然后"等关联词随意使用，"自然"的方言乡音"驾轻就熟"，这样不仅破坏语意，影响传播，而且阻碍"推普"，会降低节目品位，所以播音员、主持人必须口齿清晰流畅，练就过硬的吐字归音基本功，思维敏捷，语言驾驭能力强。播音员、主持人在单位时间内传播的信息容量越大、清晰度越高，才越符合线性传播对准确性的要求。

（二）线性传播的审美要求

生活语言的表达，是纯自然状态下的一种原生态，没有任何修饰。共鸣的运用及声音的使用，纯粹自然形成，当然也不排除有些人从小因自然条件和语言环境良好，或后天自学能力强，自身语言表达还较准确流畅的情况。但是如果发音不准确，养成了说话时喉头挤压、声音干涩的不良习惯，势必影响传播的审美性。目前随着各种媒体及频道的增多，受众的选择范围也相对加大，人们在忙碌的工作之余收听收看节目，不仅要娱乐，同时还要了解信息并积累知识，所以良好的声音形象会满足受众的审美需求，愉悦身心，为节目增光添彩。原生态的生活语言已不能完全满足受众在此方面的审美需求。而有些人认为"语言是生活中人际交流的工具，生活中怎样说广播电视中就怎样说，无需着意加工，一强调规范和艺术，就会失去自然和亲切，就会拉大同受众的距离。这种观点显然是受了自然主义语言观的影响，忘记了广播电视语言传播的性质、任务和不可估量的社会价值"[①]。

曹可凡和王群在他们撰写的《节目主持人语言艺术》一书里说道："目前，有许多播音员、主持人受港台一些节目的影响，使得不少人产生了模糊认识，甚至提出主持人不需要有声语言技能的怪论。"诚然，不少播音员主持人（包括港台在内）在语义表达上有一定的特点，但是这些人的语音不能不说是一种缺陷。事实上在受众心目中有一定地位的播音员、主持人，无一不在语音发声上有很高的水平。他们悦耳的声音、清晰的口齿，不仅给观众带来了美的享受，而且更有效地促进了与受众相互间思想情感的交流。播音员、主持人理应以最纯粹、最动听、最优美的语言把传播内容传达给受众，并努力提升和强化受众的审美意识及能力。

第二节 播音主持艺术发声的要求

朴实自然是播音员、主持人对用声的基本要求，这是由媒介传播的特征所决定的，真实可信的语言表达是媒介传播一贯坚持的原则。播音发声要求无论是从传播媒介的特点，还是从代言人的形象角度来说，或从受众的心理需求及审美角度来看都应当追求朴实自然，尤其是电视播音主持。电视是迄今为止最接近生活真实的一种媒介样式，成为现实生活的自然延伸，这种高度逼真于现实生活的特征，是现实生活"真实"的最高、最好的标志。

一、根据内容 决定形式

播音员、主持人要根据不同节目类型，不同节目形式，不同节目语境来灵活调整自己的声音（但不能因为发声影响语音），或大或小，或高或低，或虚或实，或明或暗等。比如，新闻性

---

① 《语言传播文论》续集，张颂著，北京广播学院出版社2002年第1版第166页。

节目和娱乐综艺性节目的声音运用就不同，播报类与谈话类节目的声音运用也不一样。严格说来，菜篮子新闻与大政方针性新闻的声音运用也有区别。所以声音的运用是建立在节目内容基础上的，在既不能因为"质朴"而失美，又不能因"华丽"而害美的前提下，训练出使大众喜闻乐听的朴实自然的声音来。所以，这种朴实自然是"天然去雕饰"的自然，是具备了一定发音用声技能、包含着艺术创作过程的一种自然，是一种艺术化处理后的语言生活化的展现。

二、依据条件 因人而异

在变化中求共性，在不变中求个性，每个人发声通道的生理构造不一，它所产生的音质也不尽相同。在初学阶段，适当的模仿是可以的，但语音的学习，音色的改善，共鸣的调整、增加不是单靠模仿能实现的。有的人为了模仿别人，故意挤压喉部或提高音调，违背了生理条件的限制，结果适得其反。所以，应当根据自己的声音条件发挥其所长，克服其所短，通过科学的训练找到自己最佳的语音发声状态与位置，在此基础上进行声音弹性的训练，使其能在表音的基础上做到表意和表情。

总之，声音的运用要在自身条件的基础上，在良好的发声状态（生理与心理）调节下，经过科学的语音、发声训练得到改善，并依据不同的节目内容、节目形式、节目环境等进行调整、运用，起到传情达意的作用。

根据中国传媒大学（原北京广播学院）徐恒老师的《播音发声学》对声音的要求，可归纳为：准确规范、清晰流畅、圆润集中、朴实明朗、刚柔并济、虚实结合、色彩丰富、变化自如。此内容从吐字归音、气息运用、共鸣控制、声音弹性等方面高度概括了对播音员、主持人声音运用的总体要求。

第三节
怎样进行播音主持艺术发声训练

艺术的本质就在于实践。有位艺术教育家曾说过，艺术教育的过程就是要把艺术创作过程及能力分解成可训练的元素。对于播音发声元素的训练，与其他艺术性的专业训练一样，不仅仅是一个理解加记忆的学习过程，"知道"不等于"做到"，必须在理解、记忆的前提下通过量的积累进行纠正或重新塑造，既要了解理论、讲究科学、强调意识、勤于思考，还要会用耳、能用眼、善用情、肯苦练。所以，对于艺术类专业的学习来说，合理利用感觉器官帮助技能的掌握，是达到艺术表现的最佳途径。

一、科学训练 以情带声

科学的训练方法是通向有声语言艺术化的必经之路。发声训练是指在心理状态积极（不紧张）、各发声器官的生理机能相对放松、稳定的情况下，逐步进行的一种训练。科学发声首先要了解发音、发声原理，掌握科学的发音、发声要领。其次，要重视基础训练。万丈高楼平地起，做任何事情都要有一个循序渐进的过程，不能操之过急，否则只能使声音训练不扎实，基础不牢固，经不起长期考验，没有持久性。一名声乐演员的基础训练，仅"啊，依，哟"等元音练习就要坚持一两年甚至更长时间，而播音发声对"a"等六个元音训练的重视程度不亚于声乐演员的"啊、依、哟"训练，在发音时的舌体、唇形的控制状态及具体的位置等都要清楚并准确掌握。再次要因人而异，不要盲目模仿。最初的练习离不开模仿，但一定要在老师指导下进行，根据自身条件"量身定做"。一切具有艺术创作特征的训练都是不好或不可自学的（除非是天才），所以，为了尽快掌握科学合理的发声方法，少走弯路，一定不要封闭自学。

感人心者，莫先乎情。声音的训练要建立在情感基础之上，不能孤立地进行，否则即使洪亮的声音也是无意之声，会显得呆、僵、死，不生动、不灵活，起不到传情达意的作用。

首先，要以情练音。声音训练就是为了表情达意，在一开始就要养成好的习惯。积极的心态是以情带声的基础，哪怕是一个绕口令、一个单元音，都要赋予它丰富的感情色彩，不能遇到有故事情节的段子才动情，没有词语环境的字音就不生情。要学会设计语言环境，调动感情，用情来带动声音进行训练。据说著名的男高音歌唱家帕瓦罗蒂能把一个菜谱唱得让观众落泪，可见情绪的调动及感染力是多么重要。《音画时尚》节目有一期专门做的是相声表演艺术家丁广泉和他的洋弟子们学汉语的故事，节目中丁的女儿就用美国的摇滚音乐唱了一段绕口令，非常动听，借优美的旋律避免了单调的绕口令学习。其次，要以情带气，以情变声。气息的训练可用情来调动，气随情动，声随情走。只有情动于内才能使声发于外。情是气息、声音的生命线。只要情感到位，声音的训练就会事半功倍。本书的绕口令学习全部采用情境设计的方法，意在启发调动学习者的主观能动性，培养学习兴趣。

二、意识控制 勤于苦练

播音表达过程是一个有意与无意同时外化的过程。在表达中如果要想把注意力全部集中在节目内容上，那么声音形式的表现，即气息调节、共鸣运用、口腔控制就必须处在一个无意识运用的状态中，否则就会顾此失彼。宋代文学家苏东坡说："口必至于忘声而后能言。"经常有人已走上工作岗位，甚至面对镜头即将播出，还在考虑声音是否圆润，咬字是否到位等，却把应注意的内容丢失。因此就有了播音员、主持人是个"肉喇叭、花瓶儿"，"学了本专业反而不会说人话"等评价。

学习播音发声，增强控制意识非常重要，并应将其贯穿在我们生活中的时时处处。语言的训练不受操作手段及工具的限制，随时可以进行，控制意识不能仅限于课上或课下的具体训练，尤其要注意平时的生活语言。即使在校的专业学生按现在一般的课时分配，每周上 8 节专业课，每个学生在老师面前的被指导时间加上平时的练习量，也远远不如平时生活中的语言交流量大，所以生活中强化训练意识，是提高训练质量的重要保证。如果一个人在阅读或思考问题时仍旧习惯用方言，那外化为有声语言时就难免附着于方言色彩。人在阅读时，生理器官也在做着相应的配合。因此，发音训练时，就更要有发音的动觉感受，清楚发音控制的每个环节，用意识指导，有意识训练，从而达到无意识的自如运用。

在学习的道路上是没有捷径可走的，只有量的积累才可能达到质的飞跃，勤学苦练是学习本专业最基本的要求。俗话说：台上十分钟，台下十年功。任何一门艺术都是通过严格的技巧来表现和完成的，而技巧的训练过程往往是枯燥和乏味的。要有坚强的意志力，要能克服重复训练带来的枯燥和乏味，在学习过程中甘于忍耐孤独与寂寞，甚至学会欣赏孤独与寂寞，变苦为乐，坚持不懈，才会看到"铁树开花"。

三、视觉调整 触觉感受

初学者训练时需要在老师的指导下进行，但是如果仅靠老师说、教和学生听、练，未必能达到理想的效果。语言艺术是一门视听艺术，它的规范与完善离不开视觉与听觉的相互作用，所以发声训练的一个重要方法就是：用视觉来调整听觉。一是观察老师，二是观察自己。在观察老师的正确发声状态后，再通过镜子对照自己的发声状态，对问题的认识才会更加直接，也才能进行纠正，效果才会更佳。比如，观察唇齿是否相依，颧肌是否上提，上下齿是否错位等等，以此判断声音位置、吐字归音是否准确、规范，就连气息的调整也离不开视觉的判断，所以镜子是训练发声的必备工具。

把人体作为物质材料进行训练的艺术专业，除了运用视觉和听觉调整外，还可以采用触觉感受。这也是一种最直观的训练方法。例如在发合口呼、撮口呼的音节时，可用手指贴近上唇感受发合口音、撮口音及归音时唇的肌肉走向是否向唇的中央三分之一处集中。另外，训练气息也可用双手扶住腰腹部，感受气流的走向。寻找胸腔共鸣可用手扶在前胸体会腔体的振动感。

四、听觉判断 客观识辨

播音主持专业是"口耳"之学，声音的训练也是一个听觉调整的过程。它严格的审美性要求学习播音主持的人，首先应有敏锐的听觉判断能力，要学会快速辨别老师及其他同学的发音、发声等问题。只有具备了听觉辨别力才能很快纠正自己的发音、用声问题，否则就谈不上提高自己的播音发声能力。

我们在练习发声的过程中，一边监听自己的声音，一边及时纠正在监听过程中认为不正确的语音、发声问题，但由于骨传导作用的影响，监听自己的声音与别人听的声音感觉是不一样的。所以，可以采用录音的方式，把自己的声音录下来，通过客观判断提高训练质量。另外，声音通过电能与声能的转换，也会与自己听觉印象中的声音有一定差距（排除录音系统的质量问题），播音员、主持人的声音形象恰恰是要通过电传导后才能接受受众的评判，所以录音是最好的训练方法之一。

五、善于思考 融会贯通

任何一门专业的学习都不能盲目、笼统，都不能生硬照搬、死记硬背。在播音发声训练中，有些人的训练往往事倍功半，收效甚微，与方法不当有很大关系。学习者要学会思考、善于分析，同样一种方法不一定适合每一个人，同样一个问题，不一定只有一种解决办法，应因人而异，这样才能达到殊途同归的目的。学习播音主持专业的人，由于训练中极强的技巧性和重复性，往往占用了许多时间，容易形成一种睁眼看字不动脑，张口说话不动心的现象，所以一定要做一个有心人、动心人、用心人，提高语音发声的理论素养，摆脱人们对从事"口耳之学"专业的人有"鹦鹉学舌、不思原理的初等匠人"的认识。

在前面的章节里我们探讨了播音主持语言与生活语言的区别，也特别强调了音准、声美对传播的准确性、审美性的重要作用。本书的语音发声训练不仅是对"错误"的纠正，而且是对"缺陷"的改善，更是对"音、声、义"的美化。因此，采用"发声"带"语音"、"表达"带"发声"进行训练是学习播音发声的基本方法。学习者一定要注意本书前后内容的融会贯通，并吸纳其他体态语、表演等专业技能，训练中不仅要注意音、声、气等内容，还要运用体态、表情等副语言，培养演播空间的利用意识，进行"动"中说，达到"音、声、气、情、态、义"综合学习与应用的目的。同时，学会通过老师、同学的感觉器官帮助自己判断与纠正。训练内容也要循序渐进，第一阶段"练正确、求稳定"，第二阶段"练速度、求变化"。在音素、字词准确的前提下进行绕口令、小段子、诗词等训练。对气息、音素、音节的训练开始要求正确、完整，相对于语句的连贯、流畅难免稍显生硬，就像一个刚学竞走的运动员，只有走姿科学合理，才能加快速度，所以要正确认识学习初期的"生硬"。随着量的积累，逐渐学会灵活处理个体训练与整体应用的关系，既要认真进行"分解"训练，又不能因为"标准"不顾及内容而将丰富的语意置于僵硬的"吐字归音"中。

不可否认，一切事情的成功与否和本人的悟性有很大关系，尤其是对于艺术类专业的学习来说。据中央电视台《第一时间》报道，英国科学家经过研究发现，人体基因内含"复合胺"多的人适合从事舞蹈专业，因为容易培养配合意识，增强节奏感。学习播音主持专业的人则要具备较强的语言天赋，这是因为进行播音发声训练要求听觉判断能力强、语流、语感好，模仿能力强（理解力是基本要求），否则，即使学习很努力，也会心有余而"口"不足。

回顾

本章我们围绕播音主持艺术发声，从它的定义、要求和训练方法三个方面进行了阐述并对一些容易混淆的概念进行了详细的解释。介绍了播音主持艺术发声体系的基本架构和主要特点，从传播学、新闻学、美学等角度对语音的认识、播音发声的理解做了简单阐述，意在提高初学者对本专业基础内容重要性的认识。同时介绍了播音主持艺术发声的几种训练方法，把抽象的发声原理以形象化的比喻予以讲解并辅以科学的训练方法，避免了学习过程的艰涩和枯燥，易于调动形象思维。当然，我们在本章里进行的是比较简洁的介绍，目的是让学习者能够对本书的核心内容有整体性的了解。希望大家能够较为扎实地掌握本章论述的概念并对介绍的训练方法多思考、多揣摩。"不积跬步，无以至千里"，我们只有打好坚实的地基，建造的房子才不会是空中楼阁。

思考题

1. 掌握并识记以下概念：

   语音　播音发声
2. 语音和声音之间有什么区别和联系？
3. 播音主持艺术发声对声音的具体要求是怎样的？
4. 在日常进行播音主持艺术发声训练时应注意哪些要点？

第二章 特性——播音发声的机理

在我们生活的这个大千世界里,时时刻刻都充满了各种声音。有的悦耳动听,有的嘶哑刺耳,有的如黄钟大吕,有的又细弱游丝。具体到人类的声音,也同样各有千秋,我们常听人说康辉的声音有"磁性",还有人说"万人迷"贝克汉姆的声音是"公鸡嗓"。不同的声源造成我们听觉上差异的原因是什么?人类的语音和自然界其他声源发出的声音有什么异同?本章我们将从自然界所有声音的共性、人类语音的特性入手,通过直观地举例、形象地讲解,为大家解析"声音"。

第一节
播音主持艺术发声的物理性

声音是由物体振动产生的，我们都能听到的声音是因为声源的振动在周围大气中传播而形成声波的缘故，是一种物理现象。人的声音的产生是位于喉室中央的两条声带通过气流冲击振动后形成的，它的生成同样与其他物体振动产生的物理效果一样，具有音高、音强、音色、音长四大特点。

一、音高

音高指音的高低，它由物体振动的频率来决定。在单位时间内发音体振动次数越多越快，频率越高，音调也越高；频率越低，音调就越低，即频率大小与声音的高低成正比。频率每增加一倍时，音高给人的感觉则大约会随之翻高一倍。物理学称振动次数为"音频"，用"赫兹"Hz表示。如图2-1所示。

从图2-1可以看出，在相同时间里，由于甲的振动频率比乙多出一倍，所以甲的音高就比乙的音高高出一倍。那么，在作用力相等的条件下，物体发出的声音为什么还有高低区别呢？主要是作为振动体的物体有长短、粗细、厚薄及结构松紧的差异造成的。如小提琴和大提琴的区别。当然，声音的高低还取决于基音的多少和高低。

对于人的声音来说，除了气流冲击声带造成的频率高低外，它还有声带本身的长短薄厚的区别。声带薄、短，声音就高，反之声音就低。女声音域宽，男声音域较窄；成人低，儿童高。所以每个人的自如声区的最低音到最高音的音域范围有所不同。一般未经训练的普通人，音域范围约为一个半到两个八度音，叫自然音域，日常说话的音高幅度变化仅为自然音域底部的五六个音，中间一段为自如声区。音乐里所说的音高是绝对的，有"C、D、E、F、G、A、B"等调号的区别。音乐里的音高变化像上下台阶，并且相对差距大。而在一个音符里的音高是相对固定的，就像上到一个相对稳定的台阶。比如"哆（1—）、来（2—）、咪（3—）、发（4—）、嗦（5—）、啦（6—）、唏（7—）……"而普通话四声调的个体音高变化像上下坡，但坡度较小。"阴平、阳平、上声、去声"，每一个声调的起音和落音都不同，又有绝对音高与相对音高的把握，每个声调的调值是绝对的，但是有的相同音节、相同声调，由于表达者语言目的不同，即重音不同，音高也会随之变化，因此二者绝对音高也不同。人的说话音高也是相对的，有时低些，有时高些，根据自身条件以及情绪和环境而有所变化。还有一些认识原因，像不同共鸣区的使用引起音高的变化等。

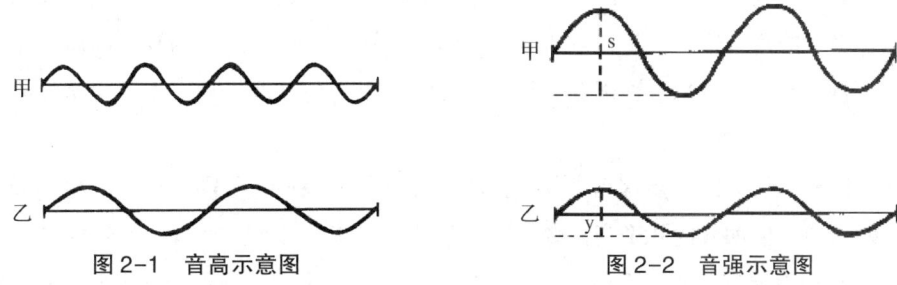

图 2-1　音高示意图　　　　　　图 2-2　音强示意图

二、音强

音强指声音的强弱，即音量的大小，它由物体振动的幅度来决定。振幅越大，音强越强；振幅越小，音强越弱，而振幅大小是由使发音体振动的外力大小决定的。比如击鼓，用力大，振幅大，声音强；用力小，振幅小，声音弱。弹琴时指尖的力度也决定了音强的强度。物理学用"分贝"（dB）来计算，分贝越大，表明音越强。如图 2-2 所示。

从图 2-2 可以看出，甲音波峰到波谷的距离 s 比乙音波峰到波谷的距离 y 大一倍，表明甲音振幅比乙音振幅大一倍，音强自然就大　倍。

人在发声时，由于用声条件和用声习惯的不同，有的人声音强，有的人声音弱，经过训练的音强强，反之音强弱。女声和男声同样音高，男声比女声音强强。例如京剧青衣的音高即使比京剧花脸的音高高许多，但音强远比不上花脸。在普通话语音里，发音方法不同，音强的表现也会不同。元音和辅音比较，元音比辅音音强要强，响度大，例如"a"比"p"的音量要响亮得多。一个词轻重格式的不同，音强的运用也会有所不同。

话剧舞台演员音量的运用比生活语言的使用要大些。播音、主持语言要根据节目的特殊需要（随着广播电视节目类型的增多，室内、户外环境变化要求播音员、主持人的音量运用丰富多样，如综艺晚会、户外主持等）在音强、音量上的使用也不同。训练中首先要做到"先放后收"；其次，训练要注意层次丰富。一般初学者容易混淆音高与音强的关系，播音、主持语言的声区运用是在生活语言基础上进行音量的相对大小的控制，绝不能以提高绝对音高（音调）进行声音上的变化（在共鸣里详细介绍）。

三、音色

音色是人在听觉上区别具有同样音高、音强的两个声音之所以不同的特性。我们之所以能分辨出每个人的声音依据就是音色。从声学角度来说，音色是声音的独特品质，是声音的个性，是一种声音区别于另一种声音的基本特征，所以音色又叫音质。用声学术语来说，音色是由音波的颤动形式决定的。

形成不同音色的原因主要有几个方面：从语音学角度来说，不同音位、不同发音方法会产生不同的音色，比如a的几个音位变体所产生的音色有所不同，a与e产生的音色也不一样，而a与p产生的音色就更不相同。从生理角度来说，不同的生理条件会产生不同的音色，由于声带、各共鸣腔体等不同，有的人声音脆甜，有的人声音圆润；有的人浑厚，有的人细窄；有的人宽，有的人薄等。所以从审美角度来说，在训练时一定要根据自己的生理条件，经过科学用声使其改进得更快更好，千万不要刻意追求自认为好的"美声"，甚至违背客观的发声条件，改变自己的声音，这样只能造成挤压、不自然、造作的后果。就像风琴弹不出钢琴的音质，笛子吹不出二胡的音色一样（当然特殊的节目内容与形式需要角色化的声音时，可通过共鸣腔体的调整使音色更符合人物要求）。

四、音长

音长取决于发音体振动所持续的时间。在汉语音节里，元音的音长比辅音的音长要长，主要元音的（韵腹）音长相对更长。汉语的四声是区别于其他语言的独特之处，它也是用音长来表现的，并且长短、趋向不一。所以汉语语音发音才优美、悦耳、形象、生动。例如：杨树的杨是阳平，它表现了这种树的挺拔；柳树的柳是上声，它反映了这个树种的垂美……

人在言语发声中，音长通常指音节的长短。音节的长短变化是影响播音主持语速及节奏的重要因素。音长的长短不是平均分配于每个音节，它要根据内容的主次来疏密搭配。比如句子中最能突出语句目的的词作为重音处理时，可以用音长（或音强、音色）来表现，在句子中的介词、助词、连词、语气词等轻声词，相对音长就短些，否则每个音节的音长平均分配，没有变化，语言就会呆板、乏味，那样就谈不上节奏和表现力。之所以有许多人经过专业训练后声音洪亮但语言乏味（甚至有人评价"说的不是人话"），从表达的角度判断，这与理解、感受及句势的技巧掌握有关；从语音的角度判断，是因为还没有完成播音发声的个体吐字归音的训练阶段，整体语流的驾驭与个体音节的发音处理得不好，这与每个音节的音长等距离分配也不无关系。

总之，音高、音强、音色、音长是体现语言节奏、增加语言表现力等有声语言艺术训练的基本要素。了解它们是学好播音发声的基本要求。

第二节 播音主持艺术发声的生理性

探讨分析与掌握任何一门艺术，都必须包含对其艺术所使用的物质材料的认识。有声语言所赖以存在的物质材料就是它特殊的生理性，即呼吸器官、发声器官、咬字器官、共鸣器官等。

一、呼吸器官

呼吸器官是发声的动力系统。它主要由肺、气管、胸腔和膈肌组成。吸气时，气流从口鼻进入通过气管、支气管最后到达肺内。肺就像是一个伸缩的气囊（或风箱），吸气时这个气囊扩张，即肺容积增大。呼气时，气囊收缩，即肺的容积减少，气流就从肺中经过支气管、气管再从口鼻而出，呼出的气流在经过声带时促使声带振动、发声。

二、发声器官

发声器官指喉头和声带。它是成声的基本物质条件。喉头由五块软骨和肌肉组织构成，声带就长在由喉软骨构成的活动小室里。气流冲击声带在喉室形成喉原音，再经过口、咽、胸、鼻腔体使声音扩大、美化。

三、咬字器官

咬字器官是由口腔中的唇、齿、舌、腭组成，在发声中起着举足轻重的作用。正是由于声音通过它们的变化才具有了表意功能。唇、齿、舌、腭的不同动作形态都可以创造出各不相同的字音来。因此，我们把口腔这个咬字器官形象地称为语音的制造场。

四、共鸣器官

共鸣器官由喉腔、咽腔、口腔、鼻腔、胸腔等组成。不同的共鸣腔体就像不同的音箱一样，把喉部微弱的声音扩大、美化，使我们能辨别出不同的声音色彩。也正是因为共鸣腔的不同运用，才使得艺术语言更高雅、更优美，表现力更强。

第三节 播音主持艺术发声的心理性

人的声音是一种物理表现，又是在生理作用下的结果，而声音的各种形态又无不渗透着心理因素的影响。生活中面对十几个交流对象的时候也能侃侃而谈，而对着摄像机即使一个人也没有却为何会紧张呢？第二十八届雅典奥运会为什么看好的选手没拿到奖牌，没计划拿奖的反而夺得冠军了呢？毫无疑问，心理因素使然。

"人的心理是人脑的机能对客观现实的反映。"[①] 这个反映过程是生理与心理相互作用的结果。也就是说，人的心理活动是建立在生理机能基础上的。大脑主要包括左右两个半球，人类的语言活动主要跟大脑左右半球的某些部位相联系。实验证明，控制语言活动的大脑左半球主管理性的抽象思维，右半球更多地参与情感信息的处理，参与表情的产生。在语言活动过程中，起主要作用的有三个神经中枢：发声语言运动中枢（布罗卡区）、听觉语言感觉中枢（维尼克区）和视觉语言感觉中枢。大脑左半球中有一个部位支配人的发音和说话能力，有一个部位支配语言记忆和理解。而视觉语言感觉中枢涉及书面语的阅读和理解过程。还有一个书写语言运动中枢，主管书写及绘画能力。它们总称为大脑皮层语言区（并不是孤立存在的）。

人在说话时，是由大脑周围的十二对神经传导作用的结果，其中第五对三叉神经的作用最大，它可控制发声的一个主要内感区——前腭区，即上齿龈后面硬腭隆起的一小块区域，使它在强刺激下增加嗓音的鲜明性、活跃性和尖锐性（播音发声的声束要打在硬腭前部与此有关）。

---

① 徐恒：《播音发声学》北京广播学院出版社，第36页。

当一个人在说话时，同时他（她）也在听（监听）自己的话，通过听不断调整修正，使自己的表达更符合想要传达的内容。而这种监听反馈由两个系统来完成，一个是言语发声的内部反馈系统，一个是言语发声的外部反馈系统。其中内部反馈系统包括物理反馈和生理反馈，物理反馈主要是通过肌肉传导声波，而生理反馈主要是通过发音器官的唇、舌、腭等运动传导声波。因此说话是一门"口耳"之学，没有听就没有说。外部反馈系统包括两条渠道：一条是用听觉判断交流对象的言语反应；一条是用视觉观察交流对象的表情、体态的反应。这种外部反馈系统对提高言语的功能起着相当重要的作用。外部输入的反馈信号必须通过说话人的内部反馈系统才能对发声进行调节，所以必须重视训练自身的内部反馈系统，来提高言语的表达能力。

那么影响言语发声尤其是播音发声的因素有哪些呢？

一、语言环境

语言环境一般分为自然语言环境、局部语言环境和自我营造的人工语言环境。自然语言环境是指以该语言为母语的生活环境。局部的语言环境是指学习者部分时间生活或学习于该门语言环境中。而人工语言环境主要指学习者在头脑中用该门语言复述、描述、记忆或营造某些的场景。对文字材料的背诵是一种最为有效的营造人工语言环境的办法。作为一名传播者，时间是播音员、主持人工作的生命线，较强的识稿能力、优美的发声能力、迅速的言语组织能力都要建立在有一定语言积累及训练的基础上，所以多听、多看、多说甚至多背，有助于人工语言环境的形成和内部反馈系统的训练。

二、交流环境

交流环境指人与人在沟通时的谈话场。谈话主体对谈话场的把握会直接影响谈话的效果。人在说话时，不同的交流对象、不同的交流环境，对一个人的言语发声起着不可忽视的作用。周围环境、交流对象熟悉，说话人心理放松，状态自如，言语组织声音运用发挥正常，反之，声音颤抖、挤压，甚至语无伦次。例如，做惯了教师、站惯了讲台的人，改换其他场合并不一定能侃侃而谈。播音员习惯了对着镜头和话筒说话，改做现场有嘉宾、观众的主持就有可能"口是心非"。

三、性格

性格是人对现实的态度以及与之相适应的、习惯化的行为方式方面的个性心理特征。性格差异是影响播音发声的重要因素之一。人的性格有内、外向之分，有的人天生具有"当众性"的表现欲，不受外界环境的约束，人越多，发挥越好，而有的人却生性内向，做事拘谨，说话有音无声，甚至结巴、打嗑儿，就更谈不上当众表现了。

四、情绪

情绪是人对客观事物态度的体验，是人的需要获得满足与否的反映。当客观事物能够满足人的需要时，人就会产生积极的情绪体验，如高兴、喜悦、满意，反之则会使人产生消极的情绪体验，如悲痛、愤怒、生气等。情绪也是影响播音发声的一个因素。如果发声者当时情绪体验积极，发声效果相对较好，反之，声音必定暗淡。因此，保持良好的情绪状态对发声者来说非常重要。

此外，专业技能、想象力、理解力都是影响播音发声状态不可忽视的因素。良好的心理状态是完成播音发声的基础。要使自己的发声能力完美表现，必须使自己具备良好的心理素质。

第四节 播音主持艺术发声的社会性

人的声音的产生与传播除了与物理、生理技能、心理作用等自然属性的运用有关以外，与人受一定社会环境的影响所产生的发音发声习惯也关系紧密。语音是能传达一定意义的声音，作为物质表达形式的语音，自然就具有了一定的社会性。

一、音、意的社会性

语音的社会性首先表现在音和意的关系上。音是形式，意是内容，二者没有必然的联系：

什么样的音代表什么样的意,什么样的意又选择什么样的音。音传递意的功能是社会所赋予的。某一个发音习惯的形成,与人们生活的语言环境有着不可分割的联系。例如同样的"[ɑi]"这个音,在汉语里是"爱"的意思,在英语里却是"我"的意思。不同的语音形式可表示一个意义,如"玉米、棒子、玉茭、玉谷";一个语音形式也可表现多种不同的意义,如"同志、统治、通知、同治、统制"等大量同音词的存在。这说明语音形式和词的意义之间无必然的联系,是一定的社会区域约定俗成的结果。

二、音系的社会性

语音的社会性还表现在不同语言(或方言)各自独特的语音系统上。一套语音系统,用多少个声音作为有区别意义的最小单位,这些声音如何进行组合,也是由社会约定俗成的。在普通话(北京)音系里,"n"与"l"、"f"与"h"、"zh"与"z"等音素各自分工不同,都有自己的音名,但是在有些方言里就没有辨义的功能了。

三、发声的社会性

一个人声音位置的养成离不开他所固有的语音发音习惯。以晋语区为例,北部地区的人由于受发音习惯的影响,韵母发音时舌体几乎不变化,声音位置都比较靠后,甚至鼻化;南部地区的人由于语音影响,韵母发音时舌体虽然有变化,但字音不饱满,发声位置都比较靠前。其实,我们在生活中听一个人说话,当还没有听清语意时,已经大概听辨出这个人是哪个地区的人了,这与此人所在地区因发音养成的发声习惯不无关系。

所以播音发声的训练首先是训练人意识上从一个语言(社会)环境向另一个语言(社会)环境改变的一个复杂的音、声、义相互协调与改造的过程。

如果说气息是一个人生理作用的结果,那么声音就是物理特性的表现,情感又是心理状态的反应,而对声音的审美理解又无不渗透着人们在社会化进程中一种约定俗成的规范与认识,但是它们又相互作用、相互影响。气息虽然是生理作用的结果,但它还要受到人的心理状态、思想感情的影响,并引起声音的相应变化。因此,声音是心理和生理作用下的表现形式,又在社会化的语音规范下得到修饰与美化。有情才能带气,有气才能托声,有声才能发音,有音也才好表意。如果说我们把情比作源泉,那么理解就是水渠,气便是动力,声便是水流,音便是水质了。

在以下的单元里我们将逐一进行阐述。

回顾

本章对播音主持艺术发声分四个方面进行了讲解。从物理性上来说，所有的声音都可以通过音高、音强、音长、音色四个方面进行衡量，它们是体现语言节奏、增加语言表现力等有声语言艺术训练的基本要素，了解它们是学好播音发声的基本要求。第二节从生理角度——语音发声的机体器官进行了介绍，后两小节从人类语音特有的心理性和社会性两方面对发声的机理进行了阐述。从以上四个方面我们可以看出，人类语音不仅有它与其他自然声音相同的性质，还有语音独具的特性。可以说语音的物理性和生理性是它的基础属性，而它的心理性和社会性是它的核心属性。

思考题

1. 掌握并识记以下概念：

   音高　音长　音强　音色
2. 从物理学角度考虑，试分析声音的四要素及其各自的决定因素。
3. 人的呼吸器官、发声器官、咬字器官和共鸣器官分别有哪些部分构成？
4. 影响言语发声尤其是播音发声的因素有哪些？

第三章 普通话——播音发声的载体

汉民族在发展过程中出现过程度不同的分化和统一，因而使汉语逐渐产生了方言。现代汉语有各种不同的方言，它们分布的区域很广。当前我国语言学界对现代汉语方言划分的意见还未完全一致，大多数人的意见认为现代汉语有七大方言：北方方言，闽方言，粤方言，客家方言，湘方言，赣方言，吴方言。如果没有统一的语音标准，就会给人们造成工作和生活上的极大不便，这就催生了汉民族共同语——普通话。

第一节 普通话的认识

说普通话是中华人民共和国所有进行公众交流的人和从事有声语言工作的人应该具备的基本能力,普通话也是从事广播电视网络等传媒工作尤其是播音员、主持人传播信息的重要载体,对它的驾驭程度不仅直接影响语意传达、个人公众形象,甚至会涉及一个地区、一个国家的整体形象。早在1958年周恩来总理就指出:"在我国汉族人民中推广以北京语音为标准音的普通话就是一项重要的政治任务。"

一、普通话的形成

任何一个国家都有一种以某个权威方言为基础的共同的标准语,例如英语里的伦敦话,日语里的东京话。在联合国六种工作语言中汉语是其中一种。普通话就是代表中华人民共和国的标准语。作为民族的标准语它应有明确的规范,就汉语的历史发展来看,北京自金元以来的800年中,一直是中国政治、经济、文化的中心。北京话作为官府的通用语传播到了全国各地,而发展成了"官话",成了各方言区之间共同使用的交际工具。自辛亥革命以后,随着国家意识的高涨,便改官话为"国语"了。特别是"五四"运动时期的"白话文运动"和"国语运动",促使以北京话为代表的口语和书面语的影响不断扩大。

但是从辛亥革命一直到解放初期,"普通话"的概念(或国语)始终不明确,1951年6月6日《人民日报》发表了《正确使用祖国的语言,为语言的纯洁和健康而斗争》的社论,指出:"语言的使用是社会政治经济文化生活的重要条件","用正确的语言来表达思想,使思想为群众所正确的掌握,才能产生正确的物质的力量"。为帮助人们正确地使用语言,《人民日报》还从当天起连载吕叔湘、朱德熙的《语法修辞讲话》。与此同时,我国的报刊书籍、公文政令完全统一使用"白话",广播、电影和话剧也都使用以北京话为代表的北方话,这就在书面语和口语两个方面为普通话标准的确立奠定了基础。1955年10月,全国文字改革会议和现代汉语规范问题学术会议明确规定了普通话的概念。1956年,在国务院发布的《关于推广普通话的指示》中正式确定了普通话的含义。

二、普通话的重要性

1982年通过的《中华人民共和国宪法》中明确规定:"国家推广全国通用的普通话","推普"工作从此被放在了极其重要的位置上。

1994年10月国家语言文字工作委员会、国家教育委员会、广播电影电视部联合发布的《关于开展普通话水平测试工作的决定》中要求:县级以上(含县级)广播电台和电视台的播音员、节目主持人应达到一级水平;1997年8月国务院发布的《广播电视管理条例》中规定:广播电台、电视台应当使用规范的语言文字。广播电台、电视台应当推广全国通用的普通话;2000年10月全国人大通过的《中华人民共和国国家通用语言文字法》中规定:广播电台、电视台以普通话为基本的播音用语;凡以普通话作为工作语言的岗位,其工作人员应当具备说普通话的能力。以普通话作为工作语言的播音员、节目主持人和影视话剧演员、教师、国家机关工作人员的普通话水平,应当分别达到国家规定的等级标准。

在《中国广播电视播音员、主持人职业道德准则》中,对语言的使用有更为具体的要求:广播电视播音员、主持人要积极推广、普及普通话,规范使用通用语言文字,维护祖国语言和文字的纯洁,发挥示范作用。不模仿有地域特点的发音和表达方式,不使用对规范语言有损害的口音、语调、粗俗语言、俚语、行话,不在普通话中夹杂不必要的外文。用词造句要遵守现代汉语的语法规则,语序合理,修辞恰当,层次清楚。避免滥用方言词语、文言词语、简称略语或生造词语。

播音员、主持人是有声语言工作者,普通话是汉语普通话节目的播音员、主持人的工作语言,坚持使用标准的普通话进行播音主持是最基本的要求。应该说普通话的使用是集科学性、社会性、政治性、经济性及审美性于一体的必然结果。

三、普通话的概念

普通话是以北京语音为标准音,以北方话为基础方言,以典范的现代白话文著作为语法规范的现代汉民族共同语。

此概念从语音、词汇、语法等角度对普通话作了全面的界定。

四、普通话的特点

每一种语言都有自己的特点,普通话是在北京语系的基础上建立起来的具有民族特点的现代汉民族标准语。北京语系即是通过归纳整理所有使用的音素和各音素之间的组合规律所构成的语音系统，简称"语系"或"音系"。

以北京语系所表现的普通话语音具有简洁、清晰、音乐性强等特点。

（一）简单易学，清晰明快

普通话由一个个方块汉字组成，每一个字音分为声、韵、调三部分，声母和韵母以不同质的音素相互间隔与连接，使音节之间界限分明，结构严谨并富于节律感，从发音上要求以"力度"区分。即使没有辅音声母，也要在发音前加一个半元音，以起到声母的作用；普通话常用的音节仅有400多个，加上声调也不过1250多个，记认方便；与其他方言相比简单易学。

（二）富有音乐性、表现力强

普通话里元音是语音的主要音素，其中在发音中开口度最大的"a"元音做主要元音的音节就有164个（包括"a"的变体），占全部音节的40%还多，而且元音常以复合形式承担主要使命，在全部音节中，由复元音组成的音节有159个，在使用音素最多（4个）的一个音节里，元音就占到3个，并且发音时辅音不连续发音（没有复辅音），因此听觉效果就显得响亮、饱满、悦耳，富有音乐性；另外，由于普通话具有4个声调，在高、扬、转、降的过程中使语句起到了抑扬顿挫的变化，而儿化韵、双声、叠韵、叠音等都为普通话的语流增添了音韵美感和表现力。

五、汉语拼音方案

1958年2月11日第一届全国人民代表大会批准公布了采用拉丁字母给汉字注标准音（普通话语音）的《汉语拼音方案》。方案由字母表、声母表、韵母表、声调符号、隔音符号五部分组成。参看下表：

表3-1　字母表

字母	Aa	Bb	Cc	Dd	Ee	Ff	Gg	Hh	Ii	Jj	Kk	Ll	Mm
名称	ㄚ	ㄅㄝ	ㄘㄝ	ㄉㄝ	ㄜ	ㄝㄈ	ㄍㄝ	ㄏㄚ	ㄧ	ㄐㄧㄝ	ㄎㄝ	ㄝㄌ	ㄝㄇ
字母	Nn	Oo	Pp	Qq	Rr	Ss	Tt	Uu	Vv	Ww	Xx	Yy	Zz
名称	ㄋㄝ	ㄛ	ㄆㄝ	ㄑㄧㄡ	ㄚㄦ	ㄝㄙ	ㄊㄝ	ㄨ	ㄪㄝ	ㄨㄚ	ㄒㄧ	ㄧㄚ	ㄗㄝ

v只用来拼写外来语、少数民族语言和方言。字母的手写体依照拉丁字母的一般书写习惯。

表 3-2 声母表

b	p	m	f	d	t	n	l
ㄅ玻	ㄆ坡	ㄇ摸	ㄈ佛	ㄉ得	ㄊ特	ㄋ讷	ㄌ勒
g	k	h		j	q	x	
ㄍ哥	ㄎ科	ㄏ喝		ㄐ基	ㄑ欺	ㄒ希	
zh	ch	sh	r	z	c	s	
ㄓ知	ㄔ蚩	ㄕ诗	ㄖ日	ㄗ资	ㄘ雌	ㄙ思	

在给汉字注音的时候，为了使拼式简短，zh ch sh 可以省作 ẑ ĉ ŝ。

表 3-3 韵母表

		i 丨 衣	u ㄨ 乌	ü ㄩ 迂
a ㄚ 啊		ia 丨ㄚ 呀	ua ㄨㄚ 蛙	
o ㄛ 喔			uo ㄨㄛ 窝	
e ㄜ 鹅		ie 丨ㄝ 耶		üe ㄩㄝ 约
ai ㄞ 哀			uai ㄨㄞ 歪	
ei ㄟ 欸			uei ㄨㄟ 威	
ao ㄠ 熬		iao 丨ㄠ 腰		
ou ㄡ 欧		iou 丨ㄡ 忧		
an ㄢ 安		ian 丨ㄢ 烟	uan ㄨㄢ 弯	üan ㄩㄢ 冤
en ㄣ 恩		in 丨ㄣ 因	uen ㄨㄣ 温	ün ㄩㄣ 晕
ang ㄤ 昂		iang 丨ㄤ 央	uang ㄨㄤ 汪	
eng ㄥ 亨的韵母		ing 丨ㄥ 英	ueng ㄨㄥ 翁	
ong ㄨㄥ 轰的韵母		iong ㄩㄥ 雍		

(1)"知、蚩、诗、日、资、雌、思"等七个音节的韵母用i,即:知、蚩、诗、日、资、雌、思等字拼作zhi、chi、shi、ri、zi、ci、si。

(2)韵母儿写成er,用做韵尾的时候写成r。例如:"儿童"拼作ér tóng,"花儿"拼作huar。

(3)韵母ㄝ单用的时候写成ê。

(4)i行的韵母,前面没有声母的时候,写成yi(衣),ya(呀),ye(耶),yao(腰),you(忧),yan(烟),yin(因),yang(央),ying(英)yong(雍)。

ü行的韵母,前面没有声母的时候,写成yu(迂),yue(约),yuan(冤),yun(晕);ü上两点省略。

ü行的韵母跟声母j、q、x拼的时候,写成ju(居),qu(区),xu(虚),ü上两点也省略;但是跟声母n、l拼的时候,仍然写成lü(吕),nü(女)。

u行的韵母,前面没有声母的时候,写成wu(乌),wa(蛙),wo(窝),wai(歪),wei(威),wan(弯),wen(温),wang(汪),weng(翁)。

(5)iou,uei,uen前面加声母的时候,写成iu,ui,un。例如niu(牛),gui(归),lun(论)。

(6)在给汉字注音的时候,为了使拼式简短,ng可以省作[ŋ]。

声调符号

阴平	阳平	上声	去声
ˉ	ˊ	ˇ	ˋ

声调符号标在音节的主要母音上,轻声不标。例如:

妈 mā	麻 má	马 mǎ	骂 mà	吗 ma
(阴平)	(阳平)	(上声)	(去声)	(轻声)

隔音符号

a、o、e开头的音节连接在其他音节后面的时候,如果音节的界限发生混淆,用隔音符号(')隔开,例如:pi'ao(皮袄)。

六、国际音标

国际音标是国际语音学会制定的一套记录语音的符号。按照"一个音素一个符号,一个符号一个音素"的原则制定,共有100多个符号,有"严式"和"宽式"之分,记音精细,适合于任何语言的学习,具有较强的应用价值,为各国所公认,并普遍使用。我国开展方言调查、少数民族语言的研究,进行外语教学都采用国际音标记音,普通话语音也可从中找到相对应的注音。国际音标的形体以拉丁字母的小写印刷体为基础,例如 [b]、[d]、[i]、[u] 等。由于小写字母不够用,又掺杂了大写字母,例如 [A]、[I],并且用了一些合体字母,例如 [æ]、[œ],还有倒写的 [ɯ]、[ə],草体的 [ɑ]、[ɛ],变形的 [ʂ]、[ŋ],添加附加符号 [ç],另外还借用了一些希腊字母,例如 [β]、[ɸ]。

附一:国际音标简表

表 3-4 元音表

舌位高低 \ 舌位前后 \ 分类 / 唇形	舌面元音					舌尖元音		卷舌元音
	前		央	后		前	后	央
	不圆唇	圆唇	不圆唇	不圆唇	圆唇			
高	i	y		ɯ	u	ɿ	ʅ	ɚ
半高	e			ɤ	o			
中			ə					ɚ
半低	ɛ / æ			ʌ	ɔ			
低	a		A	ɑ	ɒ			

表 3-5 辅音表

发音方法 \ 发音部位		双唇	唇齿	齿间	舌尖前	舌尖中	舌尖后	舌叶	舌面前	舌面中	舌面后	喉
塞音	清 不送气	p				t				c	k	ʔ
	清 送气	p'				t'				c'	k'	
	浊	b				d					g	
塞擦音	清 不送气		pf	tθ	ts		tʂ	tʃ	tɕ			
	清 送气		pf'	tθ'	ts'		tʂ'	tʃ'	tɕ'			
	浊				dz		dʐ	dʒ	dʑ			
鼻音	浊	m	ɱ			n			ȵ		ŋ	
闪音	浊					ɾ						
边音	浊					l						
擦音	清	ɸ	f	θ	s		ʂ	ʃ	ɕ	ç	x	h
	浊	β	v	ð	z		ʐ	ʒ	ʑ	j	ɣ	ɦ
半元音	浊	w ɥ	ʋ						j (ɥ)		(w)	

附二：汉语拼音字母、注音符号、国际音标对照表

表 3-6

拼音字母	注音符号	国际音标	拼音字母	注音符号	国际音标	拼音字母	注音符号	国际音标
b	ㄅ	[p]	z	ㄗ	[ts]	ia	ㄧㄚ	[iA]
p	ㄆ	[p']	c	ㄘ	[ts']	ie	ㄧㄝ	[iɛ]
m	ㄇ	[m]	s	ㄙ	[s]	iao	ㄧㄠ	[iau]
f	ㄈ	[f]	a	ㄚ	[A]	iou	ㄧㄡ	[iou]
v	万	[v]	o	ㄛ	[o]	ian	ㄧㄢ	[iæn]
d	ㄉ	[t]	e	ㄜ	[ɤ]	in	ㄧㄣ	[in]
t	ㄊ	[t']	ê	ㄝ	[ɛ]	iang	ㄧㄤ	[iaŋ]
n	ㄋ	[n]	i	ㄧ	[i]	ing	ㄧㄥ	[iŋ]
l	ㄌ	[l]	-i（前）	ㄓ	[ɿ]	ua	ㄨㄚ	[uA]
g	ㄍ	[k]	-i（后）	ㄓ	[ʅ]	uo	ㄨㄛ	[uo]
k	ㄎ	[k']	u	ㄨ	[u]	uai	ㄨㄞ	[uai]
ng	ㄫ	[ŋ]	ü	ㄩ	[y]	uei	ㄨㄟ	[uəi]
h	ㄏ	[x]	er	ㄦ	[ɚ]	uan	ㄨㄢ	[uan]
j	ㄐ	[tɕ]	ai	ㄞ	[ai]	uen	ㄨㄣ	[uən]
q	ㄑ	[tɕ']	ei	ㄟ	[əi]	uang	ㄨㄤ	[uaŋ]
/	ㄏ	[ɲ]	ao	ㄠ	[au]	ueng	ㄨㄥ	[uəŋ]
x	ㄒ	[ɕ]	ou	ㄡ	[ou]	ong	ㄨㄥ	[uŋ]
zh	ㄓ	[tʂ]	an	ㄢ	[an]	üe	ㄩㄝ	[ye]
ch	ㄔ	[tʂ']	en	ㄣ	[ən]	üan	ㄩㄢ	[yan]
sh	ㄕ	[ʂ]	ang	ㄤ	[aŋ]	ün	ㄩㄣ	[yn]
r	ㄖ	[ʐ]	eng	ㄥ	[ɤŋ]	iong	ㄩㄥ	[yŋ]

注：声母 z、c、s 和 zh、ch、sh、r 后相拼的"i"舌尖元音，在国际音标里应该标注-i [ɿ] 和-i [ʅ]，为了好辨认，一般标注的是-i（前）和-i（后）。

第二节

普通话语音的概念

学习语音概念、掌握语音知识、了解发音原理，摆脱盲目的"口耳之学"，是学好标准普通话的前提。

一、音节和音素

音节和音素是可以根据听觉划分出来的两个语音概念。

（一）音节

音节是用听觉可以区分的语音结构的基本单位，它是依据发音时肌肉的松紧划分出来的最小语音片段。根据书写单位又可认为一个方块汉字就是一个音节。

例如，"广播电影电视"是6个音节，不过有时带儿化音的音节是两个汉字为一个音节，例如"花儿"等。汉语普通话常用的音节共有400多个。音节是句子的最小单位，但不是语音中的最小单位，例如"影 ying"还可分为"y、i、ng"几个音素成分。

（二）音素

音素是从音色的角度划分出来的语音中的最小单位。1个音节可以由1个到4个音素组成。

例如"双 shuāng"是由4个音素组成，这里的"sh"和"ng"分别属于1个音素，普通话里还有"zh、ch、sh、er"也分别属于1个音素；语气词"啊 a"只有1个音素。

音素既然是最小的语音单位，它就是音节中再也不能划分的实体单位，是内容和实质；而字母则是书写符号，是表象和形式，二者不能混为一谈。音素是由字母组成的，1个音素可以是1个字母，也可以是2个字母，如前所述，"a、h、s、r、x、p、e"等属于单字母音素，"zh、ch、sh、er、ng"属于双字母音素。普通话里有32个音素，其中元音10个，辅音22个。

二、元音和辅音

从发音性质即音色的角度可以把音素划分为元音和辅音两大类。

（一）元音

我们把气流从喉腔、咽腔、口腔顺利通过所产生的开放型的最小音段称为"元音"（也叫"母音"）。普通话里有10个元音，例如"a、o、e"等。

发元音时气流不受阻碍，发音器官均衡用力，气流较弱，加之声带振动，所以元音都是浊音，声音响亮。在普通话里元音的作用主要充当韵母，它是字音响亮的保证。

根据声腔的开放和封闭基本上可以把元音和辅音分辨清楚。但是有些元音由于发音时所处的位置及承担的任务不同，气流外出时会受到一些阻碍，听起来有些轻微的摩擦声，或者发音时喉部相对紧张，这种处于元音和辅音之间的声音就称为"半元音"。例如发"yī"、"ǎo"等零声母音。

（二）辅音

我们把气流不能从喉腔、咽腔、口腔顺利通过所产生的封闭型的最小音段称为"辅音"（也叫"子音"）。辅音是发音时气流在口腔受到不同阻碍而构成的音素。辅音有口音和鼻音之分。普通话辅音有22个，例如"b、p、m、f"等。

由于发辅音时气流通过口腔要受到阻碍，又要冲破阻碍，因此气流冲击力较强，发音器官用力不均衡，所以声音不如元音响亮。普通话里辅音的主要作用是充当声母（普通话中没有复辅音），它是字音准确的保证。

三、声母、韵母和声调

根据传统语音学的划分方法，普通话的音节结构分为声母、韵母、声调三个部分。

（一）声母

声母是由辅音承担的，位于音节的开头，例如"播 bō"音节中的"b"。普通话声母有21个。有些音节开头没有辅音，称为零声母音节，如"安 ān"、"欧 ōu"、"鹅 é"等音节；辅音承担的声母具有区别意义的作用，例如"开 kāi"和"掰 bāi"中的"k"和"b"。

声母和辅音不能等同，除零声母之外，声母都由辅音承担，但是所有的辅音并不都充当声母。比如普通话中22个辅音，只有21个充当声母，其中的"ng"不能充当声母，只能担任韵母里韵尾的角色，例如"广 guǎng"；另外，辅音"n"既能当声母还能当韵母。所以辅音的范围比声母大。辅音是从音色的角度划分的，与元音相对，而声母是根据它所处的位置划分的，与韵母相对。

（二）韵母

韵母主要是由元音承担的，位于音节中声母后面的部分。例如"电 diàn"音节中的"ian"。普通话韵母有39个。音节中至少有一个元音，元音在音节中占主要地位。根据元音、辅音在韵母中的数量及音色可分为单韵母、复韵母、鼻辅音韵母，例如"啊 a、播 bō、会 huì、怪 guài、员 yuán、矿 kuàng"等几个音节里的"a、o、ui、uai、uan、uang"；韵母又可根据发音过程或顺序分为韵头、韵腹、韵尾三部分，例如"广 guǎng"音节里的"u、a、ng"就分别担任了韵头、韵腹、韵尾的角色；普通话音节中充当韵头的是元音 i、u、ü，充当韵尾的是元音 i、u、o（o 与 a 或 ia 相拼做韵尾要归 u 音）和辅音 n、ng；音节中可以没有声母、韵头、韵尾，但是不能没有韵腹，韵腹由主要元音充当。

韵母和元音不能等同，一个韵母既可以由元音承担，也可以由元音和辅音共同承担，因此韵母的范围要比元音大。

(三) 声调

声调也叫"字调"。比如，普通话中"芭、拔、把、爸"四个字发音高低升降不同，就形成不同的声调。声调贯穿整个音节，具有区别意义的作用；在音节中声调是不可缺少的一部分；声调有调类、调值、调号之分。

通过以上分析总结，普通话的音节结构列表如下：

表 3-7 普通话音节结构表

音节（例字）	结构 声母（辅音）	韵母				声调
		韵头（介音）	韵腹（主要元音）	韵尾（收尾音）		
				元音	辅音	
有	yǒu		i	o	u	上声
华	huá	h	u	a		阳平
筐	kuāng	k	u	a	ng	阴平
儿	ér			er		阳平
小	xiǎo	x	i	a	o	上声
安	ān			a	n	阴平
吃	chī	ch		-i [ʅ]		阴平
刘	liú	l	i	o	u	阳平
北	běi	b		e	i	上声
爱	ài			a	i	去声
月	yuè		ü	ê		去声

四、音位和音位变体

由于普通话音系（北京音系）的实际发音和汉语拼音的内容与音位归纳有不一致的地

方,在此阐述,以便实际发音时能准确掌握。

(一) 音位

音位是语音中具有区别意义作用的最小的语音单位。如普通话里"怕 pà"和"爸 bà"两个词是靠 p 和 b 来区别的,p 和 b 就是两个音位;"难 nàn"和"嫩 nèn"两个词是靠 a 和 e 来区别的,a 和 e 也是两个音位;在汉语中,声调有区别意义的作用,不同的调类也是不同的音位,也叫调位。

根据汉语拼音方案所归纳的普通话音位一共有 6 个元音音位(此处理解为 10 个音位,有利于学习者掌握发音,因为 -i [ɿ] 与 i [i]、-i [ʅ],er [ɚ] 与 e [ɤ] 的发音不仅舌位不同,而且音色不同,意义也完全不同),21 个辅音音位和 4 个调位。音位符号用 // 表示。

(二) 音位变体

构成同一音位的几个音素是该音位的变异形式,叫做音位变体。例如普通话里"帮 bāng"和"边 biān"两个音节里的 a 音,由于受前鼻音 [n] 和后鼻音 [ŋ] 的影响,虽都是 a 元音,一个是前低不圆唇元音 [a],一个是后低不圆唇元音 [ɑ],却属于不同的两个变体。因此,归纳在一个音位里的各个变体用同一个音位符号标写,变体的不同读音由不同的语音环境来决定。

音位变体又可分为条件变体和自由变体。

1. 条件变体

同一音素由于受语音环境的制约,出现各自不同的语音音位,叫条件变体。语音条件主要是指变体所处的语音环境,包括临近音的性质、发音部位、发音方法以及其他因素的影响等。例如普通话里的央低不圆唇元音 a 实际发音时,受前后音素的影响就产生了条件变体;舌尖中音 n 在与 i 和 ü 相拼时,就会产生条件变体,舌尖由抵上齿龈变为抵下齿龈;普通话里 i 的音位包含多个变体,都有各自的出现条件,按照元音为 6 个音位的理解,-i [ɿ]、-i [ʅ] 与 i [i] 被认定为一个音位,-i [ɿ] (前)的前面必须与 z、c、s 相拼,-i [ʅ] (后)的前面必须与 zh、ch、sh、r 相拼,而 i [i] 是不能与它们相拼的,其实 i [i] 本身受音节所处的位置及前后音素的影响,发音时也会产生变体;连续变调所产生的种种不同调值也是调位的不同变体,像上声调有"211、214、35"三个调位变体。再比如有专家认为汉语普通话中的 /ɤ/ 音位包括 [ɤ] [o] [ɛ] 三个音位变体。"歌""活""靴"是这三个音位变体实际读音的体现。而这三者儿化后"歌儿""活儿""靴儿"的发音均为 [ɤ]。即辅音音位 [r] 包含两个音位变体,一个是作为音节开头的辅音音位 [r],另一个是从儿化韵的卷舌音分离出来的 [-r]。

2. 自由变体

有些音素可以在同一语音环境中自由替换而又不能区别词的语音形式和意义，由这种音素构成的同一音位的变体叫自由变体。自由变体在音质上是有明显差别的。

比如普通话里并没有 v 这个声母，但是有些人在发音时把许多零声母的 w 音都发成了 v 音，尤其是 w 音后面是开口呼元音的音节，大多数普通话使用者都发成 v 音了，例如"问 wèn"都读成了"vèn"，这就是一种自由变体的现象；又比如舌尖中音 n 与 i 和 ü 相拼后，舌尖应由原来抵上齿龈变为抵住下齿龈，但是有许多人仍抵在上齿龈，使原本的声母发音的音色（音质）没有发生变化，导致发音不规范；在方言里的"n、l"与"zh、z"等不分现象，也都属于一种自由变体。对于学习普通话来说，这些都是不规范的发音问题，应予以纠正。

五、舌位和舌位动程

舌位和舌位动程的准确与否，是实际发音训练中判断元音及韵母音色、保证字音响亮的关键。

（一）舌位

舌体在口腔中隆起的最高点所处的位置称为舌位，这也是所有语音学和有关语音训练书籍里对元音的舌位描述。例如，"ɑ"的舌位被称为"央低不圆唇元音"，也就是"ɑ"在发音时舌体应在口腔的"央低"位置，但是在许多有关书里对"ɑ"的具体发音的描述又为：舌面中部或后部稍稍"隆起"。这样，关于"ɑ"的舌位界定与舌位的概念和具体发音时的舌位描述就出现了矛盾。

其实，在实际训练中，发"ɑ"音时所谓的舌高点要做到真正的"央低"，也就是舌体中央比前后更低些，肌肉紧张度相对就会更大些。这样，舌体后部在不压喉的同时相对降低，随软腭上提，声道才有可能通畅，"ɑ"的音色才会圆润、饱满。因此，舌位是发音时由舌体的着力点在口腔中的前后高低位置来界定的。关于舌位的理解，如界定为"发音时，舌体在口腔中着力点所处的位置简称为舌位"可能更为确切。

（二）舌位动程

复合元音韵母在发音过程中，舌位的前后、高低和唇形的圆展发生连续移动的变化过程，叫做舌位动程，例如前响复韵母 ai 的舌位动程，发音时舌位由"前低 ɑ"起音向"前高 i"滑动，即舌体发音着力点由发 ɑ 时的"前低"过渡到"前高"，形成了发 ai 韵母的舌位动程。

从以上可以得出，音位、音素、舌位相互之间既有区别又有联系。音位与音素都是最小的语音单位，音素是从音质角度划分的，具有生理性和物理性，以音色不同而区分，不考虑是否区别意义，而音位具有社会属性，具有区别词义的作用。音位比音素的单位要大，一个音位可以是一个音素，也可能包含几个音素。例如，普通话里"zhi"、"zi"、"ji"里的 i 元音，它们可以被看成一个音位，但实际是三个音素，各自读音并不相同（实际发音时舌体的着力点也相差很大）。

舌位是区别音素的具体表现，舌位决定音素，例如"u［u］"的舌位是"后高"，那么就决定了"u"这个音素的发音，如果舌位是后半高就成了"o［o］"音素了。所以，音位变体产生的几个音素也是因为具体的舌位变化引起的。

这里要解释的是按照前面所讲的音位包含几个音素的说法，本来普通话里 a 的音变最丰富，应该表现为几个音素，但是根据汉语拼音方案，a 仍被看成是一个音素。

回顾

通过本章对普通话感性的介绍和理性的分析，我们发现普通话其实并不"普通"。特别是对普通话语音部分知识的讲解，里面涉及诸多重要概念，我们相对比较熟悉的有元音、辅音、声母、韵母、声调等概念，还有诸如音节、音素、音位、音位变体等比较难理解的概念。掌握好这些概念一方面对本书的学习非常重要，更重要的一方面，扎实领会这些概念是进一步从事理论研究的基础。在这里借用一句"推普"活动的宣传语来结束我们本章的学习，"学好普通话不仅是我们的权利更是我们的义务！"

思考题

1. 掌握并识记以下概念：
   音节　音素　元音　辅音　声母　韵母　声调　舌位　舌位动程
2. 什么是普通话？普通话的特点是什么？
3. 举例说明音位变体中的自由变体和条件变体。
4. 简述元音与辅音的区别。
5. 了解国际音标，并尝试从国际音标中找出汉语拼音所需的元音与辅音。

第四章 声母——字音准确的关键

　　人常说万事开头难,"起头"对于做任何事情来说都是至关重要的一步,好的开头给人以成功的信心,一如初学声乐时的第一个音阶,百米赛跑时运动员的起步,声母发音亦是学习普通话语音的关键。声母分为两大类:辅音声母和零声母。普通话有21个辅音声母,不同的声母是由不同的发音部位和发音方法决定的。从本章开始内容将按照两条线索进行组织,一条是理论线索,即对声母的发音从发声机理上进行解释;另一条是实践线索,即为每一个声母都准备了极有针对性的词组训练和绕口令训练,并辅以情境设计,使读者朋友能够学、练结合,起到事半功倍的效果。

第一节 声母的分类

在普通话声母中，除了零声母以外，声母全部由辅音承担。

一、辅音声母

辅音声母分别有 b、p、m、f、d、t、n、l、g、k、h、j、q、x、zh、ch、sh、r、z、c、s 共 21 个。根据辅音发音时气流受阻的位置和冲击气流的方法，我们把辅音声母按发音部位和发音方法分为两大类。

（一）发音部位

发音部位是辅音发音时气流在口腔受阻的位置，也就是某两个发音器官为发音而接触或接近所形成阻气的着力点。根据阻气部位的不同，把 21 个辅音声母分为 7 个发音部位。

1. 双唇音

由上唇与下唇的内缘构成阻碍成音。普通话中有 3 个双唇阻声母音：b、p、m。

2. 唇齿音

由上齿与下唇的内缘构成阻碍成音。普通话中只有 1 个唇齿阻声母音：f。

3. 舌尖前音

由舌尖抵住或接近下齿背（或上齿背）构成阻碍成音。普通话中有 3 个舌尖前阻声母音：z、c、s。

4. 舌尖中音

由舌尖抵住上齿龈构成阻碍成音。普通话中有 4 个舌尖中阻声母音：d、t、n、l。

5. 舌尖后音

由舌尖抵住或接近硬腭前部构成阻碍成音。普通话中有 4 个舌尖后阻声母音：zh、ch、sh、r。

6. 舌面音

由舌面前部抵住或接近硬腭前部构成阻碍成音。普通话中有 3 个舌面声母音：j、q、x。

7. 舌根音

由舌根抵住或接近软硬腭交界处构成阻碍成音。普通话中有3个舌根声母音：g、k、h。

(二) 发音方法

发音方法是发音时解除发音部位气流阻碍的方式。根据发音过程、发音部位的成阻方式及解除阻碍的方式，我们从以下几个方面来认识辅音声母的发音方法。

1. 发音阶段

气流冲击受阻的发音部位一定要有一个动程，这个动程按时间顺序可以分为三个阶段。

(1) 成阻阶段：指发音器官的活动部分开始向固定部分靠拢形成阻碍的过程。

(2) 持阻阶段：指发音器官的肌肉保持一定时间的紧张，使阻碍持续的过程。

(3) 除阻阶段：指发音器官的活动部分脱离固定部分，肌肉放松解除阻碍的过程。

2. 阻碍方式

辅音声母的阻碍方式指的是气流冲破阻碍时所采取的方式。发音时三个阶段不同形式的组合，形成不同的发音方法，主要有以下几种。

(1) 塞音：发音时，构成阻碍的两个部位成阻与持阻阶段完全闭塞，声音短暂间歇，维持到除阻阶段，同时积蓄在口腔里的气流骤然冲出，阻碍突然放开，发音成声。由于这种辅音声母听起来有爆发破裂的感觉，又称为"爆发音"或"破裂音"。普通话里有6个塞音声母：b、p、d、t、g、k。

(2) 擦音：发音时，构成阻碍的两个部位并不完全闭塞，形成适度的缝隙，让气流从这个窄缝隙里挤出去，发音成声。由于气流挤过阻碍时必然发生摩擦，因此称为"擦音"或"摩擦音"。普通话里有6个擦音声母：f、h、x、s、sh、r。

(3) 塞擦音：发音时，构成阻碍的两个部位成阻时完全闭塞，气流无法通过，进入持阻阶段后阻碍略微放松，让气流挤出去产生摩擦，发音成声，就形成了先塞后擦的音，所以称为"塞擦音"。普通话里有6个塞擦音声母：z、c、zh、ch、j、q。

(4) 鼻音：发音时，口腔当中构成阻碍的部位完全闭合，在持阻阶段气流振动声带到达口腔受到阻碍，只好在除阻时从鼻腔流出，发音成声，因此称为"鼻音"。普通话里有2个鼻音声母：m、n。

(5) 边音：发音时，舌尖与上齿龈形成阻碍的部位完全闭合，气流振动声带后不能从此处通过，而从舌体两边流出，发音成声，这样就称为"边音"。普通话里只有1个边音声母：l。

3. 清浊和送气

在普通话发音中，辅音的发音方法除了以上五种划分外，还可根据声带的作用与否、气息的强度大小分为清音与浊音、送气与不送气两类辅音。

（1）清浊音：辅音声母发音时，声带处于两种状态：一种是声带不颤动，称为"清辅音"；另一种是声带颤动，产生浊音，称为"浊辅音"。

普通话里的"清辅音"声母有17个：b、p、f、z、c、s、d、t、zh、ch、sh、j、q、x、g、k、h。

普通话里的"浊辅音"声母有4个：m、n、l、r。

（2）送气音：发音时根据气流的强弱把塞音和塞擦音区分为送气音和不送气音。即送气与否主要区别于那些发音部位相同，发音方法前阶段（全是清音）相同，但解除阻碍时气流大小不同的辅音声母。

普通话声母里的送气辅音声母有6个：p、t、k、c、ch、q。

普通话声母里的不送气辅音声母有6个：b、d、g、z、zh、j。

综合以上分类，我们把21个辅音的发音条件列总表如下：

表4-1 普通话辅音声母总表

发音部位＼发音方法	塞音		塞擦音		擦音		鼻音	边音
	清音		清音		清音	浊音	浊音	浊音
	不送气音	送气音	不送气音	送气音				
双唇音	b	p					m	
唇齿音					f			
舌尖中音	d	t					n	l
舌根音	g	k			h			
舌面音			j	q	x			
舌尖前音			z	c	s			
舌尖后音			zh	ch	sh	r		

二、零声母

普通话语音中还有一部分音节没有辅音声母，以元音开头，在发音时元音却要起到声母的作用，语音学把存在这种发音现象的音节叫做零声母音节。普通话中7个舌面元音都可以充当零声母。在普通话音节中，共有35个零声母音节（不包括"诶ê"音节），根据舌位不同可把它们分为两类。

（一）开元音零声母

开元音零声母是指在零声母音节中，发音时相对舌位低、口腔开度大的起头的元音。发音时，由于元音要起到零声母的作用，元音的舌位，即发音着力点，要比承担韵母任务时力度大。普通话里的开元音零声母有4个——a、o、e、ê。

普通话零声母以a起头的音节有5个，以o起头的音节有2个，以e起头的音节有4个，ê自成音节，只有"诶"等语气词。

（二）半元音零声母

半元音零声母是指发音时相对舌位高、口腔开度小的元音起头的零声母音节。发音时，由于元音在零声母音节中要起到声母的作用，元音的舌位，即发音着力点，要比承担韵母任务时力度大，气流通过时有轻微的摩擦声。普通话里的半元音零声母有3个：i、ü、u。

普通话零声母以i起头的音节有10个，以ü起头的音节有4个，以u起头的音节有9个。

第二节 声母的发音

对于以播音主持为专业的人来说，掌握声母发音是进入专业基础学习的第一步。

一、声母的发音特点

由于充当声母的音素除了零声母元音外全部由辅音充当，所以声母的发音特点与辅音相同，发音部位肌肉相对紧张，成阻部位呈点状接触，声带不颤动，声音不如元音响亮，气流冲击成阻部位后才发音成声。7个发音部位由于发音方法不同，形成了不同的声母音。声母发音部位的掌握只有准确的要求，没有"缺陷"的"评析"。

二、辅音声母的发音

辅音声母的发音有"本音"和"呼读音"的区别，由于辅音发音没有乐音成分，单发本音不便听觉判断，因此采用辅音后面加元音的呼读音，以便于称读。比如：bo、po、mo、fo、zi、ci、si、de、te、ne、le、ge、ke、he、zhi、chi、shi、ri、ji、qi、xi。下面结合播音发声的控制要求对辅音声母的本音发音进行发音要领的阐释。

(一) 双唇音

普通话辅音声母有 3 个双唇音。

1. 双唇阻不送气清塞音——b［p］（发音如图 4-1 所示）

发音要领：发音时舌体后收，舌尖抵住下齿龈，上唇与下唇的内缘构成阻碍，同时软腭与小舌上挺堵住鼻腔通道，肺里呼出的气流不振动声带进入口腔后蓄气，冲击阻气的双唇解除阻碍，爆破而成音。例如，吧、播、比、不、百、被、包、表、半、边、本、宾、帮、蹦、并。

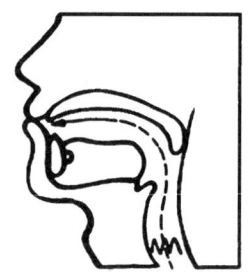 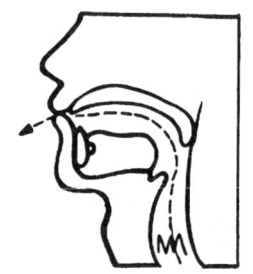

图 4-1 b 的发音示意图　　　　图 4-2 p 的发音示意图

2. 双唇阻送气清塞音——p［p'］（发音如图 4-2 所示）

发音要领：发音时发音器官的成阻部位与 b 相同，方法相似，因为是送气音，所以冲击双唇阻碍的气流较强，爆破而成音。例如，怕、破、批、扑、派、沛、跑、剖、瞥、票、盘、喷、旁、碰、片、品、平。

3. 双唇阻浊鼻音——m［m］（发音如图 4-3 所示）

发音要领：发音时发音器官的成阻部位与 b 相同，由于播音发音要保持口腔的静态控制，所以软腭和小舌仍要保持上挺，但没有完全堵塞鼻腔通道，此时肺里呼出的气流振动声带后冲击口腔受阻，转从鼻腔流出而成音。例如，吗、磨、米、木、买、没、毛、某、灭、秒、谬、满、绵、门、民、忙、猛、名。

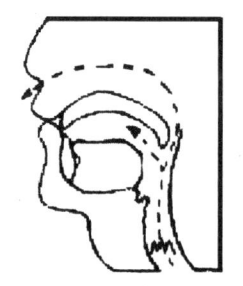 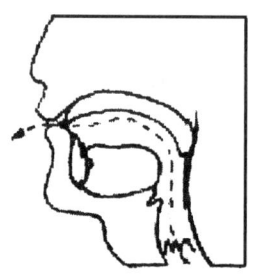

图 4-3 m 的发音示意图　　　　图 4-4 f 的发音示意图

(二) 唇齿音

普通话辅音声母只有1个唇齿音。

唇齿阻清擦音——f [f]（发音如图4-4所示）

发音要领：发音时舌体后收，舌尖抵在住下齿龈，上齿尖接近下唇内缘构成阻碍形成一个狭窄的缝隙，同时软腭与小舌上挺堵住鼻腔通道，肺里呼出的气流不振动声带进入口腔后从齿与唇的间隙摩擦通过而成音。例如，法、佛、副、肺、否、反、分、放、风。

(三) 舌尖前音

普通话辅音声母有3个舌尖前音。

1. 舌尖前阻不送气清塞擦音——z [ts]（发音如图4-5所示）

发音要领：发音时舌体后收，舌尖抵住上齿背（或下齿背）完全闭塞构成阻碍，同时软腭与小舌上挺堵住鼻腔通道，除阻时阻塞部位的舌尖与上齿背（或下齿背）间形成一个狭窄的缝隙，肺里呼出的气流不振动声带进入口腔后从窄缝中摩擦挤出而成音。例如，杂、则、组、在、贼、早、走、做、最、咱、怎、钻、尊、脏、增、总。

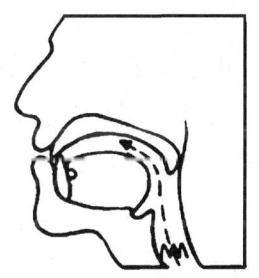 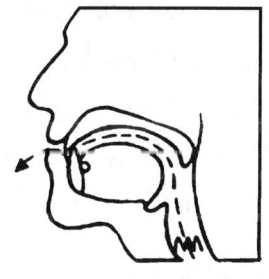 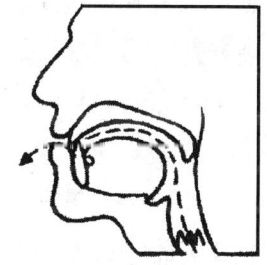

图4-5 z的发音示意图　　图4-6 c的发音示意图　　图4-7 s的发音示意图

2. 舌尖前阻送气清塞擦音——c [ts']（发音如图4-6所示）

发音要领：发音时发音器官的成阻部位与z相同，方法相似，因为是送气音，所以冲击发音部位的气流较强，摩擦而成音。例如，擦、册、次、粗、菜、草、凑、蚕、岑、窜、村、藏、曾、葱。

3. 舌尖前阻清擦音——s [s]（发音如图4-7所示）

发音要领：发音时发音器官的成阻部位与z、c相同，但舌尖接近上齿背（或下齿背）构成阻碍形成一个狭窄的缝隙，同时软腭与小舌上挺堵住鼻腔通道，肺里呼出的气流不振动声带进入口腔后从窄缝中摩擦挤出而成音。例如，撒、色、四、素、赛、扫、艘、所、岁、散、酸、森、孙、桑、僧、送。

(四) 舌尖中音

普通话辅音声母有 4 个舌尖中音。

1. 舌尖中阻不送气清塞音——d [t]（发音如图 4-8 所示）

发音要领：发音时舌体后收，舌尖抵住上齿龈构成阻碍，同时软腭与小舌上挺堵住鼻腔通道，肺里呼出的气流不振动声带进入口腔后蓄气，冲击阻气的舌尖解除阻碍（舌尖迅速抵到下齿龈），爆破而成音。例如，大、的、地、读、带、得（děi）、到、都、嗲、爹、多、掉、丢、对、但、点、段、吨、当、等、动、顶。

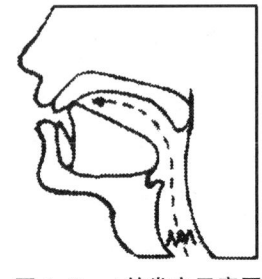 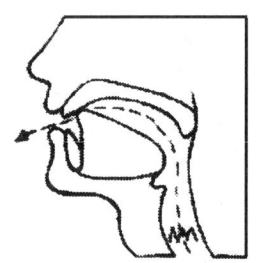

图 4-8 d 的发音示意图　　　　图 4-9 t 的发音示意图

2. 舌尖中阻送气清塞音——t [t']（发音如图 4-9 所示）

发音要领：发音时发音器官的成阻部位与 d 相同，方法相似，因为是送气音，所以冲击双唇阻碍的气流较强（舌尖迅速抵到下齿龈），爆破而成音。例如，他、特、提、土、太、忒、套、头、铁、拖、条、腿、谈、天、团、吞、躺、疼、同、听。

3. 舌尖中阻浊鼻音——n [n]（发音如图 4-10 所示）

发音要领：发音时发音器官的成阻部位与 d 相同，方法与 m 相同，由于播音发音要保持口腔的静态控制，所以软腭和小舌仍要保持上挺，但没有完全堵塞鼻腔通道，此时肺里呼出的气流振动声带后冲击口腔受阻，转从鼻腔流出而成音。例如，那、呢、你、怒、女、耐、内、闹、耨（nòu）、捏、挪、虐、鸟、牛、难、年、嫩、您、暖、囊、能、弄、娘、拧。

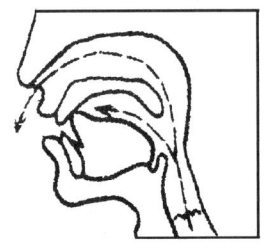 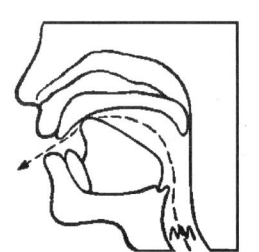

图 4-10 n 的发音示意图　　　　图 4-11 l 的发音示意图

4. 舌尖中阻浊边音——l [l]（发音如图 4-11 所示）

发音要领：发音时舌体后收，舌尖呈卷起的状态抵住上齿龈（或上齿龈后部）构成阻碍，同时软腭与小舌上挺堵住鼻腔通道，肺里呼出的气流振动声带进入口腔后从舌体前两边流出，发音成声。例如，拉、咯、乐、里、路、绿、来、类、老、楼、俩、列、落、略、疗、六、蓝、连、乱、论、林、两、浪、冷、龙、另。

（五）舌尖后音

普通话辅音声母有 4 个舌尖后音。

1. 舌尖后阻不送气清塞擦音——zh [tʂ]（发音如图 4-12 所示）

发音要领：发音时舌体后收，舌尖翘起抵住上齿龈的后部（或硬腭前部）完全闭塞构成阻碍，方法与 z 相同，软腭与小舌上挺堵住鼻腔通道，除阻时阻塞部位的舌尖与上齿龈后部或硬腭前部之间形成一个狭窄的缝隙，肺里呼出的气流不振动声带进入口腔后从窄缝中摩擦挤出而成音。例如，扎、这、只、住、找、周、抓、捉、拽、追、站、真、准、张、正、中、转、装。

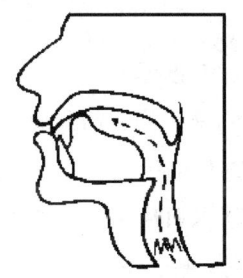
图 4-12　zh 的发音示意图

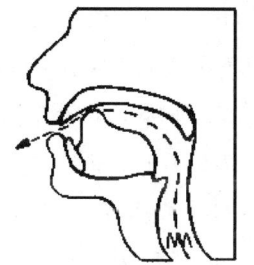
图 4-13　ch 的发音示意图

2. 舌尖后阻送气清塞擦音——ch [tʂ‘]（发音如图 4-13 所示）

发音要领：发音时发音器官的成阻部位与 zh 相同，方法与 c 相同，因为是送气音，所以冲击发音部位的气流较强，摩擦而成音。例如，查、车、吃、出、柴、朝、抽、戳、揣、吹、产、趁、穿、春、长、成、窗、冲。

3. 舌尖后阻清擦音——sh [ʂ]（发音如图 4-14 所示）

发音要领：发音时发音器官的成阻部位与 zh、ch 相同，方法与 f、s 相同，舌尖接近上齿龈后部（或硬腭前部）构成阻碍形成一个狭窄的缝隙，同时软腭与小舌上挺堵住鼻腔通道，肺里呼出的气流不振动声带进入口腔后从窄缝中摩擦挤出而成音。例如，杀、社、是、书、晒、谁、少、手、刷、说、摔、水、山、栓、身、顺、上、声、双。

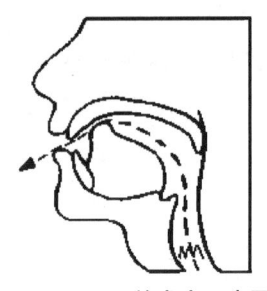
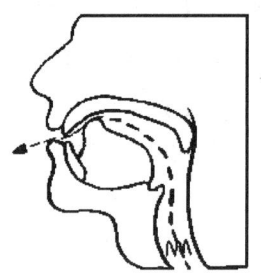

图 4-14 sh 的发音示意图　　　图 4-15 r 的发音示意图

4. 舌尖后阻浊擦音——r [ʐ]（发音如图 4-15 所示）

发音要领：发音时发音器官的成阻部位与 zh、ch、sh 相同，成阻后软腭与小舌上挺堵住鼻腔通道，除阻时阻塞部位的舌尖与上齿龈后部或硬腭前部之间形成一个狭窄的缝隙，肺里呼出的气流振动声带后进入口腔从窄缝中摩擦挤出而成音。例如，热、日、如、饶、肉、若、瑞、染、软、人、润、让、仍、容。

（六）舌面音

普通话辅音声母有 3 个舌面音。

1. 舌面阻不送气清塞擦音——j [tɕ]（发音如图 4-16 所示）

发音要领：发音时舌尖抵住下齿龈，舌体后收，舌面前部与硬腭前部构成阻碍，方法与 zh、z 相同，软腭与小舌上挺堵住鼻腔通道，除阻时阻塞部位的舌面与上齿龈后部或硬腭前部之间形成一个狭窄的缝隙，肺里呼出的气流不振动声带进入口腔后从窄缝中摩擦挤出而成音。例如，几、句、家、接、决、叫、就、见、将、进、竟、卷、军、窘。

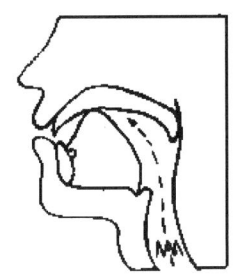
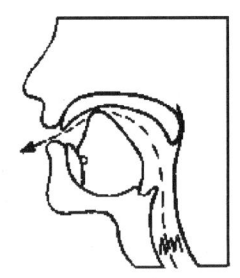
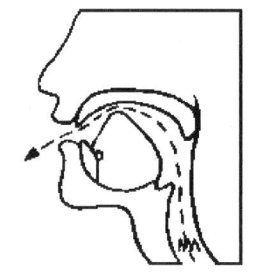

图 4-16 j 的发音示意图　　图 4-17 q 的发音示意图　　图 4-18 x 的发音示意图

2. 舌面阻送气清塞擦音——q [tɕ']（发音如图 4-17 所示）

发音要领：发音时发音器官的成阻部位与 j 相同，方法与 ch、c 相同，因为是送气音，所以冲击发音部位的气流较强，摩擦而成音。例如，起、去、恰、切、却、桥、求、前、全、群、亲、强、穷、请。

3. 舌面阻清擦音——x [ɕ]（发音如图 4-18 所示）

发音要领：发音时发音器官的成阻部位与 j、q 相同，方法与 f、s、sh 相同，舌面前部接近硬腭前部构成阻碍形成一个狭窄的缝隙，同时软腭与小舌上挺堵住鼻腔通道，肺里呼出的气流不振动声带进入口腔后从窄缝中摩擦挤出而成音。例如，西、许、下、写、学、小、修、先、选、寻、新、想、胸、性。

（七）舌根音

普通话辅音声母有 3 个舌根音。

1. 舌根阻不送气清塞音——g [k]（发音如图 4-19 所示）

发音要领：发音时舌尖抵住下齿龈，舌体后收，舌根抬起与软硬腭交接处构成阻碍，同时软腭与小舌上挺堵住鼻腔通道，肺里呼出的气流不振动声带进入口腔后蓄气，冲击阻气的部位解除阻碍，爆破而成音。例如，尬、个、古、该、给、高、够、挂、过、怪、归、赶、关、跟、滚、刚、光、更、工。

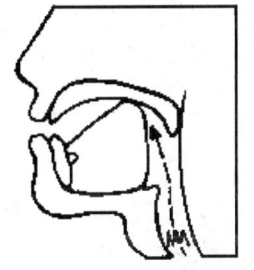 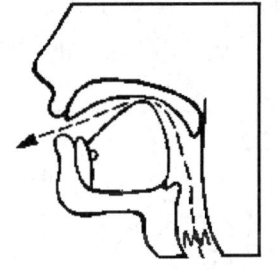 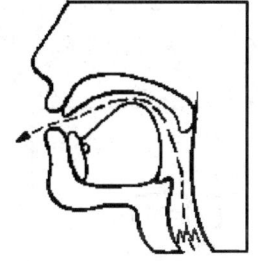

图 4-19　g 的发音示意图　　图 4-20　k 的发音示意图　　图 4-21　h 的发音示意图

2. 舌根阻送气清塞音——k [k']（发音如图 4-20 所示）

发音要领：发音时发音器官的成阻部位与 g 相同，方法与 p、t 相同，因为是送气音，所以冲击受阻碍的气流较强，爆破而成音。例如，卡、可、哭、开、靠、口、跨、阔、快、亏、看、宽、肯、捆、抗、矿、坑、空。

3. 舌根阻清擦音——h [x]（发音如图 4-21 所示）

发音要领：发音时发音器官的成阻部位与 g、k 相同，方法与 x、sh、s、f 相同，舌根接近软硬腭交接处构成阻碍形成一个狭窄的缝隙，同时软腭与小舌上挺堵住鼻腔通道，肺里呼出的气流不振动声带进入口腔后从窄缝中摩擦挤出而成音。例如，哈、喝、湖、海、黑、好、后、话、或、坏、回、喊、换、很、混、航、黄、横、红。

三、零声母的发音

零声母在发音阶段,口腔的通道接近于开放或全开放,气流通过时只产生极轻微的摩擦,有的音没有摩擦,普通话语音里有7个零声母音(其中"ê"只有一个音节两个汉字)。就每一个元音的具体发音要领及口腔开度,在后面的韵母一章里还会讲到,这里仅着重分析6个零声母在发音时的唇舌着力点(舌位)。

(一)半元音零声母

普通话语音里有3个元音在作为零声母发音时舌位及唇部的肌肉要相对紧张,形成一定的擦音,称为半元音零声母,在语音学里也叫"通音"。

1. 前高不圆唇半元音——i [i](发音如图4-22所示)

发音要领:发音时唇形微展与齿相依,舌尖抵住下齿龈,舌体后收,舌体前部接近硬腭前部,同时软腭与小舌上挺堵住鼻腔通道,肺里呼出的气流振动声带后进入口腔从"接近"的空隙中摩擦流出而成音。例如,一、以、亦、压、也、要、有、眼、因、样、应、用。

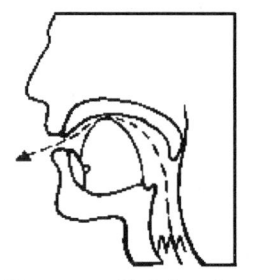 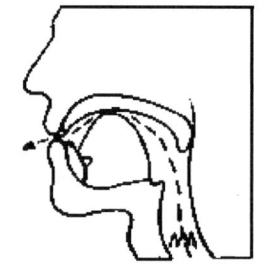 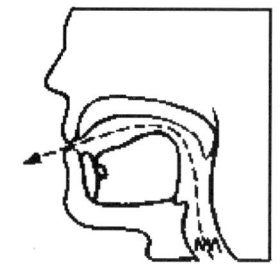

图4-22 i的发音示意图　　图4-23 ü的发音示意图　　图4-24 u的发音示意图

2. 前高圆唇半元音——ü [y](发音如图4-23所示)

发音要领:发音时发音器官的成阻部位(舌位)与i相同,只是唇呈圆形,唇中部肌肉紧张,同时软腭与小舌上挺堵住鼻腔通道,肺里呼出的气流振动声带后进入口腔从呼出的空隙中摩擦流出而成音。例如,于、欲、鱼、月、约、阅、远、员、院、云、运、晕。

3. 后高圆唇半元音——u [u](发音如图4-24所示)

发音要领:发音时舌尖抵住下齿龈,舌体后收,舌体后部稍高(舌位后高),唇呈圆形,唇中部肌肉紧张,同时软腭与小舌上挺堵住鼻腔通道,肺里呼出的气流振动声带后进入口腔从双唇间的空隙摩擦流出而成音。例如,无、五、屋、物、舞、雾、误、捂、污、悟、勿、钨。

(二) 开元音零声母

普通话语音里有 3 个（加 ê 元音为 4 个）元音作为零声母发音时舌位的肌肉相对紧张，喉部也形成一定的喉塞音［ʔ］，因为这几个元音相对口腔开度较大，就称为开元音零声母，在语音学里也叫"喉音"。

1. 央低不圆唇开元音——a［A］（发音如图 4-25 所示）

发音要领：发音时唇形微展与齿相依，舌尖抵住下齿龈，舌体收束与下槽牙平行，舌位央低，与喉部肌肉保持相对紧张，同时软腭与小舌上挺堵住鼻腔通道，肺里呼出的气流振动声带进入口腔后流出而成音。例如，啊、爱、矮、癌、按、岸、俺、昂、肮、袄、熬、傲。

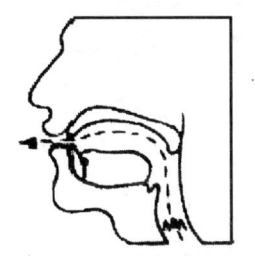
图 4-25　a 的发音示意图
（零声母和单元音韵母）

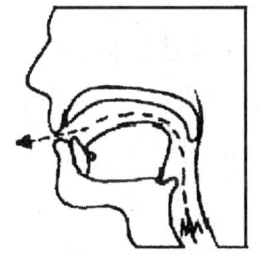
图 4-26　o 的发音示意图

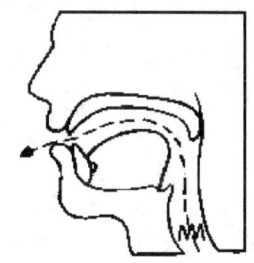
图 4-27　e 的发音示意图

2. 后半高圆唇开元音——o［o］（发音如图 4-26 所示）

发音要领：发音时唇呈半开的圆形，舌尖抵住下齿龈，舌体收束，舌后部比 a 稍高，舌位后半高，与喉部肌肉保持相对紧张，同时软腭与小舌上挺堵住鼻腔通道，肺里呼出的气流振动声带后进入口腔通畅流出而成音。例如，哦、噢、喔。

3. 后半高不圆唇开元音——e［ɤ］（发音如图 4-27 所示）

发音要领：发音时唇形微展与齿相依，舌尖抵住下齿龈，舌体收束，舌后部比 a 稍高，舌位后半高，与喉部肌肉保持相对紧张，同时软腭与小舌上挺堵住鼻腔通道，肺里呼出的气流振动声带后进入口腔通畅流出而成音。例如，饿、额、扼、哦、蛾、俄、讹、阿。

第三节　声母发音训练

把握声母的准确位置是本节训练的主要目的，发音器官肌肉的紧张点与成阻位置要一致。

训练中要防止顾此失彼、本末倒置的现象。刚开始训练，由于正确的听觉习惯还没养成，加之多年不良的语音习惯使得纠正难度加大，所以学习者一定不要急于求成，应该一音、一字、一词、一句逐步训练，循序渐进。尽快学会灵活运用感觉器官判断并调整，尤其要提高听觉判断力，以符合"口耳"之学的训练要求。

播音员、主持人的语言基调大多是积极的、热情的，比如幽默的、歌颂的、赞美的等等。但是也可以从不同角度进行情境的设计，比如惊讶的、惊险的、惊恐的、抱怨的、愤怒的等等，借以达到情境训练的目的。每段绕口令前面的情境设计，对于学习者仅仅是一个启发或引导，还可从不同角度，以多种情境进行设计再训练。如把每一个绕口令都当做一个故事来讲，体会不同语境、不同语气的气息运用。开始训练先用慢速、中速，一句一换气，熟练后两句一换气并由慢到快。采用双音节词进行练习也要给每一个词设计一个情境，读出词义色彩。

结合（第九章）口腔的静态控制，通过情景再现，体会每个声母不同着力点的肌肉变化，明确发音位置，分清发音方法，集中发音力度，掌握声母发音。

一、辅音声母训练

辅音声母是普通话音节中声母的主力军，21个声母音每一组都有各自不同的发音特点，但有些问题是共性的，有些问题又需要从发声的角度，结合（第九章）口腔静态控制的要求进行综合训练。例如，舌尖前音、舌尖后音和舌面音发出读音"zi、ci、si、zhi、chi、shi、ji、qi、xi"时，由于发音舌位高并且靠前，下颌容易使劲儿，明显的特征是下齿（实际是下颌）前倾，违背了发音时上齿保持在下齿前的自然生理状态。又如舌尖后音和舌尖中音与a相拼，由于声母发音舌尖上翘，接着发a时舌尖不容易回归"栖息地"——下齿龈，造成舌尖后缩。这些都会影响音节的发音音色，是训练中应注意仔细把握的发音要领。

以下训练根据声母的发音部位由外而内分类进行。

（一）双唇音训练

双唇音的发音部位在双唇内缘，力度在唇中央。发音时舌尖抵住下齿龈，舌体收束，尽量做到提颧肌，唇齿相依，不要噘唇。如图4-28、图4-29所示：

1. 词组情境训练

情境设计：b

败笔 北部 版本 摆布 褒贬 背包 奔波 半百 侼侼 蚌埠
鄙薄 标榜 表白 臂膀 辨别 兵变 弊病 补白 臂膊 卑鄙

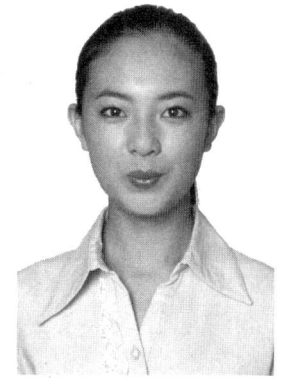

图4-28 b、p、m正例

步兵 保镖 标兵 百般 遍布 斑白 不必 辩白 壁报 暴病
把柄 北边 颁布 搬兵

情境设计：p

爬坡 排炮 澎湃 批判 匹配 枇杷 瓢泼 偏旁 品牌 拼盘
品评 乒乓 铺排 噼啪 偏颇 皮袍 批评 偏僻 琵琶 铺平

情境设计：m

买卖 满面 苗木 埋没 麻木 盲目 米面 漫骂 明媚 木马
眉毛 命名 牧民 磨灭 秘密 面目 门面 弥漫 民盟 蒙昧
木门 描摹 密码 木棉 美妙 谋面 名目 麦苗 棉麻 茂密
美貌 美满 梦寐 瞑目 泯灭 默默

情境设计：b p m

帮忙 背叛 薄膜 罢免 布匹 摆拍 磨破 泼墨 磅礴 抛锚
碰壁 漂泊 片面 剖白 屏幕 泡沫 蓬勃 拼搏 普遍 瀑布
秒表 抹布 麻痹 麻布 脉搏 毛病 目标 弥补 蒙骗 配备
北美 缥缈

图4-29　b、p、m反例

2. 绕口令情境训练

情境设计：眼前看到了一只机警漂亮的波斯猫，蹲在一座寺庙的白色墙体旁，周围风景宜人，你饶有兴致地观看猫的行动并跟踪描述……

白庙外蹲一只白猫，白庙里有一顶白帽，白庙外的白猫看见了白帽，叼着白庙里的白帽跑出了白庙。

情境设计：设想自己站在蓝天下高耸入云的塔前，仰视感叹它的造型美观、材质坚硬及年代的久远……

白石塔，白石搭，白石搭白塔，白塔白石搭，搭好白石塔，白塔白又大。

情境设计：影片中的战斗结束了，但是一想起宏大的战斗场面就使人心潮澎湃……

八百标兵奔北坡，炮兵并排北边跑，炮兵怕把标兵碰，标兵怕碰炮兵炮。炮兵攻打八面坡，排排炮弹齐发射，步兵逼近八面坡，歼敌八千八百八十多。

情境设计：这个葡萄园没有经过污染，并且现摘现吃，新鲜香甜，吃着葡萄便想起了一个绕口令，不禁背了起来……

吃葡萄不吐葡萄皮儿，不吃葡萄倒吐葡萄皮儿。不吃葡萄别吐葡萄皮儿，吃葡萄也别吐葡萄皮儿。不论吃葡萄不吃葡萄，都不要乱吐葡萄皮儿。

情境设计：在甘肃舟曲泥石流灾难过后，一位老婆婆背着一口锅在一片满是废墟的陡坡上艰难地走着，解放军战士小波目睹此情，迅速跑到老婆婆身边，向她伸出援助之手……

婆婆背锅过陡坡,坡陡锅沉难婆婆。小波过坡帮婆婆,帮婆背锅过陡坡。婆过陡坡乐婆婆,婆夸小波小波乐。婆婆小波陡坡过,过了陡坡下陡坡。

情境设计:影片讲述了一位农村妇女收养、教育智障儿童的感人故事,片中主人公面对智障孩子随时常感到无奈,但生活态度却积极乐观……

马大妈收养哑巴马大哈,马大哈哑巴摸摸马大妈。马大妈让马大哈买马褂,马大哈给马大妈买麻花。马大妈叫马大哈摘棉花,马大哈给马大妈割芝麻。马大妈告诉哑巴马大哈,马大哈不能马虎马大哈。马大哈哑巴不改马大哈,马大妈摸摸哑巴马大哈。

情境设计:迎面碰见两个小妹妹利用周日帮助家人上集市买东西回来,一路上欢歌笑语……

妹妹梅梅毛毛一个买秒表一个买鱼苗,梅梅妹妹买秒表,毛毛妹妹买鱼苗,梅梅毛毛妹妹一个买秒表,一个买鱼苗。梅梅毛毛妹妹妈妈骑马,马慢梅梅毛毛妹妹妈妈骂马,妹妹梅梅毛毛找猫,猫跑梅梅毛毛妹妹骂猫。

情境设计:正在观看《加菲猫》(或《机器猫》)的动画片,片中的两只猫因为争宠撕打后又和好如初……

白猫黑鼻子,黑猫白鼻子。黑猫的白鼻子碰破了白猫的黑鼻子。白猫的黑鼻子碰破了黑猫的白鼻子,黑鼻子白猫剥个秕谷壳儿补白猫的黑鼻子,白鼻子黑猫剥个秕谷壳儿补黑猫的白鼻子。

3. 提示

(1)为避免使用话筒时出现杂音,要注意发 p 送气音时控制唇形与气息,注意气流的走向,上唇力度大于下唇,尽量减少送气量(结合第九章口腔动态控制的训练要求进行)。

(2)发 m 鼻音时,要在口腔静态控制(挺软腭)的前提下让声音从鼻腔流入,不要刻意放松软腭堵住口腔通道,否则违背口腔静态控制的要求。

(二)唇齿音训练

普通话音节只有一个唇齿音,发音部位在上齿尖与下唇内缘中央的接触处。发音时舌尖抵在下齿龈,舌体收束。如图 4-30、图4-31所示:

1. 词组情境训练

情境设计:f

芬芳	丰富	方法	浮泛	肺腑	分发	发放	犯法	防风
非法	繁复	伏法	发福	芳菲	仿佛	吩咐	防范	风范
蝠鲼	拂拂	纷繁	福分	蜂房	狒狒	发疯	复方	俯伏
防腐	肤泛	奋发	放风	反复	翻覆	发付	份饭	

图 4-30 f 正例

情境设计：b p m f

白匪	包袱	颁发	白费	抱负	拜访	办法	包袱	迸发	坟墓
报复	批复	匹夫	佩服	米饭	蜜蜂	面包	模仿	分母	匪帮
频繁	贫乏	牌坊	喷发	皮肤	破费	蚍蜉	摹仿	麻烦	分辨
密封	魔方	眯缝	磨坊	发表	贩卖	非法	诽谤	丰满	风靡
腐败	防备	蜂蜜	肥美						

图 4-31　f 反例

2. 绕口令情境训练

情境设计：进山探险，枫树在大风中摇曳，蜜蜂飞舞，让人流连忘返……

峰上风，峰下枫。峰上风吹峰下枫，峰下枫挡峰上风。峰上峰下风，枫中还有蜂，峰下枫中凤飞蜂螫凤；峰上风中有凤凰舞蜂。不知到底是峰下蜂螫凤，还是峰上风中凤舞蜂。

情境设计：看到下面这个段子，脑海里应迅速出现一幅中国地图，回忆并由此联想起各种自然与人文景观……

分水岭边分水桥，分水桥边分水岭。分水岭分水不分桥，分水桥分水不分岭。分水桥是分水桥，分水岭是分水岭。

3. 提示

（1）注意成阻部位，不要用上齿裹下唇发音。

（2）f 是 6 个擦音中可以延长音值最短的一个，也是形成发音通道（部位）最短、最窄的一个，要注意气流与声音的配合，防止气比音先行，造成漏气的"咝咝"声。

（三）舌尖前音训练

从理论上讲，舌尖前音的发音部位是舌尖与上齿背构成阻碍，实践证明，舌尖抵下齿背或舌叶与上齿龈后部接触或接近构成阻碍，发音时不容易产生噪音，更符合播音主持发声的话筒前控制要求。如图 4-32、图 4-33 所示：

1. 词组情境训练

情境设计：z

再造	在座	自在	自尊	遭罪	总则	粽子	祖宗	藏族
自责	栽赃	咂嘴	凿子	造作	罪责	做作	曾祖	走卒
自足	啧啧	租子						

图 4-32　z、c、s 正例

情境设计：c

草丛　层次　参差　催促　匆匆　措辞　仓促　璀璨　猜测
苍翠　从此　淙淙　寸草　残存　粗糙　摧残

情境设计：s

洒扫　色素　三思　四散　搜索　嫂嫂　僧俗　松散　思索
飒飒　散碎　素色　琐碎　缫丝　洒洒　速算　诉讼　瑟瑟

情境设计：z c s

杂草　赠送　咂嘴　脏字　赞颂　早操　崽子　造次　葬送
曾孙　杂色　杂碎　栽子　嘈杂　错综　参赞　才思　存在
册子　塞责　错字　锉子　村子　曹操　测字　色彩　色泽
酥脆　苏子　桑蚕　颂词　素材　思忖　嫂子　酸菜　随从
穗子　素菜　宋词　俗字　粟子

图4-33　z、c、s反例

2. 绕口令情境训练

情境设计：周末有几位同学与自己一起回家，本想让他们尝一尝家乡的特产，结果家里没有了，于是……

三哥三嫂子，借我三斗三升酸枣子。明年上山摘了酸枣子，如数奉还三哥三嫂子这三斗三升酸枣子。

情境设计：农闲季节，村里举行一次另类特长比赛，结果难辨胜负……

山前有个崔粗腿，山后有个崔腿粗，二人山前来比腿。不知是崔粗腿比崔腿粗的腿粗，还是崔腿粗比崔粗腿的腿粗？

情境设计：同寝室有个同学方言味儿较浓，尤其是词的轻重格式把握不好，大家都很热心地给他辅导……（"子"是轻声，"词、丝"有声调，但根据词语环境读格式是"中"或"次轻"）

四十四个字和词，组成一首子词丝的绕口词。桃子李子梨子栗子桔子柿子槟子榛子，栽满院子村子和寨子。刀子斧子锯子凿子锤子刨子尺子，做出桌子椅子和箱子。名词动词数词量词代词副词助词连词，造成语词诗词和唱词。蚕丝生丝熟丝缫丝染丝晒丝纺丝织丝，自制粗丝细丝人造丝。

情境设计：有两个嫂子没有一点儿植物常识，竟然错认了桑、枣树……

早晨早早起，早起做早操，人人做早操，做操身体好。三嫂四嫂早晨早起去操场做操，看见操场前面有三十三棵桑树，操场后面有四十四棵枣树，三嫂把操场前面的三十三棵桑树认作枣树，四嫂把操场后面的四十四棵枣树认作桑树。

情境设计：一个特别调皮的小弟弟，把刚糊好的窗户纸撕了个"千疮百孔"，让人非常生气……

刚往窗上糊字纸，你就隔着窗子撕字纸。一次撕下横字纸，一次撕下竖字纸，横竖两次撕下四十四张湿字纸。是撕的字纸你就撕字纸，不是撕的字纸你就不要胡乱地撕一地纸。

3. 提示

（1）特别注意要用小镜子侧视观察，舌尖不能在上下齿之间，要在上下齿错位的口腔状态下寻找并把握成阻的位置，要放松下巴尽量使下齿（下颌）在发音时处于静止状态。并用听觉判断不能出现"吱吱"声。

（2）有很多人在这组音发音还未结束时容易放松舌尖，导致音色变化。要注意声音不结束舌尖不能松动。

（四）舌尖中音训练

舌尖中音是相对于舌尖前音和舌尖后音来说的，发音时舌体要后收，舌尖抵在上齿龈。如图4-34、图4-35所示：

1. 词组情境训练

情境设计：d

达到	带动	当代	斗胆	独断	对待	调度	订单	动荡
导弹	道德	大地	丢掉	登顶	大豆	低档	调动	点滴
丹毒	搭档	歹毒	抵挡	抖动	奠都	等待	打盹	荡涤
地段	短笛	掉队	颠倒	敌对	顶端	电灯	当地	电镀
单独								

情境设计：t

贪图	塌台	探听	抬头	吞吐	推脱	谈吐	团体	淘汰
体态	天堂	体贴	调停	听筒	探讨	甜头	天梯	逃脱
铁蹄	铁塔	坦途	疼痛	挑剔	唐突	天体	滩涂	妥帖
脱胎	厅堂	梯田	土豚					

情境设计：n

拿捏	男女	南宁	能耐	呢喃	牛奶	农奴	恼怒	讷讷
泥泞	奶牛	牛腩	哪能	奶娘	难能	扭捏	难弄	袅娜
恼怒	女奴	呶呶	忸怩					

情境设计：l

| 劳碌 | 老路 | 绿林 | 玲珑 | 伶俐 | 来历 | 辘轳 | 理论 | 拦路 |

图4-34 d、t、n、l正例

料理	联络	流露	林立	浏览	拉力	罗列	褴褛	磊落
掳掠	沦落	凛冽	淋漓	勒令	琉璃	老练	冷落	拉链
力量	琳琅	立论	领略	履历	老路	陆离	嘹亮	里弄
莅临	连累	流利	笼络	拉练	邻里	伦理	拉拢	来临
牢笼	利率	略略	连理	留恋	流落	缭乱	凌厉	流浪
流连	猎猎	绿篱	轮流	裸露	烂梨	兰陵		

情境设计：d t n l

图4-35 d、t、n、l反例

悼念	动听	打听	灯塔	胆略	倒塌	点题	等同	登台
导体	地图	动态	塔吊	代替	敌特	歹徒	倒替	锻炼
灯笼	潦倒	惦念	赌徒	电梯	短途	绿豆	打猎	冷冻
叨念	偷盗	透露	图钉	拖累	陀螺	涂料	徒劳	秃顶
贪婪	逃遁	剃度	特点	头颅	体力	柳条	填料	挠头
农历	难点	奶酪	努力	虐待	暖流	念叨	拟订	纳凉
耐劳	纽带	泥塘	能动	路途	雷同	蓝图	料理	履带
漏洞	轮胎	林立	量度	链条	擂台	亮度		

2. 绕口令情境训练

情境设计： 设想自己是一名武警战士，完成了一次艰巨的剿匪任务后，向同事描述惊险、紧张的战斗经过……

调到敌岛打特盗，特盗太叼投短刀，挡、推、顶、打短刀掉，踏盗得刀盗打倒。断头台倒吊短单刀，歹徒登台盗短刀，断头台塌盗跌倒，对对短刀叮当掉。

情境设计： 生活拮据的谭老汉，因为饥饿腿软，不小心把好不容易买回来的东西又撒了一地……

谭家谭老汉，挑担到蛋摊，买了半担蛋，挑蛋到炭摊，买了半担炭，满担是蛋炭。老汉忙回赶，回家炒蛋饭，进门跨门槛，脚下绊一绊，跌了谭老汉，破了半担蛋，翻了半担炭，脏了木门槛。老汉看一看，急得满头汗，连说怎么办，蛋炭完了蛋，老汉怎吃蛋炒饭。

情境设计： 假期你与同学相约，一起来到风景如画的海滨城市旅游。站在辽阔的大海边，那蓝蓝的天和碧绿的水在天的尽头融为一体，如此明朗清澈，让人如同进入梦境一般……

天连水，水连天，水天一色望无边。蓝蓝天空如绿水，绿绿碧水似蓝天。有人说是天连水，有人说是水连天。不知到底是蓝天绿如水，还是绿水蓝似天。

情境设计： 大家一起做个游戏，进行一次逆向思维或反季节的现象想象……

太阳从西往东落，听我唱个颠倒歌。天上打雷没有响，地下石头滚上坡；江里骆驼会下蛋，山上鲤鱼搭成窝；腊月苦热直流汗，六月爆冷打哆嗦；姐在房中头梳手，门外口袋把驴驮。

情境设计：雨过天晴，几个人相邀去河边玩儿，突然，看见邻居家那个耳朵有问题的小男孩儿往牛那边走过去了……

朦胧彩霓虹，玲珑小聋童。聋童采柠檬，聋童不懂懂。河边有棵柳，柳下一头牛。牛要去顶柳，柳缠牛的头。聋童去拉牛，柳条拧牛头。玲珑聋童懂，拉牛先扯柳。

情境设计：妞妞从小生活在草原，并一直以牛为她的小伙伴儿，可今天"伙伴儿"的牛脾气犯了……

妞妞牵牛牛，牛牛怕妞妞。牛怕妞妞扭牛头，牛扭牛头躲妞妞。妞妞扭住牛牛头，妞扭牛头牛不扭。

情境设计：儿童节老师布置了一个自己动手糊灯笼的作业。瞧！大家兴高采烈提着各自的"作业"，色彩、形状等五花八门……

小兰会糊龙灯笼，小梁会糊绿灯笼，六一儿童节日人人一起糊灯笼，小刘要糊个圆灯笼，小牛要糊个方灯笼，小兰、小梁、小刘、小牛有了龙、绿、圆、方的大灯笼，个个满脸露笑容。

情境设计：播音主持专业学生宿舍的学习气氛比较浓，两个南方同学的学习热情更是高涨，瞧！……

柳林林和刘玲玲，俩人同练绕口令。玲玲说要练得溜，林林说要练得灵。俩人练得汗淋淋，绕口令练得溜又灵。

3. 提示

（1）很多人在发这组音时容易把舌尖伸在上下齿之间（露出舌尖），发成齿尖音，（如上页图4-35），要注意通过视觉来调整。

（2）发送气音t与p时，同样也要注意气流的走向，尽量控制送气量，避免出现杂音。

（3）发n鼻音时，同发m鼻音相同，要在口腔静态控制（挺软腭）的前提下让声音从鼻腔流入，不要刻意放松软腭堵住口腔通道，否则违背口腔静态控制的要求。另外，n与i和ü相拼时，n的发音部位产生音位变体，舌尖应该抵在下齿龈处。

（4）发边音l时，它的实际发音位置比d、t、n靠后，舌尖应抵住上齿龈后部，使舌体前部形成一个微卷的状态，便于气流从舌体两边流出。

（5）要特别注意舌尖中音在发音结束后（包括呼读音）舌尖应迅速回归下齿龈。

（五）舌尖后音训练

舌尖后音的发音部位在舌尖与上齿龈后部或硬腭前部构成阻碍的位置，也就是用舌尖舔上腭有个硬棱儿的地方，它叫齿龈桥（也是声束的聚集点）。如图4-36、图4-37所示：

1. 词组情境训练

情境设计：zh

政治	住宅	注重	整治	真挚	主张	折中	周转	中指
长者	踯躅	战争	终止	债主	转让	指针	执着	种植
助长	专注	褶皱	支柱	昭著	诊治	镇纸	真知	争执
正直	撰著	扎针	站住	正职	扎寨	招展	昭彰	郑州
辗转	植株	忠贞	专制	指摘	重镇	执照	专职	挣扎
住址	茁壮	征兆	专政	蜘蛛	征战	转正	专注	谆谆
主旨	主政	主治	招致	珍珠	助战			

情境设计：ch

查处	铲除	传承	春潮	产出	充斥	驰骋	查抄	橱窗
出差	初创	赤诚	惆怅	抽查	愁肠	蟾蜍	插车	重唱
唇齿	长处	抽搐	吃穿	超产	乘车	充畅	蹉跎	成虫
重出	传唱	潺潺	冲床	戳穿	撤除	惩处	车床	传抄
春潮	乘除	春城	长城	城池	长春	船厂	抽出	出城
出厂	冲出	长城	出处	创伤	创始	出事		

情境设计：sh

沙石	山水	甩手	水手	水杉	赏识	绅士	述说	收拾
束手	莘莘	失神	世上	失实	手势	失身	数说	时事
戍守	施舍	顺手	膳食	盛暑	神圣	上书	施事	少数
审慎	善事	首饰	守时	身世	审视	树梢	尚书	收束
硕士	舍身	伤逝	闪石	熟睡	上市	税收	熟手	闪烁
婶婶	手术	上山	生疏	杀伤	上述			

情境设计：r

柔弱	冉冉	忍让	人人	闰日	仍然	荏苒	荣辱	仁人	如若	扰攘	柔韧
肉茸	柔软	容忍	濡染	荏弱	融融	嚷嚷					

情境设计：zh ch sh r

涨潮	折寿	知识	沾手	长势	哲人	指示	肇事	找事	招事	志士	昭示
出入	仗势	著述	斩首	职称	儒术	真伪	征程	枝权	致使	阵势	震慑
咫尺	峥嵘	珍视	篆书	整容	诊室	支撑	置身	支持	专署	指使	转述
沾染	撰述	指斥	只身	至诚	窗纱	撤职	冲刷	出事	创伤	崇尚	除数
茶炊	怅然	趁势	创设	查哨	尘世	穿针	缠绕	称赏	炒勺	诚挚	叱咤

图 4-36 zh、ch、sh、r 正例

图 4-37 zh、ch、sh、r 反例

炽热	禅师	车辙	传神	纯熟	阐释	惩治	尘事	初试	厨师	持重	陈设
传真	灼伤	市政	实质	砂纸	纱罩	失职	赊账	刹车	圣旨	舌战	时针
省治	湿疹	摄政	失真	商船	处暑	市镇	生人	束装	删除	圣人	食指
数值	双重	顺畅	熟知	善终	瘦弱	时政	水蛭	税制	树脂	述职	试制
施政	禅让	暑热	实证	升值	梳妆	生长	饶恕	热忱	日食	染指	认输
惹事	溶质	柔顺	如实	入神	儒生	人质	日志	若是	人证	润饰	软食
人生	入账	人声	认生	软石	认证	肉食	任职	日照	入时	濡湿	入世

2. 绕口令情境训练

情境设计：以长辈对晚辈的谆谆教导或循循善诱的语气，也可以朋友谈心的方式真诚交流，还可以是悔悟自省式的自言自语……

知道就是知道，不知道就是不知道，不要知道说不知道，也不要不知道装知道，一定要做到老老实实、实事求是、不折不扣的真知道。

情境设计：告诫将来要从事新闻工作的播音员、主持人，不仅要掌握技巧还要更多关注国内外时事……

学习时事看报纸，报纸登的是时事。常看报纸要多思，心里装着天下事。

情境设计：两个小朋友捉迷藏，一个在里面钻，一个在外面找，嗨！总也找不找……

转转钻砖堆，钻钻转砖堆，钻钻不愿钻砖堆，转转不愿转砖堆，钻钻不钻砖堆，转转不转砖堆。

情境设计：有个朋友拉着一车货正悠然自得地前行，突然发现有个骑自行车的小伙子从车旁驶过，情急之中……

张庄张光去拉缸，两个缸，车上装，车一晃荡缸撞缸，缸一撞缸要撞伤。车别晃荡，缸别撞缸，张光把缸重新装，装好以后运张庄。

情境设计：家住一寺庙旁边，鼓楼的钟声古老、美妙而且悠扬……成了自己生活的一部分。

钟鼓楼，鼓楼钟，钟鼓楼中钟声声。钟鼓楼，鼓楼钟，钟鼓楼中钟声终。

情境设计：竹子旁边杂草丛生，遮盖了一株自生的竹笋苗，朱叔不小心一锄下去……

朱家一株竹，竹笋初长出，朱叔处处锄，锄出笋来煮，锄完不再出，朱叔没笋煮，竹株也干枯。

情境设计：地上的兔子和树上的松鼠双方斗气十足，都想俘虏对方，但是无奈于生理极限，却只能上下张望……

一株松树上有一只松鼠，一株棕树下有一只棕兔，棕兔想跳上松树捉松鼠，松鼠想跳过棕树避棕兔。

情境设计：老师带领同学们勤工俭学去工地干活儿，因为没有掌握方法，结果……

老师老是叫史善上山去拉石，史善老是没有上山去拉石，史善老是骗老师上了山上已拉石，老师老是说史善没上山上拉石是不老实，非逼着史善上山去拉石。史善大车拉小车，小车拉小石头，结果小石掉下来砸了小脚趾头。

情境设计：有个同学一直在城市生活，分不清秫和薯，请教了家在农村的同学后才明白……

秫秫地里种红薯，红薯地里种秫秫。红薯熟，秫秫熟。红薯熟了出红薯，秫秫熟了砍秫秫。秫秫高，红薯粗。出完红薯砍秫秫，砍完秫秫出红薯。

情境设计：有一天上体育课，骄阳似火，体育老师组织学生进行体能训练……

日头热，晒人肉，晒得身上好难受。晒人肉，好难受。晒得头上直渗油。

情境设计：调动嗅觉和味觉器官，想象眼前摆放一盘刚做好的青豆炒肉，啊！好香啊……

肉炒豆，豆炒肉，肉炒豆肉里有豆，豆炒肉豆里有肉。豆、肉，肉、豆味嗅诱。

3. 提示

（1）上腭前部是发声的敏感区，很多音都要在这个区域产生，舌尖接触的位置前后稍有移动，都会因侵占了其他音的发音部位而造成发音上的不准确。目前，由于语音的"南移"现象，加之对通俗歌曲的盲目模唱，许多人发这组音都靠前，舌尖与上齿龈构成阻碍，占用了舌尖中音的位置，或者用舌叶与上齿龈后部或硬腭前部构成阻碍。所以一定要注意舌尖呈点状接触（或接近）的准确位置。

（2）注意送气音 ch 和 sh 的送气量及擦音时间不要过长，并且气与声的时间要一致。

（3）与舌尖前音的注意事项基本相同，注意发音中上下齿的相互位置（如图4-37）。

（4）翘舌音声母与舌尖后元音-i［后］（呼读音）相拼，发音时，同样要注意声音不结束舌尖不能松动，避免音色发生变化。

（六）舌面音训练

舌面音的发音位置在舌面前部与硬腭前部接触或接近处，发音时舌体收束，舌尖抵在下齿龈或再靠下的位置（因人而异）。如图4-38、图4-39：

1. 词组情境训练

情境设计：j

家具	家居	简洁	经纪	戒惧	见机	寂静	结局	炯炯
接见	洁净	加剧	荆棘	坚决	交接	劫机	剪接	焦急
机井	交际	剪辑	结晶	将军	借据	结集	佳境	讲解

检举	集聚	奸计	积极	咀嚼	经济	进军	金橘	炭发
季节	纠集	家鸡	酒精	岬角	矫捷	简介	艰巨	解禁
见教	警句	晋剧	犄角	拮据	阶级	间距	警戒	荐举
激进	夹角	绝技	捷径	借鉴	嘉靖	渐进	夹击	救急
节俭	竭尽	机警	加急	近郊	接近	建交	交角	歼击
见解	急救	境界	结局	精简	京剧	旧居	救济	即将
接济	基金	嘉奖	积聚	究竟	绝迹	家教	拘谨	警觉
讲究	计较	家眷	家境	监禁	聚居			

图 4-38　j、q、x 正例

情境设计：q

确切	轻巧	乞求	强求	侵权	蹊跷	乔迁	轻骑	群情
请求	求全	千秋	祈求	前期	恰巧	齐全	氢气	弃权
取巧	轻取	铅球	清漆	轻悄	七窍	亲戚	前驱	恰切
气球	清泉	崎岖	全球	情趣	牵强	凄清	秦腔	蜷曲
缺勤	求情	漆器	窃取					

情境设计：x

消息	选修	线形	休想	学习	闲暇	现形	学校	血型
心胸	想象	详细	相信	先行	行星	嬉戏	闲心	新型
下乡	详悉	相像	膝下	显形	星宿	血腥	习性	血洗
小戏	现行	新禧	喜讯	新乡	新星	细心	星象	嬉笑
绣像	狭小	遐想	小溪	雄心	心弦	卜旬	循序	心细
纤细	兴修	星星	馨香	凶险	心性	休想	虚心	喧嚣
休闲	湘绣	显现	欣喜	歇息	新鲜	形象	栩栩	休息
悬想	细小	行凶	信箱	信息	悉心	星系	西夏	

图 4-39　j、q、x 反例

情境设计：j q x

机器	建漆	坚信	江西	简讯	侥幸	集训	嫁接	记性	匠心	机型	监禁	叫嚣
间隙	极刑	奸细	见习	娇小	畸形	渐进	急性	揭晓	缴械	汲取	侨乡	即兴
即席	绞刑	讲习	将息	浆洗	艰辛	积习	奇迹	记取	前线	起急	浅近	气急
罄尽	骐骥	企及	汽机	庆幸	契机	前襟	响器	限期	前进	器具	气息	强劲
起劲	牵线	前贤	契据	前夕	浅显	切削	牵系	群居	千金	屈膝	青筋	拳脚
青衿	潜行	迁徙	抢先	迄今	栖息	奇袭	起居	千斤	浅显	象棋	嫌弃	小瞧
极其	袭取	及其	激起	娴静	闲弃	吉期	犀角	宵禁	献旗	嗅觉	信笺	向前
响晴	掀起	信件	陷阱	辖区	吸取	限期	心尖	镶嵌	羞怯	险峻	详情	戏曲

小巧　先期　希冀　习气　序曲　小脚　修旧　求救　绣球

2. 绕口令情境训练

情境设计：大脑一时出现空白，哎呀！怎么一下子算不过账了……

七加一，七减一，加完减完等于几？七加一，七减一，加完减完还是七。

情境设计：新闻专业有位同学翘舌音与舌面音不分，同宿舍里学播音主持的同学为他纠正发音……

精致不是经济，组织不是阻击；把不直念成不急，秩序就会变成继续，也会变成持续，大使也就变成大喜啦。

情境设计：学习少儿节目主持，去学校体验、观察生活，积极热情地给小朋友们教起了数字谣……

1像铅笔细长条，2像小鸭水上漂。3像耳朵听声音，4像小旗随风摇。5像秤钩来卖菜，6像豆芽咧嘴笑。7像镰刀割青草，8像麻花拧一道。9像勺子能盛饭，0像鸡蛋做蛋糕。

情境设计：因为家禽、宠物，与邻居发生纠纷，双方都很生气……

我家有只肥净白净八斤鸡，飞到张家后院里；张家后院有条肥净白净八斤狗，咬了我家的肥净白净八斤鸡。我要张家卖了他家的肥净白净八斤狗，来赔我家的肥净白净八斤鸡，张家不卖他们的肥净白净八斤狗，不赔我家的肥净白净八斤鸡。

情境设计：两个工匠贪图小利，结果互相偷了对方的东西……

西巷有个漆匠，七巷有个锡匠。西巷的漆匠偷了七巷锡匠的锡，七巷的锡匠偷了西巷漆匠的漆；西巷的漆匠为七巷的锡匠偷漆而生气，七巷的锡匠为西巷的漆匠偷锡受刺激。一个生气，一个受刺激，岂不知你俩都是目无法纪。

情境设计：作为记者、主持人，又来到了几年前曾经采访过的一个穷山村，走进农户一瞧，惊讶不已，欣喜万分……

山腰有小桥，走过小桥请你细把由穷变富的小小山村瞧一瞧！就瞧瞧小桥不远的小小山村里的蛟蛟和肖肖。他家正在包饺饺，爸爸爱蛟蛟，说："蛟蛟包的饺饺馅儿大。"妈妈疼肖肖，说："肖肖包的饺饺皮儿薄。"不知蛟蛟包的饺饺比肖肖包的饺饺馅儿大，还是肖肖包的饺饺比蛟蛟包的饺饺皮儿薄？请你走上山腰走过小桥走进小小山村的蛟蛟和肖肖的家里去细细地瞧一瞧。其实爸、妈同爱肖肖和蛟蛟，全家其乐融融乐陶陶。山村由穷变富值得瞧一瞧！

情境设计：在幼儿园体验、观察生活，身旁有两个胖嘟嘟的小男孩儿稚气十足地在斗嘴……

小七数鸡，小西数机，小七说："我家有公鸡、母鸡、小小鸡，母鸡会生蛋，公鸡喔喔啼，小鸡吃米唧唧唧。"小西说："我家机更多，收音机、电视机、照相机、吹风机、洗衣机、游戏机……"小七和小西，一同来数鸡和机。

情境设计：眼前有一个偌大的现代化养鸡场，通过采访，了解到他们艰辛的创业史……

笑阿姨，俏阿姨，香阿姨，养鸡场里来喂鸡。笑阿姨喂七百一十七只大黄鸡，俏阿姨喂七百七十一只大花鸡，香阿姨喂七百七十七只大白鸡。三个阿姨一核计，要用机器来喂鸡，造了一套喂食机。笑阿姨能喂黄鸡七千七百一十七，俏阿姨能喂花鸡七千七百七十一，香阿姨能喂白鸡七千七百七十七。

情境设计：心里有急事，只顾着赶路，因为桥面太窄，俩人撞了个大满怀……

桥东来了巧巧，桥西来了小小。巧巧过桥找乔乔，小小过桥找肖肖。巧巧和小小相遇同上桥，巧巧让小小先过桥找肖肖，小小让巧巧先过桥找乔乔。恰巧来了乔乔和肖肖，巧巧、小小、乔乔、肖肖，桥上相遇真正巧。

情境设计：少年宫里真热闹，有学唱的，有学跳的，你瞧！真闹腾，学什么却不好好做什么……

小青和小琴，俩人手很勤，小青会弹琴，小琴会敲铃。小青要敲小琴的铃，小琴要弹小青的琴；小琴教小青敲琴，小青教小琴弹琴。

情境设计：本来很要好的朋友，由于说话不讲方式，两个人反目为仇，大打出手……

南边来了个瘸子，腰里别了个橛子；北面来了个矬子，肩上挑着个茄子。别橛子的瘸子要用橛子换挑茄子的矬子一个茄子，挑茄子的矬子不换给别橛子的瘸子一个茄子；别橛子的瘸子抽出腰里的橛子打了挑茄子的矬子一橛子，挑茄子的矬子拿起茄子打了别橛子的瘸子一茄子。

3．提示

（1）有许多人发这组音都靠前，形成舌叶发音的习惯，听觉感受嘈杂，尤其是前一个音节的前鼻音韵母归音后，下一个音节发音时，舌尖不能迅速下降，舌面不能及时参与运动，结果造成舌尖或舌叶发音的问题。纠正方法有多种：零声母半元音 i 的舌位着力点与舌面辅音的发音部位基本一致，可以先发半元音 i 来带动发舌面辅音，即舌尖抵在下齿龈（或再靠下）发 i 半元音，i 音结束（切记）舌体不要松动再发舌面音，它们发音时着力点的前后位置是一样的，但 i 音是舌体前部的两边也就是紧靠槽牙内侧的地方相对有力，而发舌面音是靠近舌中纵部用力。一定要有"透视"能力，仔细体会，即"看"到舌体的变化与着力点的控制状态，这一点很重要。

（2）注意 q 与 x 的擦音时间及气、音要同步，x 在发音位置的摩擦时间相对较长，尤其要注意不能影响话筒前的音质。

（3）舌面音也要注意上下齿的位置，下巴放松，用小镜子侧视调整（如图 4-38 正例）。

（4）以上纠正与练习必须结合听觉判断进行，运用正确的发音位置产生的声音柔和，没有杂音。

（七）舌根音训练

舌根音的发音位置是舌根与软硬腭交接处。舌尖抵住下齿龈，舌体收束，舌根应主动抬起寻找上腭。如图4-40、图4-41所示。

1. 词组情境训练

情境设计：g

挂钩	古怪	观光	广告	共管	高贵	杠杆	高歌	改革
感官	公共	故宫	搞鬼	瓜葛	规格	国歌	骨干	巩固
梗概	攻关	国格	咯咯	雇工	归功	高阁	干股	光顾
桂冠	功过	公馆	灌溉	骨骼	格格	更改	干戈	尴尬
国格	果敢	各个	拐棍	归公				

情境设计：k

图4-40 g、k、h 正例

克扣	苛刻	坎坷	刻苦	空旷	可可	夸口	亏空	困苦
可口	宽阔	苦口	慷慨	开阔	可靠	开课	口渴	开垦
开口	开矿							

情境设计：h

护航	呼号	后患	洪湖	喊话	和缓	横祸	红花	鸿鹄
合伙	含糊	含混	海涵	化合	呼唤	昏花	浩瀚	回合
毁坏	缓和	恍惚	会合	谎话	绘画	悔恨	行话	航海
会话	胡话	黄花	汇合	回纥	花会	互换	合欢	好话
回火	花盒	海河	憨厚	荷花	祸患	好汉	花卉	欢呼
挥霍	回话	后悔	辉煌	黄昏	豪华	怀恨	淮海	皇后
惶惑	昏黑	浑厚	活化	火花	火海	祸害	黄河	挥毫

情境设计：g k h

图4-41 g、k、h 反例

苦瓜	苦果	看管	跨国	开工	开关	矿工	刻骨	客观
考古	可观	花褂	会徽	合格	苦干	高考	功课	甘苦
顾客	骨科	概括	干渴	观看	赶快	广阔	攻克	高空
干枯	工科	还款	开怀	海港	干旱	看海	怀古	何苦
合股	隔阂							

2. 绕口令情境训练

情境设计：设想和哥哥一起去瓜田买瓜回来，听说有一个长得非常奇怪的狗，俩人好奇地想看个究竟……

哥挎瓜筐过宽沟，赶快过沟看怪狗，光看怪狗瓜筐扣，瓜滚筐空哥怪狗。

情境设计：有个同学因为唇舌不灵活，说话时竟惹出了笑话，逗得大家前仰后合……

干板是干板，鞭杆是鞭杆。干板不是鞭杆，鞭杆不是干板。干板是晒干的干板，鞭杆是赶牛的鞭杆。别把干板念成鞭杆，也别把鞭杆念成干板。要念准干板和鞭杆，天天多念鞭杆和干板。

情境设计：虽然是好兄弟，但是要算清账。家长分家不公，大哥耐心相劝……

大哥多二锅，二哥多大锅，大哥想拿多的二锅换二哥多的大锅，二哥不想拿多的大锅换大哥的二锅。大哥说，你给我大锅，我给你二锅，咱俩合伙用大锅和二锅。二哥只好送给了大哥的大锅，大哥赶紧送给了二哥的二锅，俩人都有了大锅和二锅。

情境设计：正在播放的动画片，有个非常漂亮、考究的瓷碗造型，随着镜头的推移，瓷碗上的图案逐渐活动了起来……

一只大红花海碗，画了个大胖活娃娃；大红花海碗下，扣了只大花活河蛤蟆。画了大胖活娃娃的大红花海碗，扣住了大花活河蛤蟆，大花活河蛤蟆，服了大红花海碗上的大胖活娃娃。

情境设计：面前这幅画，让人领略了什么叫生动……

萧何会画画，提笔画荷花，荷花画得好，活像活荷花。

情境设计：一位幼儿园的老师刚刚给两个闹了小矛盾的小朋友做通了思想工作，俩人便破涕为笑……

华华有两朵黄花，红红有两朵红花，华华要红花，红红要黄花，华华送给红红一朵黄花，红红送给华华一朵红花。

情境设计：家境困顿，姐弟俩不但学习成绩好，而且从小就学会了干农活儿，你瞧！香气宜人的花园，一望无际的瓜田……

姐姐叫海花，弟弟叫海娃。海花会种花，海娃会种瓜。海花海娃爱劳动，人人都把他们夸。

3. 提示

（1）要注意舌根抬起后舌尖仍要抵在下齿龈，以保证舌体的稳定性，利于收束舌体和扩大口腔共鸣（如图4-40正例）。

（2）由于这组音的位置靠后，发音时声位也容易随着靠后以至压喉，应注意结合发声训练对口腔控制的要求，在发音时舌根尽量向上前方抬起，做到后音前发。

（3）注意 k 与 h 的擦音时间及气、音同步。

二、零声母训练

零声母由元音充当,但在实际发音中元音充当零声母音节与作为元音发音却有着力度的区别,第九章口腔控制训练即是结合6个元音,以零声母的发音状态进行具体训练,在此可结合口腔控制里的训练要求进行。

(一)开元音零声母音节情境训练

发开元音零声母音节要结合口腔的"静态"控制要求,唇形、喉部要适度紧张,但不能造成压喉现象,否则反而影响发声,适得其反。如图4-42、图4-43、图4-44所示。

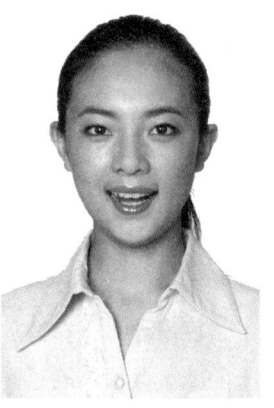

图4-42　a 正例

1. 词组情境训练

情境设计:以开口呼 a、o、e 起音,根据词义设计语境……

皑皑	蔼蔼	嗷嗷	暗暗	昂昂	恩爱	偶而	傲岸	二氧
阿姨	熬夜	安逸	恶意	扼要	而已	昂扬	鳄鱼	安慰
耳语	阿谀	安危	哀怨	恶意	安稳	额外	偶遇	耳闻
喔喔	欧阳	偶遇	按语					

图4-43　o 正例

2. 绕口令情境训练

情境设计:两位同学遇到两只受困的珍禽,强烈的动物保护意识使他们不由得与阿姨发生了口角……

安爱爱路遇一鹅嗷,原蛾蛾夜遇一鸥饿。原蛾蛾喂饿鸥,安爱爱喂嗷鹅。叶阿姨耳闻要鸥鹅,爱爱、蛾蛾齐遏叶阿姨应爱护一级鸥鹅。

情境设计:小朋友喜欢动物是天性,可有谁能像安安这样啊……

安安和鹅鹅,从小不能分。安安天天喂鹅鹅,鹅鹅天天唱不停。鹅鹅爱安安,安安爱鹅鹅。

情境设计:联想新闻频道一则消息,东北一名妇女因救治了一只鹅,结果这只鹅每年繁衍后代带给这名妇女的回报是价值几十万元,自己养鹅的心劲就更足了……

鸭是鸭,鹅是鹅,我是我,我不是鹅,鹅不是鸭,鸭不是我。

图4-44　e 正例

鹅肚饿，我喂鹅，我爱鹅，鸭追我。鹅生鸭蛋鹅变鸭，鸭生鹅蛋鸭变鹅。鹅、我、鸭，鸭、我、鹅，一样乐呵呵。

情境设计：大家都在议论，二安这个小伙子可真有福气，娶了个好媳妇……

二安嫂爱二安，二安更爱二安嫂。二安嫂爱二安心好，二安爱二安嫂手巧。

3. 提示

（1）e 零声母在发音时要注意后音前发。如图 4-44 所示。

（2）"er（二、而等）"音发音结束后，舌尖从卷起动作要迅速下放到下齿龈（除了声母音是舌尖音，例："耳朵 ěr duo"）。

（二）半元音零声母词组训练

在发零声母音节时，舌位力度要相对加大，防止造成与前一个音节合二为一的现象；半元音零声母发音舌位（舌体的着力点）高。如图 4-45、图 4-46、图 4-47 所示。

1. 词组情境训练

情境设计：以齐齿呼 i 起音，根据词义设计语境……

一样	意义	野营	烟雾	已往	言语	演员	要隘	医药
银耳	谚语	演绎	洋芋	遗忘	业余	言语	音位	伴言
妖冶	厌恶	因而	友爱	养育	烟雨	要员	隐约	诱饵
演义	燕鱼	扬言	摇曳	业务	以往	因为	延误	演员
遥远	音乐	议案	吟味	疑义	悠悠	犹有		

图 4-45　i 正例

情境设计：以撮口呼 ü 起音，根据词义设计语境……

援外	远洋	语言	余额	悦耳	韵语	逾越	愿意	欲望
永远	用语	预言	运营	鱼饵	冤案	女佣	用于	愿望
踊跃	用意	云霓	渊源	渔网	愉悦	孕育	拥有	勇于
园艺	鸳鸯	跃跃	员外	庸医	源源	预演	愚妄	冤枉
渔网	原文	云雾	韵味	运用	云雨	预约	云涌	

图 4-46　ü 正例

情境设计：以合口呼 u 起音，根据词义设计语境……

微微	外援	威武	无疑	晚安	无为	外域	胃炎	呜咽
婉言	伟岸	危亡	无益	唯物	为伍	问案	外衣	无业
忘我	雾霭	玩味	无畏	威严	武艺	围网	巍巍	谓语
蜿蜒	外遇	乌云	五味	晚宴	午夜	无意	往往	娓娓
瘟疫	蛙泳	委员	乌鸦	位于	婉约	外语	威望	罔闻
舞艺	文艺	哇哇						

2. 绕口令情境训练

情境设计：在普及普通话的同时，为了保护非物质遗产——方言，本地区举办了一场方言比赛，并要求通过情景剧的方式进行……

男演员，女演员，同台演戏说方言。男演员说吴方言，女演员说闽方言。男演员演远东劲旅飞行员，女演员演鲁迅著作研究员。研究员，飞行员，吴方言，闽方言，你说男女演员演得全不全。

情境设计：有两个非常可爱的小姑娘，活灵活现地出现在我的眼前……

图 4-47　u 正例

眼前有个阎圆眼，眼右有个阎眼圆，二人眼前一眨眼。不知是阎圆眼比阎眼圆的眼圆，还是阎眼圆比阎圆眼的眼圆？

情境设计：八月十五的晚上星亮月圆，大家品尝着丰盛的果点，又说又笑……

圆圆远远叫圆月，叫来圆月来赏月。圆圆说：月月圆。圆月说：圆圆月。圆圆说：圆月的眼圆比月圆。圆月说：圆圆的圆眼赛圆月。究竟是圆圆、圆月的眼儿圆，还是圆圆的月儿圆？

情境设计：几位朋友去一个专门做农家菜的饭店吃饭，结果把豌豆说成了荷兰豆，饭店服务员热情耐心地解释……

晚弯豌豆，早弯豌豆，干弯豌豆，晚弯豌豆不是早弯豌豆，早弯豌豆不是干弯豌豆，干弯豌豆不是晚弯豌豆。晚弯豌豆晚，弯晚豌豆弯。晚弯豌豆晚种也晚收，弯晚豌豆种晚收也晚。晚弯豌豆又晚又弯，弯晚豌豆又弯又晚。不知你是喜欢又晚又弯的晚弯豌豆，还是喜欢又弯又晚的弯晚豌豆？

情境设计：江、楼、月、影，多么美妙的诗情画意啊！有多少文人墨客在这里流连忘返……

望江楼，望江流，望江楼上望江流，望江江流楼不流。望江楼，望江流，望江楼上望江流，江楼千古，江流千古；印月井，印月影，印月井中印月影，月井万年，月影万年。

3. 提示

(1) 起音时唇舌的力度是发好零声母音的关键。

(2) 注意力度的把握"过犹不及"。

(3) 每一个零声母音在发音时都要注意口腔后部的开度与舌位着力点力度的关系。

(4) a、o、e 训练时可采用视觉调整的方式进行，迅速建立听感后到了 i、ü、u 训练不能通过视觉调整时，即可在听觉判断的基础上进行纠正。

三、声母辨证训练

学习普通话声母，一是发音，二是辨字。由于受当地语言环境影响，许多初学者学习在声母中的问题一般呈"系列"出现，比如平舌音 z、c、s 和翘舌音 zh、ch、sh 区分的问题，舌尖中音 n 和 l 区分的问题，甚至唇齿音 f 和舌根音 h 的问题等。

（一）舌尖音辨证训练

1. 词组情境训练

情境设计：z——zh　zh——z

杂志	栽种	字纸	作者	自主	宰制	滋长	遵照	自传	组织	在职	罪证
增值	总之	宗旨	阻止	阻止	资助	坐镇	资质	紫竹	载重	坐庄	尊重
作战	自治	座钟	赞助	罪状	栽植	诅咒	造纸	佐证	组长	作证	左转
渣滓	猪崽	转载	捉贼	种族	制造	猪鬃	装载	主宰	铸造	制作	职责
栀子	治罪	沼泽	正宗	准则	知足	追踪	支嘴	指责	支左	振作	著作
壮族	转赠	质子	锥子	张嘴	装作	追赃	侄子	寨子	毡子	渣子	长子
坠子	罩子	榛子	枝子	种子	竹子	镯子					

自愿——志愿　租子——珠子　宗旨——终止　自理——治理　找到——早稻
阻力——主力　增光——争光　造就——照旧　赠品——正品　赞歌——战歌
钻营——专营　字符——制服　大字——大致　栽花——摘花　制造——自造
综合——中和　佃租——电珠　天才——添柴

情境设计：z——ch　ch——z

在场	赞成	早场	早晨	早春	责成	增产	资产	自称	足赤	自持	祖传
组成	嘴唇	最初	尊称	尊崇	坐车	做成	自产	坐船	吹奏	锤子	插足
插嘴	茶座	杈子	掺杂	插座	铲子	长足	厂子	超载	禅宗	吵嘴	沉醉
趁早	赤子	赤字	斥责	尺子	充足	虫灾	重奏	绸子	出租	出走	穿凿
窗子	创作	创造									

情境设计：z——sh　sh——z

杂税	杂耍	宰杀	再生	在世	暂时	赞赏	遭受	早上	枣树	综述	早熟
早市	增生	姿势	自杀	自身	自首	自述	总署	咋舌	总数	纵深	走失
钻石	遵守	左手	做寿	宗室	顺嘴	傻子	沙子	筛子	擅自	扇子	上座
勺子	蛇足	深造	婶子	涉足	肾脏	生字	绳子	师资	狮子	失足	失踪

识字　实在　十足　始祖　士卒　氏族　手足　受灾　受罪　数字　赎罪　刷子
水藻　水族　说嘴

情境设计：z——r　r——z

杂糅　早日　责任　姿容　滋润　自然　自如　自若　纵然　纵容　罪人　做人
让座　绕嘴　人造　认字　认罪　日子　润泽　冗杂　孺子　褥子　软枣

情境设计：c——ch　ch——c

裁处　草虫　裁撤　采茶　餐车　擦车　草创　财产　操场　粗茶　操持　存查
残喘　错车　痤疮　磁场　促成　彩车　辞呈　槽床　蚕虫　彩绸　仓储　刺穿
长存　差错　陈词　纯粹　川菜　储藏　炒菜　出操　船舱　尺寸　穿刺　冲刺
场次　长辞　串词　筹措　虫草　陈醋　揣测　春蚕　初次　锄草　车次　充磁
春草　成材　唱词　蠢材　吃醋　储存
新村——新春　推辞——推迟　粗糙——出操　词序——持续　乱草——乱吵
从来——重来　擦手——插手　榆次——鱼翅　深藏——身长　祠堂——池塘
木材——木柴　曾经——成精　粗放——出放　乱草——乱吵　惨淡——产蛋

情境设计：c——zh　zh——c

裁纸　财政　才智　财主　采摘　采制　猜中　菜种　参战　丛冢　参照　参政
餐桌　参酌　残渣　惨重　草纸　侧重　瓷砖　辞章　辞职　此致　粗壮　促织
村庄　村镇　存折　挫折　从政　磁针　择菜　榨菜　斩草　遮藏　珍藏　针刺
政策　值此　制裁　致辞　中层　仲裁　助词　注册　贮存　贮藏

情境设计：c——sh　sh——c

擦拭　财神　菜市　参数　蚕食　残杀　苍生　餐室　藏书　藏身　操守　草书
草率　测试　岑参　瓷实　刺史　测试　慈善　此时　辞书　次数　刺杀　刺参
从事　丛书　凑手　脆生　磋商　措施　促使　丛生　挫伤　粗疏　凑数　赏赐
上策　上层　深藏　身材　神采　生词　生存　生财　失策　史册　失措　诗词
侍从　誓词　收藏　寿材　手册　受挫　蔬菜　树丛　数词　水草　水彩　顺从
鼠窜　上苍

情境设计：c——r　r——c

残忍　惨然　猝然　脆弱　雌蕊　猝然　词人　从容　辞让　人次　仁慈　认错
揉搓　如此

情境设计：s——sh　sh——s

搜身　撒手　私事　随身　随时　缩水　诉说　赛事　丧失　扫射　松鼠　四书
算术　琐事　死尸　巳时　唆使　算数　丧事　燧石　四时　碎石　宿舍　所属

私塾　三山　损失　松树　岁数　散失　四书　死伤　素食　速胜　撒手　桑葚
散射　松手　虽说　岁首　损伤　死守　飒爽　死水　私事　疏松　失色　失散
胜诉　声速　上算　石锁　顺遂　声色　石笋　伸缩　深邃　时速　誓死　舒松
申诉　疏散　生死　输送　殊死　神似　守岁　胜似　上司　上诉　世俗　哨所
深思　食宿　失算　收缩　神色　失速　释俗　上溯　熟思　疏松　生丝　神思
舒散　神速　山色　绳索

死命——使命　苏绣——蜀绣　搜集——收集　三头——山头　散光——闪光
撒网——纱网　俗语——熟语　三角——山脚　酥油——输油　四季——世纪
三星——膻腥　私事——失事

情境设计：s——zh　zh——s

三只　散装　丧钟　扫帚　四肢　丝织　死战　四周　松脂　送终　苏州　素质
算账　长孙　折算　真损　真酸　诊所　正色　治丧　致死　追随　周岁　珠算
蛛丝　竹笋　住宿　住所　转送　转速　装蒜　追溯

情境设计：s——ch　ch——s

赛车　三春　散场　扫除　色差　思潮　私产　四处　松弛　宋朝　搜查　俗称
速成　宿仇　酸楚　算尺　随处　岁除　丝绸　春色　茶色　拆散　蟾酥　场所
沉思　称颂　成色　吃素　充塞　重孙　抽穗　出色　处死　处所　穿梭　传颂
垂死

情境设计：s——r　r——s

散热　骚扰　私人　丝绒　死人　松软　飒然　松仁　送人　酥软　素日　肃然
酸软　虽然　损人　索然　染色　鞣酸　肉色　肉松　润色　乳酸　弱酸

情境设计：l——n　n——l

羚牛　落难　历年　利尿　辽宁　列宁　凌虐　留念　鲁南　羚羊　遛鸟　来年
老农　老衲　老年　冷暖　连年　两难　流年　理念　林农　流脑　留鸟　烂泥
老娘　冷凝　那里　雷鸟　累年　年轮　岭南　老牛　鸟类　年龄　哪里　女篮
年历　脑瘤　嫩绿　逆流　南岭　尼龙　能量　暖流　能力　努力　内陆　脑力
农林　耐劳　浓烈　凝练　纳凉　奴隶　奶酪　年利　男篮　内乱　内涝　女郎
泥浆——滴江　无奈——无赖　恼怒——老路　难住——拦住　千年——牵连
蜗牛——涡流　大娘——大梁　南布——蓝布　浓重——隆重　门内——门类
鸟雀——了却　允诺——陨落　无奈——无赖　女客——旅客　留念——留恋
水牛——水流　烂泥——烂梨　三年——三联　脑子——老子　男女——褴褛
逆行——厉行　年节——联结　年谱——脸谱　牛黄——硫磺　猪年——株连

晚年——挽联　青年——清廉　乙脑——遗老　油泥——游离　滑腻——华丽
学年——学联　姑娘——估量　分蘖——分裂　旖旎——迤逦　南天——蓝天
年夜——连夜　浓重——隆重　牛年——流年　南宁——兰陵

2. 绕口令情境训练

情境设计：各行各业都有自己的专业出版社，哪有像这个杂志社，可真够"杂"的啊……

杂志社出杂志，有政治常识、历史常识、写作指导、诗词注释，还有那——植树造林，治理沼泽，栽花种草，生产手册，种种杂志数十册。

情境设计：有个特别调皮的小男孩儿，把刚糊好的窗户纸又给撕了，我气急败坏地数落他……

刚往窗上糊字纸，你就隔着窗子撕字纸。一次撕下横字纸，一次撕下竖字纸，横竖两次撕了四十四张湿字纸。该撕字纸你可以撕字纸，不该撕字纸你就不要胡乱撕一地纸。

情境设计：刚听张三讲了一件令人吃惊的事情，回头又绘声绘色地讲述给其他人……

三月二十三，张三撑伞上深山，上山张三看见三丈三的长虫转山川，上山又下山，下山张三仍见三丈三的长虫转完了山川钻穿山。张三身吓一身汗，湿了一身衫，上山下山跑了三里三。

情境设计：哎！谁听说过这样蹊跷的事儿啊？石头狮子能咬树，柿子树能涩石……

山前有四十四棵涩柿子树，山后有四十四只石狮子，山前的四十四棵涩柿子树，涩死了山后的四十四只石狮子，山后的四十四只石狮子，咬死了山前的四十四棵涩柿子树。不知是山前的四十四棵涩柿子树，涩死了山后的四十四只石狮子，还是山后的四十四只石狮子，咬死了山前的四十四棵涩柿子树。

情境设计：设想电视台正在举办一场少儿算术比赛，自己就是这场比赛的主持人，此时你正在向面前的小朋友们绘声绘色地讲……

史家四个小孩子，一齐上树摘柿子。一个摘四个柿子，一个摘十四个柿子，一个摘四十个柿子，一个摘四十四个柿子。你说说他们一共摘了多少个柿子？

情境设计：学雷锋日活动轰轰烈烈，兄弟俩一合计：帮助孤寡老人去干活儿……

大柴和小柴，帮蔡爷爷晒柴菜。大柴晒柴小柴晒菜，大柴晒柴比小柴晒菜快，小柴晒菜紧紧追大柴。大柴晒柴不怕烈日晒，小柴晒菜烈日下不怕晒。晒干了蔡爷爷的柴和菜，大伙都夸大柴和小柴菜柴晒得快。

情境设计：初秋时节，凉爽的秋风送来了阵阵蝉声，农家小院里蚕儿正在啃着桑叶，蝉叫声声，蚕食沙沙……

这是蝉，那是蚕，这是树上叫的蝉，那是吃桑叶的蚕，蝉不是蚕，蚕不是蝉，不能把蝉说成蚕，也不能把蚕说成蝉。

情境设计：小柳和小妞住在一个依山傍水、风景秀丽的小村庄，两人从小青梅竹马，非常要好……

路东住着刘小妞，路南住着牛小柳，刘小妞拿着大皮球，牛小柳抱着大石榴，刘小妞把大皮球送给牛小柳，牛小柳把大石榴送给刘小妞。

情境设计：动画片有一组人与龙斗智的镜头，动效好、情节浓，看后叹为观止，是什么呢……

老龙恼怒闹老农，老农恼怒闹老龙，农怒龙恼农更怒，龙恼农怒龙怕农。

情境设计：两个相亲相爱的有情人，演绎了一段现代版的牛郎织女的新故事，听后真让人感动万分哪……

牛郎年年恋刘娘，刘娘连连念牛郎，牛郎恋刘娘，刘娘恋牛郎，郎恋娘来娘念郎。

情境设计：目前农村出现了许多种草、养牛的新农户，他们思想先进，有科学头脑，大家有事同商量，有资源共享，你看……

刘有流养了六头小黄牛，牛久楼养了六头小奶牛。刘有流告诉牛久楼，村西有野草肥溜溜，牛吃了连毛都会流油；牛久楼告诉刘有流，村东有野草香悠悠，牛吃了连油都会顺毛流。刘有流与牛久楼，决心为四化多养牛。

情境设计：虽然有许多农村实现了现代化，但是还有不少偏远农村的农耕条件非常差，比如……

蓝衣布履刘兰柳，布履蓝衣柳兰刘，兰柳拉犁来犁地，兰刘牵牛来拉耧。辍学妞妞放牛牛，管不住牛牛要吃河边柳，妞妞赶牛牛不走。妞妞护柳扭牛头，牛牛扭头瞅妞妞，妞妞怒牛牛又扭，牛扭妞妞拗拧牛。

3. 提示

（1）注意 n 声母音的位置要随韵母的不同进行调整。

（2）边音 l 的发音位置（成阻部位）比 d、t、n 稍后一些。

（二）唇舌音辨证训练

1. 词组情境训练

情境设计：f——h　h——f

发话	纷华	富豪	繁华	焚毁	反话	负荷	返回	焚化	防洪	风寒	符合
复核	奉还	缝合	丰厚	分红	防护	分化	浮华	分洪	符号	粉红	封河
复合	腐化	附和	反悔	凤凰	孵化	翻悔	负号	愤恨	饭盒	发昏	妨害
绯红	防寒	发挥	番号	返航	防护	防火	飞蝗	废话	风寒	烽火	附会

发还	汾河	返还	复活	海风	回访	号房	绘画	荒废	横幅	和风	花费
化肥	何妨	划分	耗费	毫发	花粉	寒风	洪福	豪放	话锋	花房	和服
后方	海防	洪福	混纺	汇费	恢复	挥发	洪峰	海防	会费	画舫	化分
河防	谎话	会话	黄花	回话	活佛	合法	黄蜂	伙夫	合肥	和服	鹤发
护法	华发	换房	焕发	皇甫	伙房	浩瀚	和风				

发展——花展　凡是——环视　复利——互利　复员——互援　飞机——回击
防空——航空　分头——昏头　幅度——弧度　分配——婚配　房山——黄山
发现——花线　伏案——湖岸　风箱——烘箱　粉尘——很沉　干饭——干旱
开发——开花　黑发——黑话　汾酒——很久　符合——糊盒　绯红——黑红
粉肠——很长　肩负——监护　飞天——黑天　初犯——出汗　风箱——烘箱
繁育——韩愈　反省——喊醒　扉页——黑夜　飞溅——黑键　饭前——焊钳
粉尘——很沉　缝合——恒河　墙缝——强横　伏案——湖岸　复句——沪剧
富丽——互利

情境设计： j——z　z——j

抉择	自绝	节奏	竞走	自居	积攒	结扎	救灾	字据	拒载	佳作	集资
字句	自觉	咱家	自己	总结	杂技	资金	尊敬	酒醉	租金	子金	紫堇
自尽	杂记	足金	字迹	自给	杂家	自决	字据				

情境设计： q——c　c——q

| 清脆 | 其次 | 青瓷 | 钱财 | 潜藏 | 器材 | 起草 | 取材 | 凄惨 | 切磋 | 憔悴 | 屈才 |
| 青翠 | 凑巧 | 萃取 | 篡权 | 草签 | 粗浅 | 瓷器 | 从前 | 残缺 | 采取 | 瓷器 | |

情境设计： x——s　s——x

| 辛酸 | 乡俗 | 逊色 | 迅速 | 心算 | 寻死 | 血色 | 选送 | 虚岁 | 徇私 | 心酸 | 硝酸 |
| 速效 | 送信 | 三弦 | 搜寻 | 酸心 | 思乡 | 索性 | 思想 | 送行 | 随想 | 思绪 | 松懈 |

2. 绕口令情境训练

情境设计： 放眼望去，绵延的青山，郁郁葱葱，啊！真是绿的世界，绿的海洋……

草丛青，青草丛，青草丛里草青虫。青虫钻进青草丛，青虫青草分不清。青青松，松青青，青青山上种满松。青青松染青青山，青青山染青青青松。

情境设计： 兄妹几个人在外地工作，年三十这一天才团聚，一家人热热闹闹、开开心心、忙着准备年夜饭……

一个大嫂子，一个大小子。大嫂子找大小子比包饺子，看是大嫂子包的饺子好，还是大小子包的饺子好？再看大嫂子包的饺子少，还是大小子包的饺子少？大嫂子包的饺子又小又好又不少，大小子包的饺子又小又少又不好。

情境设计：生活在一个祥和、幸福的和谐社会中，不要忘记那些为社会安宁做出贡献甚至付出生命的公安、边防战士……

歌逐晨雾飞，蹄下露珠碎。北疆铁骑去巡逻——满身披朝晖。心潮起伏似海涌，战斗激情如江水，凝视茫茫大草原，胸怀世界为人类。疾雨洗军衣，惊雷壮军威春夏秋冬如一日——昼夜勤巡回。长征火种播心田，中南海灯光照边陲。阳光雨露育新蕾，锤炼红色新一辈。金光洒满道，锦绣铺塞北，胜利凯歌一曲曲，声声引人醉。矫健战马急鞭催，钢铁长城筑心内。

情境设计：由于手头的"绣活儿"催得急，想赶工期，结果越急越不出活儿，反而总出错儿……

试将四十七支极细极细的紫丝线，试织四十七只极细极细的紫狮子。让细紫丝线试织细紫狮子，细紫丝线却织成了死紫狮子。紫狮子织不成，扯断了细紫丝线。

情境设计：中午开饭了，有一个小朋友哭着喊着嫌他的饭太少，阿姨赶快过去哄他……

红饭碗，黄饭碗，红饭碗盛满碗饭，黄饭碗盛半碗饭，黄饭碗添半碗饭，像红饭碗一样满碗饭。

情境设计：记得中央电视台《交换空间》的一期节目：室内设计师给一个将要举办婚礼的新房设计得别具情调……

费家有面粉红墙，粉红墙上画凤凰。凤凰画在粉红墙，红凤凰、黄凤凰，红凤凰看黄凤凰，黄凤凰看红凤凰。粉凤凰、飞凤凰，粉红凤凰花凤凰，全都仿佛活凤凰。

情境设计：影视城里拍电影，请两个群众演员，两人为争用道具吵了起来……

老方扛着个黄幌子，老黄扛着个方幌子，老方要拿老黄的方幌子，老黄要拿老方的黄幌子，老黄老方不相让，方幌子碰破了黄幌子，黄幌子碰破了方幌子。

情境设计：社会在发展，分工有不同，什么样的人才都需要，决不能还停留在"学好数理化，走遍天下都不怕"的传统认识上……

学理化学理发，我们学的是理化，他们学的是理发。学会理发不懂理化，可学会理化也不会理发。理化理发要分清，社会需要理化，也离不开理发。

情境设计：农业大学的学生进行专业认知，老师正在给同学们讲解化肥的颜色、特性等知识……

黑化肥发灰，灰化肥发黑。黑化肥发灰会挥发；灰化肥挥发会发黑。黑化肥挥发发灰会挥发；灰化肥挥发发黑会发挥。

灰肥混黑肥。黑肥混灰肥黑肥黑又灰，灰肥混黑肥灰肥灰又黑。黑肥混灰肥，肥比黑肥黑；灰肥混黑肥，肥比黑肥肥。

3. 提示

（1）以上的情境设计仅仅是一个情境提示，希望训练中能多角度设计，激发训练兴趣，丰富训练方法和内容。

（2）发 f 和 h 舌尖都应放在"栖息地"——下齿龈（除了韵尾归音是前鼻音 n）。

附一 声母歌（采桑）

ch　r　q　m　z　c　s　j　t　n
春　日　起　每　早，采　桑　惊　啼　鸟。
f　g　p　b　x　h　k　l　z　d　sh
风　过　扑　鼻　香，花　开　落，知　多　少。

附二 声母对照辨音字（见表 4-2 至表 4-6）

（说明：以下表中的①②③④分别表示阴、阳、上、去四种声调）

（一）zh、ch、sh 与 z、c、s 的辨音对照

表 4-2

声母 例字 韵母	zh	z
a	①扎驻~渣②闸铡扎挣~札信③眨④乍炸榨蚱栅咤	①扎包~匝咂②杂砸③咋
e	①折蛰遮②哲辙谪③锗褶者④蔗浙这鹧	②泽择责则喷帻④仄侧
u	①朱珠蛛株诸猪茱②竺躅竹烛逐③主瞩拄煮嘱④注蛀住柱驻贮祝铸筑箸著	①租菹②族足卒镞③组阻祖诅
-i	①之芝支枝肢知蜘汁只织脂②直植值侄殖执职③止址趾旨指纸只④至窒志治质帜挚掷秩置滞智稚痔	①兹滋孳姿咨资孜龇蕾辎③子仔籽梓滓紫④字自恣渍眦
ai	①摘斋侧②宅③窄④寨债	①灾哉栽③仔宰载崽④再在载~重
ei	④这	②贼鲗
ao	①昭招朝钊嘲②着③找爪沼④照召赵兆罩肇棹	①遭糟②凿③早枣藻澡④造皂灶躁燥

续表

声母 例字 韵母	zh	z
ou	①州洲舟周粥②轴妯③帚肘④宙纣胄昼咒骤皱	①邹驺诹鲰③走④奏揍
ua	①挝抓③爪~子	
uo	①拙涿桌捉卓②着灼酌浊镯啄琢濯	①作~坊嗫②昨笮舴③左佐撮④坐座作柞做祚
ui	①骓追锥④缀赘坠惴缒赘	③觜嘴④最罪醉檇
an	①沾毡粘③盏展斩④占站战栈绽蘸湛	①糌簪②咱③攒④赞暂瓒
en	①贞侦祯桢真帧珍砧③疹诊枕缜鬒④振阵镇	③怎
ang	①张章獐樟彰③涨长掌涨~潮④丈杖帐涨 头昏脑~嶂障	①赃脏肮~④葬藏脏奘
eng	①正~月征争睁挣蒸③整拯④正政症证郑	①曾憎增缯④赠甑锃
ong	①中盅忠钟衷终③肿种~子④中打~种~ 植仲重众	①宗棕踪综鬃③总偬④纵粽
uan	①专颛砖③转④传转~动撰篡赚	①钻③纂④钻~石
un	①谆屯肫③准埻	①尊遵鳟樽
uang	①庄桩装妆④壮状撞幢	

表 4-3

声母 例字 韵母	ch	c
a	①叉杈插差~别喳嚓②茬茶搽查察③衩踷④刹杈岔诧差~不多	①擦嚓礤③礤
e	①车③尺扯④彻撤掣澈	④册策厕侧测恻

续表

声母 例字 韵母	ch	c
u	①出初②除厨橱锄蹰刍雏③楚础杵储处~分④畜触蠢处	①粗②徂殂④卒仓~猝促醋簇蹙
-i	①吃痴嗤 ②池驰迟持匙 ③尺齿耻侈豉④斥炽翅赤叱敕	①疵差参~②雌辞词祠瓷慈磁兹③此龇泚④次伺刺赐
ai	①差钗拆②柴豺③茞④虿瘥	①偲猜②才财材栽③采彩睬④菜蔡
ao	①抄钞超绰②朝潮嘲巢③吵炒④耖	①操糙②曹漕嘈槽③草
ou	①抽瘳②仇筹畴踌绸稠酬愁③瞅丑④臭	④凑辏腠
uo	①戳踔④绰~号辍啜惙	①搓蹉磋撮②矬痤④措错挫锉
uai	③揣④踹膪	
ui	①吹炊②垂捶锤槌	①榱崔摧催③璀④萃悴淬翠粹瘁脆
an	①搀掺 ②蝉禅谗馋潺缠蟾 ③铲产阐④忏颤	①餐参掺②蚕残惭③惨④灿璨
en	①琛嗔②辰晨宸沉忱陈臣④趁衬称相~	①参~差②岑涔
ang	①昌猖娼伥②常嫦尝偿场肠胀长③厂场敞氅④倡唱畅怅	①仓苍舱沧②藏
eng	①称撑 ②成诚城盛~水呈程承乘澄橙惩③逞骋④秤	①噌②曾层④蹭
ong	①充冲舂②重~新虫崇③宠④冲	①匆葱囱聪枞②从丛淙
uan	①川穿②船传椽③喘舛④串钏	①蹿氽②攒④窜篡
un	①春椿②唇纯淳醇③蠢	①村②存③忖④寸
uang	①窗疮创~伤②床③闯④创~造	

表 4-4

声母 例字 韵母	sh	s
a	①沙纱砂痧杀杉②啥③傻④煞厚大~	①撒③洒撒~种④仨萨飒
e	①奢赊②舌蛇③舍施~④社舍宿~射麝设摄涉赦	④色瑟啬涩塞
u	①书梳疏蔬舒殊淑输抒纾枢②孰熟成~塾赎③暑署薯曙鼠数属黍④树竖术述束潄恕数	①苏酥②俗④素塑诉肃粟宿速
-i	①尸师狮失施诗湿虱蚀③史使驶始屎矢④世势誓逝市示事是视室适饰士氏恃式试拭轼弑	①司私思斯丝鸶③死④四肆似寺
ai	①筛③色④晒	①腮鳃塞④塞要~赛
ao	①捎稍艄烧②勺芍杓韶③少④少哨绍邵	①臊骚搔③扫嫂④扫臊害~
ou	①收②熟~了③手首守④受授寿售兽瘦	①溲馊飕搜艘馊③叟擞④嗽
ua	①刷③耍	
uo	①说④硕烁朔	①缩娑蓑梭唆③所锁琐索
uai	①衰③甩④帅率蟀	
ui	②谁③水④税睡	①虽屎荽②绥隋随遂半身不~③髓④岁碎穗隧燧遂~心邃
an	①潸舢删衫杉珊栅珊扇煽③闪陕④扇善膳擅赡	①三叁③伞散~文④散
en	①申伸呻身深参人~②神③沈审婶④慎肾甚渗	①森
ang	①商墒伤③晌垧赏④上尚	①桑丧~事③嗓④丧~失
eng	①生牲笙甥升声②绳③省④圣胜盛剩	①僧
ong		①松③悚怂耸④送宋讼颂诵
uan	①拴栓④涮	①酸④算蒜
un	④顺	①孙③笋损
uang	①双霜③爽	

表 4-5

韵母 \ 例字 \ 声母	h	韵母 \ 例字 \ 声母	f
u	①呼乎忽惚②胡湖糊狐壶③虎唬琥浒④户沪护冱扈互	u	①夫肤敷麸②扶芙孚浮伏拂怫蝠符弗福辐服③甫腐辅抚腑斧腑府俯④付咐驸赴复腹父富傅缚负赋妇腹
ua	①花哗②华划滑猾铧④画划化华桦话	a	①发②伐筏阀乏罚③法砝④发
uo	①豁攉耠②活和③火伙夥④或惑藿霍获货祸豁	o	②佛
uai	②怀徊淮槐踝④坏		
ui	①灰恢诙挥辉徽②回蛔茴③悔毁④会绘烩汇海晦惠慧卉贿秽讳	ei	①非扉霏菲绯蜚飞妃②肥淝③匪诽翡④费沸吠废肺痱
uan	①欢獾②还环桓③缓④换唤痪焕幻患豢宦浣	an	①番翻幡帆②凡烦矾樊繁③反返④贩犯范梵泛
un	①昏婚荤②珲浑魂馄④混诨	en	①分芬吩氛纷②坟焚③粉④愤粪奋忿份
uang	①荒慌②皇惶蝗徨凰黄潢磺簧③晃一～幌恍谎④晃～动	ang	①方芳坊牌～②防房坊肪脂～妨③访仿纺④放
ong	①烘薨②红虹鸿洪宏蕻③哄～骗④哄起～讧	eng	①风疯丰烽峰锋蜂封②逢缝冯③讽④奉俸缝凤

（三）n 和 l 的辨音对照

表 4-6

声母 例字 韵母	n	l
a	①那（姓~）②拿③哪④那纳呐捺钠	①拉啦垃②拉③喇④辣剌瘌蜡腊
e	呢	①肋④乐勒
i	①妮②尼泥呢霓怩③你拟旎旖④腻匿溺逆睨	②离篱璃厘狸黎犁梨③礼里理鲤李④历励俐痢例丽力荔隶立粒笠栗沥
u	②奴驽③努弩④怒	①撸②卢庐炉芦舻颅③卤虏鲁橹④碌陆路赂鹭露（~水）录鹿辘绿（~林）
ü	③女钕④恧朒衄	②驴③吕侣铝旅屡缕④虑滤律率（效~）氯绿
ai	③乃奶④奈耐	②来④赖癞
ei	③馁④内那	①勒②雷擂镭③累（积~）垒儡蕾④累类泪肋
ao	②挠蛲铙③脑恼④闹	①捞②劳痨牢③老姥④涝烙酪
ou		①搂②楼喽耧③搂篓④陋漏露
ia		③俩
ie	①捏②苶苤~④聂蹑镊镍孽涅嗫	③咧④列烈裂劣猎冽洌
iao	③鸟袅④尿	①撩嘹②辽疗僚燎潦嘹聊寥缭③了燎④料廖瞭撂
iu	①妞②牛③扭纽④拗	①溜②刘流琉硫留榴瘤③柳绺④六馏陆

续表

声母 例字 韵母	n	l
uo	②挪娜④懦诺糯搦	①啰（~嗦）捋②罗萝逻箩锣螺骡 ③裸④落洛骆络
üe	④虐疟	④略掠锊
an	②难男南楠喃④难	②岚兰拦篮蓝婪③懒览榄缆④烂滥
ang	①囔~膁②囊③囔馕④齉	①啷②狼郎廊榔螂琅娜③朗稂④浪埌
eng	②能	②棱塄③冷④楞愣睖
ong	②农浓脓侬④弄	②龙咙聋笼隆窿③垄陇④弄（~堂）
ian	①蔫拈②年粘鲇鲶③撵捻碾④念埝	②怜连莲联帘廉镰涟③脸敛④炼链练恋殓
in	②您	①拎②邻鳞麟林淋琳临③凛檩④吝蔺赁淋
iang	②娘④酿	②良凉梁粮量③两④亮晾谅辆量
ing	②宁拧柠咛凝③拧④宁泞（泥~）佞拧	②灵伶蛉凌陵菱③岭领④令另
uan	③暖	②峦栾滦孪③卵④乱
un		①抡②仑伦沦轮④论

回 顾

　　本章详细介绍了声母知识。首先，掌握声母的分类，即声母分为辅音声母和零声母。其次，要了解辅音声母的发音要领：发声时发音部位肌肉相对紧张，成阻部位呈点状接触，声带不颤动，声音不如元音响亮，气流冲击成阻部位后发音成声。学习者一方面要仔细揣摩声母的发声机理，对于辅音声母和零声母发音时的气息流动走势和口腔内器官的协调控制要烂熟于心。同时，另一方面要通过练习来巩固、加强和提升声母发音的准确性。通过直观形象的图示介绍发音部位，并以图片的形式表现发音发声的面部状态，让学习者能够更加清晰地掌握相关内容与技巧。

思考题

1. 掌握并识记以下概念：
   发音部位　发音方法　零声母
2. 按照声母的发音部位，可以把声母分为哪几类？
3. 简述声母的发音阶段。
4. 零声母的发音特点是什么？
5. 简述声母舌尖中音中"n"与"l"的发音位置有什么特殊性？请举例说明。

第五章 韵母——字音响亮的保证

　　声母发音是字音准确的关键，但是单独的声母是没办法发音的，平时我们读声母，其实都是加上韵母去读的。如果一个音节发音只有正确的声母，而没有饱满的韵母发音过程，其音节是干瘪和不圆润的，要把字说得响亮关键在韵母，而韵母的主要音素就来源于元音。普通话之所以悦耳动听就在于元音的作用，元音是构成韵母的必要成分，而元音的发声特点就决定了韵母是字音响亮的保证。普通话韵母共有三十九个，数目比声母多，系统也比较复杂。因此，理解与掌握韵母的发音方法，对于字音的饱满与圆润起着重要的作用。

第一节 韵母的分类

普通话韵母除了鼻韵母由元音和辅音共同承担外，其他的主要由元音充当。39个韵母，根据其组成成分的特点可分为三大类。

一、单韵母

单韵母是指不与其他元音或辅音结合就能在音节中单独存在的韵母，也称为单元音韵母。单韵母由元音充当，共有10个，分别为 ɑ、o、e、i、ü、u、ê、-i [前]、-i [后]、er。其中 ɑ、o、e、i、ü、u、ê 为舌面元音，-i [前]、-i [后]、er 为特殊元音，-i [前]、-i [后] 分别为特殊舌尖前元音和特殊舌尖后元音，er 为特殊卷舌元音。根据每个元音的发音条件，10个单元音韵母从以下几个方面来区分。

（一）舌位的高低

舌位指发音时舌体在口腔中着力点所处的位置，即发音时舌体的"着力点"，舌位高口腔开度小，舌位低口腔开度大。因此，我们把发音时舌位在口腔中的位置分成高、半高、半低、低四种类型。

1. 把发音时舌位接近上腭，口腔开度最小的元音叫高元音：i、ü、u、-i [前]、-i [后]。
2. 把发音时舌位稍低于高元音，口腔半闭的元音叫半高元音：o、e。
3. 把发音时舌位在口腔中央的元音叫央元音：er。
4. 把发音时舌位比半高元音低些，口腔半开的元音叫半低元音：ê。
5. 把发音时舌位在口腔的最低点，口腔开度最大的元音叫低元音：ɑ。

（二）舌位的前后

发音中舌体的着力点即舌位不仅表现在高低升降方面，还体现在发音时舌体着力点的前后变化上。因此，发音时舌位在口腔中的位置又可分前、央、后三种类型。

1. 把发音时舌位在舌体前部的元音叫前元音：i、ü、ê、-i [前]、-i [后]。
2. 把发音时舌位在舌体中央的元音叫央元音：ɑ、er。
3. 把发音时舌位在舌体后部的元音叫后元音：o、e、u。

（三）唇形的圆展

发音时舌位的高低、前后一致，而唇形的圆展不同，音色也会不同。因此根据发音时唇形的变化可分为圆唇和不圆唇两类。

1. 把发音时双唇呈圆形的元音叫圆唇元音：ü、u、o。
2. 把发音时双唇呈自然展开的元音叫不圆唇元音：i、e、ê、a、-i［前］、-i［后］、er。

在10个单元音韵母中，有8个都可以自成音节，-i［前］、-i［后］两个单元音韵母，只能出现在同部位的塞擦音和擦音后面，即-i［前］只能和z、c、s相拼，-i［后］只能和zh、ch、sh、r相拼；卷舌音恰恰相反，只能自成音节，不能和声母相拼。至于韵母儿化所产生的卷舌动作，属于"儿化音"。

下面通过具体形象的舌位图（图5-1）全面认识一下单（元音）韵母的发音条件。为了更加科学地掌握元音舌位即着力点，对以下发音顺序进行了调整。例如，ü与u，üan与uan，因为ü、üan和前面的i、ian舌位相同，便于掌握。

央低不圆唇元音：a
后半高圆唇元音：o
后半高不圆唇元音：e
前高不圆唇元音：i
前高圆唇元音：ü
后高圆唇元音：u
前半低不圆唇元音：ê
央不圆唇卷舌元音：er
舌尖前高不圆唇元音：-i［前］
舌尖后高不圆唇元音：-i［后］

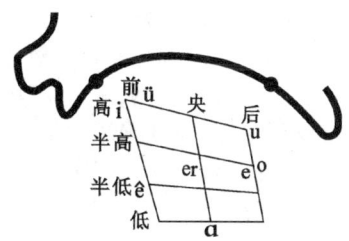

图 5-1　元音舌位图

表 5-1　10个单韵母的分类和发音情况表

类别 舌位前后 唇形 舌位高低	舌面					舌尖		卷舌
	前		央	后		前	后	央
	不圆	圆	不圆	不圆	圆	不圆	不圆	不圆
高	i [i]	ü [y]			u [u]	-i [ɿ]	-i [ʅ]	
半高				e [ɤ]	o [o]			
中								er [ɚ]
半低	ê [ɛ]							
低			a [A]					

二、复韵母

复韵母是指由两个或三个元音在音节中以组合的方式存在的韵母,也称为复元音韵母。复韵母共有 13 个,分别为 ai、ei、ao、ou、ia、iê、üê、ua、uo、iao、iou、uai、uei。根据复元音韵母发音时舌位高低、口腔开合及在韵母中所处的位置可分为以下几类。

(一) 前响复韵母

发音时舌位由低到高,口腔开度由大到小;韵母结构没有韵头,只有韵腹和韵尾。因发音响亮的韵腹在前,所以称前响复韵母:ai、ei、ao、ou。

(二) 中响复韵母

发音时舌位由高到低再到高,口腔由小到大再到小,韵头、韵腹、韵尾俱全。因发音响亮的韵腹居中,所以称中响复韵母:iao、iou、uai、uei。

(三) 后响复韵母

发音时舌位由高到低,口腔开度由小到大,有韵头、韵腹,没有韵尾。因发音响亮的韵腹在后,所以称后响复韵母:ia、iê、üê、ua、uo。

三、鼻韵母

鼻韵母是指由元音和鼻辅音 n 或 ng 在音节中以组合的方式存在的韵母,也称为鼻辅音韵母。鼻辅音韵母共有 16 个,分别为 an、ian、üan、uan、en、uen、ün、in、ang、iang、uang、eng、ueng、ong、iong、ing。根据鼻辅音韵母发音时舌尖与舌根归音的区别,可分为以下两类。

(一) 前鼻音韵母

发音时以舌尖归音结束发音的鼻辅音韵母称为舌尖前鼻音韵母:an、ian、üan、uan、en、uen、ün、in。

(二) 后鼻音韵母

发音时以舌根归音结束发音的鼻辅音韵母称为舌根后鼻音韵母:ang、iang、uang、eng、ueng、ong、iong、ing。

根据以上分析，普通话韵母结构列表如表 5-2 所示：

表 5-2 普通话韵母结构表

例字	韵母			韵母类型
	韵头（介音）	韵腹（主要元音）	韵尾（元音）（辅音）	
鹅 é		e		单韵母
爱 ài		a	i	复韵母
越 yuè	ü	ê		
优 yōu	i	o	u	
腰 yāo	i	a	o（u）	
音 yīn		i	n	鼻韵母
汪 wāng	u	a	ng	

四、"四呼"

我国音韵学家根据韵母开头的唇形特点，又将韵母分为四类，也叫"四呼"。

（一）开口呼

开口呼是指没有韵头，韵腹又不是 i、ü、u 的韵母，共有 15 个：a、o、e、ai、ei、ao、ou、an、en、ang、eng、ê、-i〔前〕、i〔后〕、er。

（二）齐齿呼

齐齿呼是指韵头或韵腹是 i 的韵母，共有 9 个：i、ia、iê、iao、iou、ian、in、iang、ing。

（三）撮口呼

撮口呼是指韵头或韵腹是 ü 的韵母，共有 5 个：ü、üê、üan、ün、iong。
由于考虑到字形便于辨认、便于书写等因素，汉语拼音方案把 au、ung、üng 写成了 ao、ong、iong，因此在实际发音时应该按照 au、ung、üng 来发音，所以以上 ong 和 iong 就分别归在了合口呼和撮口呼。

（四）合口呼

合口呼是指韵头或韵腹是 u 的韵母，共有 10 个：u、ua、uo、uai、uei、uan、uen、

uang、ueng、ong。

根据韵母的分类标准，韵头的唇形控制，我们把普通话韵母列总表如表5-3所示：

表5-3 普通话韵母总表

韵头 成分	开口呼	齐齿呼	撮口呼	合口呼
单韵母	-i [ɿ] [ʅ] a [A] o [o] e [ɤ] ê [ɛ] er [ɚ]	i [i]	ü [y]	u [u]
复韵母	ai [ai] ei [əi] ao [au] ou [ou]	ia [iA] iê [iɛ] iao [iau] iou [iou]	üe [yɛ]	ua [uA] uo [uo] uai [uai] uei [uəi]
鼻韵母	an [an] en [ən] ang [aŋ] eng [ɤŋ]	ian [iæn] in [in] iang [iaŋ] ing [iŋ]	üan [yan] ün [yn] iong [yŋ]	uan [uan] uen [uan] uang [uaŋ] ueng [uəŋ] ong [uŋ]

第二节

韵母的发音

声音的美感传递从语音角度分析多来自于韵母发音的饱满与润圆。

一、韵母的发音特点

从韵母的组成特点看，虽然韵母大部分由元音充当，但是每一个元音在韵母中所处的位置不同，它的发音要领及特点也会不一样。

元音充当单元音韵母时,发音要领与发单元音基本相同;充当零声母时,舌位自然要承担声母的任务,力度相对较大,而在充当复韵母的其中一个音素时,由于各个音素之间的相互影响与联系,就不像发单元音那样清晰、明确。复韵母中各元音音素的关系不是简单相加,而是复韵母中的各元音音素在由此及彼的移动过程中形成了一个整体的复韵母,从听觉上也是一个完整的音。一般在训练初期,尤其在单音节的学习阶段,对于复韵母的把握应注意在起音时要保持此元音单发时的舌位,落音时应结束在此元音单发时的舌位上(但中间过渡要具有滑动感,自如流畅)。当个体训练完成形成语流后,由于语流音变或音节与音节之间超音质滑动感的要求,归音要做到弱收到位(在口腔控制里要讲到)。

二、单元音韵母的发音

根据韵母的发音特点,分以下两部分进行对单元音韵母的认识。

(一) 舌面元音韵母

鉴于6个元音在语音中的重要作用,本书从零声母角度已经对舌面元音的发音力度进行了认识与训练,在后面的口腔控制里将结合零声母发音的口腔开度,对口腔的动、静态控制,进行较具体的训练。下面就从发音的角度对7个单元音韵母的发音要领逐一进行阐述。

1. 央低不圆唇元音韵母——a [A](发音如图5-2所示)

发音要领:双唇与齿相依自然打开,上齿微露;舌尖抵住下齿龈,舌体呈瘦长形平行于下槽牙,舌体后部在不压喉的前提下与小舌(悬雍垂)保持一定的空间距离,上下槽牙之间保持一个小拇指的开度,同时软腭与小舌上挺堵住鼻腔通道;发音时着力点在舌中央,肺里呼出的气流振动声带后进入口腔通畅流出而成音。例如,跋、帕、麻、发、匝、擦、撒、搭、他、捺、垃、渣、茶、砂、孬、咯、蛤。

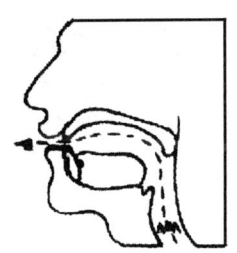
图5-2 a的发音示意图

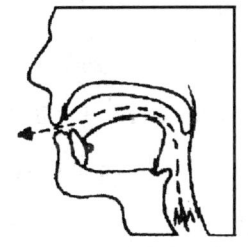
图5-3 o的发音示意图

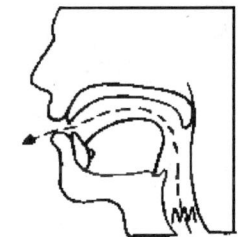
图5-4 e的发音示意图

2. 后半高圆唇元音韵母——o [o](发音如图5-3所示)
发音要领:双唇与齿相依呈半开的圆形,唇匝肌朝中央集中并呈现褶皱,上下唇距离有一指的开度，唇齿相依；舌尖抵住下齿龈，舌体后部抬起处于口腔的半高位置，与小舌（悬雍垂）要保持一定空间距离，想象上下槽牙之间有一个小拇指宽的开度，实际保持有一般筷子头粗细的开度，同时软腭与小舌上挺堵住鼻腔通道；发音时着力点在舌体后部，肺里呼出的气流振动声带后进入口腔通畅流出而成音。例如，剥、玻、波、拨、博、驳、泼、颇、迫、朴、魄、磨、摸、沫、膜、默、脉、佛。

3. 后半高不圆唇元音韵母——e［ɤ］（发音如图 5-4 所示）

发音要领：双唇与齿相依自然打开，上齿微露；舌尖抵住下齿龈，舌体后部抬起处于口腔的半高位置，与小舌（悬雍垂）要保持一定空间距离，想象上下槽牙之间有一个小拇指的开度，实际保持有一般筷子头粗细的开度，同时软腭与小舌上挺堵住鼻腔通道，发音时着力点在舌体后部，肺里呼出的气流振动声带后进入口腔通畅流出而成音。例如，的、地、得、德、特、忑、呢、呐、讷、个、各、歌、割、格、阁、隔、可、克、棵、刻、客、和、喝、合、河、何。

4. 前高不圆唇元音韵母——i［i］（发音如图 5-5 所示）

发音要领：双唇与齿相依自然打开，上齿微露；舌尖抵住下齿龈，舌体前部接近（中间要与硬腭保持一定的空隙）硬腭前部，舌体后部与小舌（悬雍垂）要保持一定空间距离，想象上下槽牙之间有一般筷子头粗细的开度，实际保持有一根火柴棒粗细的开度，触觉感受上下牙齿不接触（使声音顺畅通过口腔透出口外），同时软腭与小舌上挺堵住鼻腔通道，发音时着力点在舌面前部（的两边），肺里呼出的气流振动声带后从口腔流出而成音。例如，比、闭、匹、辟、米、迷、底、敌、题、踢、你、腻、立、理、急、机、期、起、戏、西。

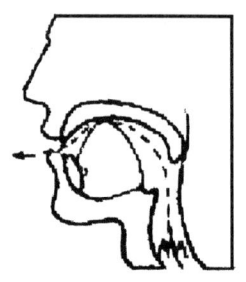 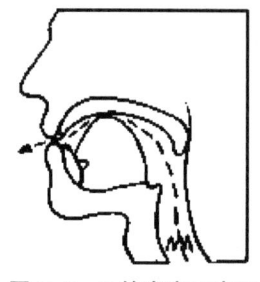 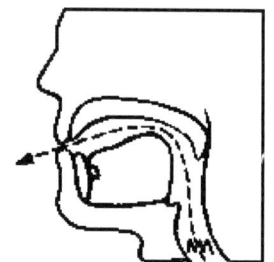

图5-5　i的发音示意图　　图5-6　ü的发音示意图　　图5-7　u的发音示意图

5. 前高圆唇元音韵母——ü［y］（发音如图 5-6 所示）

发音要领：双唇与齿相依呈圆形，唇匝肌朝中央集中并呈现褶皱，上下唇开度尽量缩小，唇齿相依；舌尖抵住下齿龈，舌体前部接近硬腭前部（中间要与硬腭保持一定的空隙），舌体后部与小舌（悬雍垂）要保持一定空间距离，想象上下槽牙之间有一般筷子头粗细的开度，实际保持有一根火柴棒粗细的开度，触觉感受上下牙齿不接触（使声音顺畅通过口腔透出口外），同时软腭与小舌上挺堵住鼻腔通道，发音时着力点在舌面前部（的两边），肺里呼出的气流振动声带后从口腔流出而成音。例如，举、句、居、巨、拘、聚、区、去、娶、趣、屈、渠、许、须、虚、续、徐、絮。

6. 后高圆唇元音韵母——u［u］（发音如图5-7所示）

发音要领：双唇与齿相依呈圆形，唇匝肌朝中央集中并呈现褶皱，上下唇开度尽量缩小，唇齿相依；舌尖抵住下齿龈，舌体后部稍高（舌位后高），与小舌（悬雍垂）要保持一定的空间距离，想象上下槽牙之间有一个小拇指的开度，实际保持有一般筷子头粗细的开度，同时软腭与小舌上挺堵住鼻腔通道，发音时着力点在舌体后部，肺里呼出的气流振动声带后进入口腔从双唇间的空隙流出而成音。例如，步、谱、幕、副、族、粗、素、毒、涂、怒、露、主、处、熟、如、古、哭、湖。

7. 前半低不圆唇元音韵母——ê［ɛ］（发音如图5-8所示）

发音要领：双唇与齿相依自然打开，上齿微露；舌尖抵住下齿龈，舌体前部抬起处于口腔的半低位置，舌体后部与小舌（悬雍垂）要保持一定空间距离，想象上下槽牙之间有一个小拇指的开度，实际保持有一般筷子头粗细的开度，同时软腭与小舌上挺堵住鼻腔通道，发音时着力点在舌体前部，肺里呼出的气流振动声带后进入口腔通畅流出而成音。例如，诶。

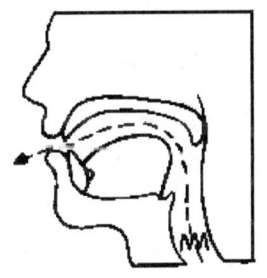

图5-8 ê的发音示意图

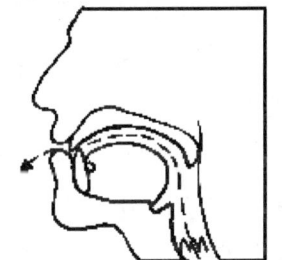

图5-9 -i［前］的发音示意图

（二）特殊元音韵母

普通话语音有3个特殊元音韵母。

1. 舌尖前高不圆唇元音韵母——-i［ɿ］（发音如图5-9所示）

发音要领：双唇与齿相依自然打开，上齿微露；舌尖接近于上齿背（或下齿背，舌叶抵住上齿龈），舌体后部与小舌（悬雍垂）要保持一定空间距离，想象上下槽牙之间有一般筷子头粗细的开度，实际保持有一根牙签粗细的开度，触觉感受上下槽牙不接触（使声音顺畅通过口腔透出口外），同时软腭与小舌上挺堵住鼻腔通道，发音时着力点在舌尖，肺里呼出的气流振动声带后从口腔流出而成音。例如，字、自、子、紫、资、姿、咨、次、此、词、瓷、慈、雌、辞、死、丝、撕、似、私、嘶、思。

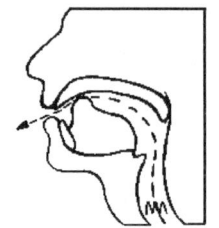
图 5-10　-i [后] 的发音示意图

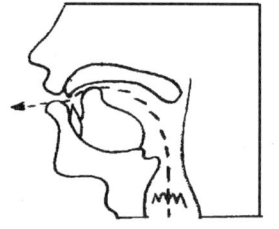
图 5-11　er 的发音示意图

2. 舌尖后高不圆唇元音韵母——-i [ʅ]（发音如图 5-10 所示）

发音要领：双唇与齿相依自然打开，上齿微露；舌尖接近于上齿龈后部（或硬腭前部），舌体后部与小舌（悬雍垂）要保持一定空间距离，想象上下槽牙之间有一般筷子头粗细的开度，实际保持有一根火柴棒粗细的开度，触觉感受上下槽牙不接触（使声音顺畅通过口腔透出口外），同时软腭与小舌上挺堵住鼻腔通道，发音时着力点在舌尖，肺里呼出的气流振动声带后从口腔流出而成音。例如，只、之、直、知、制、指、纸、吃、尺、迟、池、翅、痴、赤、使、时、事、室、市、石。

3. 央不圆唇卷舌元音韵母——er [ɚ]（发音如图 5-11 所示）

发音要领：双唇与齿相依自然打开，上齿微露；舌前部上抬，舌尖卷起接近硬腭前部，舌体后部与小舌（悬雍垂）要保持一定空间距离，想象上下槽牙之间有一个小拇指的开度，实际保持有一般筷子头粗细的开度，同时软腭与小舌上挺堵住鼻腔通道，发音时着力点（舌位）在舌体中央部位，肺里呼出的气流振动声带后进入口腔通畅流出而成音。例如，而、二、耳、儿、饵、尔、贰、洱、迩、珥、铒、鸸、鲕、侕。

要强调的是数词"二、贰"与其他"而、耳、儿、尔"等发音时舌体着力点在口腔里的高度不同，数词"二、贰"发音时 e 接近于 a，应发成 ar。

三、复元音韵母的发音

根据复元音韵母的发音特点，从以下三部分进行对复元音韵母的认识。

（一）前响复韵母

普通话共有 4 个前响复韵母。

1. 二合前响复韵母——ai [ai]（发音如图 5-12 所示）

发音要领：双唇与齿相依自然打开，上齿微露；舌尖抵住下齿龈，舌体后部与小舌（悬雍垂）要保持一定空间距离；发音时由于 a 受到 i 的影响，a 元音的舌位在央的基础上前移，并逐渐上升向发 i 的位置滑动，产生复合音 ai，舌位动程较大，口腔开度逐渐变小；a 音响亮而长，i 音相对较弱且短，并且音色含混，没有单元音清晰。例如，爱、百、派、买、呆、台、乃、赖、再、才、塞、摘、柴、晒、该、凯、孩。

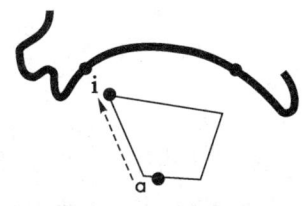

图 5-12　ai 的发音示意图

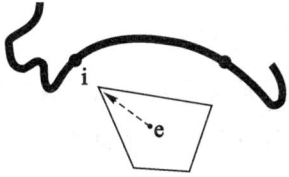

图 5-13　ei 的发音示意图

2. 二合前响复韵母——ei［əi］（发音如图 5-13 所示）

发音要领：双唇与齿相依自然打开，上齿微露；舌尖抵住下齿龈，舌体后部与小舌（悬雍垂）要保持一定空间距离；发音时由于 e 受到 i 的影响，e 元音的舌位在央的基础上前移，并逐渐上升向发 i 的位置滑动，产生复合音 ei，舌位动程较大，口腔开度逐渐变小；e 音响亮而长，i 音相对较弱且短，并且音色含混，没有单元音清晰。例如，诶、被、北、倍、杯、赔、裴、美、煤、酶、霉、肥、废、吠、贼、得、忒、这、谁、给、黑。

3. 二合前响复韵母——ao［ɑu］（发音如图 5-14 所示）

发音要领：双唇与齿相依自然打开，上齿微露；舌尖抵住下齿龈（或下齿龈下部），舌体后部与小舌（悬雍垂）要保持一定空间距离；发音时由于 a 受到 o 的影响，a 元音的舌位在央的基础上后移，并逐渐上升向发 o 的位置滑动，双唇由开到合，产生复合音 ao，舌位动程较大，口腔开度逐渐变小；a 音响亮而长，o 音相对较弱且短，并且音色含混，没有单元音清晰。例如，包、跑、毛、早、草、扫、到、掏、闹、牢、照、抄、杓、扰、搞、靠、郝。

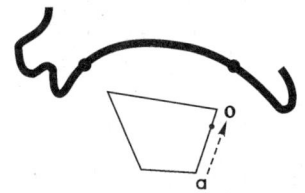

图 5-14　ao 的发音示意图

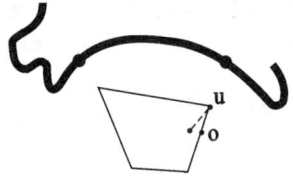

图 5-15　ou 的发音示意图

4. 二合前响复韵母——ou［ou］（发音如图 5-15 所示）

发音要领：双唇与齿相依，并呈半开微拢略有控制；舌尖抵住下齿龈（或下齿龈下部），舌体后部与小舌（悬雍垂）要保持一定空间距离；由于 o、u 两个元音实际发音距离较近，发音时 o 元音的舌位在后半高的基础上着力点前移（接近央 e 的位置）再逐渐上升向发 u 的位置滑动,双唇由微开到全拢,产生复合音 ou,舌位动程较小,口腔开度逐渐变小;o 音响亮而长,u 音相对较弱且短,并且音色含混,没有单元音清晰。例如,欧、剖、牟、否、揍、凑、叟、昼、愁、仇、守、兽、肉、柔、沟、狗、苟、扣、寇、叩、厚、喉、猴。

(二) 后响复韵母

普通话共有 5 个后响复韵母。

1. 二合后响复韵母——iɑ [iA]（发音如图 5-16 所示）

发音要领:双唇与齿相依自然打开,上齿微露;舌尖抵住下齿龈,舌体后部与小舌(悬雍垂)要保持一定空间距离;发音时前高元音 i 逐渐下降向央低元音 ɑ 的位置滑动,产生复合音 iɑ,舌位动程较大,口腔开度逐渐变大;i 音相对短促,ɑ 音响亮而长。例如,牙、加、假、价、架、甲、佳、夹、恰、掐、洽、葜、袷、吓、夏、峡、虾、瞎、霞、狭、匣、侠、辖、厦、暇。

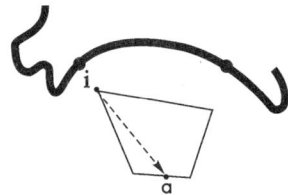
图 5-16　iɑ 的发音示意图

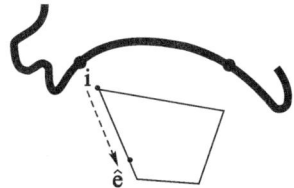
图 5-17　ie 的发音示意图

2. 二合后响复韵母——ie [iɛ]（发音如图 5-17 所示）

发音要领:双唇与齿相依自然打开,上齿微露;舌尖抵住下齿龈,舌体后部与小舌(悬雍垂)要保持一定空间距离;发音时前高元音 i 逐渐下降向前半低元音 ê 的位置滑动,产生复合音 iê,舌体前部动程较大,口腔开度逐渐变大;i 音相对短促,ê 音响亮而长。例如,叶、别、憋、瘪、瞥、撇、灭、蔑、乜、接、街、借、皆、截、且、怯、窃、茄、砌、写、些、鞋、歇。

3. 二合后响复韵母——üe [yɛ]（发音如图 5-18 所示）

发音要领:双唇与齿相依呈圆形,唇匝肌朝中央集中并呈现褶皱,上下唇开度尽量缩小,唇齿相依;舌尖抵住下齿龈,舌体前部接近硬腭前部(中间要与硬腭保持一定的空隙),舌体后部与小舌(悬雍垂)要保持一定的空间;发音时前高元音 ü 逐渐下降向前半低元音 ê 的位置滑动,双唇由合到开,并保持一定的控制,产生复合音 üê,舌位动程较大,口腔开度逐渐变大;ü 音相对较短促,ê 音响亮而长。例如,月、略、决、绝、觉、角、爵、掘、诀、倔、却、缺、确、雀、瘸、鹊、学、雪、血、靴、穴、削、薛。

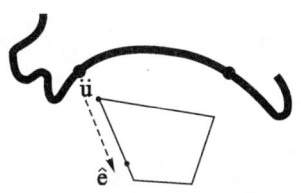 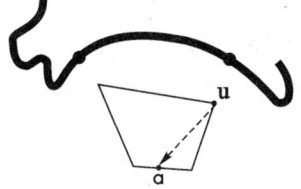 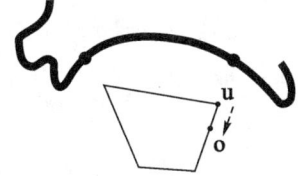

图 5-18　üe 的发音示意图　　图 5-19　uɑ 的发音示意图　　图 5-20　uo 的发音示意图

4. 二合后响复韵母——uɑ [uA]（发音如图 5-19 所示）

发音要领：双唇与齿相依呈圆形，唇匝肌朝中央集中并呈现褶皱，上下唇开度尽量缩小，唇齿相依；舌尖抵住下齿龈（或下齿龈下部），舌体后部稍高（舌位后高），与小舌（悬雍垂）要保持一定的空间；发音时后高元音 u 逐渐下降向央低元音 ɑ 的位置滑动，双唇由合到开，产生复合音 uɑ，舌位动程较大，口腔变化渐大；u 音相对短促，ɑ 音响亮而长。例如，哇、抓、爪、挝、刷、耍、唰、挂、刮、瓜、寡、剐、跨、垮、挎、夸、胯、侉、话、华、划、滑、哗、猾。

5. 二合后响复韵母——uo [uo]（发音如图 5-20 所示）

发音要领：双唇与齿相依呈圆形，唇匝肌朝中央集中并呈现褶皱，上下唇开度尽量缩小，唇齿相依；舌尖抵住下齿龈（或下齿龈下部），舌体后部稍高（舌位后高），与小舌（悬雍垂）要保持一定的空间；发音时后高元音 u 逐渐下降向后半高元音 o 的位置滑动，双唇由合到微开，并保持一定的控制，产生复合音 uo，舌位动程较小，口腔变化不大；u 音相对短促，o 音响亮而长。例如，喔、昨、错、所、缩、朵、夺、脱、拓、诺、懦、弱、偌、捉、啄、戳、绰、硕、烁、裹、锅、阔、扩、活、伙、过、坐。

（三）中响复韵母

普通话共有 4 个中响复韵母。

1. 三合中响复韵母——iɑo [iɑu]（发音如图 5-21 所示）

发音要领：双唇与齿相依自然打开，上齿微露；舌尖抵住下齿龈，舌体后部与小舌（悬雍垂）要保持一定空间距离；发音时前高元音 i 逐渐下降向后低元音 ɑ 的位置滑动，并过渡至后半高元音 o，双唇由开到合，产生复合音 iɑo，舌位动程曲折，口腔开度由闭到开再到合；i 音短促，o 音短弱，ɑ 音响亮而长。例如，要、表、标、彪、票、飘、漂、秒、苗、庙、掉、聊、鸟、跳、桥、瞧、敲、叫、脚、交、效、笑、销。

2. 三合中响复韵母——iou [iou]（发音如图 5-22 所示）

发音要领：双唇与齿相依自然打开，上齿微露；舌尖抵住下齿龈，舌体后部与小舌（悬雍垂）要保持一定空间距离；发音时前高元音 i 逐渐下降向后半高元音 o 的位置滑动，并过渡至后高元音 u，双唇由开到合，产生复合音 iou，舌位动程曲折，口腔开度由闭到开再到合；i 音短促，u 音短弱，o 音响亮而长。例如，油、谬、缪、丢、刘、就、酒、旧、久、揪、救、求、球、丘、邱、囚、酋、修、锈、绣、休、羞、袖。

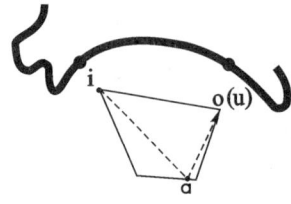
图 5-21　iɑo 的发音示意图

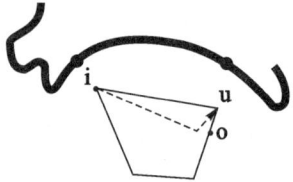
图 5-22　iou 的发音示意图

3. 三合中响复韵母——uɑi ［uai］（发音如图 5-23 所示）

发音要领：双唇与齿相依呈圆形，唇匝肌朝中央集中并呈现褶皱，上下唇开度尽量缩小，唇齿相依；舌尖抵住下齿龈（或下齿龈下部），舌体后部稍高（舌位后高），与小舌（悬雍垂）要保持一定的空间；发音时后高元音 u 逐渐下降向央低元音 ɑ 的位置滑动，并过渡至前高元音 i，双唇由合到开，产生复合音 uɑi，舌位动程曲折，口腔开度由合到开再到闭；u 音短促，i 音短弱，ɑ 音响亮而长。例如，外、拽、揣、摔、甩、率、帅、衰、蟀、怪、拐、乖、快、块、筷、侩、坏、怀、淮、槐、徊、踝。

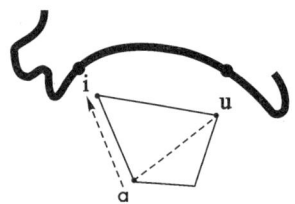
图 5-23　uɑi 的发音示意图

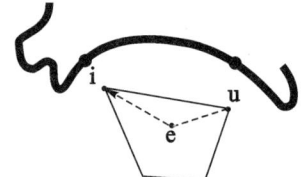
图 5-24　uei 的发音示意图

4. 三合中响复韵母——uei ［uəi］（发音如图 5-24 所示）

发音要领：双唇与齿相依呈圆形，唇匝肌朝中央集中并呈现褶皱，上下唇开度尽量缩小，唇齿相依；舌尖抵住下齿龈（或下齿龈下部），舌体后部稍高（舌位后高），与小舌（悬雍垂）要保持一定的空间；发音时由后高元音 u 迅速下降向后半高 e 音滑动，并逐渐过渡至前高元音 i，双唇由合到开，产生复合音 uei，舌位动程曲折，口腔开度由合到开再到闭；u 音短促，i 音短弱，e 音响亮而长。例如，为、最、醉、嘴、催、脆、粹、岁、随、对、追、坠、吹、垂、谁、睡、瑞、归、鬼、跪、亏、魁、回、汇。

四、鼻辅音韵母的发音

根据鼻辅音韵母的发音特点,下面分两部分进行对鼻辅音韵母的认识。

(一) 前鼻音韵母

普通话共有 8 个前鼻音韵母。

1. 单元音前鼻韵母——an [an](发音如图 5-25 所示)

发音要领:双唇与齿相依自然打开,上齿微露;舌尖抵住下齿龈,舌体呈瘦长形平行于下槽牙,舌体后部在不压喉的前提下与小舌(悬雍垂)保持一定的空间距离,首先发前 a 元音,然后舌尖由下齿顺着齿背迅速上行直抵上齿龈。肺里呼出的气流振动声带后,由于口腔通道受舌尖及软腭(相对下降)的阻碍,气流从鼻腔流出而成音。舌位动程较大,口腔开度渐小;a 音响亮而长,n 音短弱。例如,安、半、盘、满、反、咱、蚕、散、但、谈、难、烂、站、产、馋、山、善、染、赶、看、喊。

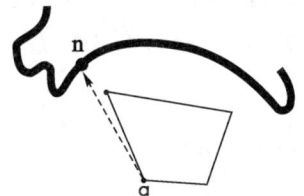
图 5-25 an 的发音示意图

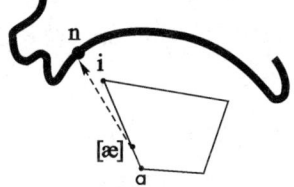
图 5-26 ian 的发音示意图

2. 双元音前鼻韵母——ian [iæn](发音如图 5-26 所示)

发音要领:双唇与齿相依自然打开,上齿微露;舌尖抵住下齿龈,舌体后部与小舌(悬雍垂)要保持一定空间距离;发音时前高 i 元音逐渐下降向前低 a 元音的位置滑动,然后舌尖由下齿龈顺着齿背迅速上行直抵上齿龈。肺里呼出的气流振动声带后,由于口腔通道受舌尖及软腭(相对下降)的阻碍,气流从鼻腔流出而成音。舌位动程曲折,口腔开度由闭到开;i 音相对短促,n 音短弱,a 音响亮而长。例如,烟、边、变、编、骗、篇、片、棉、面、免、缅、电、点、念、年、练、脸、见、减、键、前、千、欠、现、先、显。

3. 双元音前鼻韵母——üan [yan](发音如图 5-27 所示)

发音要领:双唇与齿相依呈圆形,唇匝肌朝中央集中并呈现褶皱,上下唇开度尽量缩小,唇齿相依;舌尖抵住下齿龈,舌体后部与小舌(悬雍垂)要保持一定的空间;发音时前高 ü 元音逐渐下降向前低 a 元音的位置滑动,然后舌尖由下齿龈顺着齿背迅速上行直抵上齿龈。肺里呼出的气流振动声带后,由于口腔通道受舌尖及软腭(相对下降)的阻碍,气流从鼻腔流出而成音。舌位动程曲折，口腔开度由合到开；ü音相对较短促，n音短弱，a音响亮而长。例如，怨、全、劝、犬、泉、券、颧、卷、圈、倦、鹃、镌、捐、隽、选、悬、宣、玄、喧、眩、轩。

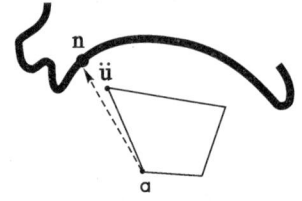

图5-27 üan的发音示意图

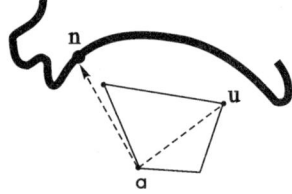

图5-28 uan的发音示意图

4. 双元音前鼻韵母——uan［uan］（发音如图5-28所示）

发音要领：双唇与齿相依呈圆形，唇匝肌朝中央集中并呈现褶皱，上下唇开度尽量缩小，唇齿相依；舌尖抵住下齿龈（或下齿龈下部），舌体后部与小舌（悬雍垂）要保持一定的空间；发音时后高u元音逐渐下降向前低a元音的位置滑动，然后舌尖由下齿龈顺着齿背迅速上行直抵上齿龈。肺里呼出的气流振动声带后，由于口腔通道受舌尖及软腭（相对下降）的阻碍，气流从鼻腔流出而成音。舌位动程曲折，口腔开度由合到开；u音短促，n音短弱，a音响亮而长。例如，万、钻、窜、算、酸、段、团、暖、乱、转、穿、涮、卷、鹃、全、劝、选、悬、关、款、换。

5. 单元音前鼻韵母——en［ən］（发音如图5-29所示）

发音要领：双唇与齿相依自然打开，上齿微露；舌尖抵住下齿龈，舌体后部与小舌（悬雍垂）要保持一定空间距离，首先发央e元音，然后舌尖由下齿龈顺着齿背迅速上行直抵上齿龈。肺里呼出的气流振动声带后，由于口腔通道受舌尖及软腭（相对下降）的阻碍，气流从鼻腔流出而成音。舌位动程较大，口腔开度逐渐变小；e音响亮而长，n音短弱。例如，恩、本、笨、奔、喷、盆、门、闷、扪、分、坟、怎、岑、森、真、趁、婶、任、根、肯、恨。

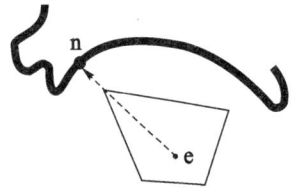

图5-29 en的发音示意图

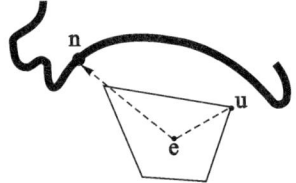

图5-30 uen的发音示意图

6. 双元音前鼻韵母——uen［uən］（发音如图5-30所示）

发音要领：双唇与齿相依呈圆形，唇匝肌朝中央集中并呈现褶皱，上下唇开度尽量缩小，唇齿相依；舌尖抵住下齿龈（或下齿龈下部），舌体后部与小舌（悬雍垂）要保持一定的空间距离，发音时后高 u 元音逐渐下降向央 e 元音的位置滑动，然后舌尖由下齿龈顺着齿背迅速上行直抵上齿龈。肺里呼出的气流振动声带后，由于口腔通道受舌尖及软腭（相对下降）的阻碍，气流从鼻腔流出而成音。舌位动程曲折，口腔由合到开；u 音相对较短促，n 音短弱，e 音响亮而长。例如，温、尊、遵、村、存、寸、孙、损、笋、顿、吞、论、准、谆、唇、椿、吮、润、滚、捆、混。

7. 单元音前鼻韵母——in [in]（发音如图 5-31 所示）

发音要领：双唇与齿相依自然打开，上齿微露；舌尖抵住下齿龈，舌体前部接近（中间要与硬腭保持一定的空隙）硬腭前部，舌体后部与小舌（悬雍垂）要保持一定空间距离，首先发前高 i 元音，然后舌体自然放下（稍微下放），舌尖再由下齿龈顺着齿背迅速上行直抵上齿龈。肺里呼出的气流振动声带后，由于口腔通道受舌尖及软腭（相对下降）的阻碍，气流从鼻腔流出而成音。舌位动程较小，口腔变化小；n 音短弱，i 音响亮而长。例如，音、彬、濒、品、贫、聘、皿、民、敏、进、今、紧、金、琴、侵、勤、擒、新、信、欣、锌。

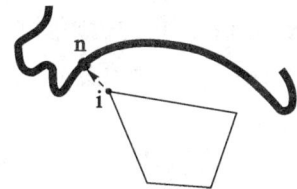
图 5-31 in 的发音示意图

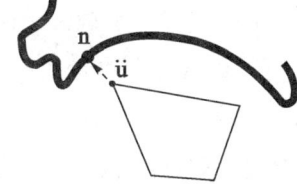
图 5-32 ün 的发音示意图

8. 单元音前鼻韵母——ün [yn]（发音如图 5-32 所示）

发音要领：双唇与齿相依呈圆形，唇匝肌朝中央集中并呈现褶皱，上下唇开度尽量缩小，唇齿相依；舌尖抵住下齿龈，舌体后部与小舌（悬雍垂）要保持一定的空间；首先发前高 ü 元音，然后舌体自然放下（稍微下放），舌尖再由下齿龈顺着齿背迅速上行直抵上齿龈。肺里呼出的气流振动声带后，由于口腔通道受舌尖及软腭（相对下降）的阻碍，气流从鼻腔流出而成音。舌位动程较小，口腔由合到开；n 音短弱，ü 音响亮而长。例如，晕、军、俊、竣、钧、骏、君、群、裙、逡、寻、讯、熏、训、殉、迅、巡、逊、旬、驯、汛。

（二）后鼻音韵母

普通话共有 8 个后鼻音韵母。

1. 单元音后鼻韵母——ang [ɑŋ]（发音如图 5-33 所示）

发音要领：双唇与齿相依自然打开，上齿微露；舌尖抵住下齿龈，舌体呈瘦长形平行于下槽牙，舌体后部在不压喉的前提下与小舌（悬雍垂）保持一定的空间距离，首先发后低 ɑ

元音，然后舌根迅速上抬直抵软硬腭交接处。肺里呼出的气流振动声带后，由于口腔通道受舌根及软腭（相对下降）的阻碍，气流从鼻腔流出而成音。舌位动程较大，口腔开度渐小；a 音响亮而长，ng 音短弱。例如，肮、帮、绑、胖、旁、忙、放、脏、仓、桑、嗓、荡、躺、囊、浪、章、唱、赏、让、刚、扛、夯。

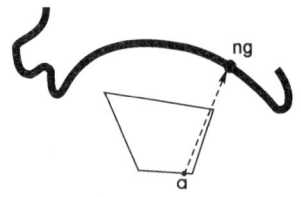 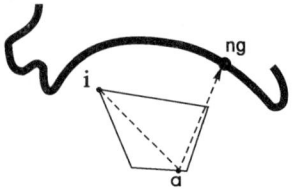

图 5-33　ang 的发音示意图　　　　图 5-34　iang 的发音示意图

2. 双元音后鼻韵母——iang［iaŋ］（发音如图 5-34 所示）

发音要领：双唇与齿相依自然打开，上齿微露；舌尖抵住下齿龈，舌体后部与小舌（悬雍垂）要保持一定空间距离；发音时前高 i 元音逐渐下降向央低 a 元音的位置滑动，然后舌根迅速上抬直抵软硬腭交接处。肺里呼出的气流振动声带后，由于口腔通道受舌根及软腭（相对下降）的阻碍，气流从鼻腔流出而成音。舌位动程曲折，口腔由闭到开；i 音相对短促，ng 音短弱，a 音响亮而长。例如，央、将、讲、江、奖、降、浆、僵、强、枪、墙、抢、腔、呛、想、向、象、项、响、巷、乡。

3. 双元音后鼻韵母——uang［uaŋ］（发音如图 5-35 所示）

发音要领：双唇与齿相依呈圆形，唇匝肌朝中央集中并呈现褶皱，上下唇开度尽量缩小，唇齿相依；舌尖抵住下齿龈（或下齿龈下部），舌体后部与小舌（悬雍垂）要保持一定的空间距离；发音时后高 u 元音逐渐下降向后低 a 元音的位置滑动，然后舌根迅速上抬直抵软硬腭交接处，肺里呼出的气流振动声带后，由于口腔通道受舌根及软腭（相对下降）的阻碍，气流从鼻腔流出而成音。舌位动程曲折，口腔由合到开；u 音短促，ng 音短弱，a 音响亮而长。例如，汪、装、撞、庄、状、闯、创、怆、双、霜、爽、孀、光、广、逛、筐、狂、框、慌、晃、荒。

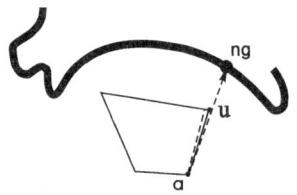 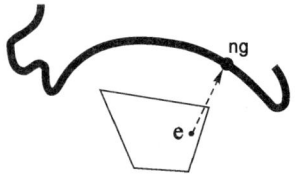

图 5-35　uang 的发音示意图　　　　图 5-36　eng 的发音示意图

4. 单元音后鼻韵母——eng［ɤŋ］（发音如图5-36所示）

发音要领：双唇与齿相依自然打开，上齿微露；舌尖抵住下齿龈，舌体后部与小舌（悬雍垂）要保持一定空间距离，首先发央e元音，然后舌根迅速上抬直抵软硬腭交接处。肺里呼出的气流振动声带后，由于口腔通道受舌根及软腭（相对下降）的阻碍，气流从鼻腔流出而成音。舌位动程较大，口腔变化较小；e音响亮而长，ng音短弱。例如，鞥、蹦、绷、碰、捧、蒙、猛、封、增、层、僧、等、疼、能、冷、正、睁、乘、成、声、省、更、坑、横。

5. 双元音后鼻韵母——ueng［uəŋ］（发音如图5-37所示）

发音要领：双唇与齿相依呈圆形，唇匝肌朝中央集中并呈现褶皱，上下唇开度尽量缩小，唇齿相依；舌尖抵住下齿龈（或下齿龈下部），舌体后部与小舌（悬雍垂）要保持一定的空间距离，发音时后高u元音逐渐下降向央e元音的位置滑动，然后舌根迅速上抬直抵软硬腭交接处。肺里呼出的气流振动声带后，由于口腔通道受舌根及软腭（相对下降）的阻碍，气流从鼻腔流出而成音。舌位动程曲折，口腔由合到开；u音相对较短促，ng音短弱，e音响亮而长。例如，翁、嗡、瓮、蓊、壅。

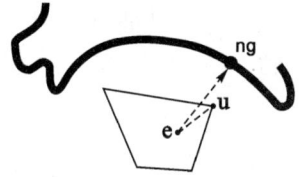 图5-37 ueng的发音示意图

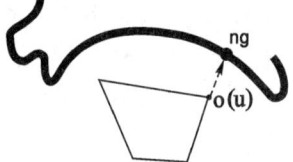 图5-38 ong的发音示意图

6. 单元音后鼻韵母——ong［uŋ］（发音如图5-38所示）

发音要领：双唇与齿相依呈圆形，唇匝肌朝中央集中并呈现褶皱，上下唇开度尽量缩小，唇齿相依；舌尖抵住下齿龈（或下齿龈下部），舌体后部与小舌（悬雍垂）要保持一定的空间距离，首先发后半高o元音（实际发后高u元音），然后舌体自然放下（稍微下放），舌根迅速上抬直抵软硬腭交接处。肺里呼出的气流振动声带后，由于口腔通道受舌根及软腭（相对下降）的阻碍，气流从鼻腔流出而成音。舌位动程较小，口腔基本不变；ng音短弱，o音（实际是u音）响亮而长。例如，总、从、送、动、东、同、通、弄、浓、笼、龙、中、重、冲、崇、容、绒、工、空、红。

7. 双元音后鼻韵母——iong［yŋ］（发音如图5-39所示）

发音要领：双唇与齿相依呈圆形，唇匝肌朝中央集中并呈现褶皱，上下唇开度尽量缩小，唇齿相依；舌尖抵住下齿龈，舌体后部与小舌（悬雍垂）要保持一定的空间距离，发音时前高i元音逐渐下降向央o元音的位置滑动（实际发音是i和o发ü），然后舌体自然放下（稍微下放），舌根迅速上抬直抵软硬腭交接处，肺里呼出的气流振动声带后，由于口腔通道受

舌根及软腭（相对下降）的阻碍，气流从鼻腔流出而成音。舌位动程较小，口腔基本不变；ng音短弱，i、o音（实际是ü音）响亮而长。例如，庸、窘、炯、迥、扃、穷、琼、邛、荥、穹、蛩、笻、銎、胸、雄、凶、熊、汹、匈、芎、兄。

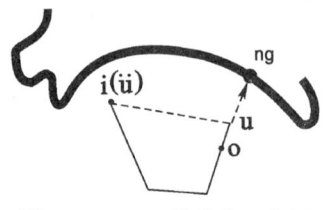

图5-39　iong的发音示意图

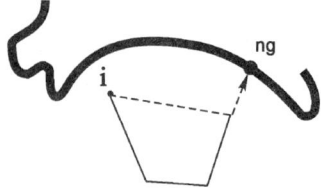

图5-40　ing的发音示意图

8. 单元音后鼻韵母——ing［iŋ］（发音如图5-40所示）

发音要领：双唇与齿相依自然打开，上齿微露；舌尖抵住下齿龈，舌体前部接近（中间要与硬腭保持一定的空隙）硬腭前部，舌体后部与小舌（悬雍垂）要保持一定空间距离，首先发前高i元音，然后舌体自然放下（稍微下放），舌根迅速上抬直抵软硬腭交接处。肺里呼出的气流振动声带后，由于口腔通道受舌根及软腭（相对下降）的阻碍，气流从鼻腔流出而成音。舌位动程较小，口腔变化小；ng音短弱，i音响亮而长。例如，英、并、兵、饼、平、凭、命、鸣、酪、顶、停、拧、另、灵、竟、井、轻、晴、行、星、醒。

第三节　韵母发音训练

根据韵母的发音要领并结合声母对每个韵母里不同音素的舌位（舌体着力点）及动程进行强化训练。在音节与音节连读或形成语流时，要注意每一个音节的归音，肌肉不能完全放松，元音 a、o、e、i 等开口或扁唇音节对唇要有控制，以避免唇部开合时"路程过远"导致满脸"跑嘴"的现象。作为播音员、主持人对发"四呼"音的唇形要求不仅限于吐字归音，而且是美化字音和视觉形象的需要，在第九章"口腔控制"里将对其有具体的要求，可结合口腔控制里的训练要求进行。总之，训练中要区别唇形开合，明确音素过渡，滑动舌位动程，强调归音到位，掌握韵母发音。

一、单元音韵母训练

单元音韵母在普通话音节中有 10 个，由于单元音韵母没有韵头和韵尾，结合声母训练时要注意唇舌的归音控制，同时应始终保持舌体收束，使单韵母发音圆润、饱满。

（一）舌面元音韵母训练

舌面元音 a、o、e、i、ü、u、ê 的发音着力点在舌面（ê 的单元音韵母只有"诶"等个别音节，大多情况下出现在 i 和 ü 后，训练放在后响复韵母里进行）。

1. 词组情境训练

情境设计：a

| 喇叭 | 大厦 | 打靶 | 哪怕 | 哈达 | 牵拉 | 傻瓜 | 蛤蟆 | 搭茬 | 法拉 | 砝码 | 发蜡 |
| 打岔 | 腊八 | 眨巴 | 查查 | 刹那 | 哈哈 | 邋遢 | 喇嘛 | 牵拉 | 拉萨 | 马达 | 沙发 |

情境设计：a——o、e、i、ü、u、-i [前]、-i [后]

拉车	八股	巴黎	罢黜	拔丝	跋扈	跋涉	把持	巴西	靶子	罢课	茶具
插曲	答复	打击	大使	发布	发迹	法律	法则	垃圾	蜡纸	蜡烛	蜡笔
抹布	麻痹	马路	蚂蚁	爬犁	沙漠	踏实	喀什	马匹	咋呼

情境设计：o

| 剥落 | 菠萝 | 薄弱 | 摸索 | 摩托 | 摩挲 | 莫若 | 没落 | 婆婆 | 剥夺 | 陂陀 | 破获 |
| 破落 | 笸箩 |

情境设计：o——a、e、i、ü、u、-i [前]、-i [后]

播发	博古	波折	玻璃	博士	剥蚀	博大	波及	伯父	驳斥	薄荷	摸底
泼妇	磨砺	蘑菇	摩擦	魔术	模糊	模式	抹杀	末日	模拟	墨迹	墨汁
默许	坡度	泼辣	叵测	破除	破例	迫使	末路	莫测	模特	佛寺

情境设计：e

| 割舍 | 歌德 | 隔热 | 呵责 | 核热 | 合辙 | 赫哲 | 客车 | 菏泽 | 热河 | 乐和 | 舍得 |
| 特色 | 特赫 | 折合 | 特设 | 折射 | 热河 | 这个 | 可乐 | 乐得 | 社科 | 各色 |

情境设计：e——a、o、i、ü、u、-i [前]、-i [后]

侧记	车皮	撤离	彻底	歌剧	歌词	歌舞	隔壁	搁置	革除	格局	格式
个体	各自	核计	合适	河谷	合璧	和气	合资	贺词	颗粒	科举	客机
可耻	刻薄	克制	课余	客气	乐意	舍弃	社稷	设立	慑服	特务	折磨

情境设计：i

比例	笔记	裨益	比拟	低级	底细	地基	机密	激励	痢疾	吉利	集体
记忆	厘米	离奇	立即	利息	立体	里脊	谜底	米粒	洗涤	极力	披靡
霹雳	皮衣	歧义	棋迷	绮丽	启迪	异己	提议	西医	细腻	乙烯	遗迹
仪器	屹立	议题	力气	离异	利益	麂皮	犀利	习题	密集	一体	礼仪
棋迷	以及	遗体	遗弃	体系	地契	底气					

情境设计：i——a、o、e、ü、u、-i[前]、-i[后]

低洼	饥饿	鄙视	比值	闭幕	庇护	避暑	堤坝	抵触	肌肤	疾苦	几何
基督	急促	极致	寂寞	计策	基数	记者	辑录	礼物	荔枝	立足	启发
气度	汽车	剔除	梯次	体格	昔日	锡箔	媳妇	遗书	贻误	益处	啼哭

情境设计：ü

| 律吕 | 龃龉 | 女婿 | 区域 | 旅居 | 屈居 | 曲剧 | 吕剧 | 须臾 | 曲率 | 絮语 | 居于 |
| 渔具 | 寓居 | 语序 | 雨具 | 豫剧 | 徐徐 | | | | | | |

情境设计：ü——a、o、e、i、u、-i[前]、-i[后]

局部	举止	剧目	巨大	惧怕	句法	锯齿	锯末	旅社	屡次	律师	绿茶
滤色	曲艺	去世	须知	虚词	虚无	许可	畜牧	淤塞	迂腐	娱乐	余额
浴池	渔歌	雨露	拘束	居住	居室	据守	巨著	驱使	趋时	祛除	曲折

情境设计：i——ü ü——i

碧玉	必需	抵御	地区	机遇	积蓄	觊觎	西域	喜雨	谜语	碧绿	地狱
礼遇	俚语	体恤	移居	易于	比喻	婢女	给予	纪律	寄予	理屈	例句
体育	疑虑	器宇	批语	皮具	其余	七律	奇遇	旗语	提取	义举	意趣
依据	拘役	绿地	拘泥	居里	举例	律己	具体	寓意	雨衣	蓄意	距离
取缔	玉玺	余地	玉器	语气	余力	御笔	与其	雨季	渔利	履历	绿篱
躯体	曲艺	预计	预期	预习	续集	逾期	羽翼	据悉	予以	屈膝	淤泥
虚拟	氯气										

情境设计：u

补助	布谷	初步	粗鲁	督促	读物	读书	独幕	幅度	俘虏	腐竹	部署
扶疏	富足	付出	轱辘	故都	辜负	孤独	鼓舞	古朴	谷物	户主	酷暑
露珠	目睹	朴素	入股	复出	疏忽	束缚	数目	图书	徒步	吐露	侮辱
无辜	武术	嘱咐	逐步	注目	故土	复苏	屠戮	苦读	逐鹿	突出	入伍
祖父	哺乳	目录	服务	辅助	复述	互助					

情境设计：u——a、o、e、ü、i、-i [前]、-i [后]

处罚　储蓄　都市　督察　嫉妒　毒蛇　读者　堵塞　赌博　夫妻　扶持　福利　富裕　敷设　伏笔　副食　覆没　姑息　故里　古籍　谷雨　故址　忽视　湖泊　护理　苦涩　录取　陆续　暮色　沐浴　附和　牧歌　谷子　物资　刍议　初级

情境设计：i——u　u——i

一块——五块　一步——五步　移情——无情　移用——无用　疑心——无心　意义——无意

2. 绕口令情境训练

情境设计：非常漂亮的动漫镜头出现在眼前，不由得让人浮想联翩……

出北门，朝北走，走出八千八百八十八大步，来到八千八百八十八里铺。八千八百八十八里铺，种了八千八百八十八棵芭蕉树，飞来了八千八百八十八个八哥鸟，要在这八千八百八十八棵芭蕉树上住。惹恼了八千八百八十八个老伯伯，掏出八千八百八十八个白弹弓，不让这八千八百八十八个八哥鸟，在这八千八百八十八棵芭蕉树上住。跑来了八千八百八十八个白胖小哥哥，拽住这八千八百八十八个老伯伯，不要打这八千八百八十八个八哥鸟。

情境设计：瞧这一家三口人，嘿嘿！全都爱马达，却忘了真正的马……

妈妈开拉达，爸爸桑塔纳，娃娃是警察，跨上雅玛哈。门外有四匹伊犁马，你爱拉哪个马就拉哪个马。牌楼两边有四辆四轮马拉车，你爱拉哪两辆就拉哪两辆。

情境设计：随着人们生活水平的提高，旅游休假的人越来越多，登山观光也都喜欢骑着马上山，你瞧！这两位女士……

麻妈妈骑白马，华妈妈骑花马，麻妈妈和华妈妈比骑马。华妈妈麻妈妈拉错了马，麻妈妈骑错了华妈妈的花马，华妈妈骑错了麻妈妈的白马。麻妈妈的白马不听华妈妈的话，华妈妈的花马不听麻妈妈的话，麻妈妈把花马还给华妈妈，华妈妈把白马还给麻妈妈。

情境设计：最幸福的莫过于天伦之乐啊！瞧这父女俩……

华华画画，爸爸浇花。华华在爸爸的花前画画，爸爸在华华的画前浇花。华华喜欢爸爸的花，爸爸爱看华华画画。华华的画画中有花，爸爸的花花儿如画。爸爸和华华，叽叽喳喳，嘻嘻哈哈，华华和爸爸，画画浇花，比比画画。

情境设计：人常说，远亲不如近邻。邻里关系就是这样你来我往，才能和睦相处……

王婆婆向汪婆婆借钵钵，汪婆婆借给王婆婆一只钵钵。王婆婆不留心打坏了汪婆婆的钵钵，汪婆婆不要王婆婆赔钵钵，王婆婆上街买来钵钵，一定要赔汪婆婆的钵钵。

情境设计：嗨！真有趣儿，买了饽饽还比饽饽……

白伯伯，彭伯伯，饽饽铺里买饽饽。白伯伯买的饽饽大，彭伯伯买的大饽饽，拿到家里喂婆婆。婆婆又去比饽饽，不知白伯伯买的饽饽大，还是彭伯伯买的饽饽大？

情境设计：工作之余，几个人寻乐儿，看见对面走来一位老大娘，他们竟搞起了竞猜游戏……

打南坡走来个老婆婆，手里托着俩笸箩。左手托着的笸箩装着菠萝，右手托着的笸箩装着萝卜。你说说，是老婆婆左手托着的笸箩装的菠萝多？还是她右手托着的笸箩装的萝卜多？说得对送你菠萝和萝卜，说得不对让你扛着笸箩上山坡。

情境设计：在碧绿的青草旁、清澈的河水畔，有一个气喘吁吁的小弟弟和一只摇摇摆摆的大肥鹅，为这幅山水画增添了无限生机与活力，瞧！多有趣儿……

哥哥去赶鹅，翻山又过河，河上是坡，坡下是河。坡上立着这只鹅，鹅低头看见一条河。哥哥走下坡，鹅要去过河。宽宽的河，肥肥的鹅，鹅过河，河渡鹅。哥气鹅，鹅笑哥。河坡飞来丹顶鹤，鹤望哥和鹅，小鹤笑呵呵，不知鹅过河，还是河渡鹅。

情境设计：开运动会竞选运动员要量身高，结果兄弟俩不差上下，这可难为了领队……

大哥个高，二哥个高，大哥二哥比个高。二哥说二哥个比大哥高，大哥说大哥个比二哥高。不知到底是大哥比二哥个高，还是二哥比大哥个高？

情境设计：我们弟兄俩呀，学习上相互鼓励，生活上互相关心……

颗颗豆子进石磨，磨成豆腐送哥哥。哥哥说我的生产虽然小，可是小小的生产贡献多。哥哥过河捉个鸽，回来哥奖我吃鸽，我饿吃豆放走鸽，哥哥和我乐呵呵。

情境设计：每到周末，小战士个个都像个活雷锋一样，帮助附近的老大娘去干活儿，这不，又去了……

战士小罗波，渡过波梭河，帮助军属何阿婆，翻过北坡收菠萝。罗波背着大菠萝，阿婆带着香馍馍。罗波摘菠萝递阿婆，阿婆往笸箩里装菠萝。罗波摘菠萝摘得利索，阿婆装菠萝装得特多。干完活儿多快活，阿婆靠着笸箩吃香馍，罗波捧着菠萝唱山歌，他们望着丰收果，罗波、阿婆乐呵呵。

情境设计：棋迷下棋不吃不喝也不知道疲倦，让他的家人心里真急啊……

两个棋迷，一个姓米一个姓齐。米棋迷齐棋迷，一起下棋。米棋迷要吃齐棋迷的车，齐棋迷不让米棋迷吃车。早起就下棋，下到日偏西，不知米棋迷下过齐棋迷，还是齐棋迷胜过米棋迷。

情境设计：早上批发市场一开门，便出现了熙熙攘攘车来人往的景象，拉货的人们又开始忙活起来了……

老罗拉了一车梨，老李拉了一车栗。老罗人称大力罗，老李人称李大力。老罗拉梨做梨酒，老李拉栗去换梨。

情境设计：刚搬来的老屈是一个非常善解人意的好邻居，有一天……

老屈篱下脱坯，老季窗西喂鸡。老屈脱坯怕碰跑了老季的鸡，老季喂鸡怕碰坏了老屈的坏。老屈顾及老季，老季顾及老屈。老季喂好鸡没碰坏老屈的坏，老屈脱完坏没碰跑老季的鸡。

情境设计：因为负责计生工作的女小吕工作失误，单位年终"先进"快要落空，她非常着急地去找女老李想办法……

这天天下雨，体育运动委员会穿绿雨衣的女小吕，去找计划生育委员会不穿绿雨衣的女老李。体育运动委员会穿绿雨衣的女小吕，没找着计划生育委员会不穿绿雨衣的女老李。计划生育委员会不穿绿雨衣的女老李，也没见着体育运动委员穿绿雨衣的女小吕。

情境设计：回忆自己头脑中对阿凡提的印象：思维敏捷，神情自若，语言幽默、辛辣，可这一次，哈哈……

阿凡提，骑毛驴，手拿着一条鱼。毛驴走路急，掉了手中的鱼。阿凡提，下毛驴，下了毛驴去拾鱼。弯腰去拾鱼，拾鱼跑了驴。阿凡提，心里急。拾起鱼，追毛驴。追上毛驴骑毛驴，骑上毛驴手提鱼。

情境设计：刚刚还是骤雨倾盆，突然间雨过天晴了，啊！彩虹腾空，气色清新，怎么？鱼呢……

大渠养大鱼不养小鱼，小渠养小鱼不养大鱼。一天天下雨，下了一天雨。大渠水流进小渠，小渠水流进大渠。大渠里有了小鱼不见大鱼，小渠里有了大鱼不见小鱼。

情境设计：再破的鼓也是用皮做的啊！怎么能用布来补呢？唉……

屋里一个破皮鼓，扯点破布来补补。也不知破布补破鼓，还是破鼓补破布？只见鼓补布，布补鼓；布补鼓，鼓补布。补来补去，鼓不成鼓，布不成布。

情境设计：学习任何一门技能，都离不开理论的指导，盲目热爱，只能导致事倍功半……

胡叔用笔画葫芦，葫芦画得真糊涂。糊涂不能算葫芦，要画葫芦不糊涂。胡叔决心不糊涂，画好一只大葫芦。五叔好书租书部租书，租书部不数书好糊涂。谁知五叔看书却清楚，五叔决心看书画葫芦不糊涂。

情境设计：现在收藏古玩的人越来越多，但是不了解历史，是做不好收藏的……

苦读古书懂古通古熟古，不读古书不懂古不通古糊涂古。要懂古通古熟古不糊涂就得苦读古书熟悉古。

情境设计：什么叫鸡飞蛋打、得不偿失啊？你瞧这个顾老五……

村里有个顾老五，穿着新裤去卖谷。卖了谷，买了布，外加一瓶老陈醋。肩背布，手提醋，老五急忙来赶路。走了一里路，看见一只兔。老五放下布和醋，糊里糊涂去追兔。挂破了裤，没追上兔，回来不见了布和醋。

3. 提示

（1）u与声母f音相拼时，正常语速中u一般发v音，如果表达需要特别强调或速度较慢，归音就要落在u上。

（2）注意i、ü在训练时变化唇形的同时，不要放松相同的舌位控制。

（3）以上训练请结合第九章口腔静态控制立腔的训练要求进行。

（二）特殊元音韵母

特殊元音-i［前］、-i［后］的发音着力点在舌尖。er元音主要充当儿化韵，在后面语流音变里训练。

1. 词组情境训练

情境设计：-i［后］

誓师　实质　日志　迟滞　时日　矢志　日食　失实　失事　实施　史志　史实
食指　志士　失职　史诗　支使　市制　施事　指使　事实　视事　时时　逝世
适值　吃食　适时　舐痔　知识　支持　世事　致使　直视　直至　诗史　失势
制式　指示　试制　撷拾　智齿　制止　值日　只是　咫尺　市尺

情境设计：-i［后］——a、o、e、i、ü、u、-i［前］

斥骂　诗歌　迟暮　赤膊　石墨　世纪　尺牍　师傅　事理　事务　知己　植物
世故　实物　识破　拾取　石刻　食谱　师法　食欲　诗集　驰驱　致死　织女
市区　事例　仕途　拾遗　适合　势必　芝麻　止步　肢体

情境设计：-i［前］

自私　刺死　四次　子嗣　恣肆　赐死　私自　刺字

情境设计：-i［前］——a、o、e、i、ü、u、-i［后］

辞赋　此刻　赐予　思路　私立　私欲　司法　四季　司马　司机　司仪　似乎
资历　资格　滋补　子弟　自习　自给　字幕　恣意　自发　撕破　自负　梓里
次日　刺客　刺激　辞色　词句　次序

2. 绕口令情境训练

情境设计： 声母是具有区别词义和词性的作用的！现在许多人盲目模仿，唱歌、说话全学港台腔……

四是四，十是十，十四是十四，四十是四十，四十加上四，就是四十四，四、十、十四、四十四，要是说错了，就要误大事。

情境设计： 成人补习班里同学们之间年龄差别大，但是他们都非常用功……

石小四和史肖实，石小四年十四，史肖实年四十。年十四的石小四爱看古诗词，年四十的史肖实爱看新报纸。年四十的史肖实发现好诗词，忙递给年十四的石小四；年十四的石小四见了好报纸，忙递给年四十的史肖实。石小四接过杂志看诗词，史肖实接过报纸看时事，看完了诗词和时事，史肖实石小四走出了阅览室。

情境设计：农村实行科学种田，补课学文化的人越来越多了。真是勤能补拙啊……

老石一日识了四个字，老四一日识了十个字，老石思索怎么才能赛过老四一日识十个字，其实老石不是不能赛过老四，老四学习一小时，老石就学习四小时，老石终于超过了老四，学习愚公移山志，一日就识了四十四个字。

情境设计：俗话说，卖瓜的都不会说自己的瓜苦。看看这俩人各持己见，越吵越僵……

司小四和史小世，四月十四日十四时四十上集市，司小四买了四十四斤四两西红柿，史小世买了十四斤四两细蚕丝。司小四要拿四十四斤四两西红柿换史小世十四斤四两细蚕丝。史小世十四斤四两细蚕丝不换司小四四十四斤四两西红柿。司小四说我四十四斤四两西红柿可以增加营养防近视，史小世说我十四斤四两细蚕丝可以织绸织缎又抽丝。

3. 提示

（1）特殊元音-i［前］、-i［后］的实际发音是声母的延长音。

（2）舌尖元音在发音中要特别注意归音问题，声音不结束舌尖绝对不能松懈（在声母练习里已经提到）。

（3）特殊元音的发音与此元音相拼合的声母发音关系密切，因此首先要正确掌握与特殊元音拼合的 zh、ch、sh、r、z、c、s 的声母位置。

（4）结合发声训练和声母训练，特殊元音发音还要特别注意放松下巴，通过视觉判断上齿保持在下齿的前面。

二、复元音韵母训练

根据前面所学过的复韵母的发音要领，设计语境，以情带气，以情束舌，以情"动"舌，结合声母拼合使韵头过渡准确，韵腹饱满流畅，韵尾归音干净到位。

（一）前响复韵母训练

前响复韵母 ai、ei、ao、ou 的发音舌位动程较大，口腔前开后闭。

1. 词组情境训练

情境设计：ai

爱戴　白菜　彩带　彩排　采摘　代卖　盖菜　海菜　开采　买菜　拍卖　债台
灾害　开斋　再来　采买　摆开　掰开　拆台　拆开　卖菜　还来　还在　开来

开赛　晒台

情境设计：ei

蓓蕾　非得　赔给　煤黑　贝类　背煤　飞贼　黑妹　北非

情境设计：ao

懊恼　包抄　报道　报告　报到　报考　暴躁　报道　操劳　糟糕　祷告　老少
草包　草稿　草帽　吵闹　稻草　高傲　高潮　高超　告饶　牢骚　草草　掏包
牢靠　劳保　唠叨　号啕　毫毛　号召　犒劳　高烧　茅草　冒号　绕道　宝刀
跑道　逃跑　讨好　草稻　招考　搞好　找到

情境设计：ou

抽斗　绸缪　丑陋　兜售　抖擞　筹谋　抖搂　豆蔻　狗头　佝偻　后头　口授
够受　喉头　漏斗　收购　猴头　后轴　走漏　走兽　后周　口臭　扣肉　叩首
手头　口头　叩头　露头　守候　走狗　欧洲

2. 绕口令情境训练

情境设计：独生子女从小的生活环境相对封闭，走出家门协作能力较差，你看，这么一件小事都处理不好……

小戴有个鸡蛋，小赖有个口袋。小戴有鸡蛋没口袋，小赖有口袋没鸡蛋。小赖不愿把口袋给小戴装鸡蛋，小戴不敢把鸡蛋装进小赖的口袋。最后老师让小赖帮助小戴把鸡蛋放在自己的口袋，小戴满心欢喜谢过小赖。

情境设计：政策开放，经营兴旺，眼前这一老一少互相帮助，生意越做越火……

白艾艾翟奶奶俩人上街做买卖，白艾艾卖劈柴，翟奶奶卖海带，翟奶奶卖了海带买劈柴，白艾艾卖了劈柴买海带，俩人买了海带、劈柴一起又去买口袋和白菜，艾艾帮着奶奶抬，奶奶艾艾笑开怀。

情境设计：两个饭店采购员，工作中是竞争对手，但私底下却是好朋友，遇到刚上市的稀缺菜，你瞧……

小艾和小戴，一起去买菜。小艾把十斤菜给小戴，小戴有比小艾多一倍的菜；小戴把一半菜给小艾，小艾的菜是小戴的三倍菜。请你想想猜猜，小艾小戴各买了几斤菜？

情境设计：想象全景的视觉效果图是由红、黄、白三色组成，红的梅，黄的衣，白的雪……

妹妹爱梅，梅梅爱美。妹妹爱梅也爱美，梅梅爱美也爱梅。

情境设计：小姑娘从小生活环境宽松，性格外向、好动，甚至调皮捣蛋，每天回家吃饭时总是……

妹妹美，美妹妹，妹妹面上落煤灰。煤灰黑黑黑妹面，妹面黑黑妹不美。妹妹洗面洗煤灰，又是一个美妹妹。

情境设计：啊！多么美丽的田园风光，因为有了人就更显得生动、感人……

妹在水边睡，长发随水垂；妹睡水边发垂水，水边睡妹发水垂。

情境设计：园丁在给参观花圃的小同学们讲种花的经验："你们想，人饿了也不能光吃不喝或光喝不吃啊……"

种花施肥又浇水，蓓蕾饱满花又美。光浇水不施肥土不肥花不美，光施肥不浇水花也不美，浇水施肥，施肥浇水，肥水水肥，浇水施肥，土肥花美环境更美。

情境设计：几个老年人在一起，七嘴八舌拉家常，真是热热闹闹，亲亲热热……

老姥姥问姥姥，姥姥老问老姥姥。麻妈妈问妈妈，妈妈老问麻妈妈。

情境设计：生活水平提高，人的寿命延长，被称为世界人类文化保护遗产的小城内，正在举行一个百岁老人形象大赛……

古老街上胡古老，古老街下古老胡，古老街上的胡古老，找古老街下的古老胡比古老。结果不知是胡古老的古老，比古老胡的古老古老，还是古老胡的古老，比胡古老的古老古老？

情境设计：运动场上，由于裁判失职，结果两个参赛的运动员互相吵了起来……

高高跳和高跳高，跳高场上比跳高。高高跳说高高跳跳高跳得高，高跳高说高跳高跳高跳得高。

高毛毛，毛高高，毛毛高高比跳高，毛毛说他比高高跳得高，高高说他比毛毛跳得高。高高和毛毛，到底谁跳得高？毛毛高高一个劲儿地吵跳高，结果毛毛高高跳得一般高。

情境设计：设想眼前有一个偌大的地势偏低一些的荷塘，满眼的荷叶、莲花随风摇曳，就像走进了朱自清的《荷塘月色》……

沟长藕，藕长沟，藕沟满沟藕，沟藕满藕沟。满沟沟藕藕叶稠，沟满沟藕藕满沟。

情境设计：近几年农村开设了田园风光旅游项目，游人可拿走自己采摘的果实，而这个村开放的却是剥豆子，有些游人处心积虑……

兜装豆，十兜倒一斗，袋装豆，四袋倒一斗。四斗豆，豆四斗，能装多少袋？能装多少兜？

情境设计：对门马戏团里的老大爷，生性豁达、开朗、风趣、幽默，以驯猴和狗为生，喝了一辈子的酒，嗨！今儿个又醉了……

一个老头儿一盅酒，就着一块藕，吃一口，喝一口。一棵柳树搂一搂，一个小猴儿扭一扭。十个老头儿十盅酒，就着十块藕，吃十口，喝十口。十棵柳树搂一搂，十个小猴儿扭一扭。

猴上沟，狗上丘，沟上猴逗丘上狗，丘上狗逗沟上猴。猴逗狗，狗逗猴，猴狗相逗下丘沟。猴上沟成了猴下沟，狗上丘成了丘下狗。猴上猴沟猴看狗，狗下狗丘狗瞅猴。

情境设计：沙地绿化种了许多柳树，每年光靠柳枝编制经营的各种制品，使原本靠天吃饭的妞妞一家脱贫致了富，这不，春天又到了……

沙滩许多弯弯柳，柳下走来刘妞妞，风吹垂柳柳招手，妞妞伸手折垂柳，折来垂柳用手扭，扭了九个柳篓篓。六个柳篓篓送给突击手，两个柳篓篓送给好朋友。妞妞留一个小柳篓，秋收时候地头走。一边走，一边瞅，妞妞把豆豆拾进小柳篓。

3. 提示

（1）ai、ei 发音训练时要注意起音分别在 a 和 e 上，归音虽然要弱收，但在训练初期最好舌体完全归在上槽牙内侧发单元音 i 的位置上，以保证一定的舌体力度，不至看见松懈的大舌面。普遍存在的问题是舌体松软无力导致下巴向上归音。

（2）由于受 i 韵尾的影响，a、e 舌位前移的同时，舌体后部不要与小舌接触，防止堵住发声通道，造成声音捏挤（或元音鼻化）。

（3）根据语音学介绍，ao 音本应是 au 音，为了与 an 相区别才改写为 ao，所以发 ao 音时一定要归在 u 音上。

（4）普通话韵母中 ou 是舌位动程最短的复合元音，o 与 u 的舌位较近，发音时 o 音稍比后半高元音 o 稍低、稍前一些，唇的控制稍开一些，便于舌位动程的变化，利于声音圆润。

（二）后响复韵母训练

后响复韵母 ia、ie、üe、ua、uo 的发音舌位动程较大，口腔开度前闭后开。

1. 词组情境训练

情境设计：ia

加压　压价　假牙　恰恰　下压　加价　下嫁　下牙　家家　下家

情境设计：ie

结业　趔趄　贴切　铁屑　揭贴　节烈　铁鞋　谢谢　间接　凄切　窃窃

情境设计：üe

雀跃　雪月　约略　月缺　绝学　决绝　学学

情境设计：ua

挂花　花袜　耍滑　挂瓦　画画

情境设计：uo

蹉跎　错落　哆嗦　堕落　过错　过火　国货　活捉　火锅　阔绰　啰嗦　罗锅
落果　骆驼　硕果　脱落　陀螺　龌龊　着落　我国　错过　说过　落座　坐落
懦弱　做作　做过

2. 绕口令情境训练

情境设计：这一天，天气晴朗，微风习习，姐儿俩一起去河边玩耍，结果……

霞霞丫看到一只大虾虾，丫丫手快捉住了这只大虾虾，可虾虾不服咬住了丫丫的小脚丫。丫丫哭着喊着叫霞霞，霞霞帮着丫丫拿下了大虾虾。丫丫拿着虾虾送给了霞霞，霞霞丫丫笑哈哈。

情境设计：唉！动物可不比人哪，尤其是水里游的鸭子，又不能圈养，总是到处乱窜……

东家有只鸭，西家有只鸭，东家老掐的鸭，游到西家的鸭的家，西家老瞎的鸭，游到东家的鸭的家，老掐不见了鸭，忙到西家寻鸭，老瞎不见了鸭，忙到东家寻鸭，不知老掐寻到东家的鸭，还是老瞎寻到西家的鸭。

情境设计：本来很要好的朋友，因为一件小事，结果闹翻了脸……

佳佳今晨补了牙，邀请小贾上他家。小贾上街买了鸭，高高兴兴去了佳佳家。谁知鸭肉碰掉了佳佳的牙，气得佳佳骂小贾，急得小贾找假牙。

情境设计：学校门口有许多小商店，每次家长接孩子时总要进去转转，可这一次……

爷爷到学校接杰杰，杰杰到门口等爷爷。爷爷带杰杰去买鞋，杰杰却看中了小花碟。买花碟就不能买鞋，杰杰求爷爷买鞋又买碟。不知杰杰买没买成鞋和碟。

情境设计：心里有事着急要处理，但是看到这个情景，同情之心油然而生……

打南边来了个瘸子，手里托着个碟子，碟子里装着茄子，地下钉着个橛子，绊到了托碟子的瘸子，撒了碟里的茄子。气得瘸子，撇了碟子，拔了橛子，踩了茄子。

情境设计：人常说，各家自扫门前雪。这位退休老人的行动感染了近邻的几个青年人……

退休干部大老谢，拿起扫帚上街去扫雪。小杰看见谢老爹自己在扫雪。小杰回屋叫小铁，小铁在打铁。小铁放下铁，又去找小雪。他们几个都上街，一起和谢老爹收拾雪。

情境设计：清晨，一阵叽叽喳喳的鸟叫声把我从睡梦中惊醒，推开窗户一看，呵，这么一大群喜鹊……

一群灰喜鹊，一群黑喜鹊。灰喜鹊飞进黑喜鹊群，黑喜鹊群里有灰喜鹊。黑喜鹊飞进灰喜鹊群，灰喜鹊群里有黑喜鹊。

情境设计：阳光照射在厚厚的银白色的雪被上，闪着金光，两个舞动的身影一边在清理着积雪，一边对着话……

薛悦爱雪，下雪天学滑雪，见街上老薛在扫雪。薛悦不学滑雪要帮老薛扫雪，老薛劝薛悦要顾学业，薛悦决心学会滑雪又不误学业。老薛语重心长地说薛悦：从小学科学，科学要从小学。用好科学就得学科学，学好科学才能用科学。

情境设计：秋天是收获的季节，农村的院子里晒满了雪白的棉花，挂满了金黄的玉米、谷穗儿……

墙头上有个老南瓜，掉下来打着胖娃娃。娃娃叫妈妈，妈妈摸娃娃，娃娃骂南瓜。

情境设计：从城里来了三个小孩儿，满怀信心地跟着村里的一个小男孩下河去逮活蛤蟆……

一个胖娃娃，捉了三个大花活蛤蟆；三个胖娃娃，只捉了一个大花活蛤蟆。捉了一个大花活蛤蟆的三个胖娃娃，真不如捉了三个大花活蛤蟆的一个胖娃娃。

情境设计：妈妈心灵手巧是贤妻良母，孩子聪明活泼是绘画能手，一家人其乐融融……

娃娃画妈妈，妈妈绣娃娃。娃娃看妈妈绣娃娃，妈妈看娃娃画妈妈；妈妈夸娃娃画的妈妈像妈妈，娃娃夸妈妈绣的娃娃像娃娃。

情境设计：美术专业的两个学生分别师从于两位老师，画法、画风及画派不尽相同，在一次大赛中，俩人结下了深厚的友谊，经常取长补短，相互学习……

慧环慧华会画画，慧华慧环赛画花。慧环会画荷花不会画葵花，慧华会画葵花不会画荷花；慧环向慧华学画葵花，慧华向慧环学画荷花。慧环慧华赛画花，阳光下盛开葵花和荷花。

情境设计：迷信风气不止，小生意不景气，你瞧，这两个小摊主……噢！是拍摄场地……

街上有个算卦的，还有一个挂蒜的。算卦的算卦，挂蒜的挂蒜。算卦的叫挂蒜的算卦，挂蒜的叫算卦的买蒜。算卦的不买挂蒜的蒜，挂蒜的也不算算卦的卦。

情境设计：回忆成龙的电影和美国的探险片中对中东地区的描述：一望无际的沙漠，黑白分明的服饰，神秘离奇的传说……

"骆驼之国"骆驼多，骆驼多的数不过。出门骑骆驼，骆驼就是车。汽车遇骆驼，车让骆驼过。你想骑骆驼，请到"骆驼国"：索马里，科威特，还有沙特阿拉伯。

情境设计：乡村的生活多么惬意呀！即使是在炎热的盛夏，这里仍然绿荫叠翠，夏虫声声……

坡上蝈蝈多，蝈蝈爱唱歌。坡上果树多，果树结果果。风吹果树果果落，蝈蝈受惊不唱歌。风不吹果树果果不落，惊不住蝈蝈蝈蝈唱歌。

3. 提示

（1）后响复韵母要注意没有韵尾的情况下做好归音的唇舌控制。

（2）用镜子观察发 ie、üe 时，要注意与后半高不圆唇 e 元音的发音区别，随着前高 i 元音到前半低 ê 元音的变化，舌体前部应呈现前低后高的坡形。与 i 相拼注意舌体前部的力度，与 ü 相拼除了注意舌体力度外，还要注意双唇在发音结束时不能完全松懈，仍要保持一定的控制。

（三）中响复韵母训练

中响复韵母 iao、iou、uai、uei 的发音舌位动程大，口腔先闭后开再闭。

1. 词组情境训练

情境设计：iao

吊销　吊桥　脚镣　教条　娇小　挑脚　叫嚣　疗效　苗条　渺小　飘摇　巧妙
调教　小脚　调笑　逍遥　萧条　窈窕　小调　笑料

情境设计：iou

酒友　就有　有救　久留　旧友　琉球　流油　悠久　刘秀　牛油　优秀　鸺鹠
咻咻

情境设计：uai

摔坏　怀揣　拽坏　外踝　外快　乖乖

情境设计：uei

吹灰　垂危　摧毁　退回　归队　归罪　汇兑　灰堆　回味　回归　悔罪　荟萃
魁伟　水位　推诿　退位　愧对　尾随　未遂　追悔　坠毁　醉鬼　罪魁　追回
追喂　卫队　畏罪　归位　追尾　退税　翠微　回嘴　葳蕤

2. 绕口令情境训练

情境设计：电视曾经报道，一个动物保护组织专门收养各种被遗弃的小动物，据说它们中有的因为被遗弃还得了心理疾病……

东边庙里有猫，西边树梢有鸟，猫鸟天天闹。不知猫闹树梢鸟，还是鸟闹庙里猫？灰猫跳，花鸟叫。灰猫听花鸟叫，花鸟瞧灰猫跳。灰猫跳起抓花鸟，花鸟拔腿就逃掉。灰猫忙去追花鸟，你猜花鸟能不能跑掉？

花鸟逃到一座庙，庙顶上卧着一只猫。猫儿喵喵叫，庙脊两头翘。猫叫庙脊翘，行人站着瞧：看是猫叫庙脊翘，还是庙翘猫儿叫？花鸟忘了叫、灰猫忘了跳，花鸟、灰猫都忘了闹。

情境设计：工作之余最大的乐趣就是做饭。民以食为天嘛！爱吃就得会做呀……

一个小嫂嫂，一个大小小，坐在一起比包饺饺。不知是小嫂嫂包的饺饺不如大小小包的饺饺，还是大小小包的饺饺不如小嫂嫂包的饺饺。大小小找小巧巧，小嫂嫂问大娇娇，娇娇巧巧一起吃着小饺饺夸着小嫂嫂和大小小。

情境设计：僧人的生活拮据、单调但清静、安逸，优美的小环境里一老一少两老道生活多么和谐、惬意……

高高山上有座庙，庙里住着俩老道。一个年纪老，一个年纪少，庙前长着许多草，有时候老老道煮药，小老道采药，有时候小老道煮药，老老道采药。

情境设计：有一篇《乡村的傍晚》的散文，里面描写了孩子们有的骑在牛背上吹着笛子，有的趴在牛身上看着牛儿吃草，阿牛在干什么呢……

放牛孩子叫阿牛，阿牛放的是老牛。老牛哞哞叫阿牛，阿牛轻轻拉老牛。老牛下河水中游，阿牛过河骑老牛。老牛游水驮阿牛，阿牛放牛骑老牛。阿牛老牛老牛阿牛，俩牛一起下河游。

情境设计：瞧这个段子编的多蹊跷！难道酒和油会说话？……

一葫芦酒，九两六，一葫芦油，六两九。六两九的油，要换九两六的酒，九两六的酒，不换六两九的油。

情境设计：大师傅在教小师傅：没有规矩不成方圆，切生食、熟食要分案板……

铜勺舀热油，铁勺舀凉油。铜勺舀了热油舀凉油，铁勺舀了凉油舀热油。混合了生油熟油自己就被炒"鱿鱼"走。

情境设计：小伙子一心搞实验，想培育新型绿豆芽，把家里的绿豆都用光了……

出南门，走六步，见到六叔和六舅。叫声六叔和六舅，借我六斗六升好绿豆。过了秋，打了豆，还我六叔六舅六斗六升好绿豆。

情境设计：开展三下乡活动，县里文化馆给偏僻的小山村带来了一台戏，整个村子就像开了锅……

槐树槐，槐树槐，槐树底下搭戏台。戏台下面看戏人全来，戏台上面唱戏精神来。槐树笑的歪，大戏喝了彩，都怪这台戏太精彩！

情境设计：设想正在做运动会的现场报道，田径场内的看台上座无虚席，呼声一片……

梅小卫叫飞毛腿，卫小辉叫风难追；两人参加运动会，百米赛跑快如飞。飞毛腿追风难追，风难追赶飞毛腿，飞毛腿追上了风难追，风难追又赶过了飞毛腿。梅小卫和卫小辉，最后不知谁胜谁？

情境设计：前几天报道英国的一个古城堡出售，房主人的首要条件是，必须一同买下在这个城堡内生活了很久并且已经陪伴过四任主人的一只龟……

贝贝端杯水，去喂老乌龟，拍拍乌龟背，让它快张嘴。老乌龟，不伸头，不张嘴，不伸龟腿和龟尾。急得小贝贝，去找小培培。培培让贝贝放下老乌龟，让龟自己张嘴去喝水。

3. 提示

（1）uei、iou 中的 e、o 元音在书写时被省略了，实际发音时绝对不能省略，舌位的变化过程既有滑动感又要鲜明。尤其在与双唇声母音拼合时更容易丢失"e"的过程，要细心体会与把握。

（2）在发音时要注意韵头的起音要尽量保持在单发时的位置上，韵腹拉开立起，归音要弱收到位，要保持各自应有的准确位置，用较具体的标准进行被动的调整，迫使舌体积极活动，加大舌位动程，同时又要注意各音素间过渡流畅，有滑动感。

（3）为了加大舌位动程，最初的训练难免发音有些生硬，这是正常的有意控制训练阶段，随着训练量的增加和审美意识的提高会逐渐流畅起来的。

（4）在加大口腔内舌体变化的同时要注意双唇的控制，防止呈现"筒状"或"喇叭状"。如果说唇在发音过程中力度要集中在唇的中央保持一定的开度控制，要"走近路"的话，那么，舌相对要动作过程鲜明"走远路"。因此，语音训练一定要结合后面第九章的口腔控制进行。

三、鼻辅音韵母训练

生活中的大部分人发鼻音，舌尖或舌根从来不归音，只是靠下颌上抬完成发（归）音，训练时可采用倒叙法进行，先找鼻辅音 n 或 ng，然后再加元音，最后结合声母，待动程清晰后再按顺序进行，达到完美发音的目的。

播音发声要求发音中口腔的静态控制，挺软腭应该保持自始至终，所以发鼻韵母音时，软腭的下降也应该是相对的，前鼻音舌尖上翘时软腭要相对保持上挺，后鼻音的舌根归音也应该积极上抬，不应以下放软腭为代价，否则就违背了口腔静态控制（挺软腭）的要求。

（一）前鼻音韵母

前鼻音韵母 an、ian、üan、uan、en、uen、ün、in 的发音是舌尖归音。先对照小镜子让舌尖抬起抵在上齿龈的位置上，并通过小镜子观察能看到舌尖的舌背面，细心体会前鼻音与元音相拼合归音时的舌尖着力感，然后顺序进行，再判断发音结束后舌尖的归音是否正确。

1. 词组情境训练

情境设计：an

安然	案板	暗淡	暗探	斑斓	惨淡	惨案	灿烂	单干	善战	胆敢	翻案
反感	泛滥	干饭	肝胆	感染	汗衫	寒蝉	勘探	烂漫	懒汉	阑珊	栏杆
蛮干	漫谈	攀谈	盘缠	蹒跚	散漫	舢板	潸然	贪婪	摊贩	坦然	赞叹
展览	战犯	感叹	办案	淡然	难看	寒战	湛蓝	谈判	暗含	犯难	沾染
参战	懒散	干旱	单产	胆寒	帆板	案犯	反叛				

情境设计：ian

便宴	变脸	变迁	癫痫	电线	垫肩	惦念	减免	见面	检点	简便	连绵
敛钱	脸面	潋滟	棉田	绵延	免检	腼腆	面前	年鉴	翩跹	偏见	片面
牵连	年限	简练	天堑	田间	显眼	棉线	天仙	前年	现年	眼帘	连线

117

电键 眼线 艰险 连篇 盐碱 盐田 沿线 渐变 连天 边沿 变天 年间 片言 牵线 前天 前面 前言 浅见 浅显 天边 鲜艳 现钱 眼前

情境设计：üan

圆圈 源泉 轩辕 全院 全员 全权 涓涓

情境设计：uan

传唤 贯穿 换算 宦官 酸软 婉转 万端 专款 专断 涣涣 转换 转弯 软缎 弯管 乱窜 万贯

情境设计：en

本身 沉闷 分身 分神 愤恨 根本 门诊 人参 身份 粉尘 门神 根深 神人 本分 苯酚 振奋 人们 很沉 本人 珍本 岑参 认真 妊娠 深沉 愤懑 深圳 真人

情境设计：uen

昆仑 混沌 馄饨 伦敦 春瘟 困顿 温润 温顺 春笋 论文 温存 珲春 滚轮 滚滚

情境设计：ün

均匀 逡巡 寻寻 纭纭 芸芸

情境设计：in

濒临 金银 引进 近邻 尽心 近亲 临近 民心 拼音 贫民 亲信 亲近 勤谨 辛勤 薪金 音频 音品 殷勤 新近 音信 林荫 民进 心音 信心

2. 绕口令情境训练

情境设计：设想自己是一名老师，正以循循善诱或谆谆教导的语气与学生谈心，或者在进行自己的内心独白……

学习就怕满、懒、难。心里有了满、懒、难，不看不钻就不前，心里丢掉满、懒、难，永不自满，边学边干蚂蚁也能搬泰山。

情境设计：两个班干部平时相处很好，由于工作意见不一致而发生口角……

班干部让班干部管班干部，班干部不管班干部，班干部不让班干部管班干部，班干部却非要管班干部。

情境设计：有一组电影片段：小女孩儿的父母身体不好，她从小就挑起了生活重担，周末，一边做着作业，一边帮家里晒粮……

西场里晒一席扁鼻子扁眼扁扁豆，东边飞来一群扁鼻子扁眼扁斑鸠，要吃这一席扁鼻子扁眼扁扁豆，妞拾起一块扁鼻子扁眼扁砖头，吓跑那一群扁鼻子扁眼扁斑鸠。

情境设计：有一个挑夫要过河，东西太多没法拿，眼看渡轮要起航，左思右想没

第五章 韵母——字音响亮的保证

有辙儿……

长扁担，短扁担，长扁担比短扁担长半扁担；短扁担比长扁担短半扁担。长扁担绑在短板凳上，短扁担绑在长板凳上；长板凳不能绑比短扁担长半扁担的长扁担，短板凳也不能绑比长扁担短半扁担的短扁担。

情境设计：作为记者去部队采访，工地上轰轰烈烈、热火朝天的建设景象感染着我，投身其中……

出了营房往南看，南山修座发电站。全团都在把活儿干，我也不能站着看。我是帮着一营去修发电站？还是帮着二营刨土埋线杆？不然我就爬上电线杆帮着三营绑电线！

情境设计：当兵在外好几年没有回家了，好家伙！没想到家乡的变化会这样大……

田建贤前天从前线回到家乡田家店。只见家乡变化万千，繁荣景象出现在眼前：蓝天蓝天蓝蓝，白云点点牛羊现。弯弯曲曲溪清浅，一线牵连挂天边。连绵不断的青山，一望无际的棉田，新房连成一片，高压电线通向天边。

情境设计：拍摄场地是一条20世纪40年代的商业街，有一个穿长袍的先生正在向旁人问路……

出南门往正南，有一个面铺面冲南，面铺挂着个蓝布棉门帘。摘了蓝布棉门帘，还是个面铺面冲南。挂着蓝布棉门帘，瞧了瞧，哎，还是个面铺面冲南。

情境设计：在城里待久了，会感觉工作节奏过快，鳞次栉比的"水泥柱子"让人压抑、憋闷，放假去享受一下田园风光吧……

蓝天上是片片的白云，草原上是银色的羊群。近处看：这是羊群，那是白云；远处看：分不清，哪是白云，哪是羊群。青山上是片片森林，田地里是辛勤的农民；近处看那是森林，这是农民，远处看，清又清，这还是农民，那还是森林。

情境设计：一部反映平民小职员工作、生活等题材的影片，需要演员体验生活，这一天演员找到了一家工厂……

严娟娟是演员，田泉泉是检验员。严娟娟要演检验员来找田泉泉，田泉泉教严娟娟学检验，严娟娟学会检验演好了检验员。

情境设计：真有意思，一听这俩人的名字就能猜出准是两个爱抱打不平、好管闲事的人，嘿！还真当了一次英雄……

管得宽与敢不管去东关，在东关见到两个网上通缉的坏蛋正在乱摔饭馆的碗筷，敢不管问管得宽此事敢管不敢管。管得宽说敢管，敢不管说不敢管，管了惹麻烦。管得宽说不怕麻烦，此事咱俩专门管。说管就管，管得宽与敢不管抓住两个坏蛋，送交公安机关。

情境设计：如果楼上有这么一户不自觉、没有公德意识的邻居，我们是否会像下面这位姓桓的一样挺身而出呢……

一楼住着桓管宽，二楼住着布管环。布管环乱倒垃圾一大片，还说弄脏楼道他不管。桓管宽要管布管环，布管环不让桓管宽管，桓管宽说环境维护要靠管理，我非要管管布管环。

情境设计：喜新厌旧是人的天性，一直干同一种工作难免有感觉枯燥、乏味的时候，尤其是年轻人……

小琛不认真，做事不审慎。老沈很深沉，做事很认真。小琛问老沈怎能不分神，老沈说："有毅力、肯认真，服务是根本，人要振奋精神，只要认真，就能审慎不分神。"

情境设计：一年之计在于春。春天的雨金贵，就像油一样；春天的地精神，在等待播种；春天的人积极，充满希望……

孙村、李村过新春，引水进田麦浪滚。山林片片出春笋，孙村、李村处处春。春风送春，春到村春意深，村农爱春，春日忙春。

情境设计：刚刚做好的一大堆粉条，既光又滑、既热又易碎，怎么可能用绳子捆呢……

粉乱捆乱粉，捆粉乱捆粉。越乱越捆粉，越捆越乱粉。

情境设计：下乡住在老乡家，晚上睡觉找不见门闩，过去敲门一问，结果老乡说……

门背后有根闷棍，别门就要用这闷棍。闷棍用来专别门，门别棍来棍别门，别门要用别门的闷棍。闷棍如不别门，门就没有别门的棍，别门必要用闷棍。

情境设计：光动口不动手是多数有声语言艺术类专业学生学习时的特点，临近毕业了，才知书到用时方恨少啊……

小温写论文文不顺，小文谆谆教小温改论文，小温重新润色论文改通顺，小温拉住小文谢小文。

情境设计：大学入校不久，短暂而艰苦的军营训练生活，影响甚至改变了两个人的世界观和价值观……

于群、吕韵去军训。于群穿绿军装去陆军，吕韵穿蓝军装去海军。穿上军装立功勋，于群、吕韵决定毕业去参军。

3. 提示

（1）在发"干部 gàn bù、勤恳 qín kěn"等词时，由于前一个词韵尾音素的舌尖发音受后一个音节的声母音素双唇或舌根的影响，在语流中舌尖归音并不到位，但舌体力度及趋向性动作不能松懈（单音节训练必须到位）。

（2）ian 音的舌位动程不清晰不流畅是一个普遍现象，尤其要注意声母到介音的过渡，不能因为 i 是一个过渡音就吐噜而过，要注意体会舌体前部的力度及舌位动程的细微变化。例如 ian 与舌面声母音 j、q、x 相拼，声母的发音部位与韵头的 i 元音舌位非常接近，发音时容易忽略韵头；另外，发 ian 音时，由于 a 受 i 和 n 的影响，音位产生变体 a 为"前 a"，因此发音着力点在舌体前部，舌体后部不要主动下放（参与运动），触觉感受舌体两边紧靠上槽牙，只是在舌尖归音的瞬间舌体后部脱离开上槽牙（下放），舌尖上翘至上齿龈。

（3）ün 和 in 这两个鼻韵母的元音舌位较高，发音时字音容易紧、扁，要在打开牙关的前提下，掌握发音要领，力求做到窄音宽发。前面发音要领讲到，当 i 或 ü 元音发音结束后要放松舌体，再归舌尖前鼻音，即发音时舌位的动作弧线要尽量大些，切忌舌体紧靠上腭直接过渡到舌尖。

（4）uen 中的 e 元音在书写时被省略了，实际发音时绝对不能省略，舌位的变化过程既要有滑动感又要鲜明。

（5）发前鼻音要注意舌尖启动与结束的滑动感，舌尖从下至上要紧贴着下齿背进行。

（6）注意发合口呼、撮口呼音时对双唇的控制，不能因为发鼻辅音而松懈。

（二）后鼻音韵母训练

后鼻音韵母 ang、iang、uang、eng、ueng、ong、iong、ing 的发音是舌根归音。后鼻音发音训练与前鼻音同样可以采用倒叙训练法，先对照小镜子保持发 a 的状态，然后让舌根抬起抵在软硬腭交接处的位置上（并保持舌尖抵住下齿龈），细心体会后鼻音与元音相拼合归音时的舌根的着力感，然后顺序进行，再判断发音结束后舌根的归音是否正确。

1. 词组情境训练

情境设计：ang

仓房　苍茫　厂商　上访　党章　放荡　肮脏　行当　盲肠　烫伤　长廊　方糖
帮忙　商行　账房　堂房　廊坊　上当　港商　厂房　当场　彷徨　方丈　沧桑
钢厂　刚刚　常常　商场　当啷　浪荡　银铛　螳螂

情境设计：iang

粮饷　两厢　亮相　踉跄　相像　向阳　像样　响亮　两样　良将　洋相　洋枪
降将　湘江　强项　枪响　想象　酱香　强将

情境设计：uang

窗框　狂妄　矿床　双簧　网状　装潢　状况　框框

情境设计：eng

鹏程　逞能　登程　丰盛　风泵　风声　风筝　奉承　更正　横生　冷锋　整风
萌生　升腾　蒸腾　乘风　灯绳　吭声　冷风　生猛　承蒙　丰登　声称　乘胜
征程　生成　省城　争胜

情境设计：ueng

水瓮　主人翁　渔翁　蕹菜　白头翁

情境设计：ong

公众	工种	中农	中东	松动	总统	倥侗	红松	孔洞	笼统	拢总	从戎
从动	充公	冲动	空洞	隆重	空龙	通融	共同	动容	公共	动工	轰动
东宫	龙宫	空中	中空	隆冬	总共	通红	瞳孔	童工	浓重	脓肿	隆冬
龙钟	红铜	洪钟	红肿	中共	红彤						

情境设计：iong

| 臃肿 | 怂恿 | 用功 | 汹涌 | 重用 | 中庸 | 董永 | 忠勇 | 动用 | 冬泳 | 公用 | 胸中 |
| 用工 | 雍容 | | | | | | | | | | |

情境设计：ing

情形	行经	情景	清醒	惊醒	清净	冰凌	并行	秉性	病情	倾听	蜻蜓
定性	定型	精明	另行	零星	菱形	领情	明镜	明星	英明	酩酊	命令
名伶	宁静	平静	平定	清明	评定	轻盈	请缨	姓名	请命	影星	灵性
明净	硬性	平行	定情	精灵	兵营	伶仃	叮咛	聆听			

2. 绕口令情境训练

情境设计：有一群地质队员寻找矿藏，虽然四周风景秀美，但是条件极其恶劣。为了完成任务，他们全然不顾。你瞧……

一座棚傍峭壁旁，峰边喷泻瀑布长，不怕暴雨瓢泼冰雹落，不怕寒风扑面雪飘扬，并排分班翻山攀坡把宝找，聚宝盆里松柏飘香百宝藏，背宝奔跑报矿炮劈山，篇篇捷报飞伴金凤凰。

情境设计：周末，你与家住乡下的同学兴致勃勃地去他的农村老家帮助家里人收获庄稼，看着丰硕的玉米穗儿，你们几个人兴奋地掰了起来……

黄胖子，白胖子，背筐比赛掰棒子，黄胖子掰白棒子，白胖子掰黄棒子，黄胖子可不能掰错了黄白棒子。黄胖子掰了八个半筐的白棒子，白胖子掰了八个半筐的黄棒子，黄胖子，白胖子，掰完了棒子背棒子，背完了棒子抱棒子，抱完了棒子扒棒子，也不知黄胖子、白胖子掰了、背了、抱了、扒了几个半筐的黄白棒子。

情境设计：陪同大娘去外地探亲，返回时过江风急浪大……

长江帆船帆布黄，船舱放着一张床。床上躺着老大娘，浪荡船晃大娘慌。船长急忙送姜汤，靠坐身旁唠家常。大娘告别热泪淌，平安上岸回家乡。

情境设计：语言是交流的工具，是传意的载体，现在因许多错误的认识，造成没有分辨能力的人发音误入歧途……

东有丹阳，西有咸阳，南有衡阳，北有汾阳。丹阳、咸阳、衡阳、汾阳，东南西北四个阳，发音不能走了样。

情境设计：有两户人家发生纠纷，村委会主任向乡政府调节员说明事情原委……

杨家养了一只羊，蒋家修了一垛墙。杨家的羊撞倒了蒋家的墙，蒋家的墙压死了杨家的羊。杨家要蒋家赔杨家的羊，蒋家要杨家赔蒋家的墙。

情境设计： 黄金周上山旅游，顺便了解了僧人的日常生活。有一个故事听后令人非常感动……

大和尚为何常离乡？大和尚常常过长江。过长江常常为哪乡？常过长江常看小和尚娘。大和尚原籍襄阳姓张，小和尚原籍商乡姓蒋，大和尚、小和尚常常互相关心有事总商量。大和尚讲小和尚强，小和尚讲大和尚长。小和尚煎姜汤让大和尚尝，大和尚奖赏小和尚檀香箱。

情境设计： 梁木匠和梁瓦匠两个人做事太荒唐，说话欠妥当……

梁木匠，梁瓦匠，俩梁有事不商量，梁木匠天亮了才穿衣裳打箱、窗，梁瓦匠天亮了才起床砌房墙。梁木匠打箱、窗受了凉，梁瓦匠砌房墙少了梁。梁瓦匠思量梁木匠拿了梁，梁木匠吵嚷梁瓦匠不思量净说谎。

情境设计： 实战演习中，战地救护。护士心理紧张，打吊针时没有按程序操作，结果……

绳吊瓶，瓶吊绳，绳吊瓶瓶挣断绳，瓶吊绳绳摔破瓶。藤缠绳绳缠藤，绳缠藤藤长绳不长，藤缠绳绳长藤不长。

情境设计： 约了几位朋友登泰山，结果天气突变，大风骤起，结果寒气逼人，可是大家仍旧兴致不减……

天冷冷，风冷冷，冷冷风中登顶峰，登一程又一程，登上顶峰冷风更吹冷。顶峰顶上有个庭，东洞庭，西洞庭，洞庭山上一根藤，藤上挂个大铜铃。风起藤动铜铃响，风停藤定铜铃静。

情境设计： 幼儿园的小朋友刚开始学习认字，经常"张冠李戴"，这不，刚教过，又说错了……

蝇是蝇，蜂是蜂。蝇不是蝇，蜂不是蜂。蝇飞是飞蝇，蜂飞是飞蜂。蝇飞蜂飞蜂非蝇，蜂飞蝇飞蝇非蜂。

情境设计： 一位很负责任、很热心的警察，正在给一个不敢过马路的小朋友讲交通规则……

十字路口红绿灯，红黄绿灯请分清。绿灯行、红灯停，绿灯亮时向左行，行停停行看灯明。看灯明、等通行，猛的一阵冷风，人人都说冷，真冷、真冷，真正冷，说冷就更冷，小朋友听明清醒绿灯行。

情境设计： 农家乐节目正在举办一场瓜果大赛，因为没有请评审专家，结果主持人难辨胜负……

东门钟家红红种冬瓜，西门鸿家龙龙种西瓜。有人说东门钟家红红种的冬瓜大，比不过鸿家龙龙种的大西瓜。有人说西门鸿家龙龙种的冬瓜大，比不过东门钟家红红种的大西瓜。到底是东门钟家红红种的冬瓜该夸，还是西门鸿家龙龙种的西瓜该夸？

情境设计：汉字的写法与读法，有的形同意相近，有的音同意不同……一定要仔细辨认不敢出错啊！比如……

木甬读桶不读捅，月农读脓不读胧。米更读粳不读梗，日青读晴不读睛。米宗读粽不读综，言丁读订不读钉。土竟读境不读镜，土平读坪不读评。耳令读聆不读伶，火登读灯不读澄。言甬读诵不读蛹，月星读腥不读猩。要把近形字弄清，看看字旁分分声。

情境设计：生物课上，老师正在给同学们讲授虫与龙的不同……

荣荣不懂龙和虫，我生动讲解分清明。龙和虫，虫和龙，龙是龙，虫是虫。早期把虫当龙虫是龙，如今把龙当虫龙是虫。影片里的龙是恐龙，神话里的龙是水龙。虫在海里虫是传说的龙，龙在沟里龙是现实的虫。

情境设计：周末，风和日丽，令人心情愉快，全家老小一起去沙滩放风筝……

东东和峰峰，晴空放风筝，东东放蜻蜓，峰峰放雄鹰，迎面空中起东风，蜻蜓雄鹰乘风行。

情境设计：怎么搞的？这是谁呀？大中午不让人休息……

楼上钉铜钉，楼下挂铜灯。钉铜钉震动了铜灯，挂铜灯弄坏了铜钉。

情境设计：休息日我在屋外一边看书，一边有趣儿地观察着身边这位虎头虎脑、热爱劳动的小弟弟……

红冬冬从小好动，兴兴冲冲种小葱。松土清水小葱种，冬冬又去补桶洞。

冬冬的桶有洞，可冬冬不会补桶的洞。不懂修桶照样能补洞，冬冬终于修好了桶上的洞。

楼上住个老公公，下楼寻找太阳公公来扶红冬冬。楼下住的红冬冬，种完葱补了洞认字去问老公公。冬冬说楼上有个好公公，公公说楼下有个乖冬冬。

情境设计：回忆国际影视巨星成龙的功夫影片，情景再现中国功夫的动、静形态并体会其深刻内涵……

走如风，站如松，坐如钟，睡如弓。风、松、钟、弓、弓、钟、松、风，样样懂、轻、通、精都能行。

情境设计：嗨！这个亭子有意思，怎么不挂铃铛反挂个瓶儿……

洞庭湖上六角亭，六角亭中挂铜瓶。风吹瓶动亭不动，铜瓶碰亭响不停。

情境设计：养蜂人放蜂时必须要带防蜂蛰的手套和面具，结果不小心……

老翁进城买了瓮，碰上放蜂的小翁，小翁撞破了老翁的瓮，赶紧买瓮赔老翁。小翁的蜜蜂一叫嗡嗡嗡，吵烦了买瓮的老翁。

情境设计：有一位要好的同学说话时，四声调总是分不清，马上要期末考试了，我不厌其烦地给她辅导……

荧荧啊!请你记清楚,京剧叫京剧,警句叫警句,不能京警不分,经常把京剧说成警句,把警句说成京剧。另外,任命是任命,人名是人名,任命人名不能错,错了人命,就下错了任命。

情境设计:用数词"七"做一个词语接龙比赛,……

天上七颗星,树上七只鹰,梁上七只钉,台上七盏灯。拿扇煽了灯,用手拔了钉。举枪打了鹰,乌云盖了星。

情境设计:绿油油的一片松林,谁的眼睛那么亮,一下子就看见了一只正在小憩的蜻蜓……

轻松行上青松岭,青松岭上定眼盯,定眼盯上青松顶,青松顶上停蜻蜓。蜻蜓停,蜻蜓静,蜻蜓静停青松顶。

3. 提示

(1) 在发音时要注意每个韵母中各音素的音长分配。

(2) 鼻音可以任意延长,但要注意做尾音时的发音时间不能太长。

(3) 鼻韵母 ing 元音舌位较高,发音时要尽量打开牙关,力求做到"窄音宽发"。但需注意 i 和 ng 中间不能有 e 的色彩,从 i 到 ng 过渡要流畅,i 的时值分配要长。

(4) ong 和 iong 鼻韵母本应发 ung 和 üng 音,训练中要注意实际发音的唇形、力度和舌根归音。

(5) 要防止语音"南移",不要将 eng 扁唇音发成了圆唇音。

四、韵母辨证训练

学习普通话韵母,也和韵母同样,由于受当地语言环境影响,许多初学者的韵母学习问题容易呈"系列"出现,比如前后鼻音区分的问题,舌位动程的问题,甚至唇形圆展的问题,等等。

(一)复韵母辨证训练

复元音韵母的辨证训练,要注意唇形的开合与舌位的高低、前后变化。

1. 词组情境训练

情境设计:uai(ai)——uei(ei)　uei(ei)——uai(ai)

怪罪　快慰　快嘴　衰退　衰微　外汇　外围　怪味　对外　鬼怪　毁坏　未来
暧昧　拐腿　跪拜　歪嘴　悲哀

怪人——贵人　外来——未来　拐子——鬼子　怀乡——回乡　外国——卫国
外星——卫星　来电——雷电　改过——给过　买的——美的　分派——分配
麦子——妹子　牌价——陪嫁　摆布——北部　甩手——水手　淮河——回合
外来——未来　歪风——威风　不快——不愧　大帅——大睡　太贵——太怪
拽上——缀上　后败——后辈

情境设计：iɑo（ɑo）——iou（ou）　iou（ou）——iɑo（ɑo）

交流　郊游　娇羞　料酒　漂流　校友　要求　药酒　表舅　焦油　调酒　交友
丢掉　就要　柳条　遛鸟　牛角　求教　袖标　油条　邮票　有效　幼苗　幼小
药酒　游标

摇动——流动　傲气——怄气　谣传——游船　柳江——老姜　糗事——巧事
嚎叫——好酒　要求——有求　旧友——交友

情境设计：ie——üe　üe——ie

解决　列缺　节约　借阅　谢绝　灭绝　孑孓　鞋靴　谐谑　协约　谢却　劫掠
铁血　雪夜　学界　决裂　月夜　血液　学业　雪野　越野　确切

夜色——月色　夜夜——月月　协会——学会　切实——确实　茄子——瘸子
大写——大雪　写景——雪景　结交——绝交　竭尽——掘进

情境设计：iɑ——uɑ（uo）　uɑ（uo）——iɑ

佳话　夏娃　作假　话匣　画家　花甲　画架　活虾　画夹　假话　作家　国家
脱下　夏花　瞎话　胯下　假货　家伙　嫁祸　华夏　播下

花香——家乡　鸭肉——蛙肉　夸大——加大　押金——挖金　挖宝——押宝
抓住——掐住

2. 绕口令情境训练

情境设计：没有农村生活经历的人，想象中的田园生活是多么美好，而真正下地劳作并且要以此糊口，现实却不会那么浪漫……

小妹和大妹，一起去割麦。大妹割小麦，小妹割大麦。大妹小妹割完麦，挑了小麦大麦去打麦。大妹帮小妹打大麦，小妹帮大妹打小麦。大妹打小麦啪啪噼，小妹打大麦噼噼啪。

情境设计：记得小时候在农村没有现金收入，常以物品相互交易，换取自己需要的东西，瞧……

梅大妹，卖梅子，卖了梅子买麦子。梅小妹，卖麦子。卖了麦子买梅子。大妹和小妹，互相做买卖。大妹卖，小妹买，小妹卖，大妹买。不知谁卖了梅子买麦子，又是谁卖了麦子买梅子。

情境设计：小夫妻俩恩爱、勤劳，小日子过得甜甜蜜蜜……

周巧秋地里拔扁豆,楼小舟河边栽杨柳。周巧秋拔了半扁背斗扁豆,楼小舟栽了九百六十六棵倒垂柳。周巧秋拔扁豆汗水流,楼小舟栽杨柳汗满头。周巧秋楼小舟拔完豆栽完垂柳扛锹回家落日头。

情境设计:想做播音员主持人不能只练发音发声,这只是专业学习的第一步……

爱说不一定会说,爱写不一定会写。会写不一定爱说,爱说不一定会写。会说就定要会写,爱写、会写、会说、爱说才真叫绝。

情境设计:如花的季节,如花的年龄,如花的心境,到如花的海洋,去捕捉如花的飞蝶……

叶雪和谢觉,花园里捉蝴蝶。叶雪去捉花中蝶,谢觉去捉叶上蝶。捉了灰蝶、粉蝶、彩蝶、凤蝶,叶雪拿别针把蝶别,谢觉把标本叠进新书页。

情境设计:本片以传统的、老套的一见钟情为序,开始了美好的金童玉女似的爱情故事……

花家娃娃骑马去看马家的花,马家花花浇花时看到花家的马。骑马的爱花下马去浇花,浇花的爱马上马学骑马。花家的马一跑摔下马家花花,花家娃娃一急踩了马家的花。马家花花爬起来拉花家的马,花家的娃娃回头去扶马家的花。拉住马扶好花,花、马娃娃笑哈哈。

3. 提示

以上内容,有的是根据舌位动程不同进行对比训练,有的是根据"四呼"即唇形不同进行对比组合训练,要注意区别并强调不同的发音着力点。

(二) 鼻韵母辨证训练

进行鼻韵母训练主要强调舌尖和舌根主动上抬的意识,动作趋向要鲜明,防止发音时,舌体不积极、软腭主动下塌"哼"出鼻音的现象。

1. 词组情境训练

情境设计:an——ang　　ang——an

安放	安康	安葬	暗藏	班长	蚕桑	单杠	胆囊	繁忙	反常	返航	肝脏
感伤	酣畅	漫长	南方	南昌	盘账	贪赃	坦荡	担当	擅长	战场	碳棒
探访	站岗	毡房	山冈	反抗	盎然	长安	畅谈	荡然	档案	方案	房产
钢板	行贩	茫然	莽汉	丧胆	伤寒	商贩	账单	藏蓝	浪漫	长衫	抗旱
汤饭	商战	上班	商谈	伤感	当然	傍晚					

安——肮　般——帮　盘——旁　瞒——忙　反——访　单——当　谈——堂
难——囊　兰——郎　甘——刚　看——炕　含——航　战——丈　产——场
山——商　染——嚷　赞——葬　餐——苍　三——桑

烂漫——浪漫　反问——访问　赞颂——葬送　开饭——开放　担心——当心
弹词——搪瓷　鱼杆——鱼缸　施展——师长　一般——一帮　寒天——航天
心烦——心房　散失——丧失　产房——厂房　小县——小巷　山口——伤口
菜摊——菜汤　侦探——真烫　逸言——肠炎　产量——敞亮　胆量——挡亮

情境设计： ian（üan）——iang　iang——ian（üan）

边疆　变量　变相　点将　联想　面向　棉乡　绵羊　勉强　缅想　偏向　见谅
牵羊　钱粮　天象　限量　鲜亮　烟枪　演讲　岩浆　炎凉　眼亮　咸阳　远洋
圈养　宣扬　乡愿　远乡　原腔　眷乡　抢险　江面　讲演　乡恋　枪眼　量变
强辩　两边　香甜　香烟　象眼　掂量　电量　坚强　健将　天亮　现象　鸳鸯
相间　镶嵌　想念　享年　相连　项链　象限　秋田　扬言　洋钱　相片　抢险
妍——阳　年——娘　连——良　间——将　前——强　线——向
险象——想象　简历——奖励　坚硬——僵硬　浅显——抢险　老年——老娘
大连——大梁　试验——式样　鲜花——香花　兼职——僵直　简章——奖章
廉价——粮价　海盐——海洋　眼光——仰光　仙姑——香菇　新鲜——新乡
前站——强占　小县——小巷　前进——强劲　钳制——强制　延长——羊肠

情境设计： uan——uang　uang——uan

软床　端庄　短装　观望　冠状　管状　钻床　卵黄　观光　宽广　观望　万状
关窗　船王　蒜黄　罐装　壮观　慌乱　双关　双管　装蒜　光环　狂欢　王冠
皇冠　装船　双环　匡算
完——王　关——光　宽——筐　环——黄　专——装　船——床　拴——双
机关——激光　专车——装车　心欢——心慌　关节——光洁　串演——创演
奉还——凤凰　晚年——往年　车船——车床　栓剂——霜剂　管饭——广泛
万年——忘年　专员——庄园　万事——忘事　晚上——网上　手腕——守望
宛然——枉然

情境设计： en——eng　eng——en

奔腾　本能　尘封　深层　晨风　纷争　门生　门风　分封　门缝　闷声　喷灯
文风　阵风　真诚　真正　神圣　人称　人生　深耕　烹饪　捧哏　声门　成分
成本　诚恳　风尘　风闻　缝纫　恒温　横亘　蒙混　能人　省份　登门　承认
成人　城镇　胜任　证人　锋刃　正门　生根
奔——崩　盆——棚　门——盟　分——风　嫩——能　跟——耕　肯——坑
痕——横　真——争　陈——成　深——声　人——仍　怎——增　岑——层
森——僧

陈旧——成就　真理——争理　申明——声明　木盆——木棚　清真——清蒸
瓜分——刮风　绅士——声势　人参——人生　诊治——整治　沉积——乘机
长针——长征　粉刺——讽刺　陈腐——城府　分赴——丰富　深洞——生动
门面——蒙面　三根——三更　伸张——声张

情境设计：in——ing　ing——in

禁令　金陵　民兵　品行　品性　聘请　拼命　民警　银杏　引擎　阴平　信命
心情　新兴　进行　新型　尽情　心灵　拼命　金星　新颖　并进　病因　鼎新
定亲　警民　灵敏　陵寝　令亲　领巾　铭心　平民　平信　评薪　清贫　听信
挺进　迎新　影印　清新　病因　定亲　京津
音——应　宾——兵　贫——平　民——明　您——宁　林——铃　进——静
亲——清　新——星
亲生——轻生　金质——精致　人民——人名　信服——幸福　频繁——平凡
亲近——清静　贫民——平民　金银——经营　弹琴——谈情　进攻——静功
信誉——性欲　轻信——青杏　音译——英译　银河——迎合　心细——星系
林立——凌厉　进化——净化　今昔——惊悉

情境设计：uen——（ueng）ong　ueng（ong）——uen

纯种　春种　蠢动　滚筒　混同　昆虫　混充　重孙　稳重　滚动　顺从　尊重
轮空　重温　重婚　冬笋　公论　公孙　公文　恭顺　宏论　红润　红唇　耸闻
通红　诵顺　农村　中文　仲春　龙孙　共存　通顺
温——翁　盾——动　吞——通　轮——龙　滚——拱　昆——空　混——哄
准——肿　春——冲
存钱——从前　依存——依从　春分——冲锋　吞并——通病　轮子——笼子
余温——渔翁　炖肉——冻肉　乡村——香葱　浑水——洪水　鲲鹏——空棚
滚开——拱开　昆腔——空枪

情境设计：ün——iong　iong——ün

运用　驯熊　云涌　军用　群雄　拥军　用韵
军——炯　群——穷　寻——雄　云——用
运费　用费　晕车　用车　因循　英雄　群像　穷相　人群　人穷
人运——人用　勋章——胸章　韵脚——用脚　巡幸——雄性　寻机——雄鸡
运兵——用兵

情境设计：in——ün　ün——in

音讯　氤氲　阴云　进军　音韵　新军　禁运　因循　嶙峋　寻衅　寻亲　军心

熏心　云鬓　军民　云锦

金人——军人　心机——熏鸡　信誉——训谕

情境设计：ing——iong（ong）iong（ong）——ing

英勇　英雄　应用　玲珑　平庸　叮咚　情种　顶用　听从　停用　挺胸　零用

兴隆　轻重　供应　用刑　工兵　雄鹰　雄兵　钟情　东京　中兴　中型　龙井

共鸣　动静　诵经

英才——庸才　情人——穷人　大型——大熊

情境设计：ian——üan　üan——ian

演员　前缘　街衢　田园　联选　健全　钱权　天渊　厌倦　烟卷　眼圈　天源

悬念　捐献　卷烟　原盐　眷恋　卷帘　选编　原先　权限　原件　元年　泉眼

浅尝——犬尝　前部——全部　闲心——悬心　大雁——大院　有钱——有权

咸盐——轩辕

2. 绕口令情境训练

情境设计：你看这两个活泼可爱的胖男孩儿，怎么灰头土脸、浑身泥沙……

笨胖胖伴胖笨笨，蹦蹦跳来跳蹦蹦，捧着盆盆到河滨。笨胖胖捞蚌子，胖笨笨捉螃蟹。笨胖胖帮胖笨笨捉螃蟹，胖笨笨帮笨胖胖捞蚌子。不知笨胖胖的蚌子棒，还是胖笨笨的螃蟹棒。

情境设计：老家在北方，最喜欢吃面食，看着刚出锅的烙饼，已急不可待……

盛饼盆，盆盛饼。盛饼盆里饼平盆，盆里盛饼平盆饼。

情境设计：老彭性格莽撞、冒失，眼睛又高度近视，走路还经常不小心，你看他……

老彭拿着一个盆，路过老陈住的棚，棚里桌上放个盆，盆里放着瓶，老彭的盆碰了棚，棚里的盆碰了瓶，棚倒了，盆烂了，瓶碎了，乒乒乓乓，不知是盆碰棚，棚碰盆，还是瓶碰盆，盆碰瓶？棚倒盆烂棚盆碎了瓶。是棚赔盆，还是盆赔棚？老陈要赔老彭的盆，老彭不要老陈来赔盆，老陈陪着老彭去补盆，老彭还了老陈的瓶又帮着老陈去修棚。

情境设计：《民以食为天》节目正在举行厨艺大比拼，有一名选手过分紧张，师傅非但不鼓励还批评他……

会炖我的炖冻豆腐，来炖我的炖冻豆腐；不会炖我的炖冻豆腐，就别炖我的炖冻豆腐。要是冒充会炖我的炖冻豆腐，炖坏了我的炖冻豆腐，就吃不成我的炖冻豆腐。

冬瓜冻，冻冬瓜，炖冻冬瓜是炖冻冬瓜，不会炖冻冬瓜就别炖冻冬瓜。会炖冻冬瓜才能吃炖冻冬瓜，不会炖冻冬瓜就吃不成炖冻冬瓜。

情境设计：假期旅游上黄山，兴致勃勃去游玩儿……

黄山有座城隍庙，城隍庙里俩判官。左边是王判官，右边是庞判官。不知是王判官管庞判官,还是庞判官管王判官。

情境设计:现代化的新农村楼房林立、整齐划一,让人分不清陈庄和程庄……

陈庄城通程庄城,程庄城通陈庄城,陈庄城和程庄城,两庄城墙各开门,陈庄城进程庄人,陈庄人进程庄门,程庄城进陈庄人,程庄人进陈庄门。请问陈程俩城门,哪个庄进陈庄人,程庄人进哪个门?进门看见姓陈和姓程,姓陈不能说成姓程,姓程不能说成姓陈。乔木是程,耳东是陈。如果陈程不分,就会认错人。

情境设计:放假了,几位同学搭伴儿上山去野营,晚上住在老乡家,可门上没有闩,想找一个合适的木棒……

短棒圆,长棒扁。长棒没短棒圆,短棒没长棒扁。短棒比长棒圆,长棒比短棒扁。短棒短,长棒长,长棒没有短棒短,短棒没有长棒长,转来转去量来量去木棒没有合适长。

情境设计:眼睛看的是动画片,想象来到动画城,忐忑进到荒唐屋,稀里糊涂睡了奇特床……

短床短,长床长,短床床短床腿长,长床床长床腿短。短床床腿长腿长,长床床腿短腿短。

情境设计:预备役野营训练,男女民兵们个个精神饱满,斗志昂扬,军训项目达标不相上下……

民兵排,民兵多,男民兵不比女民兵少,女民兵也不比男民兵多。男民兵百米跑步奔南坡,女民兵跑步百米奔北坡。男民兵,练发炮,女民兵,练爆破。男民兵说女民兵爆破是能手,女民兵夸男民兵炮炮命中,发炮本领真不错。

情境设计:为减少灾情,驻地空军派飞机轰炸没有解冻的河床,场面壮观、感人……

春风送暖化冰层,黄河上游漂冰凌,水中冰凌碰冰凌,集成冰坝出险情。人民空军为人民,飞来银鹰炸冰凌,天上有银鹰,鹰旁有阴云,阴云遮银鹰,银鹰躲阴云,银鹰躲过阴云炸冰凌。银鹰轰鸣黄河唱,爱民歌声振长空。

情境设计:哎呀!你可千万要记住啊!……

同姓不能念成通信,通信也不能念成同姓,同姓可以互相通信,通信可不一定同姓。红心和红星,in、ing 要分清;木盆和木棚,en、eng 念分明。一个前鼻音,一个后鼻音,你要分得清,认真学拼音。

情境设计:早听说天津这几年物价低,北京迎奥运环境治理好,周末俩人兵分两路……

小金到北京看风景,小京到天津买纱巾。看风景,用眼睛,还带一个望远镜;买纱巾,带现金,到了天津把店进。买纱巾,用现金,看风景,用眼睛,巾、金、睛、景要分清。

情境提示:好久没有回来看望母亲了,担心娘俩谈话时间过长,影响老人休息……

生身亲母亲，谨请您就寝，请您心宁静，身心很要紧。新星伴明月，银光澄清清，尽是清静境，警铃不要惊。您请我进来，进来敬母亲。

情境设计：天气变化无常，老师怕同学们感冒会影响学习，正在给同学们讲经验谈……

东风雨，西风晴，南风暖，北风冷。东风有雨西风晴，北风吹来冷冰冰。东风吹，西风顶，天不下雨不得行。不刮东风不下雨，不刮西风天不晴。久晴东风不下雨，久雨西风天不晴，久旱西风更不雨，久雨东风更不晴。

情境设计：学校组织学生去部队参加军训，战士和同学们在生活上互相关心，训练中团结互助……

左面一队兵，戴着红五星，右面一队兵，系着红领巾。戴红五星的是解放军，系红领巾的是学生兵。解放军手拉学生兵，学生兵手拉解放军。不是学生兵欢迎解放军来野营，就是解放军欢迎学生兵来学军。

情境设计：想象自己要扮演一个电影（或电视剧）里的角色，去偏远农村体验生活……

碾子碾面，锤子锤蒜。碾子碾白面，锤子锤紫蒜。碾子碾面面拌蒜，锤子锤蒜蒜拌面。

3. 提示

（1）在四呼对比训练中，不要为了追求唇的圆展而忽略了相对控制，唇形变化不要太大，唇要"走近路"。

（2）发音中舌尖与舌根的前后变化不仅清晰还要有滑动感。

（3）本书里的所有情境设计仅仅是一个提示或引导，训练中要尽可能发挥自己丰富的想象力，多角度、多情绪进行。

（以上绕口令大部分选自《中国绕口令》，吴超编，上海文艺出版社。）

附一　　　　　　　　　韵母歌（捕鱼）

人 远 江 空 夜， 浪 滑 一 舟 轻。
en üan iang ong ie， ang ua i ou ing

儿 泳 诶 唷 调， 橹 和 嗳 啊 声。
er iong ê io iao， u e ai a eng

网 罩 波 心 月， 竿 穿 水 面 云。
uang ao o in üe， an uan uei ian ün

鱼 虾 留 瓮 内， 快 活 四 时 春。
ü ia iou ueng ei， uai uo -i[ɿ] -i[ʅ] uen

附二

（说明：以下表中的①②③④分别表示阴、阳、去、去四种声调。）

第五章 韵母——字音响亮的保证

表5-4 鼻韵母对照辨音字表

声母\例字\韵母	en	eng
Ø	①恩④摁	①鞥
b	①奔③本④笨	①崩②甭③绷④迸蚌泵
p	①喷②盆④喷	①烹怦抨②朋棚硼鹏澎膨蓬篷③捧④碰
m	①闷②门钔扪④闷焖懑	①蒙②盟萌蒙檬朦③猛蜢锰懵④梦孟
f	①分芬纷吩②坟焚汾③粉④奋份粪忿分	①风枫疯蜂峰锋丰封②逢缝冯③讽④奉缝凤
d	④扽	①登灯③等④邓凳瞪澄
t		①熥②疼腾誊滕藤
n	④嫩恁	②能
l		②棱③冷④愣
g	①跟根②哏③艮④亘	①耕庚羹更③耿梗④更
k	③肯啃垦恳④裉	①坑吭铿
h	②痕③很狠④恨	①亨哼②横衡恒④横
zh	①真贞针侦珍胗斟②③诊疹缜枕④振镇阵圳朕	①争筝睁征正蒸症挣③整拯④正政证症郑怔
ch	①嗔抻②晨辰沉陈忱臣尘③碜④衬趁称	①称撑②成呈城乘诚程惩澄橙盛③逞骋④秤
sh	①申伸呻绅身深参②神③沈审婶④甚慎肾渗	①生牲笙甥升声②绳③省④胜圣盛剩
r	②人壬仁③忍④任认刃韧纫	①扔②仍
z	③怎④谮	①曾增憎④赠锃缯甑
c	①参②岑涔	①噌②曾层④蹭
s	①森	①僧

表 5-5

声母 \ 韵母 例字	in	ing
Ø	①因姻殷音阴②银龈垠吟寅淫③引蚓隐瘾饮尹④印荫	①英应鹰婴鹦樱嘤②营荧萤盈迎赢③影④映硬应
b	①宾滨彬缤③ ④殡鬓	①兵冰③秉柄丙饼禀④病并
p	①拼②贫频③品④聘	①乒②平苹萍屏瓶凭
m	②民③敏皿闽悯泯	②名茗铭明鸣冥③ ④命
d		①丁叮钉仃③顶鼎④定锭订
t		①听厅汀②亭停廷庭蜓③挺艇
n	②您恁	②宁狞拧凝咛③拧④佞泞
l	②林淋琳磷邻麟鳞③廪凛檩④吝赁蔺	①灵龄玲陵凌菱绫③岭领④另令
j	①今斤巾金津襟筋③紧锦仅谨馑④尽进劲禁浸近晋烬缙觐	①京精晶兢鲸菁旌③景颈井警④敬镜竟净境竞径
q	①亲侵钦②勤琴芹秦禽擒③寝④沁	①氢轻倾青清卿②情晴擎③顷请④庆亲
x	①新薪辛锌欣心馨炘昕莘鑫忻歆芯②镡④信衅焮芯	①星猩腥兴②形刑型行③省醒④幸姓性杏兴

表 5-6

声母 \ 韵母 例字	ün	iong
Ø	①晕②云匀③允陨④运晕孕韵熨蕴酝	①庸拥佣③永泳咏勇涌蛹踊④用
j	①军君均菌④菌俊骏浚峻竣	①扃③炯迥窘
q	②群裙	②琼穷
x	①熏勋②旬巡循④训迅汛驯讯逊殉	①兄凶汹匈胸②熊雄④诇夐

表 5-7

声母 \ 韵母 例字	uen（un）	ong
d	①敦墩蹲吨③盹扽④炖钝盾遁囤	①冬东③董懂④洞恫冻栋侗动
t	①吞②屯臀③氽④褪	①通②同桐铜童瞳潼③筒桶捅④痛
l	①抡②仑沦纶轮 ④论	②龙隆笼窿聋咙③拢垄陇④弄
g	③滚辊衮绲磙鲧④棍	①工功攻公弓宫恭③拱巩汞④共贡供
k	①昆坤③捆④困	①空③孔恐④空控
h	①昏婚荤②魂浑馄③ ④混	①烘哄~堂轰②红虹宏洪鸿泓③哄④讧哄
zh	①谆屯③准埻	①中衷忠盅终钟③种肿④中种重众
ch	①春椿②唇纯淳醇③蠢	①冲充舂②虫重崇③宠④冲铳
sh	③吮④顺舜	
r	④润闰	②容溶融绒荣茸③冗
z	①尊遵③撙④	①宗棕踪鬃综③总④纵粽
c	①村皴②存③忖④寸	①囱匆葱聪②从丛淙
s	①孙③损笋榫	①松③怂耸④宋送颂诵

表 5-8

声母 \ 韵母 例字	uen（un）	ueng
Ø	①温瘟②文纹蚊闻③稳吻紊④问汶	①翁嗡滃 ④瓮蕹

第四节

押韵和韵辙

韵，是表示一种有节奏的声音。普通话音韵美的语音特点，主要表现就在于抑扬起伏的声调和响亮优美的韵母。以元音为主要发音的音素，形成了具有一定规律的发音体系，并承担了发音过程具有韵律作用的主要任务，使得语言的表达能够满足人们听觉审美的需求。

一、什么叫押韵

押韵也叫合辙，合辙是押韵的通俗说法。一般把韵文中某些上下句句末用上同"韵"的字，造成上下句句末的叠韵现象叫押韵。由于同韵字出现在句子末尾，所以称为"韵脚"。押韵的"韵"与韵母有密切关系，但又不完全相同，凡韵腹相同或相近（如果有韵尾，韵尾也要相同，韵头可以不同），都属同一个"韵"，所以同"韵"并不是指韵母相同。押韵可以一韵到底，也可以隔行押韵。还可以根据表达需要中间换韵（这里不做一一列举）。

二、韵辙

为了帮助人们查找同韵的字而编写了韵书，把同韵的字编在一起又建立了韵部。明清以来北方说唱文学中押韵时，广泛运用的是"十三辙"即十三个韵部。当前人们作新诗依据韵书《中华新韵》的十八辙，就是十八个韵部。合辙押韵可以使诗句、唱词等音调和谐悦耳，富有音乐美；吟诗、演唱顺口，易于记忆。

根据十三辙和十八韵同普通话的韵母对照列表 5-9 所示：

表 5-9　韵辙表

十三辙	十八韵	普通话韵母	例字
（1）发花	（1）麻	a ia ua	麻 霞 花
（2）坡梭	（2）波	o uo	坡 多
	（3）歌	e	车
（3）乜斜	（4）皆	ê ie üe	夜 月
（4）姑苏	（10）模	u	书
（5）一七	（5）支	-i［后］　-i［前］	衣 丝 石
	（6）儿	er	耳
	（11）鱼	ü	雨
	（7）齐	i	衣
（6）怀来	（9）开	ai uai	百 怪
（7）灰堆	（8）微	ei uei (ui)	雷 对

续表

十三辙	十八韵	普通话韵母	例字
(8) 遥条	(13) 豪	ao iao	高 巧
(9) 油求	(12) 侯	ou iou (iu)	口 柳
(10) 言前	(14) 寒	an ian uan üan	帆 前 段 选
(11) 人辰	(15) 痕	en in uen (un) ün	很 新 尊 军
(12) 江阳	(16) 唐	ang iang uang	堂 详 旺
(13) 中东	(17) 庚	eng ing ueng	峰 星 翁
	(18) 东	ong iong	红 琼

三、诗韵

  选择脍炙人口、耳熟能详的诗词名篇，根据十三韵辙排列进行声母和韵母的综合练习。了解写作背景，理解全篇大意并背诵。由于诗词的语句规整，本阶段着重训练吐字归音，难免出现发声呆板或音义背离的现象，在尽量结合诗词内容的基础上应首先以音准为主，做到以义带音，以情带声。

山 行
杜 牧

远上寒山石径斜，白云生处有人家。停车坐爱枫林晚，霜叶红于二月花。

天净沙
马致远

枯藤老树昏鸦，小桥流水人家。古道西风瘦马。夕阳西下，断肠人在天涯。

——发花辙

咏 鹅
骆宾王

鹅、鹅、鹅，曲项向天歌。白毛浮绿水，红掌拨清波。

——坡梭辙

江 雪
柳宗元

千山鸟飞绝，万径人踪灭。孤舟蓑笠翁，独钓寒江雪。

——乜斜辙

芙蓉楼送辛渐
王昌龄
寒雨连江夜入吴,平明送客楚山孤。洛阳亲友如相问,一片冰心在玉壶。

——姑苏辙

夜雨寄北
李商隐
君问归期未有期,巴山夜雨涨秋池。何当共剪西窗烛,却话巴山夜雨时。

——一七辙

题菊花
黄巢
飒飒西风满院栽,蕊寒香冷蝶难来。他年我若为青帝,报与桃花一处开。

——怀来辙

凉州词
王翰
葡萄美酒夜光杯,欲饮琵琶马上催。醉卧沙场君莫笑,古来征战几人回。

——灰堆辙

咏柳
贺知章
碧玉妆成一树高,万条垂下绿丝绦。不知细叶谁裁出,二月春风似剪刀。

——遥条辙

送孟浩然之广陵
李白
故人西辞黄鹤楼,烟花三月下扬州。孤帆远影碧空尽,唯见长江天际流。

——油求辙

清明
杜牧
清明时节雨纷纷,路上行人欲断魂。借问酒家何处有,牧童遥指杏花村。

——人辰辙

早发白帝城
李白
朝辞白帝彩云间,千里江陵一日还。两岸猿声啼不住,轻舟已过万重山。

——言前辙

静 夜 思

李 白

床前明月光，疑是地上霜。举头望明月，低头思故乡。

——江阳辙

竹 枝 词

刘禹锡

杨柳青青江水平，闻郎江上唱歌声。东边日出西边雨，道是无晴却有晴。

——中东辙

晓出净慈寺送林子方

杨万里

毕竟西湖六月中，风光不与四时同。接天莲叶无穷碧，映日荷花别样红。

——中东辙

回　顾

第四章和第五章我们用两章的篇幅详细介绍了汉字音节中声母和韵母的发音机理和练习方法。音节是句子的最小单位，每个音节由声母、韵母和声调三个部分组成。如果把音节比喻成一艘船，那么声母和韵母就是这艘船的主体。学习者请务必对汉语中的21个声母和39个韵母的发音部位与方法烂熟于心，通过结合视、听、触等方法勤加练习，使训练效果更加显著。

思考题

1. 掌握并识记以下概念：
   四呼　前响　后响　中响　鼻韵母
2. "四呼"各包括哪些韵母以及它们的特点各是什么？
3. 根据每个元音的发音条件，10个单元音韵母可以从哪几个方面来区分？
4. 简述不同韵母中的 a 元音在实际发音中的区别。
5. 举例说明鼻辅音韵母中 "ong" 与 "iong" 在实际发音中与书写音的区别？
6. 找出自己在韵母发音过程中的难点音并试加分析。

附：普通话声韵配合表

附：普通话声韵配合表

普通话声韵配合表

声母\韵母	例字	开口呼										齐齿呼									合口呼							撮口呼			
	−[囗后]	a	o	e	ê	er	ai	ei	ao	ou	an	en	ang	eng	i	ia	ie	iao	iou	ian	in	iang	ing	u	ua	uo	uai	uei	uan	uen	uang	ueng	ong	ü	üe	üan	ün	iong
b		ba 巴	bo 玻				bai 白	bei 杯	bao 包		ban 搬	ben 奔	bang 帮	beng 崩	bi 逼		bie 别	biao 标		bian 边	bin 宾		bing 兵	bu 布														
p		pa 爬	po 坡				pai 拍	pei 胚	pao 抛	pou 剖	pan 潘	pen 喷	pang 旁	peng 烹	pi 批		pie 撇	piao 飘		pian 偏	pin 拼		ping 平	pu 铺														
m		ma 妈	mo 摸	me 么			mai 买	mei 梅	mao 猫	mou 谋	man 瞒	men 闷	mang 忙	meng 蒙	mi 迷		mie 灭	miao 秒	miu 谬	mian 棉	min 民		ming 名	mu 木														
f		fa 发	fo 佛					fei 非		fou 否	fan 帆	fen 分	fang 方	feng 风										fu 夫														
d		da 搭		de 德			dai 呆	dei(1)	dao 刀	dou 兜	dan 担	den(狠)	dang 当	deng 登	di 低		die 爹	diao 刁	diu 丢	dian 颠			ding 丁	du 都		duo 多		dui 对	duan 端	dun 敦			dong 东					
t		ta 他		te 特			tai 胎		tao 掏	tou 偷	tan 摊		tang 汤	teng 疼	ti 梯		tie 贴	tiao 挑		tian 天			ting 听	tu 秃		tuo 托		tui 腿	tuan 团	tun 吞			tong 通					
n		na 拿		ne 讷			nai 奶	nei 内	nao 闹	nou 耨	nan 男	nen 嫩	nang 囊	neng 能	ni 泥		nie 捏	niao 鸟	niu 牛	nian 年	nin 您	niang 娘	ning 宁	nu 奴		nuo 挪			nuan 暖				nong 农	nü 女	nüe 虐			
l		la 拉		le 勒			lai 来	lei 雷	lao 老	lou 楼	lan 兰		lang 郎	leng 冷	li 梨	lia 俩	lie 列	liao 撂	liu 溜	lian 连	lin 林	liang 良	ling 零	lu 卢		luo 罗			luan 乱	lun 抡			long 龙	lü 吕	lüe 略			
g		ga 嘎		ge 哥			gai 该	gei 给	gao 高	gou 沟	gan 干	gen 根	gang 刚	geng 耕										gu 姑	gua 瓜	guo 锅	guai 乖	gui 归	guan 官	gun 棍	guang 光		gong 工					
k		ka 咖		ke 科			kai 开		kao 考	kou 口	kan 砍	ken 肯	kang 康	keng 坑										ku 苦	kua 夸	kuo 阔	kuai 快	kui 亏	kuan 宽	kun 昆	kuang 匡		kong 空					
h		ha 哈		he 喝			hai 海	hei 黑	hao 好	hou 侯	han 寒	hen 狠	hang 杭	heng 哼										hu 呼	hua 花	huo 活	huai 怀	hui 灰	huan 欢	hun 昏	huang 荒		hong 烘					
j															ji 鸡	jia 家	jie 街	jiao 交	jiu 纠	jian 间	jin 斤	jiang 江	jing 京											ju 居	jue 决	juan 捐	jun 均	jiong 窘
q															qi 欺	qia 恰	qie 切	qiao 敲	qiu 秋	qian 千	qin 亲	qiang 腔	qing 青											qu 区	que 缺	quan 圈	qun 群	qiong 穷
x															xi 希	xia 瞎	xie 歇	xiao 消	xiu 休	xian 先	xin 新	xiang 香	xing 星											xu 虚	xue 学	xuan 宣	xun 勋	xiong 兄
zh		zha 渣		zhe 遮			zhai 摘	zhei(2)	zhao 招	zhou 舟	zhan 占	zhen 针	zhang 张	zheng 争										zhu 朱	zhua 抓	zhuo 桌	zhuai 拽	zhui 追	zhuan 专	zhun 准	zhuang 庄		zhong 中					
ch		cha 叉		che 车			chai 差		chao 超	chou 抽	chan 产	chen 陈	chang 昌	cheng 成										chu 出	chua 欻	chuo 戳	chuai 揣	chui 吹	chuan 川	chun 春	chuang 窗		chong 充					
sh		sha 沙		she 奢			shai 筛	shei(谁)	shao 烧	shou 收	shan 山	shen 身	shang 商	sheng 生										shu 书	shua 刷	shuo 说	shuai 衰	shui 水	shuan 栓	shun 顺	shuang 双							
r				re 热					rao 饶	rou 肉	ran 然	ren 人	rang 嚷	reng 扔										ru 如	rua 挼	ruo 弱		rui 锐	ruan 软	run 闰			rong 绒					
z		za 杂		ze 则			zai 灾	zei 贼	zao 遭	zou 邹	zan 簪	zen 怎	zang 赃	zeng 增										zu 租		zuo 昨		zui 嘴	zuan 钻	zun 尊			zong 宗					
c		ca 擦		ce 测			cai 猜		cao 操	cou 凑	can 参	cen 岑	cang 仓	ceng 层										cu 粗		cuo 搓		cui 催	cuan 窜	cun 村			cong 葱					
s		sa 撒		se 色			sai 腮		sao 骚	sou 搜	san 三	sen 森	sang 桑	seng 僧										su 苏		suo 所		sui 虽	suan 酸	sun 孙			song 松					
0		a 阿	o 哦	e 鹅	ê(欸)	er 儿	ai 哀	ei 欸	ao 熬	ou 欧	an 安		ang 肮		yi 衣	ya 鸭	ye 耶	yao 腰	you 优	yan 烟	yin 因	yang 央	ying 应	wu 乌	wa 娃	wo 窝	wai 歪	wei 威	wan 弯	wen 温	wang 汪	weng 翁		yu 迂	yue 约	yuan 渊	yun 晕	yong 拥

zhi 知 chi 吃 shi 诗 ri 日 zi 资 ci 雌 si 司

① "必须"的意思，如：你得去一次。② "这"的口语音 ③ "谁"的口语音 "欸"（ê）的又读。共405个音节。

第六章 声调——字音表义的灵魂

在世界语言中,有以句子为单位的语调语言和以字、词为单位的声调语言,汉语就属于声调语言。声调指整个音节的高低升降的变化,音高的变化决定了声调的性质。如果把声母和韵母比喻为一艘船的主体,声调就像是船舵,是一艘船的灵魂,这艘船能否沿着精确的航线前行,就要看舵手有没有把握好这艘船的灵魂。

第一节 对声调的认识

普通话音节除了声母、韵母的构成之外，还有一个不可忽视的要素，那就是声调。

一、什么是声调

在现代汉语语音学中，声调是指汉语音节中所固有的，可以区别意义的声音的高低和升降。因为一个音节就是一个汉字，所以声调又叫字调。

二、声调的作用

声调是汉语言区别于其他语言最显著的特点，首先它同声母、韵母一样，有区别意义的作用，是字音表义的灵魂，例如普通话里的"通知、同治、统治、痛指"等词语，从听觉判断，音素（声母、韵母）组合相同，但是因声调不同，就有了不同的意义；其次声调的高低起伏变化，使语流具有抑扬顿挫的优美的节奏感和较强的音乐性。苏联诗人基洪诺夫说："只有用音乐才能传达汉语的声音。"

三、声调的特性

在普通话音节发音中，声调的变化主要由音高来决定，而音高的变化是由于发音时声带的松紧变化而变化的。发音时声带越紧，在单位时间内颤动的次数越多，声音的频率就越高，声调也就越高；发音时声带越松，在单位时间内颤动的次数越少，声音的频率就越低，声调也就越低。在发音中，根据声调的高低要求，声带会进行或松或紧或松紧相间的变化。

每个人的自如声区不同，有声语言的使用声区也不尽相同，所以声调的音高变化只能根据每个人的声音条件进行相应调整，因此声调的高低是相对的，并不要求音高频率的绝对值。而音乐中的音阶和声调的高低不同，音阶的高低变化则是绝对的。另外，音阶与声调的变化方式有所不同，用一个通俗的比喻：音阶的变化在不同音高之间是跳跃式的前行，就像上下台阶一样（只在同一音符内平行），而声调的高低变化在同一声调内（除了阴平）则是滑行式的前行，就像上下坡一样。

四、声调的分类

普通话声调共分 4 类，分别是阴平、阳平、上声和去声。这种对声调的分类就叫调类。

每一个声调都有各自高低、升降和曲直的变化，这叫作调值，也叫调形。它是声调的实际读法。

普通话各类声调的调值为：

阴平（高平调），调值为 55，调号为"-"；
阳平（高升调），调值为 35，调号为"ˊ"；
上声（降升调），调值为 214，调号为"ˇ"；
去声（全降调），调值为 51，调号为"ˋ"。

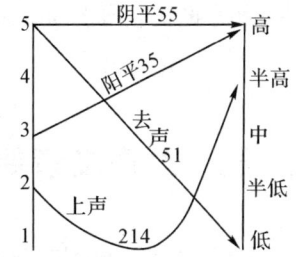

图 6-1　普通话声调五度标记图

普通话声调调值通常采用五度标记法记录。用一条竖线表示声音的高低，从下面最低点到最高点共分为五度，即低、半低、中、半高、高，分别用 1、2、3、4、5 依次表示，书写时采用"-、ˊ、ˇ、ˋ"的四声调号。如图 6-1 所示。

第二节　声调的发音

声调发音与音高的把握和气息的调节有很大的关系，发音时声调高低抑扬的变化要和气息控制结合起来。

一、阴平发音要领

高平调，发音时起音音高由 5 度到 5 度，声带闭合同气息控制、音高一样，都要保持始终如一，不能松懈与下降，尤其在起音后，气息力度较大，音高略高。发音即将结束音高稍降，气息放松，想象发出的声音（气息）就像一根粗细适中并通畅横放着的管子。四个声调中阴平的值最高，全调时值比上声、阳平略短，比去声稍长。例如：ā—，ō—，ē—，ī—，

ū—，ǖ—。

二、阳平发音要领

高升调，发音时起音音高由中音3度不断上升至最高5度，声带闭合由松到紧，气息控制由弱变强，声音走向是直线上升不能拐弯儿，想象发出的声音（气息）就像一根粗细适中并通畅直挺斜立向上的管子。全调时值比阴平、去声稍长，比上声略短。例如：á—，ó—，é—，í—，ú—，ǘ—。

三、上声发音要领

降升调，发音时起音音高由半低2度下降至1度并在此稍做停留，然后上升到4度，即先降后升。声带闭合由微紧到松弛，稍做舒展再到紧，想象发出的声音（气息）就像一根"∪"型管，在"1"值处弯度较大。一般把上声调值发成2114来体会可能会更好，气息保持控制，并逐渐加强。全调时值比阴平、阳平、去声都要稍长一些。例如：ǎ—，ǒ—，ě—，ǐ—，ǔ—，ǚ—。

四、去声发音要领

全降调，发音时起音音高由最高的5度降到最低的1度，想象发出的声音（气息）就像一根粗细适中并通畅直挺斜立向下的管子。全调比阴平、阳平、上声都要略短一些。例如：à—，ò—，è—，ì—，ù—，ǜ—。

第三节 声调发音训练

在生活语言中有许多人阴平调值不够高，阳平上不去，上声拐弯儿硬，去声下不来。究其原因，除了听觉误差的影响之外，与方言习惯导致的各因素相互产生的发音矛盾有关。比如调值与音调，调值与舌位动程，绝对调值与相对调值等关系。

从概念上讲，这几个要素"井水不犯河水"。音调，是一个人说话时用声的范围或音域，它是相对稳定和具有整体性的；而声调是一个音节的调类属性，是对音节而言的，具有个体性，是绝对固定的（不包括"音变"和语势变化）。声调调值的运用只能在相对稳定的声区内活动，不能因为强调调值的到位就超越了它相对稳定的使用声区。当然，随内容的需要，音量的加大会使音调产生相应的上调，但它们之间的主辅关系是不应混淆的。所以一定要注意调值的变化不能引起音调的起伏（五度内声音高低变化除外）。

舌位动程是指在发音时舌体着力点上下前后的活动过程，它跟舌尖、舌面、舌根发音时的灵活度、力度有关。初学者在发音时，要防止舌位动程与调值相互影响、干扰，不能因为舌位动程的上下移动影响声调调值的高低走向，或反之。例如："菜 cài"音节，它的韵母是"ai"，舌体动程应由下往上走，而由于声调是"51"值，声带由紧变松，声音由高向低，结果舌位的动程不能从前低元音"a"升至前高元音"i"，导致复韵母发音不饱满、不圆润；又如："夹 jiá"音节，属阳平调值"35"，声调应由低向高，而因为这个音节"jia"的舌体动程是由上往下，所以就影响了它的调值不能从"3"到"5"。反之，调值到位了，而发"a"音时的舌位却不能下至"央低"。因此，训练时要正确处理好它们之间的关系，通过发音过程中的生理控制与物理判断进行自如的调节。

声调练习不仅要注意强调一个音节的绝对调值，还要注意前后音节的相互联系，即相对调值。

比如，不同声调的 16 组双音节词语或句子练习，根据要求，两个阳平"红旗"应是"34、35"调值，但由于方言影响，有的同学对于两个阳平相连的音节，第一个还好把握，到第二个不是不到 5 度位（也成了 34 调值），就是起音不在 3 度上（3.5 或更高），结果为了追求时值，落音就跑到了"5.5"或"6"度上，使得音节的调值就成了"3"到"5.5"或"4"到"6"甚至更高，后面的音节也就此往上，即 16 组双音节词或句子越读越高变成了上坡形，反之越读越低变成了下坡形。因此，进行声调训练首先要对音高有较强的识别能力，用句首的第一个音节的声调来把握以后所要训练的每个音节的调值。

一、不同音节词组声调训练

采用循序渐进的方式，根据不同的单音节词、双音节词、四字词、诗歌进行声调的学习与掌握。

（一）单、双音节词声调训练

音节与音节之间的相对调值和音节自身的绝对调值要稳定，还要注意每组音之间的相对调值，防止越读越高或越低；体会气息的细微变化，读一个双音节词控制一下气息，间隔要匀，不露痕迹，不能过快或过慢。上声调做词尾时要特别注意换气均匀、声音舒展、调值到位。

1. 单音节情境训练

情境设计：双唇音——b p m

bāi bái bǎi bài   pāo páo pǎo pào   mō mó mǒ mò
掰   白   百   拜   抛   刨   跑   炮   摸 磨 抹 沫

情境设计：唇齿音——f

fēi féi fěi fèi
非   肥   匪   费

情境设计：舌尖中音——d t n l

duō duó duǒ duò   tōu tóu tǒu tòu
多   夺   朵   刴   偷   头   钭   透

nān nán nǎn nàn   līn lín lǐn lìn
囡   男   赧   难   拎   林   凛   吝

情境设计：舌根音——g k h

gēn gén gěn gèn   kē ké kě kè   hōng hóng hǒng hòng
跟   哏   艮   茛   科 咳 可 克   轰   红   哄   荭

情境设计：舌面音——j q x

jiā jiá jiǎ jià   quān quán quǎn quàn   xiē xié xiě xiè
家   颊   假   价   圈   全   犬   劝   些   鞋   写   谢

情境设计：翘舌音——zh ch sh r

zhū zhú zhǔ zhù   chī chí chǐ chì
株   竹   主   住   吃   迟   齿   赤

shēng shéng shěng shèng   rāng ráng rǎng ràng
声   绳   省   剩   嚷   瓤   嚷   让

情境设计：平舌音——z c s

zuō zuó zuǒ zuò   cūn cún cǔn cùn   suī suí suǐ suì
嘬   昨   左   做   村   存   忖   寸   虽   随   髓   岁

2. 双音节情境训练

情境设计：阴平——阴平

铺张	谦卑	青春	切磋	秋分	商标	激光	微机	压缩	司机	参加	工兵
花生	坚贞	江山	交通	阶梯	经商	军官	刊登	夸张	篇章	周刊	秋收
东方	佳音	翻修	销赃	飞机	丰收	高温	工资	功勋	光辉	非洲	星空
插秧	撑腰	冲锋	抽风	吹风	春天	粗心	灯光	丁香	安家	中心	公司
八仙	芭蕉	磋商	颁发	悲观	编织	批发	参加	操心	村庄	终身	风光
播音	公安	深山	拥军	西安	工商	新编	端庄	鲜花	精心	咖啡	翻车

情境设计：阳平——阳平

萌芽	时髦	农田	赔偿	频繁	求实	权衡	协调	文明	园林	言辞	排名
农林	回答	节余	角逐	来源	联合	凌晨	灵魂	鱼塘	乘凉	和平	劳模
直达	国防	航行	合成	和平	宏图	名额	蝴蝶	原则	农民	南极	国旗
华侨	环球	轮流	重阳	厨房	传达	船员	丛林	独白	峨眉	防滑	名词
鹅毛	繁荣	格言	遗传	翱翔	夺魁	白糖	才华	残余	柴油	题材	学习
成员	城楼	惩罚	池塘	行情	人民	辽宁	全权	联营	石油	灵活	驰名

情境设计：上声——上声

总理	主导	走访	审美	脸谱	鲁莽	玛瑙	索引	景点	险阻	保养	炒股
表演	旅馆	取暖	往返	挺举	武打	雪耻	影响	指点	扭转	讲解	勇敢
早晚	蒙古	很早	给养	简短	剪彩	解体	举止	苦恼	口语	引起	整理
理解	领土	场所	反省	仿古	腐朽	辅佐	养老	诋毁	港口	老虎	委婉
古典	管理	果品	影响	把守	宝塔	保险	本领	采访	远景	坎坷	勉强
打扫	岛屿	典雅	短跑	导演	广场	领导	感想	展览	巧取	鼓舞	

情境设计：去声——去声

暗示	奥秘	败落	半夜	伴奏	兑现	就业	壁画	辨证	变质	判断	净重
地震	倡议	赤道	试办	刺绣	创汇	缔造	购物	恫吓	道义	训练	灌溉
杜撰	断送	饭店	费劲	败诉	奉献	复试	覆盖	侧记	撤退	庆贺	宴会
固定	涉外	害怕	巷道	号令	祝贺	计算	议案	竞赛	句读	降落	上镜
绿化	汇率	泡沫	示范	债券	世界	任用	惠顾	让利	热线	建造	破例
报告	电视	纪念	庆贺	祝愿	借鉴	复制	叙事	议论	路线	配乐	大厦

情境设计：阴平——阳平

安宁	奔流	冰糖	猜疑	苍白	猖獗	超级	车轮	咨询	出席	昆明	宣传
春游	催眠	当前	灯谜	稽查	雕琢	端详	发明	光临	编排	周年	金鱼
飞行	分歧	挖潜	风云	钢琴	歌谣	攻读	公园	官僚	观察	发言	加强
官员	规模	突然	激昂	基层	机床	家庭	坚持	交流	经常	星球	中国
宽容	乒坛	驱逐	金融	抒情	说明	推崇	周围	征程	轻浮	签名	偏旁
新闻	编辑	资源	鲜明	坚决	森林	三秦	飘扬	军团	经营	飞翔	

情境设计：阴平——上声

安稳	斑马	褒奖	奔走	风险	宾主	兵法	拨款	参考	苍老	根本	铅笔
充满	冲洗	粗犷	村野	当选	登载	叮嘱	颁奖	飞舞	封锁	嘉许	焦点
风景	甘美	推选	供给	公审	官邸	观赏	挥舞	家访	污染	攀比	班长

艰苦	金属	喷洒	科举	亏损	昆曲	批准	签署	亲友	倾吐	艰险	歌舞
商品	烧毁	吸吮	屋脊	修补	争取	抽奖	枢纽	辛苦	接壤	公款	高举
歌曲	珠海	发展	批准	生产	灯塔	猜想	阴雨	编审	资产	酸雨	推举

情境设计：阴平——去声

抽象	优惠	登记	青睐	翻阅	飞跃	分配	丰硕	刚毅	歌颂	优越	帮助
租赁	拍卖	消费	呼啸	欢乐	机构	歼灭	焦炭	封闭	精湛	经济	希望
经费	捐赠	开放	康复	拍照	拼命	敲诈	清淡	圈套	深厚	倾注	中外
生态	师范	申办	书店	霜冻	松懈	公证	推测	污蔑	先烈	欢笑	单位
专利	香皂	乡镇	兴旺	幽默	糟粕	宣誓	摘要	支票	诬告	发动	军队
播送	规范	通讯	音乐	庄重	牵挂	观众	天籁	相称	尖锐	尊敬	

情境设计：阳平——阴平

搏击	财经	婵娟	营销	潮汐	曾经	前锋	房间	扶桑	浮夸	轮班	存根
服装	国家	寒冬	黄金	湖泊	滑冰	流通	集资	杰出	成功	围巾	南方
菊花	来宾	承包	灵芝	流星	龙灯	芦笙	胡椒	萌发	民歌	群居	长江
明珠	评优	乾坤	旁听	容积	成交	荣膺	时光	台湾	圆心	营私	原封
檀香	昙花	腾空	提高	投标	毋庸	桅杆	伴攻	熊猫	邮差	留心	阳春
革新	农村	国歌	年轻	联播	节约	财经	平安	难堪	门风		

情境设计：阳平——上声

博览	渤海	长久	朝鲜	嘲讽	成果	城府	承揽	迟缓	垂柳	梅雨	谜底
淳朴	辞典	夺取	而且	存款	儿女	遴选	拂晓	涵养	合影	求索	遥远
和蔼	回响	来往	雷雨	怜悯	廉耻	良好	疗养	灵感	罗马	描写	难免
棉纺	明显	投保	民主	模仿	啤酒	苹果	祈祷	勤恳	晴朗	迷惘	平坦
戎马	誊写	玩耍	研讨	学府	沿海	圆满	仪表	勤俭	成长	前景	游泳
读者	房产	黄海	门槛	结果	绝响	全体	情感	邻里	行走	存款	

情境设计：阳平——去声

别墅	泊位	裁判	查阅	传票	程序	酬谢	筹划	独奏	垂钓	防范	格调
乏味	讹诈	寒假	国庆	函授	核算	合作	鸿雁	肥沃	严重	排练	豪迈
回忆	环抱	结束	狂热	邮购	廉价	流逝	煤炭	绵亘	苗裔	辽阔	局势
名贵	年代	庞大	膨胀	屏幕	凭据	防疫	权益	渠道	零售	革命	援助
溶化	时令	陶醉	赢利	投奔	愚昧	舆论	文物	狭隘	提案	同志	权力
前进	评论	悬念	持续	文件	然后	宁夏	勤奋	除外	达意		

情境设计：上声——阴平

北方	笔耕	表彰	捕捉	采风	产销	处方	喘息	导师	短缺	指标	广播
耳机	纺织	鼓吹	古筝	果汁	简单	解说	紧张	凯歌	感观	影星	导播
礼花	美观	鲁班	审批	首都	体操	统一	悯惜	婉约	网兜	讲师	领先
委托	武装	喜欢	小吃	写生	演说	冶金	野餐	卡通	崭新	掌声	总监
枕巾	指挥	祖先	已经	火车	乙炔	萎缩	敞开	景观	展厅	打击	走私
采编	浦东	减轻	领班	美工	演播	请安	北京	展开	组装	柳荫	

情境设计：上声——阳平

百灵	版图	北极	采撷	草莓	齿轮	典型	反刍	古玩	海拔	改革	统筹
奖惩	解答	久别	楷模	口角	组合	渴求	礼节	旅游	宝石	旅途	软席
缅怀	偶然	品尝	拱桥	走穴	首席	署名	否决	水泥	体裁	领衔	起程
挽回	晚霞	网罗	委员	舞台	选拔	养殖	永恒	友情	展评	考察	取得
羽绒	饮食	指南	美元	法人	审结	冷藏	凛然	尾随	普及	反常	厂房
补习	朗读	解决	敏捷	谴责	讲求	北国	语言	警察	走读		

情境设计：上声——去声

百货	宝库	秉性	采纳	举报	产业	胆略	等候	底蕴	典范	选段	党性
点缀	陡峭	起诉	访问	仿效	粉饰	腐烂	斧正	岗位	讲座	法律	取代
广泛	轨道	海燕	罕见	悔悟	毁灭	火箭	股票	讲话	狡诈	写作	主要
审计	角落	选购	姐妹	紧迫	尽快	警告	景色	举办	沮丧	土地	广大
卡片	考试	鸟瞰	洒泪	沼气	纽带	拟订	水稻	软件	港币	选派	屡次
理论	组建	舞剧	想象	改造	简讯	企盼	举例	许愿	买进		

情境设计：去声——阴平

暗礁	拜托	贝雕	畅通	玷污	动机	杜鹃	废墟	复兴	构思	特约	创新
冠军	弊端	贵宾	互相	化纤	卫星	寄托	健康	晋升	竞争	配音	降低
客商	露天	绿洲	梦乡	目标	耐心	逆光	内科	配方	气功	列车	试销
日光	社交	世家	募捐	踏青	拓荒	退休	味精	卫生	匠心	曝光	战车
物资	细胞	信封	绣花	印刷	召开	越冬	正规	挂失	划拨	正宗	信息
下乡	办公	贵宾	象征	认真	对播	望京	录音	客观	汽车		

情境设计：去声——阳平

盎然	伴随	贝壳	布局	刺槐	蛋白	动摇	栋梁	杜绝	桂圆	向阳	地球
汗颜	劲敌	矿石	空白	牧童	汽油	热情	告别	上乘	少年	试行	暂时
剩余	市民	树林	数学	素描	特长	外行	蔚蓝	问题	笑容	政权	未来
幸福	用途	幼儿	月球	站台	照明	政权	中毒	住房	著名	练习	动员

| 列席 | 纵横 | 阵容 | 毅然 | 信条 | 豁达 | 混淆 | 范畴 | 发廊 | 问答 | 化学 | 素食 |
| 内容 | 措辞 | 电台 | 调查 | 特别 | 自然 | 富民 | 配合 | 漫谈 | 变革 | 串联 | 力求 |

情境设计：去声——上声

市场	伴侣	报纸	翅膀	背景	创举	代表	篡改	贷款	淡雅	会场	自我
钓饵	定理	豆豉	对比	恪守	愤慨	富有	购买	汉语	喝彩	政府	下雨
户口	画展	唤醒	获许	驾驶	鉴赏	健美	禁止	矿井	勒索	运转	办法
落伍	冒险	木耳	破产	气馁	任免	赡养	哨卡	摄影	饲养	信仰	电影
速写	探索	跳伞	宪法	笑柄	夜晚	寓所	占领	候鸟	剧本	历史	治理
问好	记者	撰稿	戏曲	外语	上海	特写	大胆	耐久	重点	秀美	确保

3. 提示

（1）要根据每一个词的词义展开想象，设计语境进行训练。

（2）注意上声调值的发音，因为调形变化幅度较大，从中音区到低音区又上升至中高区。一般容易出现的问题是发声压喉，尤其在低声区，发音要舒展，切忌发成声调直上直下的"v"字形。

（3）由于声调发音与气息、音高的把握关系密切，所以发音过程中要求声高时不虚漂、不提气，声低时不沙哑、不闷暗，气不懈。

（4）一般初学者在声调掌握过程中，每个声调都会有调值偏误，例如，阴平、去声起调低不在5度；阳平不是上不去5度，就是双音节词处于第二音节时起调过高；上声发音压喉，过程不舒展；还有去声下不到1度，等等。训练中要多进行录音，采用客观听辨予以纠正。

（二）四音节词声调训练

现代汉语音节多以双音节形式出现，四音节词多以两音节词构成，读起来朗朗上口，具有节奏感，尤其在高低起伏的声调配合下，更显动听悦耳。以下采用四声顺序和不同声调组合进行四声的训练，需注意每个四音节词的情境设计。

1. 四声顺序情境训练

情境设计：阴阳上去

中国伟大	千锤百炼	资源宝库	中流砥柱	工农子弟	心明眼亮	光明磊落
身强体壮	高朋满座	兵强马壮	瓜田李下	幡然醒悟	丝绸锦缎	新闻简报
雕虫小技	思前想后	胸怀坦荡	深谋远虑	因循守旧	精神百倍	心毒手辣
山穷水尽	逍遥法外	欣然允诺	阴谋诡计	英雄好汉	飞檐走壁	优柔寡断
胸无点墨	酸甜苦辣	三国鼎立	阴阳上去	高扬转降	区别起落	非常好记

2. 不同声调组合情境训练

情境设计：阴阴阴阴

招标开标	珍惜光阴	忧心忡忡	居安思危	中西餐厅	息息相关	加工沙发
声东击西	压缩开支	科班出身	卑躬屈膝	搬迁新居	高山之巅	分期分批
三分之一	施工周期	荒山荒坡	批发中心	公交公司	天山之春	因公出差

情境设计：阴阴阳阳

悲欢离合	姗姗来迟	初出茅庐	丰衣足食	公私合营	招之即来	兵精粮足
差之毫厘	空中楼阁	纷纷扬扬	三思而行	杀身成仁	夸夸其谈	生机勃勃
师出无名	先声夺人	相煎何急	兼听则明	公安人员	虚心学习	忧心如焚

情境设计：阴阴上上

欢欣鼓舞	威风凛凛	莺飞草长	翻江倒海	高瞻远瞩	忠心耿耿	春江水暖
彬彬有礼	杀一儆百	煽风点火	贪赃枉法	衣冠楚楚	招兵买马	刀山火海
风光旖旎	熙熙攘攘	金戈铁马	凄风苦雨	千疮百孔	千夫所指	单枪匹马

情境设计：阴阴去去

当机立断	兴风作浪	安居乐业	称兄道弟	标新立异	兼收并蓄	风声鹤唳
根深蒂固	披星戴月	惊心动魄	冲锋陷阵	风餐露宿	清规戒律	惊涛骇浪
乌烟瘴气	天诛地灭	多多益善	天花乱坠	装腔作势	生搬硬套	居功自傲

情境设计：阳阳阴阴

陈陈相因	蚕食鲸吞	乘人之危	和盘托出	捷足先登	文人相轻	言为心声
临时通知	儿童专车	滑翔飞机	梨园新兵	游园须知		

情境设计：阳阳阳阳

牛羊成群	竭泽而渔	文如其人	名存实亡	穷极无聊	人民银行	情节雷同
黄河源头	民族团结	农忙时节	急于求成	食言而肥	名人名言	留洋求学
梨园传奇	严格执法	文明习俗	云南石林	儿童文学	执勤人员	留学人员

情境设计：阳阳上上

狐朋狗党	来来往往	模棱两可	徒劳往返	无独有偶	摇头摆尾	蝇营狗苟
十拿九稳	绝无仅有	愁眉苦脸	人才济济	洪洪滚滚	洋洋洒洒	

情境设计：阳阳去去

茶余饭后	陈词滥调	垂头丧气	和颜悦色	回肠荡气	来龙去脉	淋漓尽致
庞然大物	回头是岸	蓬头垢面	潜移默化	同床异梦	荣华富贵	悬崖峭壁
文从字顺	闲情逸致	循循善诱	原形毕露	延年益寿	摇摇欲坠	穷途末路

情境设计：上上阴阴

百感交加	倒海翻江	釜底抽薪	苟且偷安	海底捞针	井底之蛙	理所应当
鸟语花香	五彩缤纷	洗耳恭听	引火烧身	有口皆碑	远走高飞	走马观花
五谷丰登	百里挑一	铁马金戈	老眼昏花	百孔千疮		

情境设计：上上阳阳

侃侃而谈	强手如云	脑满肠肥	与虎谋皮	巧取豪夺	守口如瓶	娓娓而谈
小巧玲珑	哑口无言	以己度人	以理服人	以卵投石	勇往直前	有口难言
有勇无谋	卷土重来	老马识途				

情境设计：上上上上

| 党小组长 | 省体改委 | 访养马岛 | 打水洗脸 | 伪总统府 | 岂有此理 | 洗海水澡 |
| 学好水法 | 往好里想 | 找好旅馆 | 老首长好 | 总统选举 | | |

情境设计：上上去去

雪里送炭	以耳代目	蠢蠢欲动	鬼鬼祟祟	矫枉过正	只可意会	忍辱负重
产品换代	引水灌溉	雪里覆盖	饮酒过量	管理混乱	以点代面	保守秘密
采访日记	抚养后代	展览闭幕	走访用户	整理记录	检举控告	

情境设计：去去阴阴

半壁江山	病入膏肓	遍地开花	费尽心机	利欲熏心	后顾之忧	怒发冲冠
莫逆之交	万象更新	善罢甘休	鹬蚌相争	半夜三更	事必躬亲	叶落归根
四面八方	壮烈牺牲	触目惊心	厉害攸关	固若金汤	入木三分	碧血丹心

情境设计：去去阳阳

世态炎凉	斗志昂扬	世外桃源	弱肉强食	弃暗投明	量力而行	后继乏人
变化无穷	弹尽粮绝	后患无穷	气贯长虹	暗箭难防	应对如流	背道而驰
壮志凌云	破镜重圆	暴跳如雷	富贵荣华	料事如神		

情境设计：去去上上

| 换届选举 | 配乐小品 | 现任总统 | 趁热打铁 | 示范表演 | 塑料水桶 | 命运坎坷 |
| 木刻展览 | 会议请帖 | 馈赠礼品 | 扩大影响 | 迅速扭转 | 大会演讲 | 绿化海岛 |

情境设计：去去去去

浴血奋战	万事俱备	蜕化变质	对症下药	会议大厦	见利忘义	兑换外币
课外作业	段落大意	热烈祝贺	运动健将	抗旱种麦	面向世界	各具特色
地质报告	设计建造	技术进步	废物利用	自暴自弃	对号入座	热线电话

3. 四声逆序情境设计

情境设计：去上阳阴

变法维新	步履维艰	大显神通	确保平安	地广人稀	调虎离山	大好河山
奋起直追	戏曲研究	告老还乡	刻骨铭心	妙手回春	墨守成规	顺理成章
逆水行舟	弄巧成拙	破釜沉舟	热火朝天	视死如归	寿比南山	四海为家
万古长青	木已成舟	驷马难追	万古长青	瑞雪迎春	万里河山	救死扶伤
袖手旁观	耀武扬威	异曲同工	浪里淘沙	字里行间	跃马扬鞭	过眼云烟

4. 提示

（1）本组训练应结合后面喉部控制的训练方法进行，每组词运用气息先采用夸张法拉开字腹和声调，此后再用正常速度进行，要防止顾此失彼。

（2）夸张练习要注意气、音不断，正常速度要注意调值与唇舌动程的关系。

（3）同其他训练内容一样，尽量读出词义，要防止出现见字出声的问题。

（4）要防止语气代替声调的现象，即"拖腔拿调"或"拖泥带水"，尤其是去声容易出现此问题。

二、语句声调训练

运用格言、名句进行声调练习，更利于情景再现，激发情感，并可结合发声的训练内容调整气息和声音，达到训练调值的目的。

（一）格言、名句声调训练

训练时，脑海里应相应再现名人所从事的研究领域及其对社会贡献，调动丰富的想象力，再现相应情境，理解格言所蕴含的深刻含义，并带动声调发音。

1. 学习篇情境训练

时间的步伐有三种：未来姗姗来迟，现在像箭一般飞逝，过去永远静立不动。

——席勒

抛弃时间的人，时间也抛弃他。

——莎士比亚

世界上最快而又最慢，最长而又最短，最平凡而又最珍贵，最容易被忽视而最令人后悔的就是时间。

——高尔基

与其花许多时间和精力去凿许多浅井，不如花同样的时间和精力去凿一口深井。

——罗曼·罗兰

人的思想是了不起的，只要专注于某一项事业，那就一定会做出使自己感到吃惊的成绩来。

——马克·吐温

把你的精力集中到一个焦点上试试，就像透镜一样。

——法布尔

我们知道的东西是有限的，我们不知道的东西是无穷的。

——拉普拉斯

疑而能问，已得知识之半。

——培根

少而好学，如日出之阳；壮而好学，如日中之光；老而好学，如秉烛之明。

——刘向

读书使人充实，谈话使人敏捷，讨论使人机智，笔记使人准确，读史使人明智，读诗使人灵秀，数学使人周密，科学使人深刻，伦理使人庄严，修辞使人善辩。

——培根

读书力求三性：韧性、记性、悟性。有韧性没有记性，读了白读；有记性没有悟性，书是死书。悟性至关重要，一举满盘皆活。然而，单凭悟性，没记性就没库存，是皮包公司；没韧性就建不成大仓，是短途小贩。三性俱备，堪称知识富翁。

——魏明伦

2. 立志篇情境训练

人生有两出悲剧：一是万念俱灰，另一是踌躇满志。

——萧伯纳

人生最终的价值在于觉醒和思考的能力，而不只在于生存。

——亚里士多德

古之成大事者，不唯有超世之才，亦有坚韧不拔之志。

——苏轼

人生最重要的是要有伟大的目标及达到伟大目标的决心。

——歌德

每一个成功者的秘诀，是由于坚定不移的志向，和努力不懈的工作。

——马尔顿

现实是此岸，理想是彼岸，中间隔着湍急的河流，行动则是架在河上的桥梁。

——克雷洛夫

"千里之行，始于足下"，在开始的时候，就得有个算盘，才不致"失之毫厘，谬以千里"。

——陶铸

人生的乐趣不仅在达到某一目标的那一时刻，而更在于继续不断努力追求之中。在这努力追求的过程中，我们觉得生命有意义，活着有价值。

——罗兰

人生是一次航行。航行中必然遇到从各个方面袭来的劲风，然而每一阵风都会加快你的航速。只要你稳住航舵，即使暴风雨也不会使你偏离航向。

——西·切威廉斯

昨天的太阳，照不到今天的树叶。每一个属于我们生命的太阳是多么好啊！珍惜生命，不在乎得多少钱财和权势，而是生命有没有充分燃烧。

——程乃珊

3. 为人篇情境训练

于财力见常人；于患难见豪杰；于安乐见圣贤。

——魏裔介等

久利之事勿为，众争之地勿往，物极则反，害将及矣。

——魏裔介等

不与居积人争富，不与进取人争贵，不与矜持人争名，不与简傲人争礼节，不与盛气人争是非。

——吕坤

君子有四贵：学贵要，虑贵远，信贵笃，行贵果。

——方孝孺

处人不可任己意，要悉人之情；处事不可任己见，要悉事之理。

——吕坤

马先驯而后求良，人先信而后求能。

——《淮南子》

友谊永远是一个甜柔的责任，从来不是一种机会。

——纪伯伦

真正的友情，是一株成长缓慢的植物。

——华盛顿

真正的朋友，是一个灵魂孕育在两个躯体里。

——亚里士多德

常和了解你，信任你，鼓励你的人接近，对于你的成功，具有莫大的影响。

——马尔顿

要散布阳光到别人心里，先得自己心里有阳光。

——罗曼·罗兰

缺乏真正的朋友乃是最纯粹最可怜的孤独，没有友谊则斯世不过是一片荒野。

——培根

对众人一视同仁，对少数人推心置腹，对任何人不要亏负。

——莎士比亚

最能施惠于朋友的，往往不是金钱或一切物质上的接济，而是那些亲切的态度，欢悦的谈话，同情的流露和纯真的赞美。

——富兰克林

友谊是我们哀伤时的缓和剂，激情的疏解剂，是我们的压力的流泄口，我们灾难时的庇护所，是我们犹疑时的商议者，是我们脑子的清新剂，我们思想的散发口，也是我们沉思的锻炼和改进。

——杰里米·泰勒

知人之道有七焉：一曰，问之以是非而观其志；二曰，穷之以辞辩而观其变；三曰，咨之以计谋而观其识；四曰，告之以祸难而观其勇；五曰，醉之以酒而观其性；六曰，临之以利而观其廉；七曰，期之以事而观其信。

——诸葛亮

4. 修身篇情境训练

哪怕是对自己的一点小的克制，也会使人变得强而有力。

——高尔基

反省是一面莹澈的镜子，它可以照见心灵上的玷污。

——高尔基

荣誉就像玩具，只能玩玩而已，决不能永远守着它，否则就将一事无成。

——居里夫人

平凡人的最大缺点，是常常觉得自己比别人高明。

——伊索

眼睛能看见所有的东西，但看不见它自己。

——英国谚语

自重、自觉、自制。此三者可以引致生命的崇高境域。

——但尼生

如果我们自身毫无缺点的话，就不会以如此大的兴趣去注意别人的缺点。

——罗什夫科

无论你怎样地表示愤怒，都不要做出任何无法挽回的事来。

——培根

生气，是拿别人的错误惩罚自己。

——康德

怀疑和信仰，两者都是必需的。怀疑能把昨日的信仰摧毁，替明日的信仰开路。

——罗曼·罗兰

凡一切人间的事物，财富、荣誉、权力，甚至快乐、痛苦等皆有其确定的尺度，超越这个尺度就会招致毁灭。

——黑格尔

如果你问一个善于溜冰的人怎样获得成功时，他会告诉你："跌倒了，爬起来。"这就是成功。

——牛顿

不会从失败中寻求教训的人，通向成功的道路是遥远的。

——拿破仑

如果你过分地珍惜自己的羽毛，不使它受一点损伤，那么你将失去两只翅膀，永远不能凌空飞翔。

——雪莱

生活最沉重的负担不是工作，而是无聊。

——罗曼·罗兰

5. 艺术篇情境训练

简洁是艺术性的第一个条件。

——陀思妥耶夫斯基

艺术的基础存在于道德的人格。

——罗斯金

诗是寄寓于文字中的音乐，而音乐则是声韵中的诗。

——福莱

音乐是唯一可以纵情而不会损害道德和宗教观念的享受。

——爱迪生

音乐中的艺术形象是以特殊的方式组织起来的声音总和。这些声音表现和反映出人们的感情以及人们对周围世界的主观态度。

——乌城诺维奇

舞蹈基本上是一种模仿、描绘的科学，它揭示心理的东西，使模糊的东西变的明白易懂。

——疏　普

镜头代表着眼睛，但它代表着两种眼睛，一种是观众的眼睛，一种是剧中人的眼睛。

——夏　衍

艺术与人生，只是一个晶体的两面，和人生无关系的艺术不是艺术，和艺术无关系的人生是徒然的人生。

——郭沫若

艺术如果没有震撼人们心灵的力量，引起人感情深处共鸣的内在感染力，它也就没有生命了。

——靳　凡

绘画的艺术在本质上是一种理解的艺术，就是对造型符号、光和色及其诸关联的理解。主题的说明或是对观察的表达，都只能由艺术家赋予自然现象以主观形式以后才能成为艺术。

——柯柯什卡

（以上大部分选自《名言警句词典》，袁世全主编，四川辞书出版社。）

（二）诗词曲声调训练

五言句选取的是唐以前的诗句，七言句选取的是唐宋时期的诗词曲。此处内容从古代文学作品中的每一位作者的其中一首作品中挑出了一句或诗或词或曲，并且大部分不是名句，意在调动学习者通过"这一句"借此了解作者写作背景及作品大意，在声、韵、调的训练中触类旁通。因为句式相等，练习时要注意根据内容变换语气及句势，防止只顾声调调值及押韵而忽略了情感变化。

1. 五言句情境训练

白骨露于野，千里无鸡鸣。

——曹操《蒿里行》

白马饰金羁，连翩西北驰。

——曹植《白马篇》

独夜不能寐，摄衣起抚琴。

——王粲《七哀诗》

官作自有程，举筑谐汝声。

——陈琳《饮马长城窟行》

孤鸿号外野，翔鸟鸣北林。

——阮籍《咏怀诗》

郁郁涧底松，离离山上苗。

——左思《咏史·其二》

谁云圣达节，知命故不忧。

——刘琨《重赠卢谌》

采菊东篱下，悠然见南山。

——陶渊明《饮酒》

池塘生春草，园柳变鸣禽。

——谢灵运《登池上楼》

投躯报明主，身死为国殇。

——鲍照《代出自蓟北门行》

余霞散成绮，澄江静如练。

——谢朓《晚登三山还望京邑》

枯木期填海，青山望断河。

——庾信《拟咏怀》

2. 七言句情境训练

江流宛转绕芳甸，月照花林皆似霰。

——张若虚《春江花月夜》

但使龙城飞将在，不教胡马度阴山。

——王昌龄《出塞》

黄河远上白云间，一片孤城万仞山。

——王之涣《凉州词》

醉卧沙场君莫笑，古来征战几人回。

——王翰《凉州词》

野云万里无城郭，雨雪纷纷连大漠。

——李颀《古从军行》

摐金伐鼓下榆关，旌旆逶迤碣石间。

——高适《燕歌行》

一川碎石大如斗，随风满地石乱走。

——岑参《走马川行奉送出师西征》

人生在世不称意，明朝散发弄扁舟。

——李白《宣州谢朓楼饯别校书叔云》

却看妻子愁何在，漫卷诗书喜欲狂。

——杜甫《闻官军收河南河北》

不知何处吹芦管，一夜征人尽望乡。

——李益《夜上受降城闻笛》

一封朝奏九重天，夕贬潮阳路八千。

——韩愈《左迁至蓝关示侄孙湘》

夜寒衣湿披短蓑，臆穿足裂忍痛何。

——王建《水夫谣》

独怜幽草涧边生，上有黄鹂深树鸣。

——韦应物《滁州西涧》

城上高楼接大荒，海天愁思正茫茫。

——柳宗元《等柳州寄漳汀封连四州》

人世几回伤往事，山形依旧枕寒流。

——刘禹锡《西塞山怀古》

别有幽愁暗恨生，此时无声胜有声。

——白居易《琵琶行》

燮理阴阳禾黍丰，调和中外无兵戎。

——元稹《连昌宫词》

遥望齐州九点烟，一泓海水杯中泻。

——李贺《梦天》

折戟沉沙铁未销，自将磨洗认前朝。

——杜牧《赤壁》

如何四纪为天子，不及卢家有莫愁。

——李商隐《马嵬》

时挑野菜和根煮，旋斫生柴带叶烧

——杜荀鹤《山中寡妇》

西塞山前白鹭飞，桃花流水鳜鱼肥。

——张志和《渔歌子》

撩乱春愁如柳絮，悠悠梦里无寻处。

——冯延巳《鹊踏枝》

细雨梦回鸡塞远，小楼吹彻玉笙寒

——李璟《摊破浣溪沙》

3. 提示

（1）既要防止以感情代替声调的"拖腔"（尤其是四声调），又要防止只注重声调不用感情的"僵、呆"，最初的规范是必要的，尽量注意协调处理好声调调值与句势、情感的关系，尽量通过声音形式表达出原作的基调，规整中见灵活。

（2）要结合气息和句式的变化进行训练，一个句子中尽量不要换气。

（3）上声声调在词尾、句尾时一般要读全调，但是它们归音时的时值却各不相同。单音节字的时值既长又饱满，双音节词在结束时也要求到位，但时值不如单音节字那么长，放在句子里就更明显地缩小了。例："果"、"苹果"、"我有一个爱情苹果"。一个上声词在不同的词语环境中归音，就像画一个大、中、小不等的"✓"，在音长、音量、音强上都发生了变化。

（4）声调在个体的音节、词组掌握中与在句子里的运用是有区别的。字、词练习时，必须遵照每个声调的调值进行规范认识与把握，而具备了一定语言环境的声调训练，就必须结合语境进行。鉴于此，声调在运行过程中就会发生变化，例如图 6-2 所示："风吼着，雨又下起来……"如果强调"又"，那么，同样为去声的"下"就与"又"不在一个"五度"内起调，要比"又"起调低些，但是"下"的去声时值不能没有。这与语意传递目的关系密切，与语言表达技巧关系密切，与一个人的语感关系密切，同样与对声调的认识与掌握关系密切。

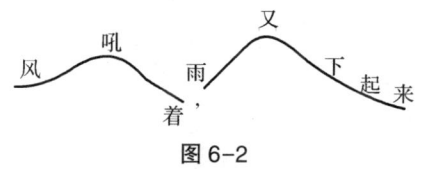

图 6-2

回　顾

拼音是拼读音节的过程，就是按照普通话音节的构成规律，把声母、韵母急速连续拼合并加上声调而成为一个音节。声母是字音准确的关键，韵母是字音响亮的保证，声调是字音表意的灵魂。这三者的有机结合才能组成一个音节。本章提供了大量的练习素材，请学习者在读懂、读透理论部分的前提下，借助录音等手段进行客观听辨。每个方言区的学习者调值都有偏误，根据"训练提示"及自身存在的问题有针对性的练习尤为重要。

思考题

1. 掌握并识记以下概念：
   声调　调值　调类
2. 简述声调的特点以及作用。
3. 四声全调时值有长有短，请按它们时值的长短排列四声。
4. 结合自己家乡方言的特点，试分析家乡话对自己普通话声调的影响。
5. 怎样在句子中把握相对调值与绝对调值、调值与音调、调值与舌位动程？请举例说明。

第七章 音变——语流优美的体现

　　言语就像一条河，在这条河流里,每一个音节都如同一滴水,在流动的过程中因碰撞、挤压而发生变化,语音学上把音节的这种变化称为"音变"。正是由于音变的出现才使得我们的言语富含了韵律的动感，彰显出一种流动的美感。由于受到相邻音素的影响，一些音节中声母、韵母或声调会发生语音的变化，即为语流音变。普通话的音变包括：轻声、儿化、变调、词的轻重格式和语气词"啊"的变化等。

第一节

轻　声

轻声是普通话里的一种最常见的音变现象。

一、什么是轻声

普通话中词和句子里的有些音节失去原本的声调，读成既轻又短的"无时值"音调，就叫轻声。轻声是语流音变中的一种弱化现象。例如，你的、我们、答应、朋友、窗户、房子、月亮、星星，等等。

轻声发音时相对音长缩短，调值、音强都受到音长缩短的影响，几乎没有时值，只有高低之别，并且音高因前一个音节的声调变化而变化，也就是轻声的音高取决于前一个音节声调的调值变化。如图 7-1 所示：

阴平与轻声组词，轻声读半低调，属于 2 度，例如：桌子、答应。
阳平与轻声组词，轻声读中调，属于 3 度，例如：墙上、葡萄。
上声与轻声组词，轻声读半高调，属于 4 度，例如：打听、嫂子。
去声与轻声组词，轻声读低调，属于 1 度，例如：事情、谢谢。
轻声除了音高的区别，声母、韵母的音色还会发生变化，例如有的辅音会发生浊化，有的元音弱化、韵母含混甚至脱落。例如：哥哥、棉花、豆腐等。

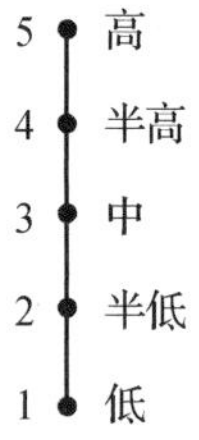

```
5 ● 高
4 ● 半高
3 ● 中
2 ● 半低
1 ● 低
```

图 7-1

二、轻声的作用

轻声的作用除了前面提到的为普通话语流的音乐美起"点缀"作用外，主要是区别词性和词义。

例如：区别词义的词，"桌上 zhuō shàng"和"桌上 zhuō shang"，一个是桌子的上空，一个是桌子的上面；"老子 lǎo zǐ"和"老子 lǎo zi"，前者是古代老聃的尊称，后者为长辈、头目等。区别词性的词，例如，"地道 dì dào"和"地道 dì dao"，前者为地下的通道，是名词，后者为真正的、纯正的意思，是形容词。

三、轻声的一般规律

普通话里有些轻声的出现是有一定规律的，而有些则是根据约定俗成的习惯来确定的。

（一）有规律的轻声

从语法成分可分为以下几种情况。

1. 语气词"啊（哪、哇、ng、za、ra、呀、）、吧、呢、吗"等，例如，好啊（哇）、心哪、红啊（ng）、撕啊（za）、吃啊（ra）、他呀、去吧、走哇等。
2. 词语后缀"们、子、头、么、儿"等，例如，他们、房子、木头、什么、花儿（"儿"自成音节）等。
3. 助词"的、地、得、了、着、过"等，例如，好的、认真地、唱得好、反了、瞧着、看过等。
4. 叠音词动词、代词的第二个音节，例如，说说、想想、看看、听听、动动、跳跳、蹦蹦、爸爸、妈妈、叔叔、弟弟等。
5. 趋向补语，"来、下、去、起"等，例如，站起来、放下去、跑出去、走进来等。
6. 方位词或词素，"里、上、边"等，例如，屋里、地上、这边等。
7. 量词"个"等，例如，几个、几十个等。

（二）无规律的轻声词

普通话里的轻声词除了以上几种情况之外，还有一些词的第二个音节读轻声，例如，月亮、事情、葡萄、玻璃、热闹、干净、喜欢、忘记、太阳、耳朵、知道、舒服、衣服、糊涂、聪明、大夫、先生、明白、打听、秘书、歇息、商量、恍惚等。

有些词根据语言环境，有时读轻声有时不读轻声，但语法结构会产生变化。例如"木头"、"桌上"，语义也可理解为木头的一头儿和桌子的上方。例如"想起来了"的"起"读轻声，可理解为回忆起来了，如果"起"读上声，可理解为想起床了这时，语法结构有了较大的改变。

还有一个数词里的十位数在多数情况下读轻声，例如，二十一、三十二里的十，一般读轻声。如果语言环境产生了变化，如单读"十"或十位数后没有个数或者要区分是十还是百或千等时就要加声调了。

第二节 儿化

儿化是普通话语音里的一种最特殊的音变现象。

一、什么是儿化

儿化，也称儿化韵，是发音时舌体在前一个音节的韵尾加卷舌的动作，即儿化韵附着在前一个音节的韵尾后面，本身不自成音节。例如，"花儿"，虽然写的是两个汉字，但是可读成一个音节 huar。

二、儿化的作用

儿化的作用有以下几点：

（一）区别词性

例如，刷（动词），刷儿（名词）；尖（形容词），尖儿（名词）等。

（二）区别词义

例如，头（脑袋），头儿（领头的）；眼（眼睛），眼儿（小窟窿）等。

（三）表示情感

1. 表示亲切、喜爱

例如，小孩儿、花猫儿、脸蛋儿、脚丫儿等。

2. 表示少、小

例如，铁丝儿、小米儿、小雨儿、门缝儿等。

3. 表示反感

例如，小偷儿、什么玩意儿、什么样儿、腥味儿等。

(四)区分同音词

例如,拉练与拉链儿,邮票与油票儿等。

三、儿化的发音规律

普通话 39 个韵母,除了本身已是卷舌韵母的 er 外,理论上都可以儿化,但口语中韵母 ê 未见儿化词,其余音都有儿化音变(在稿件中"儿化"一般情况下并不书写出来)。

发音时有些词语是否儿化要根据内容而定。由于儿化韵附着在前一个音节的韵尾后面,所以发音时要根据前一个音节的韵尾音素做相应的调整,方能在发音时起到儿化的作用,因此儿化的变化方式较复杂。

1. 韵母或韵尾是 a、o、e、u 的,儿化时只在原韵母后加一个卷舌动作

例如:

(1) a——ar——刀把儿,小马儿,手帕儿,打杂儿等。
　　ia——iar——嫩芽儿,脚丫儿,铁夹儿,木匣儿等。
　　ua——uar——挂画儿,脑瓜儿,快快儿,鸡爪儿等。

(2) o——or——土坡儿,一拨儿,泡沫儿,歪脖儿等。
　　uo——uor——饭桌儿,印戳儿,拉拖儿,干活儿等。
　　ao——aor——花猫儿,一道儿,几套儿,打闹儿等。
　　iao——iaor——袜腰儿,手巧儿,豆角儿,小票儿等。

(3) e——er——唱歌儿,贝壳儿,小河儿,没辙儿等。

(4) u——ur——小肚儿,外屋儿,店铺儿,白兔儿等。
　　ou——our——小狗儿,猕猴儿,油漏儿,衣兜儿等。
　　iou——iour——打球儿,没救儿,水袖儿,石榴儿等。

2. 韵母为单元音 i、ü 的,儿化时韵母不变,加卷舌动作

例如:

(1) i——ier——柳笛儿,玩意儿,小鸡儿,封皮儿等。

(2) ü——üer——痰盂儿,马驹儿,有趣儿,毛驴儿等。

3. 韵母或韵尾为 ê 以及韵母为 -i [前]、-i [后] 的,变为央 e [ə] 加卷舌动作

例如:

(1) iê——ier——树叶儿,彩蝶儿,锅贴儿,台阶儿。

（2）üê——üer——正月儿，空缺儿，皮靴儿，木橛儿等。

（3）-i［前］——er——写字儿，鱼刺儿，粉丝儿，石子儿等。

（4）-i［后］——er——果汁儿，吃食儿，汤匙儿，树枝儿等。

4. 韵母及韵腹和韵尾为 ai、ei、an、en 的，儿化时失落韵尾，在主要元音后加卷舌动作

例如：

（1）ai——ar——留海儿，瓶盖儿，鞋带儿，小菜儿等。

uai——uar——使坏儿，一块儿，乖乖儿等。

（2）ei——er——刀背儿，宝贝儿，眼泪儿，擦黑儿等。

uei——uer——墨水儿，小锤儿，耳坠儿，香味儿等。

（3）an——ar——门槛儿，旗杆儿，铁板儿，菜盘儿等。

ian——iar——帽檐儿，疯癫儿，琴弦儿，唱片儿等。

uan——uar——铁环儿，打转儿，好玩儿，纸船儿等。

üan——üar——转圈儿，打漩儿，烟卷儿，汤圆儿等。

（4）en——enr——树根儿，书本儿，一阵儿，窍门儿等。

uen——uer——花纹儿，一捆儿，一顺儿，嘴唇儿等。

5. 韵母为 in、ün 的，儿化时失落 n，在元音后加卷舌动作

例如：

（1）in——ier——手印儿，背心儿，没劲儿，小树林儿等。

（2）ün——üer——喜讯儿，一群儿，围裙儿，有韵儿等。

6. 韵尾为 ng 的，儿化时失落 ng，并将元音鼻化，加卷舌动作

例如：

（1）ang——ãr——迷藏儿，手杖儿，香肠儿，帮忙儿等。

iang——iãr——花样儿，唱腔儿，透亮儿，小巷儿等。

uang——uãr——笋筐儿，蛋黄儿，天窗儿，村庄儿。

（2）eng——ẽr——田埂儿，小坑儿，硬棱儿，板凳儿等。

ueng——uẽr——小瓮儿，嗡嗡儿等。

（3）ong——ung——õr（ur）——闲空儿，胡同儿，小红儿，果冻儿等。

iong——üng——iõr（ür）——蚕蛹儿，小熊儿，叫穷儿等。

（4）ing——iẽr——电影儿，小名儿，花瓶儿，红杏儿等。

表 7-1 普通话"儿化"的规律表

原韵母	儿化韵	例字	原韵母	儿化韵	例字
a	[ar]	把儿	uei	[uər]	会儿
ai		孩儿	uen		轮儿
an		盘儿	ü	[yər]	鱼儿
ia	[iar]	芽儿	ün		裙儿
ian		尖儿	e	[ɤr]	歌儿
ua	[uar]	花儿	iê	[iɛr]	叶儿
uai		乖儿	uê	[yɛr]	角儿
uan		罐儿	u	[ur]	屋儿
üan	[yar]	院儿	ou	[our]	猴儿
o	[or]	波儿	iou	[iour]	袖儿
uo	[uor]	活儿	ang	[ãr]	帮儿
ao	[aur]	梢儿	iang	[iãr]	亮儿
iao	[iaur]	苗儿	uang	[uãr]	黄儿
-i [ʅ]	[ər]	字儿	eng	[ə̃r]	灯儿
-i [ɿ]		枝儿	ing	[iə̃r]	景儿
ei		背儿	ueng	[uə̃r]	翁儿
en		根儿	ong	[ũr]	桶儿
i	[iər]	鸡儿	iong	[yə̃r]	熊儿
in		劲儿			

第三节

变　调

变调是普通话里的一种最普通的音变现象。

一、什么是变调

音节与音节连读时，由于受相邻音节的影响使原声调产生变化就叫变调。普通话的变调是受后面音节的影响所引起的。

二、变调的发音规律

普通话变调主要表现在"上声、一、不"等几个方面。

(一) 上声变调

上声变调又分为以下几种情况。

1. 上声音节在单读、句尾及（由于情境需要）句中的停顿处要读本调（全调214）调值。例如："好，我非常喜欢大海，你是我（心理顿歇）唯一的希望"等。

2. 上声音节在非上声（阴平、阳平、去声）前读"半上"，即21调值，例如：语音、语言、语气等。为了使非上声前的上声发音舒展，要把"半上"21调值读成211调值（结合喉部控制练习）。

3. 上声音节与上声音节相连，前一个上声变阳平35（接近）调值，例如：语法、影响、采取等。

(二) "一"的变调

"一"的变调又分为以下几种情况。

1. 单读、词尾、句尾或在序数词中读本调阴平55调值，例如，统一，保持如一，第一等。

2. 非去声音节前变去声51调值，例如，一封信，一年前，一起走等。

3. 去声音节前变阳平35调值，例如，一度电，一道道，一块块等。

4. 夹在重叠词中间读轻声，例如，说一说，聊一聊，想一想，看一看等。

(三) "不"的变调

"不"的变调有以下几种情况。

1. 单用或词尾、句尾及非去声前读本调51调值，例如，不、我就不、不烧、不能、不老等。

2. 去声音节前变阳平35调值，例如，不要、不动、不燥等。

3. 夹在重叠词中间变轻声，例如，收不收、行不行、饱不饱、闹不闹等。

第四节 语气词"啊"的变化

语气词"啊"的变化是普通话里的一种最自然的音变现象。

一、什么是语气词"啊"的音变

人们表达情感需要使用语气词，"啊"是一个表达语气情感的基本声音。从普通话的发音规律来说，语气词"啊"如果作为叹词处在句首，应该发"啊"；如果用在句尾的语气助词中，语气词"啊"就要根据前面一个音节的末尾音素来决定"啊"的音变情况，因此，处于句尾语气词"啊"的音变要受到末尾音素的影响，即发音的生理性决定了语气词"啊"的音变规律。

二、语气词"啊"的音变规律

普通话语气词"啊"的音变规律主要表现在以下六个方面。

1. 前一音节末尾音素是 a、o（ao、iao 除外）、e、i、ü、ê 时，"啊"读作 ya
例如：
(1) a——都是他啊！快打啊！
　　ua——快说话啊！眼好花啊！风一直刮啊！
　　ia——辨真假啊！就等你回家啊！别掐啊！
(2) o——都怪我啊！小酒窝啊！
　　uo——小郭啊！怎么活啊！你去说啊！不要忘记自己的祖国啊！
(3) e——快喝啊！他是我哥啊！好渴啊！满桥豪笑满桥歌啊！
(4) iê——真漂亮的树叶啊，就这些啊？
　　üê——好大的雪啊！这孩子多活跃啊！
(5) i——我好急啊！伙计啊！你可要拿准主意啊！
　　ai——他多矮啊！是个大灾害啊！
　　uai——好奇怪啊！多快啊！
　　ei——这人是谁啊！你们得提前准备啊！

uei——不对啊！谁啊？快吹啊！

（6）ü——买鱼啊？你快去啊！我们聚一聚啊！

2. 前一音节末尾音素是 u 时（包括 ao、iao），"啊"读成 wa

例如：

（1）u——不是七是五啊！这是史书啊！

ou——这点儿不够啊！真难受啊！屋顶还漏不漏啊？

iou——有酒啊！看你一身油啊！

（2）ao——快逃啊！没到啊！什么白白走这一遭啊？他人挺好啊！

iao——谁受得了啊！要不要啊？它有脚啊！口气可真不小啊！

3. 前一音节末尾音素是 n 时，"啊"读成 na

例如：

an——我心不安啊！快干啊！这个人可真不简单啊！

uan——你快些转啊！笑的真欢啊！

üan——有多全啊！是癣啊！好疲倦啊！真冤啊！

ian——可真险啊！汤好咸啊！天啊！这可是钱啊！

en——多狠啊！一方水土养育一方人啊！

in——快拧紧啊！可当心啊！

un——有几轮啊？你猜得好准啊！

ün——围了一群啊！天边的云啊！原来是真菌啊？

4. 前一音节末尾音素是 ng 时，"啊"读成 nga

例如：

ang——是块好钢啊！唱啊唱啊！

uang——颜色好黄啊！有些发光啊！

iang——你怎么不讲啊！这幅画真漂亮啊！

eng——好大的风啊！袜子怎么缝啊？别哼啊！

ueng——这么大个瓮啊？白发老翁啊？

ong——他有些耳聋啊！没有鸟笼啊？真红啊！

iong——你可真凶啊！公园有小熊啊！别受穷啊！不管用啊！

ing——这个人真行啊！好静啊！抱不平啊！

5. 前一音节末尾音素是 -i［前］（舌尖前特殊元音）时，"啊"读成 za

例如：

zi——多结实的椅子啊！写写字啊！

ci——有几次啊！有多少个第一次啊！是白瓷啊？

si——你别撕啊！他就是老四啊！好构思啊！

6. 前一音节末尾音素是-i［后］（舌尖后特殊元音）时，"啊"读成 ra

例如：

zhi——是纺织啊？你怎么撕了一地纸啊？同志啊！

chi——你请吃啊！怎么这么迟啊？又傻又痴啊！

shi——是不是啊！是事实啊！

ri——在值日啊！

er——快帮个忙儿啊！他是王小二啊！是花儿啊！

表 7-2　普通话"啊"的音变规律表

"啊"前音节末尾音素	"啊"前音节韵母	"啊"的音变	规范写法	举例
a	a	ya	呀	他呀
o	o、uo	ya	呀	多呀
e	e	ya	呀	渴呀
i	i、ia、uai、ei、uei	ya	呀	是你呀
ü	ü	ya	呀	买鱼呀
ê	ie üe	ya	呀	下雪呀
u	u（ao、iao）ou、iou	wa	哇	好哇
n	an、ian、uan、üan en、in、uen、ün	na	哪	难产哪 贴心哪
ng	ang、iang、uang、eng、ing、ong、iong、ueng	nga	啊	想啊 黄啊
-i［ɿ］	-i［ɿ］	za	啊	字啊
-i［ʅ］	-i［ʅ］	ra	啊	是啊

第五节　词的轻重格式

轻重格式是普通话里一种约定俗成的音变现象。

一、什么是词的轻重格式

普通话语流大多以双音节词语构句，在音节与音节的构成中，除了声、韵、调的区别外，约定俗成的发音习惯，使得双音节或三音节、四音节词有了音强上的不同变化，我们称为词的轻重格式。

从发音习惯上来看，音节的强弱可分为"重、中、轻"三种变化，将短而弱的音节称为"轻"，长而强的音节称为"重"，介于二者之间的称为"中"。还有的书上把"中"分为"中和次轻"，这种区别通过声学仪器测试会有明显的鉴别。

二、词的轻重格式的组成

词的构成音节不同可组成不同的轻重格式。

（一）双音节词

双音节词的轻重格式可分为中重、重中、重轻三种。

1. **中重格式**

例如：人民、集团、强化、言行、达到、肺腑、飘渺、宝贵等。

2. **重中格式**

例如：任务、战士、消息、干部、命运、视觉、听觉等。

3. **重轻格式**

例如：面子、相声、意思、唠叨、价钱、便宜、玫瑰等。

（二）三音节词

三音节词的轻重格式可分为中中重、中重轻、中轻重、重轻轻等四种。

1. **中中重格式**

例如：展览馆、唯心论、建军节、起重机、太行山等。

2. **中重轻格式**

例如：打拍子、编辫子、拉关系、好意思、小姑娘等。

3. **中轻重格式**

例如：想不起、放不下、数得着、犯不着、对不起等。

4. 重轻轻格式

例如：收起来、放下去、拿回去、丢出去、倒过来等。

（三）四音节词

四音节词的轻重格式大部分与词的结构关系有关，可分为中重中重、中轻中重、重中中重三种。

1. 中重中重格式

有许多中重中重格式的词属于联合关系，还包括一部分四音节成语。

例如：改革开放、防微杜渐、翻江倒海、五光十色等。

2. 中轻中重格式

大部分四音节专用名词、叠音形容词和象声词要读中轻中重格式。其中四音节专用名词的第二个音节比第一个音节"轻"，但要注意不能失去原调。

例如：集体主义、社会主义、清清楚楚、漂漂亮亮等。

3. 重中中重格式

大部分具有修饰与被修饰、陈述与被陈述和支配与被支配关系的四音节成语要读重中中重格式。

例如：妙不可言、相形见绌、信口雌黄、诸如此类等。

第六节 语流音变训练

普通话声、韵、调的学习就像塑造语音面貌的"红花"，语流音变就像普通话语音里的"绿叶"，没有"绿叶"的点缀与衬托，语言流动就没有强弱，语流就会缺乏变化。有许多语音面貌带有方言痕迹的人，其问题就出在语流音变上。

声母、韵母、声调的训练可以以音节为单位进行，而语流音变的训练则要有一个相对的词语环境，要在前后语境的相互影响中完成音变，所以本节训练内容的安排除了词以外，还选择了一些片段及小诗。

一、轻声、儿化训练

语流音变中唯有轻声和儿化具有区别词性和词义的作用，本节应着重训练。

（一）轻声训练

轻声的读法前面讲过只有"度"的区别，没有时值也不强调音强，发音要既短又轻，有许多人把握不好，反而重读、拖调。有的初学者虽然在读双音节词语时，经过学习能较好地把握，但运用到语流中，由于对内容的关注与思考及不正确语言习惯的养成，造成对音准的干扰，发音往往容易"回归自然"。尤其是语气词、助词、补语及方位词等需要轻读的音节全都重读，而且拖调，甚至轻声词处于句尾时拐弯儿。这种无意识表现非常明显。训练中注意不仅要读得短、轻，还要保证清楚，不能为了"轻"而忘了"清"。

1. 词组情境训练

情境设计： 轻声与非轻声的比较练习

| 精神 jīng shén | 花费 huā fèi | 废物 fèi wù | 地道 dì dào |
| 精神 jīng shen | 花费 huā fei | 废物 fèi wu | 地道 dì dao |

| 合计 hé jì | 开通 kāi tōng | 来路 lái lù | 反正 fǎn zhèng |
| 合计 hé ji | 开通 kāi tong | 来路 lái lu | 反正 fǎn zheng |

| 来往 lái wǎng | 人家 rén jiā | 下场 xià chǎng | 兄弟 xiōng dì |
| 来往 lái wang | 人家 rén jia | 下场 xià chang | 兄弟 xiōng di |

| 自然 zì rán | 大爷 dà yé | 地方 dì fāng | 早起 zǎo qǐ |
| 自然 zì ran | 大爷 dà ye | 地方 dì fang | 早起 zǎo qi |

| 把手 bǎ shǒu | 老子 lǎo zǐ | 对头 duì tóu | 没毛 méi máo |
| 把手 bǎ shou | 老子 lǎo zi | 对头 duì tou | 眉毛 méi mao |

| 东西 dōng xī | 报仇 bào chóu | 孙子 sūn zǐ | 动静 dòng jìng |
| 东西 dōng xi | 报酬 bào chou | 孙子 sūn zi | 动静 dòng jing |

情境设计： 轻声练习

阴平音节后面的轻声

丫头　哆嗦　兄弟　清楚　巴掌　扳手　星星　伶俐　钉钉　称呼　掂量　嘟囔
包袱　差事　灯笼　抽屉　窗户　答应　风筝　甘蔗　高粱　姑娘　功夫　知识
胳膊　规矩　结实　宽敞　师傅　玻璃　关系　虾米　收拾　衣服　冤枉　舒服

阳平音节后面的轻声

粮食　行当　逻辑　棉花　年纪　朋友　学生　徒弟　题目　铃铛　随和　头发
防备　柴火　和尚　糊涂　活泼　难为　灵便　脾气　情形　什么　行李　学问
琢磨　云彩　勤快　麻烦　眉毛　皮实

上声音节后面的轻声

摆摆	管管	哄哄	挤挤	考考	稳当	伙计	使唤	指望	买卖	尾巴	小气
宝贝	斗篷	打算	洒脱	眼睛	扭捏	恶心	考究	讲究	首饰	打扮	喇叭
喜欢	脑袋	嘱咐	恍惚	老实	体面	哑巴	本事	口气	女婿		

去声音节后面的轻声

念头	木头	上来	试试	谢谢	看看	坐坐	问问	抱抱	事情	任务	太阳
壮实	志气	帐篷	运气	认识	对付	会计	下巴	漂亮	厉害	告诉	奉承
动静	唾沫	义气	大夫	分量							

2. 绕口令情境训练

情境设计：瞧瞧这些孩子们多快活！真让人羡慕……

上课了，看了、听了、读了、写了、画了、想了、思了，全学了。旅游了，说了、笑了、喊了、唱了、蹦了、跳了、打了、闹了，玩儿疯了。开饭了，烧了、烫了、热了、凉了，饿了、吃了、渴了、喝了、困了、歇了、睡了，享受了。

情境设计：唉！如果都能互相关心、理解，就不会这样了……

麻子种辣子，瞎子养鸭子。瞎子辣子地里放鸭子，麻子辣子地里赶鸭子。瞎子养的鸭子偷吃了麻子种的辣子，麻子种的辣子辣坏了瞎子养的鸭子。瞎子怨麻子的辣子辣鸭子，麻子怪瞎子的鸭子吃辣子。

情境设计：带领小朋友去社会实践，一路上给孩子们讲着如何做人、做事及生活常识……

你的、我的、他的、都不是咱的！你们的、我们的、他们的才都是咱们大家的！是的、对的、正的、反的、错的、谁说的？皮的、布的、麻的、丝的全都是天然的！涤纶的、轻纶的、粘胶的全都是化纤的！

情境设计：想想过去，老大爷一年到头累死累活也养活不了自己啊……

里头、外头、上头、下头、这头、那头、砖头、木头没赚头，馒头、窝头、葱头、芋头、苦头、甜头、烟头没吃头。码头、滩头、把头、工头、从头到后头也没有啥干头。

情境设计：前几年"下海"风一刮，大家都一窝蜂地跟，由于缺乏经验，很多人真是赔了夫人又折兵……

这时候、那时候、不是真的都能抓住时候！小时候、大时候、老时候、总说得有个时候！吊起来、捡起来、放下来、降下来、走过去、追出去、拽进来、跑回来、跳上去、摘下来、到头来、说得来一分也没赚得来。

情境设计：物物交换，有的是商品交易的行为，而有的却是一种情感交流的方式，你瞧，这两位……

涛涛有串葡萄，姥姥有包核桃。涛涛爱吃姥姥的核桃，姥姥爱吃涛涛的葡萄，涛涛拿葡萄换核桃，姥姥拿核桃换葡萄。

3. 小诗篇情境训练

情境设计：《小小的船》是一首充满儿童情趣和幻想的写景诗，作者叶圣陶通过诗歌的形式描写了秋天夜空的美丽景色。想象自己坐到月亮上去，在蓝天中航行，驶过星群……

弯弯的月儿小小的船，小小的船儿两头尖，我在小小的船里坐，只看见闪闪的星星蓝蓝的天。

情境设计：香港音乐创作人郑文德将台湾诗人余光中创作的《乡愁》谱写成歌曲，分别用流行、美声、民乐、西乐等十种方式全心演绎的《十感乡愁》。一种韵律，十种诠释；同是乡愁，十份感受，带给了听众一种从未尝试过的感动……

小时候
乡愁是一枚小小的邮票
我在这头
母亲在那头

长大后
乡愁是一张窄窄的船票
我在这头
新娘在那头

后来啊
乡愁是一方矮矮的坟墓
我在外头
母亲在里头

而现在
乡愁是一湾浅浅的海峡
我在这头
大陆在那头

4. 提示

（1）首先正确认识轻声词（一个段子里哪些是轻声词），其次正确把握轻声词。

（2）一般初学普通话的人轻声词把握不好的问题一个是读得太重，一个是拖得太长。

（二）儿化训练

以下儿化训练内容里有许多音节随着语言的发展，已经不儿化了，属于老北京话，尤其是有些末尾音节不儿化的儿化音词组，这里为了锻炼舌体的灵活度，不妨调动听觉记忆，对以下内容进行训练，达到灵活舌体的目的。

1. 词组情境训练

韵腹或韵尾是 a、o、e、u、ê 的儿化读音

搭茬儿　单个儿　豆芽儿　牙刷儿　小褂儿　煤渣儿　小鸟儿　绝活儿　半截儿
灯泡儿　酒窝儿　粉独儿　小偷儿　手套儿　票友儿　模特儿　戏法儿　飞鸽儿
方格儿　麻雀儿　菜碟儿　主角儿　棉桃儿　腰包儿　对过儿　胸脯儿　邮戳儿

韵母是 i、ü 的儿化的读音

雏鸡儿　玩意儿　小米儿　饭粒儿　摸底儿　针鼻儿　金鱼儿　通气儿　虾皮儿
猪蹄儿　小戏儿　小旗儿　果皮儿　打气儿　煤气儿　孙女儿　蛐蛐儿　痰盂儿
枣泥儿　家底儿　书皮儿　枕席儿　逗趣儿　差不离儿　包袱皮儿　不吭气儿

韵尾是 i 或 n 的儿化读音

口袋儿　成对儿　裤腿儿　瓶塞儿　没准儿　笔芯儿　听信儿　夹心儿　短裙儿
汽水儿　滋味儿　糖块儿　心眼儿　坎肩儿　白干儿　纳闷儿　合群儿　猴皮筋儿
刀片儿　裂纹儿　人缘儿　打盹儿　雷管儿　顶针儿　被单儿

韵母是 -i［前］、-i［后］的儿化读音

挑刺儿　松子儿　铁丝儿　写字儿　棋子儿　纹丝儿　记事儿　亲侄儿　小事儿
枪子儿　黑市儿　走神儿　锯齿儿　茶匙儿　吃食儿　葵花子儿　橘子汁儿

韵尾是 ng 的儿化读音

没空儿　肉丁儿　药瓶儿　单帮儿　酒盅儿　小嗓儿　茶缸儿　香肠儿　照样儿
打鸣儿　对象儿　小葱儿　赶趟儿　体形儿　帮忙儿　门洞儿　跑堂儿　长相儿
药方儿　小名儿　沙瓤儿　旁边儿　时兴儿　蛋黄儿　眼光儿　悄没声儿

2. 绕口令情境训练

情境设计：眼前是一幅多么生动的劳作图啊！谁看了也会为之感动……

小姑娘，红脸蛋儿，红头绳儿，扎小辫儿，系上围裙儿来做饭；淘小米儿，小半盆儿，小白菜儿，剁几根儿，还有一盘儿萝卜丝儿，再来个粉皮儿煎小鱼儿。

情境设计：童年是最令人向往的时光啊！没有学习的压力，没有情感的困扰，没有工作的重担，也没有家庭的烦琐。啊！真好……

小哥俩儿，红脸蛋儿，手拉手儿，一块儿玩儿。小哥俩儿，一个班儿，一路上学唱着歌

儿。学造句儿，一串串儿；唱新歌儿，一段段儿；学画画儿，不贪玩儿。画小猫儿，钻圆圈儿；画小狗儿，蹲庙台儿。画只小鸡儿吃小米儿，画条小鱼儿吐水泡儿。小哥俩儿，对脾气儿，上学念书不费劲儿，真是父母的好宝贝儿。

情境设计： 早上起来天气晴朗，心情舒畅，锻炼完身体后，准备开始练声……

进了门儿，倒杯水儿，喝了两口运运气儿。顺手拿起了小唱本儿，说一曲儿，唱一曲儿，练完了嗓子练嘴皮儿。绕口令儿，练字音儿，还有单弦儿，牌子曲儿，小快板儿，大鼓词儿，越说越唱越带劲儿。

情境设计： 街坊邻居一个是警察，一个是医生，"快嘴嫂"听说了他们抓人的经过后，立刻又生动夸张地给另外几个朋友传说开了……

片儿警昨儿个抓了个刺儿头，是个瓜子儿脸、推个板儿寸、皮鞋倍儿亮。瞧他一头儿沉、耷拉儿着脸、带个盒儿饭，还吃着荷包儿蛋、馅儿饼、喝着盖碗儿茶、片儿汤。看着猴儿精、像个白眼儿狼，干的是倒儿爷、倒的是枣花儿蜜，玩儿的是猫儿腻。谁知片儿医来报信儿，连同他的头儿们一锅儿端。嘿！一起全玩儿完！

3. 小片段情境训练

情境设计： 下面是一段由胡炳忠编写的《去大使馆》的小相声。设计一个二人路遇的语境，调动情感……

甲：你好！

乙：你好！去哪儿？

甲：我去大使馆儿！

乙：去哪儿？

甲：大使馆儿！

乙：大使馆哪，可不能说成大使馆儿，这个词儿不能儿化。

甲：儿化不是表示有喜爱的意思吗？

乙：是啊。

甲：我很喜欢我们的大使馆，所以应该说成大使馆儿。

乙：不行，不能这么说。

甲：为什么？

乙：因为大使馆是个很严肃的地方，这类词儿一般都不能儿化。

甲：哦，是这么回事，我去大使馆看我爸爸，我爸爸是个官。

乙：官？哦，官儿啊，这儿可得儿化，说"官儿"。

甲：你说带有严肃意思的词儿不能儿化，"官"说成"官儿"不就不严肃了吗？

乙：口语里就得说"官儿"，说"官"人家还不容易听懂。唉，你爸爸是什么官儿？

甲：是大使儿（音同"大婶儿"）。

乙：大婶儿！还大叔儿呢！

甲：什么大叔儿？

乙："大使"说成"大婶儿"这不闹笑话了吗！大叔的爱人才是大婶儿呢。

甲：你不是说口语的"官"得说成"官儿"吗，大使是官儿，当然也得儿化说成"大使儿"。

乙：那可不行，"大使"也是个严肃的词儿，不能按口语儿化。

甲：我又错了！还真得感谢您，再说就不会错了，诶，你去哪儿？

乙：我也去大使馆看我爸爸。

甲：你爸爸是什么官儿？

乙：我爸爸是个武官儿，嗨！我也错了！

情境设计：设想有一个风景宜人、气候清爽的休闲胜地，感觉身临其境，心旷神怡……

今儿个的天儿可真好！万里无云大晴天儿，一大早儿我就和小梁儿俩人儿到海边儿去溜湾儿。啊！这海边儿多美呀！天连着水，水连着天儿，一眼望不到边儿。沙滩上大大小小、五颜六色的贝壳儿更是迷人儿，大个儿的就像个小花扇儿，小的就像个小纽扣儿那么一丁点儿。我们看看这个好玩儿，就把它放在口袋儿里，我们看看那个也好玩儿，又把它放在口袋儿里，不一会儿，我们就捡了一口袋儿的小贝壳儿和小海螺儿。

4. 提示

（1）有些韵母经过儿化音变后从音素组合角度看会出现非音节同化，会造成音节发音混淆的现象。一般情况下由于声母的拼合规律，不会出现混淆，即使有此种情况，也会采取元音鼻化的方法予以区别。例如，"盖 ai"和"杆 an"两个词要发生儿化，"杆"去掉"n"时，需要在发 a 时带上鼻音色彩，发音时要注意它们之间的细微差异。

（2）音节儿化要根据韵尾元音音素的口腔开度决定儿化"e"元音音素的取与舍，例如，韵尾为高元音"i、ü"的，或失落韵尾加 er 或直接在音节后面加上"e"元音，韵尾为"a"等低元音音素的，直接加"r"即可，儿化时的舌体卷舌动作大小根据韵尾音素而变化。

（3）儿化不自成音节，但也有例外，比如诗歌散文中为了语句押韵、对称，有时会读成两个音节，如花儿 hua er，并要把儿 er 音节读成轻声。

（4）有的儿化音节处在三音节词的第二个音节，要注意舌尖（翘上去再迅速抵住下齿龈）的灵活把握。

二、变调、语气词"啊"等训练

变调、语气词"啊"是否转换准确，对语意的传达并没有性质上的改变，但却是影响语音面貌不可或缺的重要因素。声母、韵母和儿化、"啊"变之间的区别在于音色，声调的区别在于音高，而轻声、词的轻重格式的区别无疑在于音强（每一个音素、音节、词又都有不同的音长），轻重格式的发音既要有强弱区别，又不能过于生硬。

（一）变调训练

上声变调在前面所有的训练内容中尤其是声调训练里都有涉及，这里不再单独训练，以下着重进行"一"和"不"的变调训练。

1. "一"词组情境训练

情境设计：想想自己能说出多少带"一"的词组，或边思考边读，或兴奋从容一气呵成……

五一　六一　七一　八一　十一　　统一　万一　第一届　传说不一　九九归一
一一述说　一九九一　天下第一　一来二去　四十一枪　大年初一　传说不一
四月一号　三七二十一

情境设计：根据词义很有兴致地练习带"一"轻声声调的三音节词……

闻一闻　治一治　缓一缓　整一整　静一静　修一修　听一听　吃一吃　拧一拧
躺一躺　议一议　品一品　笑一笑　查一查　推一推　谈一谈　走一走　亲一亲
读一读　尝一尝　写一写　洗一洗　试一试　做一做　抱一抱　跳一跳　唠一唠

情境设计：根据每一个四字词的词语环境，在发音前的瞬间设想一个情境，以情带声……

独树一帜　沧海一粟　一模一样　一气呵成　不屑一顾　黄粱一梦　一呼百应
一衣带水　三位一体　杀一儆百　一张一弛　一目十行　沆瀣一气　一刻千金
一唱三叹　一叶知秋　一波三折　红极一时　一唱一和　如出一辙　一触即发
一念之差　一笔勾销　九牛一毛　一本正经　一语破的　孤注一掷　付之一炬
一发千钧　一触即发　功亏一篑　表里如一　略胜一筹　济济一堂　一马平川

情境设计：耐心细致地与迷途知返的朋友促膝谈心……

以后咱干什么工作都要一心一意，言行一致，表里如一。工作不要一高一低像大海波浪似的，要始终如一，要一鼓作气，与大家一样一起积极上进！

情境设计：回想一下古代名人都说过哪些带"一"的名句，并根据词义调动情感……

一春常是雨和风　一枝红杏出墙来　一年明月今宵多　一举成名天下知
一片朝云尽日悬　一片冰心在玉壶　一枝红艳露凝香　一弦一柱思华年
一杯相属君当歌　一别音容两渺茫　一派秋声人寥廓　一点残江欲尽时
一溪烟柳万丝垂　一春鱼雁无消息　一声已动物皆静　一身转战三千里

一寸相思一寸灰　一剑曾当百万师　一声声滴人心碎　一葫芦春色醉山翁
腹中贮书一万卷　梨花一枝春带雨　回眸一笑百媚生

2. "不"的情境训练

情境设计：与前面的训练一样，根据每一个词的词语环境，在发音前设想一个情境，以情带声……

来不及　吃不消　冷不防　架不住　吃不下　了不起　挡不住　写不完　很不错
合不来　保不住　对不起　果不然　想不起　累不着　热不热　走不动　说不清
疼不疼　用不上　差不多　活不好　跑不快　中不溜儿　小不点儿　不是味儿

情境设计：想想自己能说出多少带"不"的词组，或边思考边读，或兴奋从容一气呵成……

不卑不亢　不管不问　不伦不类　不慌不忙　不白之冤　视而不见　时不我待
目不识丁　泾渭不分　锲而不舍　情不自禁　弱不禁风　少不更事　出其不意
始终不渝　却之不恭　忐忑不安　恬不知耻　萎靡不振　忠贞不渝　不亦乐乎
卓尔不群　不胫而走　不假思索　踌躇不前　供不应求　十恶不赦　不期而遇
放荡不羁　桀骜不训　敬谢不敏　良莠不分　事不迟疑　执迷不悟　不可思议
百折不挠　路不拾遗　不遗余力　屡教不改　怒不可遏　华而不实　不骄不躁

情境设计：当听到对年轻人的不正确评价后，很不服气并据理力争……

虽然都说我们80后一代人，只会享受不知道艰苦，但是我们干起工作来却是不怕累，不怕苦，不为名，不为利。而且工作不讲分内分外，不分前台后台，不计较条件好坏，不计较报酬多少，不完成工作决不罢休。

情境设计：在记忆里有哪些名言都带有"不"字，吟诵并体会调值的变化……

命运惟所遇，循环不可寻。浮云终日行，游子久不至。告归常局促，苦道来不易。
遂令东山客，不得顾采薇。君言不得意，归卧南山陲。邀人傅脂粉，不自着罗衣。
幼为长所育，两别泣不休。来往不逢人，常歌楚天碧。前不见古人，后不见来者。
黄云陇底白云飞，为得报恩不得归。长河浪头连天黑，津吏停舟渡不得。
登高壮观天地间，大江茫茫去不还。青冥浩荡不见底，日月照耀金银台。
金陵子弟来相送，欲行不行各尽觞。人生在世不称意，明朝散发弄扁舟。
古来青史谁不见，今见功名胜古人。丹青不知老将至，富贵与我如浮云。
今我不乐思岳阳，身欲奋飞病在床。不露文章世已惊，未辞剪伐谁能送。

3. 提示

（1）"一"的变调和前面说到的上声变调同样，在句子中要受到语言结构的影响，比如"他打了四十一枪"这句话里的"一"，按照音变规律，"一"在阴平"枪"的前面应该变去声，因为"一"先和"四十"组成一个词，关系较"枪"紧密，便以词尾对待，读成阴平声调（前面讲到"一"在词尾应读阴平）。如果是单独"一枪"这个词，就应该读去声了。

（2）练习"一"和"不"时，注意发"一"舌的力度和发"不"唇的力度控制。

（二）语气词"啊"训练

从书写角度说，作者使用语气词有时用"啊"的书写形式，有时会根据个人习惯或书（文章）中角色特点而定，在普通话表达中要注意变换。

1. 绕口令情境训练

情境设计：经过一次体育比赛活动，才知道每天朝夕相处、沉默寡言的好朋友是个体育健将……

哎呀！他游泳啊、跳水啊、跳舞啊、滑雪啊、滑冰啊、标枪啊、铁饼啊、长跑啊、足球啊、射箭啊、钓鱼啊、围棋啊、桥牌啊，样样精通，真是个全才啊！

情境设计：住宅区附近刚建了一个菜市场，里面什么品种都有，并且新鲜、价廉……

韭菜啊、香椿啊、萝卜啊、竹笋啊、菜花啊、茄子啊、西红柿啊、羊肉啊、鲜鱼啊、鸡蛋啊、香肠啊、苹果啊、香蕉啊、饮料啊，真是琳琅满目啊！

情境设计：周日去植物园参观，各种树木、花卉名目繁多，令人目不暇接……

杨树啊、垂柳啊、油松啊、牡丹啊、芍药啊、玫瑰啊、月季啊、郁金香啊、桂花啊、车前子啊、仙人掌啊，真让人美不胜收啊！

情境设计：快放寒假了，想象父母早已为自己准备了许多好吃的东西，不禁垂涎欲滴……

什么米啊、面啊、糕啊、肉啊、糖啊、蛋啊、饼啊、水果啊！冷盘啊、热菜啊，该有多丰富啊！

情境设计：天气突变，龙卷风狂奔而来，转眼间一片狼藉……

鸭啊、鹅啊、鱼啊，一块儿水里游啊！牛啊、羊啊、马啊、骡啊，一块儿进猪窝啊！狼啊、虎啊、豹啊、狗啊，一块儿上街跑啊！兔啊、猫啊、鸡啊、猴儿啊，一块儿上窗台儿啊！虫啊、蛇啊、孩儿啊，一起在地上爬啊！风啊、雨啊、雪啊、鸟儿啊，漫天飞舞啊！人们跑啊、跳啊、喊啊、叫啊、哭啊、躲啊、挤啊，一起往地下室藏啊！

2. 小片段情境训练

情境设计：和朋友上街路过一所非常漂亮的幼儿园，看到天真烂漫的小朋友，不由得驻足观看……

甲：这些孩子啊，真是可爱啊！

乙：那还用说啊，不然，怎么叫模范幼儿园啊？

甲：你看啊，他们多高兴啊！

乙：是啊！他们写字啊，作诗啊，画画儿啊，还有各种运动啊，老师教的多好啊！

甲：你没见啊，下了课啊，他们唱啊、跳啊，有多幸福啊！简直像一群小鸟儿啊！

乙：你这么喜欢孩子啊！

甲：是啊！

乙：那你调来当老师啊！

甲：可是当老师不光只教他们学习啊！还有吃啊！穿啊！有些麻烦哪！

乙：不止啊！还有睡啊、哭啊、闹啊、打啊，你都得哄啊！不过只要你喜欢，就要想办法克服啊！……

情境设计：冰心老人的诗主要以母爱，童真，自然著称。从《繁星》中诠释冰心与兄弟姐妹之间那不可言喻的深情厚谊，充满了童稚的渴望与幸福。了解写作背景，掌握"音变"规律，寓"音变"练习于诗歌的情景之中。

（1）小弟弟啊！
我灵魂深处三颗光明喜乐的星，
温柔的
无可言说的
灵魂深处的孩子啊！

（2）人类啊！
相爱吧，
我们都是长行的旅客，
向着同一的归宿。

（3）高峻的山巅，
深阔的海上——
是冰冷的心，
是热烈的泪；
可怜微小的人哪！

（4）儿时的朋友，
海波啊，
山影啊，灿烂的晚霞，
悲壮的喇叭啊；
我们如今是疏远了吗？

（5）弱小的草啊！

骄傲些吧,

只有你普遍的装点了世界。

(6) 大海啊,

哪一颗星没有光?

哪一朵花没有香?

哪一次我的思潮里

没有你波涛的倾向?

(7) 梦儿是最瞒不过的啊,

清清楚楚的

诚诚实实的

告诉了

你自己灵魂里的蜜意和隐忧。

3. 提示

(1) 注意角色的语气、体态等运用及变化。

(2) 每一个语气词的后面都写的是"啊",要注意音节中韵尾的音素变化。

(3) 凡是末尾音素要儿化的音节并需要加"啊"的语气词,都要读成"ra"。

(三) 轻重格式训练

在语流中,有的词是固定的格式,而有的词却要根据语言环境的不同而变化。例如,"北京""江苏"等地方名词,都应读中重格式,但是许多人却读成"重中"格式。当然,如果要区别"陕西"与"山西"时,就应读为"重中"格式了。这里除了调值上的音高变化,还有一个音强的变化。对于两个调值相同的中重格式的双音节词,即使读的时候两个调值相同,根据听觉习惯在发音时总觉得前高后低,应把前一个读的低些,后一个读到位,轻重"格式"的效果才会符合听觉感受。即:阴平44　55,阳平34　35,去声53　51(上声的变调规律前面已讲)。

轻声没有时值,在发音时要既短又轻,如果把握不好"度"的区别,同样会影响词的轻重格式甚至语意的传递。有的学习者读文章尤其是读新闻句势存在问题,整体上看是方言语调的习惯养成,其实从个体的音节追究是声调时值问题,而从词组追究则是词的轻重格式不正确所致。

1. 词组情境训练

情境设计:双音节词

周刊　环球　大会　职业　汽车　河流　土壤　海洋　钢铁　科研　工厂　军队

国际	文化	交流	水平	结束	实现	资料	开放	古代	单位	歌唱	英雄
访问	自学	商店	客运	亡国	斑鸠	督促	答复	波纹	领域	交通	消失
比率	时代	货币	烟蒂	林木	大洋	活动	马蹄	炊烟	宝贵	妥协	烟花
麦浪	词汇	焰火	诡计	阅读	当时	熔岩	经营	家乡	助理	冬至	起码
树林	田野	浮沉	闷热	火车	请示	空前	竣工	看破	大意	翻案	暖房
怒吼	年轻	民主	手癣	绿洲	提高	关系	埋头	更衣	汇演	谋生	笑柄
体育	地震	进攻	自愿	第四	造福	肝炎	特使	投机	自新	跳伞	思想
省会	教室	沙发	自卑	组稿	强调	茶壶	退兵	宇航	说明	工艺	配乐
田野	进贡	巧遇	笔误	罢官	吐絮	肃清	稳步	动员	实际	奔放	夕阳
村落	解放	闷热									

重中格式

触觉	颜色	斗争	错误	队伍	柔和	记者	突然	现象	作家	惰性	浪漫
声音	气味	性质	作品	价值	美好	情感	含蓄	迁就	动作	工人	动静
部位	逍遥	徘徊	冬天	春天	秋天	夏天	堕落	消极	积极	关于	然而
凄凉	肚量	必然	重量	观感	素淡	爱戴	温度	质量	西式	风气	声响
况且	人物	策略	后来	所以	敦促	认为	士气	视力	事物	事业	倍数
抱负											

重轻格式

镜子	大夫	稀罕	猴子	滑溜	阔气	拉扯	意思	苗头	笊篱	痛快	弟弟
衣服	窗户	葡萄	你们	肚子	出息	跟头	锅饼	勤快	扑克	街坊	云彩
刺猬	动静	核桃	算盘	枕头	玻璃	哆嗦	时候	悬乎	值得	豆腐	福气
熟悉	歇息	贸易	萝卜	行李	世故	师傅	帮手				

情境设计：三音节词

中中（次轻）重格式

风雪衣	红领巾	电风扇	笔记本	天安门	西红柿	无线电	计算机	自行车
党支部	衣服架	体温计	扬子江	司马迁	井冈山	国务院	办公室	红楼梦
跑步机	酸梅汤	辩证法	小提琴	体育场	锦标赛	招待会	工程师	采油树
暖水瓶	生意经	寄生虫	座右铭	阳关道	唯物论	电视剧	流水线	招待会
炊事员	共产党	夕阳红	国际歌					

中轻重格式

抱不平	过不去	背着手	表个态	财神爷	过得去	生意经	啦啦队	冒失鬼
莲花落	胳肢窝	说得来	数得着	架子鼓				

风凉话（儿）　中不溜（儿）　拨浪鼓（儿）　呱嗒板（儿）　核桃仁（儿）
不是味（儿）　礼拜天（儿）　下巴颏（儿）　不大离（儿）　小不点（儿）

中重轻格式

牛脾气　腿肚子　锄把子　脑瓜子　上岁数　小日子　油渣子　打摆子　老乡们
听戏的　牙花子　少奶奶　小伙子　打埋伏　吃官司　没工夫　打交道　同学们
抻面的　套近乎　凑份子　出毛病　串亲戚　两口子　手指头　卖关子　枪杆子
好家伙　拿架子　白萝卜　偷东西　赶浪头　脚腕子　儿媳妇　老大爷
小算盘（儿）　气头（儿）上

重轻轻格式

红扑扑　绿油油　坐下来　哗啦啦　爬出去　乐呵呵　喝下去　投过去　上来吧
漂起来　说不得　傻乎乎　听见了　送进去　圆溜溜　抖起来　白花花　没什么
转悠着　比划着　侧棱着　上半夜　乡亲们　朋友们　怪不得　告诉他　这么着
沉甸甸　文绉绉　没什么　飞起来　躺一会儿

情境设计：四音节词

中重中重格式

安分守己　安居乐业　昂首阔步　半斤八两　报仇雪恨　杯水车薪　闭目塞听
并驾齐驱　博古通今　沧海桑田　长吁短叹　瞒上欺下　察言观色　车载斗量
成家立业　瞠目结舌　承上启下　耳提面命　飞沙走石　脱胎换骨　耳濡目染
珠圆玉润　克己奉公　精打细算　前因后果　朝令夕改　有口无心　漫山遍野
五湖四海　上山下乡　独断专行　大刀阔斧　心猿意马　班门弄斧　你来我往

中轻中重格式

稀里糊涂　慌里慌张　噼里啪啦　哆哩哆嗦　唠哩唠叨　叽里咕噜　拉里拉杂
唧哩咔嚓　叽叽喳喳　花里胡哨　死乞白赖　黑咕隆咚　酸不溜丢　老实巴交
疯疯癫癫　不好意思　傻里傻气　说不过去　半半拉拉　哭丧着脸　拖拖拉拉
风风火火　高高兴兴　迫不及待　嘻嘻哈哈　乒乒乓乓　方方正正　稀里哗啦
大大咧咧

重中中重格式

二氧化碳　一马当先　敬而远之　目不暇接　惨不忍睹　一扫而空　相形见绌
义不容辞　面如刀割　美不胜收　近在咫尺

2. 多音节同声调情境训练

情境设计：阴平

东阿阿胶膏　高低压开关　真空包装机　封装编织机包　开发荒山　荒坡荒滩

出生高峰期　冰箱压缩机　公安机关今天发出搬迁通知　商家将包装箱封包
司机将班车开出生资公司钻深山沟　新婚夫妻分居相当突出
西关村星光工商开发公司批发经销山楂汁、山楂酱、山楂精

情境设计：阳平

粮棉油糖茶　培植成材林　寒食节由来　联防巡逻人员　葡萄牙王国　沱沱河源头
全民族团结　由于传达及时　学龄前儿童　陪同团成员　韩国籍渔船　强团联合强团
群雄角逐于足坛

情境设计：上声

你往那里走　我想往北走　我想找展览馆　我买把小雨伞给你
我请老李演讲　请把你的讲稿给我　请赶紧找点草稿纸给我打草稿

情境设计：去声

秘密住进院办　面向四个现代化　再破世界纪录　第六届运动会竞赛项目
共叙四化大业　设备购置费　办事效率太慢　现在犯罪案件日益下降
气象站气象预报　计划炸弹爆炸事件　建设性意见创税大户　奥运会盛况
建立技术干部档案的重要性　贸易促进会　重要的是切莫忘记过去的教训

3. 提示

(1) 注意"儿化"和"啊"音变的轻读。

(2) 几个上声音节相连时，要根据组词和语句目的等情况进行变调，例如，"我采取了果断措施"里的前三个音节都是上声，根据组词情况应把"我"和"采取"分为两组词，由于"采取"是一个词，"采"受"取"上声调值的影响变为了阳平，"我"是一个单音节词，又作为要强调的词，那么"我"就可读为"半上"（211）调值。又如"去展览馆的路很远"这句话里的"展览馆"一组词都为上声，前两个音节应读为阳平。所以上声变调也要根据句子的组词结构及传达目的灵活掌握。

(3) 在准确掌握各种音变规律的同时，不能忽略单音节字的声调调值和双音节词的轻重格式的把握，并悉心体会同声调的多音节词的轻重格式的内部变化。

附：　　　　　　　　　　**语音学习口诀** 处、了、称（多音字）

学好声韵辨四声，阴阳上去要分明。
部位方法须找准，开齐撮合属口型。
双唇班沛密百坡，舌面期结呛先精。
翘舌处眰师摘绕，平舌资册走飒增。

舌尖低对那了他，舌根酣凯后该康。
擦音发杀黑柔寺，送气查爬考嵌称。
合口哭舞租煮府，开口掰翻债安刚。
撮口约群学寻却，齐齿衣厉也恰星。
前鼻云恩冤因碗，后鼻粮迎中用听。
咬紧字头归字尾，语流音变巧记声。
轻声助叠补介缀，儿化喜小性义分。
格式变调前后看，啊哪呀哇 zaranga。
循序渐进坚持练，不难达到纯和清。

回顾

　　音变是语言流动过程中音节的个体性与语句的整体性相协调所产生的结果。人在交流时，听觉器官采集信息多数情况下是以句子为最小单位的，因此，表达中音节的发音就不可能都像单个音节发音那样完整和一致，要受到表达速度、时间及生理器官客观条件及表达目的的限制。音变为普通话语流音乐美的形成起到了举足轻重的"点缀"作用。我们要想把言语这首"歌"唱得优美动听，就要在音变部分下足力气，多听、多练、多想。

思考题

1. 掌握并识记以下概念：
   音变　轻声　儿化　变调　词的轻重格式
2. 什么是语流音变？普通话中语流音变现象主要有哪些？
3. 轻声和儿化的作用分别是什么？
4. 举例说明变调的几种情况。
5. 简述语气词"啊"的音变情况。
6. 简述词的轻重格式与语意传递目的的关系。
7. 简述你所处的方言区对学习普通话语音的影响。

第八章 气息——声音的源动力

大文豪韩愈在一篇题为《答李翊书》的文章里说："……气，水也；言，浮物也。水大而物之浮者大小毕浮。气之与言犹是也，气盛则言之短长与声之高下者皆宜。"就是说，气好比是水；语言，好比是水中的漂浮物。水势大，那么漂浮的东西不管是大的小的都能浮得起来。气和言的关系也是如此。气盛，那么言辞的长短和声音的高下都会合适。韩愈这里主要指的是文章的写作首先要有气，即：文气。而声音和气息的关系何尝不是如此呢？气，是吐字清晰的动力，是语句连贯的基础，是声音富于弹性的来源。气息是发声的源动力，是声音之本。

① 冯其庸等：《历代文选》，中国青年出版社1963年版，第40页。

第一节

播音主持艺术发声对气息的要求

气息是我们人类生命之本源,是人的机体运动的最基本的动力,也是我们的精神活动、语言活动包括情感活动的最基本的动力。播音发声,是指在正常呼吸规律的基础上使各机能的活动合乎科学原理,尽可能发挥更大的能量来听从播音员、主持人的意志的分配、调节和控制。播音发声使生活中无意识的呼和吸变为有意识的活动,并经过训练建立良好的呼吸发声习惯,使之运用自如,最后达到艺术语言的传递要求。

播音用声的特点决定了其对气息控制的特殊要求。

一、气息的持久控制

播音员在播读稿件当中,不像话剧、电视剧等其他艺术门类那样,除了特殊剧情需要有较长的独白外,大多以对白的方式来进行,它在语言上有较强的互动性、交替性。播音员、主持人的语言大多情况下是以独立创作的身份出现。一篇稿件,一段串词,时间十几分钟甚至几十分钟,还有的一句话多则几十个音节(字),尤其是新闻性节目,如果没有扎实的气息基本功来支撑,播读的句子就会"头重脚轻",前明后暗,要么换气频繁,句子凌乱,语意传达不清;要么声嘶力竭,气弱声衰。这样不但破坏了生理器官,损伤了声带,还影响了共鸣,达不到审美的要求,更重要的是降低了节目的传播质量。

二、气息的稳劲状态

我们日常说话对声音没有什么特殊要求,在说话时总是前面比后面的声音亮,越往后越弱,大多都是有意识地说、无意识地呼吸,根据情感的变化需大音量时就毫无保留的用气,需低声说话就一点气息都不用,处于完全自然的状态,造成高音拙、劈,低音弱、虚的现象。作为大众传媒的播音员、主持人,气息要根据语言传达目的及情感的变化进行相应的调节,声音的高或低、强或弱都需要有一定的气息压力。音量越小,气息的控制力度越要强,这样才能达到传播的审美效果。因此只有使气息具备稳劲的控制状态,才能保证语言目的的准确传达。

三、气息的自如变化

播音主持中稿件（节目）内容千变万化，人的情感有高低起伏，声音形式自然也应丰富多样。播音员、主持人应在准确传达信息的基础上，做到语音清晰流畅、语意明确、重点突出、传情达意、色彩鲜明。气息的自如应用，起着关键的作用。有些内容为体现一个层次的整体感，需要一气呵成；有些段落意味深长，需要气息停而不断；有的稿件要显现较强的节奏感，需要快而不乱；有些节目形式又要求播音员或"遏云响谷"或"润物细无声"。节目对气息的这些要求，仅靠纯自然的"信马由缰"是万万做不到的。

例如，不同节目、不同语言样态、不同环境应有不同的气息支撑，有的节目内容表达需要语言单位大、语句连贯、流畅，需受众接受信息的整体感强，而有的节目情感变化大，需受众产生强烈的共鸣，这些都与表达者很好的气息控制能力是分不开的。那么，怎样达到以上要求呢？首先要对呼吸方法进行科学的认识与运用。

第二节 呼吸器官的认识

任何一门艺术都要对其艺术材料进行科学的认识与分析。播音发声赖以存在的物质材料就是它的生理器官，气息的完成是靠呼吸器官的作用来进行的。

一、呼吸器官

呼吸器官主要由呼吸道、肺等几部分组成，它们成为一个统一的联合体，在人的意识控制下，使呼吸沿着一定的路线进行：

（吸）← →口、鼻← →咽腔（口咽、鼻咽）← →喉咽← →喉← →气管← →支气管← →肺（泡）← →呼

气息虽然是沿着呼吸通道进行运动的，但促使它运动的呼吸器官不仅这些，像胸腔、胸廓及膈肌、腹肌等与它们一起构成了一个统一的联合体。

肺，位于人体胸部左右两侧（如图 8-1），由无数含有纤维的上皮组织构成，状若海绵，

有一定的伸缩性。气息就像一个来去匆匆的过客，肺在这个通道内就像一个提供歇脚的可伸缩的"驿站"，在胸廓这个"开路先锋"的扩张与回缩中完成它的工作任务。肺在呼吸通道内是一个被动器官，本身没有改变容积与压力的能力，它的伸展收缩是靠着胸廓的运动而进行的。总之，肺就像一个整存零取的银行。

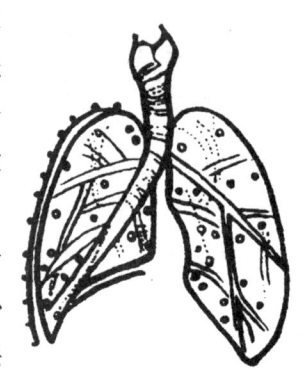

图8-1 肺部图

胸廓，由肋骨、肋软骨、胸骨、胸椎构成，形似鸟笼，由十二对上下平行并列的弓状肋骨笼罩着。各肋骨间有两层肌肉，外层叫肋间外肌，吸气时做收缩运动，使肋骨向上向外扩张；里层叫肋间内肌，呼气时做收缩运动，使肋骨恢复原位。胸廓的运动就是由构成胸廓的肋骨在肋间肌的伸缩下而进行的。那么，能使胸腔容积扩大的肌肉群就称为吸气肌肉群，像肋间外肌、膈肌等；使胸腔容积缩小的肌肉群就称为呼气肌肉群，像肋间内肌、腹横肌等。它们的运动改变着胸腔的左右径，影响着肺的扩张和收缩。

膈肌，像一个倒扣在胸腹之间的圆顶帽一样（如图8-2），周围和胸腔壁相连，吸气时膈肌下降，使胸腔内部上下径扩大；呼气时隔肌恢复原状，胸腔容积变小。膈肌是呼吸器官中的一个重要器官，对气量的增加起着不可忽视的作用。

图8-2 膈肌图

胸腔与肺的关系就像两个不可分割、大小不一的活动房子。肺这所小房子要根据胸腔这所大房子的变化而变化，胸廓和膈肌就像大房子的几面活动墙壁，肋间肌与胸骨组成的墙壁就像可伸缩的"屏风"，随着意识的控制使腔、肺做大小的调节。

腹肌，属于呼吸辅助肌，在吸气后膈肌下降产生压力的情况下，会与之形成一种相互的抗衡状态，起到牵制膈肌、腹肌的作用，以保证用气发声的需要。

二、呼吸方法

呼吸一般根据个人素质和各方面的习惯来决定，可分为以胸式呼吸为主的呼吸方式，以腹式呼吸为主的呼吸方式和胸腹式联合呼吸方式三种。

（一）胸式呼吸

以胸式呼吸为主的呼吸方式的特点是：提肩、吸气浅，因为它是以提锁骨的方式完成进气，所以胸腔膈肌运动量小、气量少，造成了用气者从视觉判断上为上下呼吸，从听觉感受上为浅吸频换，给人上气不接下气的感觉，造成声音位置高、漂、尖、虚。一般在生活中采用此种方式的女性居多。

（二）腹式呼吸

以腹式呼吸为主的呼吸方式的特点是：腹凸、腹围增大，吸气量较多，主要以膈肌运动为主，胸腔参与较少，造成的听觉感受是声音低、闷、沉、深，视觉判断是以腹部凸起、回缩来表现的。由于吸气时腹部明显凸起，播音员、主持人如果采用站姿工作的话，有损视觉形象，并且由于腹式呼吸吸气深，也不利于播音语言的灵活运用。

（三）胸腹式联合呼吸

目前，最科学的呼吸方式是胸腹式联合呼吸。它的显著特点有两个：一、由于胸腹各呼吸器官同时参与运动，增加了胸腔的容积，使气息的容量加大；二、有利于在人的意志支配下形成呼气肌肉群与吸气肌肉群的相互对抗，即肋间肌肉和腹部肌肉的拮抗，以保证对声音的支撑。由于生活中很少采用这种呼吸方法，所以，必须经过有意识的训练才能自如使用。视觉判断是以腰部的横向扩张收缩来表现的。"生理学表明，运用相互对抗，相互制约的力量，可对肌体的某部分进行调节、控制。"[①] 声音的变化就是在情感的支配下，靠人的意志调控气息来完成的。

第三节 呼吸控制要领

在生活中呼和吸的时间差别不太大，基本上吸多少时间也就呼多少时间，吸比呼稍短一些。但在播音主持中不论从稿件内容出发，还是从听觉审美习惯要求来看，都应该采用快吸慢呼的方法，在呼吸过程中保持相对的吸气状态，以达到表情达意的目的。

气息控制是指呼吸过程中，两大呼吸肌肉群的拮抗过程。播音主持即是采用胸腹式联合呼吸，在呼气肌肉群和吸气肌肉群的相互对抗中进行创作。吸气时，打开呼吸通道，两肋向外扩张，膈肌下降，气息自然从口鼻进入，腰间裤带感觉渐紧，腹部肌肉要有一定的紧张度。在呼气时，两肋、膈肌逐渐回缩，小腹继续保持一定的紧张度不要完全放松，直至膈肌和两肋恢复自然状态。下面将分步了解吸气和呼气的控制要领。

---

① 徐恒：《播音发声学》，北京广播学院出版社1985年版，第58页。

一、吸气要领

呼吸的运用方式主要由吸气的方式来决定。采用胸腹式联合呼吸作为播音主持的用气方法,吸气要领的掌握须从以下几个方面进行。

(一) 两肩放松

对于初学者来说,两肩放松在发声用气前尤为重要。胸腹式联合呼吸的控制部位在腰腹部,上胸应该保持相对放松的状态。如果两肩上提或使劲儿,就不利于气息下沉,正确的呼吸必然受到阻碍,进行电视播音主持时也会"有碍观瞻",并且位于肩部附近的喉部也会受到挤压,影响发声。

(二) 两肋打开

在两肩放松的情况下,从容地打开胸腔两侧下肋,使吸气肌肉群处于紧张的工作状态,为肺部扩张提供空间,保证气量的增加。根据高气压会向低气压流动的气压原理,当用气者放松身心,保持呼吸通道畅通,打开两肋,体腔内气压小于体外气压,气息自然就会从打开的口鼻进入体内完成吸气。因此说"兴奋从容两肋开,不觉呼吸气自来"!但是要注意,不能为了从触觉上寻找腰腹胀开的感觉,憋着气鼓起腰进行假吸气。

(三) 肺部进气

因为膈肌、吸气肌肉群的下降和收缩,使肺这个"驿站"的空间变大,气流这个匆匆"过客"相对聚集量增加。增加肺部进气量并不是吸得越满越好,而要在已经吸好气的情况下,还能留有余地,如果吸气过满,气息容易僵硬,不便使用。肺部进气也像给自行车打气一样,过少,"骑起来费力";过满,轮胎易爆,骑起来太硬、易巅。因此,气息的多少要根据"容纳量"和"活动目的"的需要来调节。在播音主持中情感的变化和"意群"的长短就是进气量的"度量衡"。

(四) 膈肌下降

膈肌是吸气肌,它的活动应该在快吸慢呼的播音发声呼吸法的要求下,做到迅速、灵活。膈肌在活动时与肺部一样看不见、摸不着,只能通过触觉感受腰部的打开幅度来判断膈肌的下降程度,这里的"意识"调整是一个既形象又抽象的控制方法,在两肋横向打开的同时体会气息的下行感,即是膈肌的下降感。膈肌下降越低,进气量才有可能增大,也才有可能保证充分的用气。

（五）腹壁"站定"

腹肌是呼气过程中的控制肌，腹壁"站定"是指随气息在吸进的同时，腹部肌肉要有一定的紧张度，保持相对"警惕"的控制状态，不能有明显凸起，以防造成腹式呼吸；但也不能回缩，以免阻碍膈肌下降影响气量，造成气息上提现象。要随时处于一个准备呼气的状态，待到用声呼气时发挥它重要的"牵制"作用，使膈肌保持较慢的速度上升回收。

以上五步动作的完成在实际用气过程中是同步进行的。保持一个良好的精神状态，对用气前的身心放松是非常重要的。

二、呼气要领

如果说吸气要注意吸的位置，那么，呼气则要注意的是呼的时间。我们发音用声就是在呼气的过程中进行的，这个过程的控制状态决定了发音用声的最终效果。那么，怎样在播音发声的用气过程中掌握吸气要领，做到稳劲、持久、自如，是用气的关键所在。

（一）稳、久、活

呼气的过程实际上是一个气息控制的过程，当吸气完成后，进行呼气时，一定要保持吸气的状态，也就是在呼气肌肉群收缩工作时，吸气肌肉群不能完全处于放松状态，也要保持一定的工作状态，使吸气肌肉群与呼气肌肉群形成一种对抗（以吸调呼）。其实，呼气的稳定状态和持续时间的长短控制，就是靠吸气肌肉群的收缩力与张力的调节来完成的。由于膈肌只承担吸气的任务，而腹肌是随意肌，收缩、张开可任意调节，以此来控制膈肌的过速回弹。所以在呼的过程中小腹"拉住"的感觉尤为重要。所谓"丹田气"，并不是指气真正吸到丹田，而是丹田部位的肌肉形成控制力，以达到控制气流速度的目的。

（二）气、声结合

呼气的控制目的是为了发声的需要，所以在训练呼气控制时，一定要注意结合用声来进行。刚开始学习用气，为了不顾此失彼，先在无声的状态下集中精力练习用气。一旦掌握了正确的方法，要尽快结合发声来进行，使气、声同步，做到"气脉为本，声音为貌"。

（三）气、情结合

发声是在情感调动的基础上进行的，气息运用的最终目的是为了表情达意。在呼气的训练中不能忘记情感的调动与配合。人常说"气乃情所至","声为情所言"。只有做到"情、气为本",才能有"语流为貌"。气息控制的关键是情感的运动,用气发声要使感情运动起来,要有感而发。没有感情的变化,气息的控制必然是单调、僵硬的,势必影响声音色彩的变化,也就表现不出语言的传达目的,谈不上传情达意了。

另外,气息的控制与喉部控制、口腔控制、唇舌力度等也不无关系,他们不仅是发音器官,同时对气息的控制也起到"阀门"的作用。

总之,气息只是表达的基础,声音是表达的形式,而情感则是表达的根本。

三、换气要领

换气是满足生理需要所必须进行的规律性运动,同时也是表达过程中区别语意的表现手段之一,也是有声语言的标点符号之一,是表情的方法之一。那么,怎样在符合生理需要的前提下,起到推动表达中的起承转合的作用呢?

(一)句首换气

乍听起来句首换气太容易了,不就是一句话准备开始时换气吗?但是在表达中,由于句与句之间的间隙较小,不好区别,初学者往往总是在每一句话的最后一个音节刚结束,甚至余音还没结束,就连同换气一同表现出来了。这种习惯从听觉上给人一种上气不接下气的感觉,应该在每一句末尾一个音节读完时稍作保持,等到下一句开始时再换气,不论语速多快都应该有这样的意识。只有这样才能让听众不会因为传播者换气而影响收听效果。播音表达中讲的"快而不乱"也与此有关,这需要学习者用心体会与把握。

(二)换气到位

采用正确的呼吸方法即是为保证足够的气量以适应语句的贯穿、语言的连贯和传情达意的需要。初学者在开始练习时正确的呼吸容易找到,但是一结合发声,尤其是一结合表达,在进行换气时就容易出现换气不到位或不正确的现象,主要原因是无意识换气和不敢大胆换气。所以换气一定要吸到肺底,不能浅吸,否则会因为吸气过少(或不正确)造成下一句气息不够,以至于频繁换气,形成不良循环。即使需要在不割裂语意的时候换气(抢气、偷气等),用气量虽少也应该到位,不能因为吸得少就使用错误的呼吸方法"提肩"。

(三)随换随用

前面谈过换气要和发声表达结合起来,除非角色需要,一般播音、主持要把握换气后,呼气要和发声同步，表达中做到以气托声。初学者要调整好"呼气保持吸气的状态"的关系，防止"过犹不及"；还要防止"为换气而换气"的现象，即换气时口腔及呼吸通道虽没有打开但保持准备发声（吸气）的状态，气换好后才准备发声，这样瞬间的时间差就造成了表达中的断层，气息也不能很好保持。不过，为了体会呼气时保持吸气的状态，可以尝试吸好气后腰腹先不要回收，仔细体会在发声时腰腹肌肉（呼气肌肉群）的控制感。

（四）补气自如

换气通常分两种情况：一种是上面提到的因语意需要和生理需要下的正常换气，这种换气时间较长，而且从容；另一种情况是由于语意的需要导致句子较长，超出了生理的驾驭能力，必须在句子中间的某一处换气，我们叫"补气"或"偷气"，即要不露换气痕迹，不能割裂语意无声地进行，也就是音断、气断意不断。在准备补气时保持住发声的气息控制状态，根据前面讲到的气压差原理，两肋迅速向外扩张，在呼吸肌肉群（腰腹）松紧的刹那间变化（偷气、抢气）后，气息自然流入完成换气。要体会胸廓在瞬间补气时的"橡皮球"感，做到"停而不断"，给人一气呵成之感。

切记在发声过程中也应该保持一种吸气的状态，用吸气的感觉发声。补气时喉部、口腔及上下呼吸通道要保持打开的状态，不能出现进气有声的现象。

（五）换气无声

换气无声是播音主持语言的语言特点所决定的，它不像角色化的语言，在语言环境的需要下，必须采用出声换气来表现人物情感。播音主持表达换气不应该出声，要注意换气时打开呼吸通道，避免声带、喉部等器官形成阻碍，造成话筒前的噪音，干扰听觉，破坏表达效果。

第四节 气息控制训练

对一定的运动、行为方式进行大量训练，当客观现实要求这样一种反应时，能不用任何意识状态的努力就能实现这一行为，以达到改变原有的不良习惯的目的。那么，要改变原有不良的呼吸习惯，就需要有一个循序渐进的过程：从开始自然、自由的无意识呼吸状态到采用正确方法后的有意识控制状态，再由采用正确方法后的不习惯、不自如状态到经过量的积累达到一个无意识自如运用的控制状态。即经历一个"自然—必然—自如"的由量到质的过渡。在本书第一章第三节的训练方法里提到的意识的控制、量的积累是非常重要的。只有通过大量的呼吸训练,甚至模仿,才能达到自如运用正确呼吸的目的。

对于初学者来说,气息训练中容易出现几种问题:1. 呼气时为了保证吸气状态,气不敢用,由于没有气息的调节,声音僵、硬、憋;2. 当发声用气时,吸气肌肉群控制不住,气息很快呼尽,造成声音"头重脚轻";3. 本已采用正确的方法进气,但在准备呼气的一瞬间不仅"横向"收缩,锁骨及胸也同时上提,变成了胸式呼吸;4. 往往第一口气能采用正确的呼吸方式,但是到再换气时,由于对内容的关注而忽视了正确换气,或是由于呼吸肌肉群弹性不好,加之紧张,怕换气时间长影响语句连贯,就疾吸、浅吸,结果适得其反,致使呼吸"反弹",又回归胸式呼吸。

一、呼吸控制训练

在训练中应把握以下几点:先采用坐姿训练。因为吸气时气息是下行的,气息与自身的座位形成了一种作用与反作用力,这样比较有利于初学者感受并掌握正确的呼吸方法。待坐姿的正确呼吸掌握后再进行站姿的训练。为了能专心体会正确的呼吸方法,在训练最初先不要出声,随着吸气方法的掌握,再结合发声进行呼气的控制训练。在每一个训练内容中都必须设计情境,即要结合情境来训练;训练刚开始肌肉弹性有限,呼气的时间非常短暂,所以训练要循序渐进。

(一)慢吸慢呼训练

由于要改变原有不科学的呼吸,要有意识强调生理机能的调控。初期的训练只能先采用慢吸的方法,通过训练认识科学呼吸的具体部位与有关肌肉群的运动状态,达到正确的进气目的。

1. 坐姿情境训练(如图8-3所示)

坐于硬面凳子的前半端,双眼平视前方,收颌、挺胸、立腰;状态积极,放松身心,根据情境,进行吸气、呼气训练。如图8-3:

情境设计:想象鲜花满地、芬芳宜人,但你不能上去摘,只能用视觉和味觉来欣赏。此时,口鼻同时打开保持积极、兴奋的状态,用心深吸一口清香的空气,体

图8-3 利用触觉感受气息

会扑鼻而来的芬芳。与此同时,肩松、肋开、腰胀、腹紧、气沉、气流呈横向走势,在瞬间保持后慢慢吐出,从心底里发一声"啊",再体会腰腹肌肉随即放松的感觉。

情境设计:想象面前摆了许多你最喜欢吃的食物,此时你非常想吃……(结合呼吸要领体会此时的用气位置)。

情境设计:设想有位好朋友正在给你讲一件让你感兴趣的事,听着听着露出:"原来是这样"的神情……(结合呼吸要领体会此时的用气位置)。

情境设计:设想有位好朋友正在给你讲一件让你非常不快的事,你听着听着表现出:"真是的"这样的神情(结合呼吸要领体会用气位置)。

情境设计:通过以上几个情境设计,若正确的吸气方法仍没有找到,可以采用搬重物的方法来进行体会与训练。先弯下腰(或假设或真做)搬一个必须用大力气才可以搬动的物体(在教室就抓住凳子或桌子腿),用心体会用力的部位(在腰部),然后,再采用坐姿用气,找搬重物用力时吸气的部位(结合呼吸要领体会此时的用气位置)。

2. 站姿情境训练(如图 8-4 所示)

双肩自然放松,双臂自然下垂,两眼平视前方,收颌、挺胸、直腰,两脚之间保持一定距离(男士双脚距离与肩间宽,女士双脚呈"v"字形,后脚跟稍稍分开);状态积极,放松身心,根据情境,结合吸气、呼气要领进行训练。

情境设计:想象平行于嘴的前面有一张很多天没有清理的桌子,上面有薄薄的一层灰尘,你想清理,但没有合适的工具,只能用嘴吹,而桌子旁边的物品又不能因清理桌面而弄脏,此时口鼻同时打开,双唇力度集中在唇的中央,深吸一口气,松肩、开肋、胀腰、紧腹、沉气,轻、匀、稳地慢慢吹去桌上的灰尘。注意控制气息不能忽有忽无,想象桌上的灰尘吹得干干净净,用心体会呼气(吹灰)时保持吸气感觉肌肉的紧张状态……(结合呼吸要领体会此时的用气位置)

情境设计:假设误吃了一口自己非常不喜欢吃的食物,或喝了一碗中药,口腔打开发"a"的气声,努力想把嘴里的苦味全吐出来……(结合呼吸要领体会此刻的用气位置)

情境设计:模仿一自然现象,发"si"或"xu"的气声。经过情境设计后,在发此音时应保持相对较长的时间,虽然发声时声带没有颤动,不是乐音,但是从听觉上能分辨出"si"和"xu"音的音强、音量、音长是

图 8-4　户外气息训练

否均匀，以判断呼气的稳劲、持久的能力。（结合呼吸要领体会用气位置）。

si……，si……，si……，si……，si……，si……

xu……，xu……，xu……，xu……，xu……，xu……

情境设计：心情很愉快地走在美丽、安静的绿荫道上，两手各提一暖水壶或重物，这样可以牵制住肩膀不得上提，来体会气息向下的横向运动的感觉。找到正确的气息后再丢开水壶或重物训练（结合呼吸要领体会用气位置）。

3. 提示

（1）训练初期先采用手扶腰的办法（左手扶腰右侧，反之。为避免双手叉腰导致双肩紧张，气息上提）体会气息的流动方向，是纵向还是横向，感觉吸气时气息运动是否能把手撑开（如图 8-3）。整个吸气过程就像缓缓打开的一本书向两边展开，气量在腰腹的感觉是腰的两侧大于前后，后腰又大于前腹。另外，可以两个人互相扶腰进行体会。

（2）对照镜子或两人相互观察在吸气时两肩是否上提，上胸是否起伏。如果有起伏证明气息还没有下沉，应尽快调整。

（3）体会采用坐姿用气时与座位形成的作用与反作用力。

（4）要注意防止假吸气现象，即腰腹鼓起来了，但气息并没有吸进去。

（5）开始找不到呼气肌肉群的控制力度，可先吸好气后不要呼气，以此体会腰腹的控制感。稍后腰腹部肌肉随着声音的发出有控制地、均匀地回收。切记腹部肌肉要保持一定的紧张度，即呼气保持吸气的状态——吸气肌肉群向外作用力，使气息均匀地呼出。

（二）快吸慢呼训练

人在不说话时呼和吸时间是差不多相等的，但一旦开口说话呼的时间就比吸的时间长了，加之播音发声是艺术语言的训练，为了语意的连贯、完整，换气的时间就更要缩短，应迅速完成才行。所以，快吸慢呼的发声训练是气息控制的终极目标，也是适应表达的最基本要求。通过训练做到声高不劈、气不竭，声低不压、气不懈。

1. "无声"情境训练

情境设计：设想有一位好久没见的亲人或好友突然出现在你面前，让你十分惊讶……（结合呼吸要领体会此刻的吸气速度及位置）

情境设计：突然接到一封盼望已久的信，兴奋与激动溢于言表，快速打开信件，随着阅信气息慢慢吐出（体会一刹那的迅速进气的感觉）。

情境设计：在听别人讲一件事时，急于插话，但欲言又止（体会此时气息的快吸感觉）。

2. "发音"情境训练

情境设计：发"a"音。选择自己语言表达的最佳声区进行训练，发声前平视前方某一物体，设想他（或它）就是你的交流对象，并且是很好的朋友、同学或老师等。要把发"a"音的过程设想成是和他们交流的语言，既积极主动又平和委婉；气息饱满均匀，结实有力；声音洪亮、音色甜美。如果声音发颤、发抖，就证明气息支撑不够，应做反复训练。

"a"音训练应伴随专业学习的始终。因为"a"是汉语普通话里一个开口度最大的元音，乐音成分最丰富，发好它是学习播音发声的关键，所以应结合"a"音，反复训练提高气息的控制能力。

情境设计：用六个单元音进行不同组合（开始先发一个单元音换一次气，以后可连续发六个单元音换一次气）、不同语境、不同声调、不同声音层次的训练。体会不同情境、不同声区、不同气息的变化与控制。

a……，o……，e……，i……，u……，ü……，

a……o……e……i……u……ü……

情境设计：设想面前放着最喜欢的七件物品百看不厌，爱不释手，数来数去……。在数的过程中发完每一位数后都回味一下，以欣赏物品的色、形、质等来体会气息控制（1秒钟）腰腹的感觉，之后再发下一个数，到 7 后换一口气再倒数到 1，或一口气从正数 1 到倒数 1，并根据气息长短控制 2 个数之间的时长。过快，起不到控制气息的作用，过慢又发不完，因此要适时把握。

1、2、3、4、5、6、7、7、6、5、4、3、2、1……

1、2、3、4、5、6、7、7、6、5、4、3、2、1……

情境设计：设想走到一个农家小院儿，定眼一望，院子中央有一个凉棚，噢！原来是个葫芦架子，上面挂满了大小不一的葫芦儿。试试，一口气能数多少个……

大葫芦儿，小葫芦儿，一口气数不了二十四个葫芦儿。一个葫芦儿，两个葫芦儿，三个葫芦儿，四个葫芦儿，五个葫芦儿，六个葫芦儿，七个葫芦儿，八个葫芦儿，九个葫芦儿，十个葫芦儿，十一个葫芦儿，十二个葫芦儿，十三个葫芦儿，十四个葫芦儿，十五个葫芦儿，十六个葫芦儿，十七个葫芦儿，十八个葫芦儿，十九个葫芦儿，二十个葫芦儿，二十一个葫芦儿，二十二个葫芦儿，二十三个葫芦儿，二十四个葫芦儿……

3. 提示

（1）要注意在户外练习不要迎风进行，最好对着墙或某一点进行。

（2）设想要通过发"a"音把平视前方的某一点打穿，以此调动气息的控制力，练习声音的穿透力。

（3）注意吸好气后发声的前三四秒不要用气，腰腹要稍做控制后再慢慢回收。

（4）"数葫芦"没有换气口儿，开始只能读到十七八个葫芦儿，随着练习量的增加逐渐提高葫芦儿数。不要为求快忽略了吐字，要注意合口呼的归音，即双唇的力度、数词调值的把握。

（5）在训练时要注意和语音结合起来，注意轻声、儿化音的运用，不要把可爱的葫芦儿读成难听的"呼噜"了；

（6）初学者一般在开始吸气还比较容易掌握，但当准备呼气时受旧习惯影响，瞬间气息上提，所以一定要注意吸好气后，腰腹稍做控制后，呼气肌肉群再慢慢回缩，要加强控制的意识，要注意站姿训练时在没有座位的反作用力对抗下，气息的下沉意识。重复以上训练，最终呼气时间最好达到30秒。

（三）换气训练

一般在两个大的意群之间的正常换气要做到无声、迅速的同时，为达到区别语意、语气的目的，相对有较明显的换"气口儿"。补气一般是在一个句子没结束但气息不够的情况下要采取的换气方法。为了不割裂语意、不露"声色"，从听觉感受上和语意的前后连贯上有一气呵成之感，在补气前后音节与音节之间要有机衔接。要找长句子中能划分语节①的地方，处于并列关系的某一个顿号或逗号处，或处于偏正关系的一个语节处进行补气（或偷气）训练。通过训练提高两肋肌和腹肌的弹发能力，把握句与句之间、长句中间换气时的音断、气断意不断的控制技能。

1．"一般换气"情境训练

情境设计：想象自己拿一竹竿儿去收枣儿。阳光灿烂、空气清新，枣儿垂挂树上，在绿叶的映衬下丰润饱满、色泽鲜美、清脆可口、垂涎欲滴……

出东门，过大桥，大桥底下一树枣儿，拿着杆子去打枣儿，红的多青的少。一个枣儿、两个枣儿、三个枣儿、四个枣儿、五个枣儿、六个枣儿、七个枣儿、八个枣儿、九个枣儿、十个枣儿、九个枣儿、八个枣儿、七个枣儿、六个枣儿、五个枣儿、四个枣儿、三个枣儿、两个枣儿、一个枣儿。这是一个绕口令，一口气说完才算好。

情境设计：设想自己在乡下，四周风景宜人，眼前池塘里有静立的荷花，荷叶上有飞舞的蜻蜓，水面上有跳动的青蛙……

一只蛤蟆一张嘴，两只眼睛四条腿，扑通扑通跳下水。两只蛤蟆两张嘴，四只眼睛八条腿，扑通扑通跳下水。三只蛤蟆三张嘴，六只眼睛十二条腿，扑通扑通跳下水。四只蛤蟆四

---

① 语节是"构成语的具有相对独立性的'部件'"。温端正：《汉语词汇学》，商务印书馆出版，2005年1月第1版。

张嘴，八只眼睛十六条腿，扑通扑通跳下水。五只蛤蟆五张嘴，十只眼睛二十条腿，扑通扑通跳下水。六只蛤蟆六张嘴，十二只眼睛二十四条腿，扑通扑通跳下水。七只蛤蟆七张嘴，十四只眼睛二十八条腿，扑通扑通跳下水。八只蛤蟆八张嘴，十六只眼睛三十二条腿，扑通扑通跳下水。九只蛤蟆九张嘴，十八只眼睛三十六条腿，扑通扑通跳下水。十只蛤蟆十张嘴，二十只眼睛四十条腿，扑通扑通跳下水……

情境设计：以下是中国共产党第十九届中央委员会委员名单（204 人，按姓氏笔画为序排列），练习时要注意调动平时大脑里储存的电视新闻图像，尽量读出领导人庄重、严肃、权威的感觉……

乙晓光　丁来杭　丁学东　丁薛祥　于伟国　于忠福　万立骏　习近平　马飚（壮族）
马兴瑞　王宁（武警）　王军　王勇　王晨　王毅　王小洪　王玉普　王正伟（回族）
王东明　王东峰　王尔乘　王志民　王志刚　王沪宁　王国生　王建军　王建武　王晓东
王晓晖　王家胜　王蒙徽　尤权　车俊　尹力　巴音朝鲁（蒙古族）　巴特尔（蒙古族）
艾力更·依明巴海（维吾尔族）　石泰峰　布小林（女，蒙古族）　卢展工　白春礼（满族）
吉炳轩　毕井泉　曲青山　朱生岭　刘奇　刘雷　刘鹤　刘士余　刘万龙　刘奇葆　刘国中
刘国治　刘金国　刘结一　刘振立　刘家义　刘赐贵　刘粤军　齐扎拉（藏族）
安兆庆（锡伯族）　许勤　许又声　许达哲　许其亮　阮成发　孙志刚　孙金龙　孙绍骋
孙春兰（女）　杜家毫　李屹　李希　李斌（女，国家机关）　李强　李干杰　李小鹏
李凤彪　李玉赋　李传广　李纪恒　李克强　李作成　李尚福　李国英　李桥铭　李晓红
李鸿忠　李锦斌　杨学军　杨洁篪　杨振武　杨晓渡　肖捷　肖亚庆　吴社洲　吴英杰
吴政隆　邱学强　何平（解放军）　何立峰　应勇　冷溶　汪洋　汪永清　沈金龙　沈晓明
沈跃跃（女）　沈德咏　怀进鹏　宋丹　宋涛　宋秀岩（女）　张军（国家机关）　张又侠
张升民　张庆伟　张庆黎　张纪南　张国清　张春贤　张晓明　张裔炯　陆昊　陈希
陈武（壮族）　陈豪　陈文清　陈吉宁　陈全国　陈求发（苗族）　陈宝生　陈润儿
陈敏尔　努尔兰·阿不都满金（哈萨克族）　苗圩　苗华　苟仲文　范骁骏　林铎　尚宏
金壮龙　周强　周亚宁　郑和　郑卫平　郑晓松　孟祥锋　赵乐际　赵克志　赵宗岐　郝鹏
胡和平　胡泽君（女）　胡春华　咸辉（女，回族）　钟山　信春鹰（女）　侯建国
娄勤俭　洛桑江村（藏族）　骆惠宁　秦生祥　袁家军　袁誉柏　袁曙宏　聂辰席　栗战书
钱小芊　铁凝（女）　倪岳峰　徐麟　徐乐江　徐安祥　高津　郭声琨　郭树清　唐仁健
黄明　黄守宏　黄坤明　黄树贤　曹建明　龚正　盛斌　雪克来提·扎克尔（维吾尔族）
鄂竟平　鹿心社　谌贻琴（女，白族）　彭清华　蒋超良　韩正　韩卫国　韩长赋　傅政华
谢伏瞻　楼阳生　蔡奇　蔡名照　雒树刚　黎火辉　潘立刚　穆虹　魏凤和

2. "补气"情境训练

情境设计：朋友想去看亚运会，又恐出行人多交通不便，此时听到了一则新闻……本节以气息控制为目的，结合吐字归音，不要急于寻求新闻语言的表达样态，防止囫囵吞枣……

……亚运期间将会实施机动车单双号限行，为解决广大市民的出行问题，限行期间30个工作日，全城市民可免费乘坐公共交通，包括地铁、公交车、水上客运等。

情境设计：联想即将召开的广州亚运会情境，回忆下面两位歌手以往的舞台形象，调动情感……采用较长的新闻句子进行气息的"补气"控制训练。

10月7日，广州亚运会会歌《重逢》的演唱者毛阿敏、孙楠荣获"亚运歌手"称号后与《重逢》的作曲捞仔合影。当日，广州亚运会会歌《重逢》的演唱者毛阿敏、孙楠在广州荣获第16届亚运会组委会"亚运歌手"称号。

情境设计：国庆长假到了，有一位好朋友计划去上海参观世博，但是听说去了全是看电影，便犹豫不决……而你用切身体会身临其境的向他描述了每个场馆的建筑风格、民族特点与现代化程度，虽大都是电影，却各有千秋！正说着听到一条消息……

截至10月7日20时30分，当日进入世博园的游客达21.90万人次，从而使7天长假观博游客总计达到247.40万人次。至此，自5月1日开园以来，世博会在160天内累计接待参观者达5986.08万人次。

情境设计：结合"八荣八耻"的内容，针对老师《思想道德修养》课上的举例，联系社会现象，调动情绪进行气息控制训练……

以热爱祖国为荣，以危害祖国为耻；以服务人民为荣，以背离人民为耻；以崇尚科学为荣，以愚昧无知为耻；以辛勤劳动为荣，以好逸恶劳为耻；以团结互助为荣，以损人利己为耻；以诚实守信为荣，以见利忘义为耻；以遵纪守法为荣，以违法乱纪为耻；以艰苦奋斗为荣，以骄奢淫逸为耻。

情境设计：结合中央电视台播放的一则"国际漫游"广告，并产生相应的情景，练习气息控制……

奶奶，我是小强，我已经到了巴黎了。奶奶，您身体还好吧？电话费很贵，我不多说了，奶奶再见！

情境设计：2008年奥运会早已结束，但是奥运期间电视转播中的美好画面或亲临赛场的热情与激动依然经常在脑海中浮现。回忆张艺谋执导的申奥宣传片，情景再现那一幕幕动人心魄的比赛……

篮球、排球、足球、网球、垒球、棒球、手球、曲棍球、乒乓球、羽毛球、田径、体操、跳水、游泳、射击、马术、举重、柔道、摔跤、拳击、跆拳道、击剑、射箭、赛艇、帆船、皮划艇、自行车、铁人三项、现代五项。

3. 提示

（1）通过句子中不同声调的练习，体会气息的控制力度对调值、语流的变化所起的作用。

（2）不要把香甜的枣儿读成冰冷冷硬邦邦的"凿子"；开始练习换气口先放在正数一前和倒数一后，随着练习量的增多，只在正数一的前面换一口气即可。

（3）注意"扑通"一词的唇部控制，不要漏气、喷话筒。

（4）一般经过初步训练后吸第一口气都较容易把握，但要注意句与句之间的换气，状态要从容，防止提肩。

（5）句与句之间不换气时，要注意连接流畅，"气口儿"与"气口儿"之间无论有几个标点符号，都当作一个句子对待，不能断开，体会气息的控制力度。

（6）运用播报人名的方式进行换气控制训练，体会读一个人名换一次气的腰腹控制感，注意人名之间的间隔，两音节人名与三音节人名及多音节人名的节奏的把握，人名与族名、性别的区别。人名一般都读中中重格式，有些人容易把人名读成中轻重格式，要注意纠正。

（7）新闻长句子练习气息控制要注意气流"被动进入"的感觉，在"意不断"的前提下，腰腹快速进行"一松一紧"的刹那间"补气"运动。例如上几条消息，并列关系的短句较多，一口气读不下来，就需要在中间补一下气。

（8）"八荣八耻"的内容最好"一荣一耻"后换一次气。

（9）要求做到灵活运用气息，必须结合前面语音训练内容和最后一章训练材料里的"快口"、散文段子、消息等长句子进行。训练初可以一句一换气，熟练后要两句一换气或根据语意换气。句与句之间不换气时要注意连接流畅，四句以内的绕口令要求中速，达到一口气背诵。

二、呼吸肌控制训练

呼吸肌弹性的好坏直接影响气息控制能力的强弱，实践证明喜爱体育锻炼的人气息控制较好掌握，而身体虚弱运动量较少的人肌肉没有弹性，所以必要的针对性训练可帮助寻找气息，提高呼吸肌肉群的弹性，并较快地掌握气息。

（一）"静态"训练

发"hei、ha"音，设想自己在野外急需做饭用的木柴，必须用一个大的斧子才能把木头劈碎，于是专心致志、腰腹用力（打开），随着斧子的起落，发出"嘿""哈"声。反复训练，感受膈肌与腹肌的弹发力，也可有节奏地进行弹发力训练。开始训练时，声音与肌肉配合还较协调，但持续时间一长，有的人可能就会出现声音与胸腹膈肌配合不协调，即意识超前于声音，腹肌运动无力，即证明腹肌的弹性还不具备，应多加练习。

（二）"动态"训练

可采用仰卧起坐、俯卧撑、跑步、游泳等户外运动来增强腹肌的弹性。训练初期可能会觉得腰腹酸、痛，甚至肌肉感觉还有些疼，这是因为相对练习量大，绝对练习量少。随着练习量的逐步增加，采用科学的训练方法，这种感觉便会逐渐消失的。

回顾

呼吸是发声的原动力，没有良好的呼吸和控制气息的能力，就难以获得有表现力的声音。如果没有良好的气息控制，就难以掌控播读的语句。本章讲到的吸气、呼气和换气要领，大家要循序渐进逐步掌握，并且结合气息控制训练部分强化练习。要特别注意在练习时一定要把自己融入某种情境中，运用想象来引导我们进行气息的训练。这是因为对于刚刚接触气息控制知识的学习者来说对这部分知识比较生疏，身体各个器官还不能统一协调的控制气息，这就需要借助情景想象，帮助我们尽快融入情境中，辅以视觉调整、触觉感受等方法，形成熟练的协调控制。切忌拿着训练材料自己闷头练习。

思考题

1. 掌握并识记以下概念：

   膈肌　腹壁　"站定"
2. 播音发声对气息控制的特殊要求是怎样的？
3. 播音发声采用哪种呼吸方法？为什么？
4. 简述胸腹联合式呼吸法吸气、呼气以及换气的要领。

第九章 口腔——声音的"集散地"

口腔是人们区别语意、表情达意的重要器官，是语音的"制造场"，是声音的"集散地"，是保证播音发声质量的关键环节。口腔控制与普通话语音的联系最为密切，没有语音就谈不上播音发声。腔体内任何一处的细微变化都会影响（或改变）一个音节的出声位置（硬腭前部）与舌位的变化，比如唇，它是发声的主要出口，是吐字的主要器官；又比如舌，它是最积极、最灵活、影响最大的咬字器官；它们互为条件，互为因果，相辅相成。通过口腔内咬字器官的各种活动，完成吐字过程，达到艺术语言的审美要求。

第一节 播音主持艺术发声的吐字要求

客观地讲，每个人的生理条件不一样，形成的声音、语音特点也各异，但是独特的发音方式和嗓音条件是以标准的普通话为基础，以符合大众的审美习惯为目标，以艺术化的听觉需要为追求。因此，播音发声的吐字归音必须做到：准确、清晰、集中、饱满、圆润、流畅。

准确：准确是对吐字的基本要求，也是最低要求。准确主要指字音的准确规范，即音节的发音部位和发音方法及声调等是否标准，它强调的是一般在生活中不易被察觉的细微区别。比如在发"z、c、s"平舌音时，按要求舌尖应抵住下齿背（也可在上齿背），但是由于口腔整体的控制不好（上下齿没有错位），结果发音出现"嘶嘶"声，尤其通过话筒后影响发音的准确性。所以，这里指的准确比一般生活语言要求的更为严格和精细。

清晰：是传播特点对吐字提出的又一要求，主要指的是发音过程中唇舌的力度、声音位置变化等。例如："h"这个声母，它的发音方法为清擦音，发音部位是舌根，发音过程是舌根接近软腭，气流冲击舌根与软腭的接近处而后清擦成声。而没有经过训练的大部分人却清擦不住，当气流通过成阻部位时，舌根与软腭之间空隙太大擦音过于轻，造成了声母发音不清晰的问题。又比如，"包bāo"的声母是双唇音，如果力度没有控制在唇中部的三分之一处发声，声音通过口腔时随"ao"韵母的发音过程造成了"声包字"的现象，那么清晰就谈不上了，所以发音部位的着力点一定要做到"点状"。

集中：主要指的是声音的集中。声音虽然看不见，摸不着，但它有一定的方向性，播音发声是一个与话筒保持近距离接触的声音状态。除了发音器官力量的相对集中外，在发音过程中对自己的声音要有很强的"收束"感、目标感、距离感。通过意识、听觉判断调整发声器官，使自己的声音有磁性、有穿透力。加之话筒接收的方向辐射有限也会影响听众的收听效果，所以集中是播音主持吐字的又一要求，这需要经过一定的训练才能达到。

圆润：对吐字最简要的概括就是，字正腔圆。如果说准确、清晰要求的是"字正"，那么集中、饱满、圆润主要指的是"腔圆"了。它是对播音吐字的又一个要求。"吐字如珠"即是对吐字要求圆润的形象比喻。饱满不等于圆润，怎样使音节发音过程既完整又不失其圆润饱满，把握韵母发音的舌体动程、调整口腔腔体、运用好共鸣等都非常关键。例如"跳tiào"这个音节，当声母舌尖中音"t"位置准确、力度适中迅速与"i"相拼后过渡至"a"

再归到"o"时,舌位的动程虽要趋向鲜明,但更强调过渡流畅、柔和,这是圆润的保障。再如"ting"这个音节,不能因为它是高元音就使整个舌体紧靠上腭造成声音捏挤。所以,在发音过程腔体应保持相对的静态控制,以确保共鸣的美化,达到吐字圆润的要求。

流畅:这是吐字的最高要求。前面提到过汉语普通话的音节特点,语言的最小单位是音节,而音节又是由不同的音素组成,我们在练习中要改变原来的不良发音习惯,追求准确、清晰、集中、饱满、圆润,把每一个音节分拆成一个个个体,再慢慢拼接组合,是为了发现问题、修正问题,而绝不是把有声语言以字的形式甚至音素的形式表现出来。这就要求我们在训练中要把握好个体与整体的关系。发音时既不生硬又不囫囵吞枣,还能保证吐字如珠如流。

一个句子中的主要词语该强则强、强而不拙、强而不喊,句子中的次要词语该弱则弱、弱而不虚、弱而不飘,要做到这一点首先应对轻声词、词的轻重格式等语流音变驾轻就熟,并且对音节与音节之间的过渡即超音质仔细体味与把握,以满足人们以句子为单位获取信息的听觉习惯,使吐字犹如大珠小珠落玉盘一般。准确、清晰、集中、饱满、圆润、流畅,各要点的掌握既相互独立又各有侧重;既相互联系、相互影响、相互制约,又相互促进与完善。为此,我们要采取一些行之有效的训练技巧,把有意识的控制变为无意识的运用。

第二节 对吐字器官的认识

从发声学角度来认识,呼气的目的是为了发声,气息通过喉部时的声带闭合,只是形成了喉元音,语音是经过口腔时才形成的,即声音在口腔内受到各种节制而形成了不同的字音,这个节制的过程就叫咬字过程。而口腔内对声音起节制作用的各个部位,就叫作咬字器官。它包括唇、齿、舌、牙、腭(见图9-1)。

1. 上唇,2. 下唇,3. 上齿,4. 下齿,5. 上齿龈,6. 硬腭,7. 软腭,8. 小舌,9. 鼻腔,10. 口腔,11. 咽腔,12. 舌尖,13. 舌叶,14. 舌面,15. 舌根,16. 会厌软骨,17. 食道,18. 喉头和声带,19. 气管

唇:唇分为上唇和下唇。唇是发声的主要出口,是吐字的重

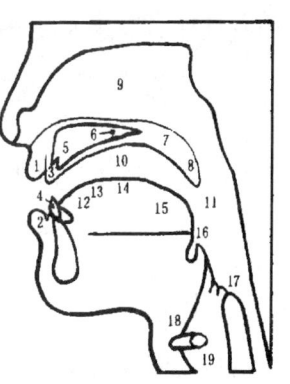

图9-1 咬字器官图

要器官，汉语音节发音有许多音是以唇的活动为主体的。例如声母 b、p、m、f 的发音部位都是以唇为成阻部位；韵母 u、iu、ao、ou 等音的归音都是以唇（合口）来归音的；又如语音学所讲的"四呼"就是以音节的起音（声母、介音）即字头发音时唇形的圆展变化来界定的。即使对于 a、o、e、i 等开口呼音发音时唇的作用相对较小，也应依据中国传统的审美习惯做到开音闭发，使声音集中、圆润，这些都是以唇的控制来实现的，所以唇是吐字的重要器官。唇还是一个控制气息的大门。

齿：齿在这里要指的是前门齿，包括前上下门齿（医学上所指的中切牙和侧切牙），它是舌尖前音成阻的部位。齿又是口腔保持正确状态的"鉴定器"。人在不说话口腔保持静态时（或开或合）从外形上看是上齿在下齿的前面，（除非生理缺陷），也就是说上下齿是错位的，但往往由于其他器官（例如舌）在发音时不能主动科学的配合，使得下颌积极主动"帮倒忙"，结果上下门齿对齐甚至下齿"跑"到上齿的前面，造成发音嗲、媚、噪，尤其是发舌尖前音 z、c、s，舌面音 j、q、x，舌尖后音 zh、ch、sh 的时候。应该指出，尽管传统语音学把韵头为 i 的音节称作齐齿呼，但在实际发音中，"齐齿"也是相对而言的。

从以上分析得出，齿虽然是一个被动吐字器官，是由口腔上下的活动影响造成的，但是它却是一个不可忽视的发音器官。

舌：舌是发音过程中起关键作用的一个咬字器官。舌分舌尖、舌叶、舌面、舌面后即舌根。舌体上、下、前、后的不同变化及着力点的位置，决定字音的形成，改变着口腔的共鸣状态，并影响字音的准确、清晰和集中。舌的力度越强，舌体肌肉的密度相对越大，声音会越清晰。舌体运动的着力点越鲜明，元音的音色也就越圆润。例如，i 音在发音过程中如果舌根位置高就会堵住口腔通道，势必阻碍声音从口腔流出（只能"上楼"走鼻腔），a 音太低又会导致喉部肌肉紧张；如果舌体松软，又会吸收声音，削减共鸣。总之，舌是最积极、最灵活、影响最大的咬字器官，锻炼灵活的舌体是口腔控制最重要的任务。

牙：主要指位于口腔两侧的后槽牙，它的开合直接影响口腔的开度及容积，牙关打开，声束由咽腔向前进入口腔通道，使口咽部的共鸣充分发挥，声音通畅响亮；如果牙关紧咬，所谓的语音制造场就没有场所而言，舌体的活动就无从谈起，声音自然会挤、扁、压、闷。例如，含有 i、ü 还有 e 等元音的音节中，由于口腔通道不畅，声音被迫顺鼻腔而走，造成字音鼻化，影响字音的清晰与美化。所以，牙关也是一个主动灵活的控制器官。

腭：腭也称上口盖，分前后两个部分，前三分之二为硬腭，后三分之一为软腭。腭就像一个"隔板"，把鼻腔、口腔上下分开，活动的软腭就像一个可随意调节的阀门，使声音按旨意向口腔或鼻腔流动；腭又像一个可控的穹窿体，这个穹隆状态又决定声音进入口腔的共鸣状况。硬腭前部是声音的内感区，声束只有打在这个地方，才会集中明亮，否则声音就会发散。另外，腭还与舌共同构成阻碍，从而产生不同的字音，如翘舌音 zh、ch、sh、r（舌尖与硬腭前部构成阻碍），舌根音 g、k、h（舌根与软腭前部构成阻碍），舌面音 j、q、x（舌面前部与硬腭前部构成阻碍），都离不开腭的作用（在语音学习中双手既可以比做灵活变化的舌体，又可以比做上口盖）。

第三节 口腔的"静态"控制

口腔是语音的制造场，吐字的过程就是各个咬字器官相互配合协作的过程。它们之间的配合，直接影响到发音的质量。为了达到播音艺术语言对吐字的要求，使字音听起来准确、清晰、集中、圆润、流畅，首先要打开口腔，也就是让口腔"立"起来，创造一个良好的口腔环境，使其满足对吐字的要求，《中国播音学》把这种在发音过程中对口腔状态进行适度的调整，使其保持相对稳定的状态，称之为口腔的"静态"控制。这种调整后的口腔状态贯穿在整个发音吐字的过程当中，构成发音动作的基础。

一、打开口腔

为了提高发音质量，艺术语言的发音吐字比日常生活语言的口腔开度要大些。口腔开度大并不是张大嘴巴，因为张大嘴巴的开口腔实际上是上下颌自然打开，表现结果是前开后闭的喇叭口，呈">"形，这种口型并不符合发声的要求，而正确的打开口腔是下巴微收，上口盖平行上提，像穹隆形状倒扣在口腔上部，口腔前收后开像马蹄形，呈"⊃"状。没有经过训练的人在发音中是很少能达到这种口腔状态的，所以我们必须通过有意识的提颧肌、打牙关、挺软腭、松下巴的训练来实现。如图 9-2 所示，口腔的静态控制并不是绝对的、一成不变的，在发音过程中会根据各音素的变化进行相应的调整。这种相对的静态控制对建立良好的口腔发声环境具有积极的作用。其实，口腔的静态控制即是一个口腔前后平行提起上口盖的动作的保持。有的人认为练习时只要头部上仰、张大嘴巴就可以达到训练的目的，这是错误的认识，应予以纠正。

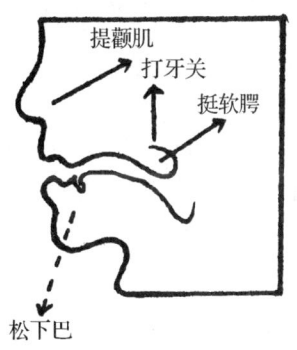

图 9-2 口腔静态控制图

（一）提颧肌

提颧肌是提起上口盖的前部动作。颧肌微提，鼻翼微张，上唇微展，上齿微露，唇齿相依。在发音过程中颧肌要始终保持微提的状态，即使发合口呼、撮口呼的字音时双唇的肌肉也要往唇的中央收束，颧肌仍要向上提，使面部肌肉形成一种呈反方向运动的状态。鼻翼微张，上唇微展，是上唇呈"一"字形的控制要领，是发音中齐齿呼、开口呼的上唇控制状态，但切不可为追求上唇呈"一"字形而咧唇，这样肌肉横向运动，效果会适得其反。正确的提颧肌，肌肉走向应是向上提起。唇齿相依利于唇在发音的动作过程中找到依托，这样便于发挥唇的力量，利于声音的准确、清晰、响亮。唇齿相依与提颧肌是一种相辅相成的控制关系，如果颧肌不提，上唇会形成梯形"

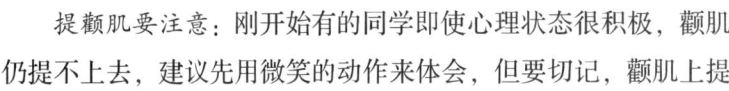

"（如图9-4），发音时唇齿就会"分家"，尤其在发合口呼、撮口呼的字音时双唇噘起，发音状态就像一只嗷嗷待哺的小鸟，这样造成口腔前面又多加了一个"嘴子"，致使声闷暗，并且影响视觉效果。可以用发央低不圆唇元音 a（或其他音）来体会提颧肌时的口腔（如图9-3发 i 元音的提颧肌状态）。

图9-3 提颧肌图

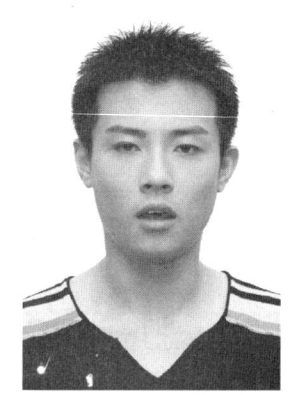

图9-4 不提颧肌图

提颧肌要注意：刚开始有的同学即使心理状态很积极，颧肌仍提不上去，建议先用微笑的动作来体会，但要切记，颧肌上提只是保证发音的一种状态，并不是不顾播音主持内容的需要，形成"美滋滋"的毛病，更不是皮笑肉不笑。

它是在心理状态的调动下和心理意志的支配下口腔前部，即面部肌肉与骨骼，积极主动向上运动的一个动作技巧。

（二）开牙关

打牙关是提起上口盖的中部动作。在面部肌肉即颧肌提起的同时，上口盖一起带动上槽牙上提，使口腔内部空间加大，为吐字归音时的舌体运动提供良好的活动空间，对丰富口腔共鸣也起着重要的作用。当然生活中也很少有人咬着牙关说话，但是由于播音主持艺术语言对口腔开度的特殊要求，所以必须进行有意识的控制训练。前面讲过生活中的张大嘴是上下槽牙一起运动的，如果下槽牙活动太积极，容易造成压喉的现象，对发音起阻碍作用。这里指的打牙关，是受意识支配下的、以活动上槽牙为主的向上运动。此时，下槽牙较上槽牙的运动相对被动并且放松。以发央低不圆唇元音 a 来体会牙关打开时的口腔状态。如图 9-5 所示。

(三) 挺软腭

挺软腭是提起上口盖的后部动作。在提颧肌、打牙关的同时，软腭微微向上挺起，堵住鼻腔通道，减少鼻音色彩，使口腔容积加大，声音通过口腔的共鸣更加丰富。在双唇的控制下，整个口腔就像一个前收后开的马蹄状。用小镜子观察会发现在挺软腭时口腔后部有一个垂体的小舌（悬雍垂），以它与舌体后部的距离来判断软腭的挺立程度。如果在舌体平行放于下槽牙的情况下打开牙关还不能看见小舌或小舌不能与舌体后部保持一定的空间距离，就说明软腭没有挺起或挺立得不够。

从声学角度分析，声腔体的腔壁越坚硬，肌肉紧张度越大，声音就越明亮；反之，腔体肌肉松软，紧张度弱小，声音就越发暗淡，所以开口腔是保证字音响亮的关键环节。但是一切事物都是相对的，挺软腭并不是要软腭绝对挺起，否则会使后声腔肌肉发硬、发僵，反而不利于发声。在发后鼻音时舌根应该积极上提与软腭接触，软腭不要主动下放与被动的舌体接触，否则就违背了口腔的静态控制。

图 9-5　松下巴图

(四) 松下巴

在打开口腔的四个要领中，唯独下巴是要以放松的状态来完成创造口腔发声环境任务的。发音时下巴内收，可以用牙痛的感觉来体会。从生理角度分析，下巴是一个较积极活跃的器官，生活中无论言语、表情，下巴的反应也较敏捷，而科学的发音过程是以舌体的运动为主的。由于舌体与下巴联系密切，发音中舌体的运动不得不连动下巴进行活动。所以，在发音中下巴的动作应是从动的、被动的。没有经过专业训练的人在表情丰富说话时往往容易下巴用力，尤其是唇舌无力的人，下巴会格外用力，主动使劲儿"帮倒忙儿"代替舌体发音，结果导致下巴像铲子一样"铲字"（如图 9-6）。既影响字音清晰、圆润，也有损视觉形象。其实，只要提颧肌、打牙关、挺软腭三个要领做到了，舌体力度加强了，下巴自然而然也就放松了。如图 9-5 所示。

总之，在进行口腔的静态控制时，由于前三个要领在口腔中从前至后呈横向分布的特殊位置，在掌握时应有较强的空间感和方位

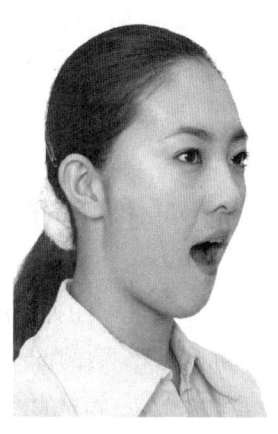

图 9-6　掉下巴图

感。要把握"平行"上提，不能为了开口腔提上口盖使头部上抬、下巴上翘，或者上口盖不提下巴用力下开，这样是永远找不到的打开口腔的正确状态的。最好用开口如打哈欠、闭口如啃苹果的方法认真体会。

二、收束唇舌

在前面的咬字器官里，我们已经认识了唇舌在发音吐字过程中的重要作用。束唇舌主要指加大唇舌肌肉的紧张度，集中唇舌的力量。

唇的力量要集中在双唇内缘的中央三分之一处，特别是发合口呼、撮口呼音和需要双唇归音时，在颧肌上提保持静态控制与唇的吐字归音形成一种抗的情况下，唇部中央的力度更要加强；即使是开口呼和齐齿呼，在颧肌上提、唇齿相依，上唇保持"一"字形的状态下，也要使唇的相对力度保持在唇的中央三分之一处。

舌的力量要集中在舌的中纵部（舌正中沟）。为了使字音清晰、集中，在发音过程中，除了舌尖中音 d、t、n、l 和舌尖后音 zhi、chi、shi、ri 及鼻韵母 n 以外，舌尖应始终抵在下齿龈这个"栖息地"，使舌尖在有依靠的基础上让舌体保持一种"收势"进行舌位动程的变化，防止舌体后部活动引起舌尖后缩导致舌体松软，不利于舌体力度的控制。

图 9-7　舌体力度图

实际生活中的发音和语音学所讲的有些发音位置并不都是如此，但作为训练艺术语言的发音却必须如此。

声母发音部位要成点状接触，不能是片状接触，舌位动程既明确又要滑动自如。可用一面镜子对照训练，舌体在口腔内是若隐若现，不能"一览无余"。否则舌体松软，发音时不能尽职尽责，下巴就会"越俎代庖"。如图 9-7、图 9-8 所示。

三、固定声位

图 9-8　舌体松软图

声位，即声音的位置，是对有声语言进行艺术加工的特有概念。由于艺术语言的特殊要求，尤其是播音主持专业的用声状态，工作方式等有别于其他有声语言艺术，有相对的稳定性，声位从听觉美感的角度规定要打在"硬腭前部"，由于硬腭前部属于生理上的一个敏感区，此处腔壁较硬，并容易引起"楼上"鼻腔共鸣的振动，从而丰富声音色彩，加之离双唇这个大门较近，便于声音透出口外。所以声束只有打在此处才会集中、响亮。初学者往往容易使声位随着声调的上扬或下降而前后移动，像阴平和阳平调值较高（例："方"音节"55"、"平"音节"35"），所以声位很容易往前走，而去声、上声调值均由上往下（例："浪"音节"51"值、"小"音节值"214"），声位也就随之往后，甚至压喉，尤其是上声调在语流中大多经音变后改为211值的情况下（例："法律""考虑"等），问题更为突出，从听觉上给人一种压抑感，声位的稳定性被破坏。

就一个音节而言，不同的音节构成不同的声韵母位置，变化不同的舌位动程，发出不同的语音来，具有个体性。比如："蓝 lán"和"好 hǎo"这两个音节，前者由于舌位在舌体前部，声韵属于舌体前部参与运动，所以声位很容易打在硬腭前部，而后者由于舌位在舌体后部，声韵是舌体后部参与运动，所以声位很容易随之后靠，这样一来，形成语流后，声位始终处于前拉后扯的游离状态，给听觉带来一种不稳定感。一些专业书在讲到声位的时候，要让学生用正确的"ya"音来调整由于舌位靠后导致声位也靠后的不良习惯，原因就是"ya"的舌位靠前，声位也很容易打在"硬腭前部"，并且根据舌位确定"ya"的声位恰好就在硬腭前部。

因此，喉部发出的声音经过咽腔沿上腭（软腭、硬腭）中纵线前行向硬腭前部（即用舌尖添有硬棱儿处）流动冲击，从而使声音挂于这个被称为"腭前区"的地方，并通过此处透出口外，这就是声音的正确路线。

总之，要做到声束集中，声位明确，首先必须在立腔的前提下，加强唇舌力度，才能保证其在发音时变化灵活，音节中各音素之间的过渡才能做到自如、流畅，字腹饱满；其次，要注意调整发音中的舌体着力点和唇形；宽音窄发，窄音宽发；开音闭发，闭音开发；圆音扁发，扁音圆发；前音后发，后音前发。这是一个既形象又抽象的理解，声音看不见摸不着，要靠一定的视、听觉判断和口腔的控制与调整，才能更好地做到声束集中，声位明确。

第四节

口腔的"动态"控制

吐字归音是在咬字方面运用的术语，是我国传统说唱艺术对吐字方法的概括。它作为一种吐字方法，是在良好的口腔静态控制的环境下，咬字器官进行的一种规范的运动过程。中国播音学称之为口腔的"动态"控制。它是一种经过加工的艺术化的发音方法。简单地说就是根据汉语语音特点把一个音节的发音过程分成出字、立字、归音三个阶段，根据每个音素针对每个发音阶段又提出具体的要求，以取得准确、清晰、集中、饱满、圆润、流畅的发音效果。

要掌握吐字归音就必须首先了解汉语的音节结构。

一、汉语的音节结构特点

我国传统音韵学将一个汉语音节分成声母、韵母、声调三个部分。韵母又可分成韵头、韵腹、韵尾三个部分。从艺术语言吐字归音的角度分析，又可把一个音节分成字头、字腹、字尾。根据音节的构成，我们可总结出以下特点：

1. 声、韵、调是汉语的基本构成成分。例如：tiān 天。
2. 在汉语音节中音节构成最少的只有 1 个音素，最多的有 4 个音素。例如："啊 á"、"装 zhuāng"。其中 zh 和 ng 分别由两个字母构成一个音素；
3. 汉语音节没有复辅音，"zh、ch、sh、ng"为约定俗成的一个固定辅音音素。
4. 开口度最大、发音最响亮的元音居中。大部分音节的发音口腔呈由闭到开再到闭，形成一个字的发音过程，口腔状态呈枣核形，即中间大两头小。例如：biàn；
5. 传统音韵学根据韵母起音时唇形的圆展不同，分别称为开口呼、齐齿呼、合口呼、撮口呼等"四呼"，以体现吐字特点。例如：gai、yi、guang、yuan 等。
6. 任何一个音节都不能缺少韵腹。例如：啊 á。
7. 有的音节没有声母，称零声母。例如：袄 ǎo。
8. 带有前响复韵母或二合鼻韵母的音节缺少韵头。例如：hǎo, hán。
9. 带有单元音韵母或后响腹韵母的音节缺少韵尾。例如：hā, huā。

通过对汉语音节结构的分析，我们对照吐字归音的具体方法来进行出字、立字、归音，结果表明，有的音节没有字头不能出字，有的音节没有字尾不能归音。那么，怎样在发音时做到吐字如珠、颗粒饱满呢？

二、吐字归音要领

从以上分析得出，虽然不是每个音节的字头、字腹、字尾都完整，但是在发音过程中，我们可以根据不同的音节做出相对统一的处理，完整地表现出字、立字和归音，从听觉上感受说，使每一个音节都圆润如珠。具体把握要领如下：

（一）出字

出字是字音准确的关键，是指在吐字归音过程中对字头的处理。要求做到出字有力，叼住弹出。

传统语音学把声母的发音过程分为成阻、持阻和除阻。字头，是声母与韵母介音（也称韵头、字颈）的总称，在发音过程中声母与韵头的关系比较紧密，在准备发音成阻的瞬间，唇形是根据韵头的发音特点来进行字头的控制的。例如：guang 与 gang 同样是声母 g，由于"guang"有韵头"u"，所以在出字时唇形应是以合口呼吐字，而 gang 由于没有韵头，所以出字时唇形依然是以 g 的开口呼吐字。

字头的处理影响整个字音的质量，所谓出字有力，叼住弹出，就是成阻时要尽量缩小声母的成阻部位，力量要集中，呈点状接触，避免唇舌松软无力造成成阻部位呈片状；持阻时成阻部位的肌肉要继续保持一定的紧张度，气流积蓄于成阻部位准备冲击成声，唇舌成阻部位决不能懈怠；除阻是声母与韵头的发音过程，韵头的处理要注意与声母融为一体，要迅速、流畅，既要弹出有力，又要用巧劲儿，防止拙、噪、硬。因此，发音时唇舌的肌肉要有弹性，既不能蜻蜓点水，又需要点到为止。用一个行内惯用的形象比喻，就像老虎叼虎崽过山涧一样。

没有声母的"零声母"音节，怎样把握出字时的发音力度，做到叼住弹出呢？零声母音节有两种情况，一种是有韵头、韵腹、韵尾的音节，这种音节在出字时，叼字的力度应体现在"附加"或变为另一个音素的那个元音上。例如：yuan 音节的"y"，wuan 音节"w"，yan 音节的"y"。这些音节虽属零声母音节，但应视为有字头的音节，因为在实际发音中，韵头的元音已改变了原来的发音性质，变为带有辅音性质的半元音。所以，为了体现叼字就必须充当声母的角色。还有一种是没有韵头的零声母音节，比如：a 啊、an 安、ao 袄、ou 欧、e 鹅、en 恩等音节，在发音时，韵腹的舌体力度，尤其是舌位的着力点，应比有韵头音节的力度大些。因为这种音节的舌位着力点大多处在舌面，起音时为强调"字头"力度，这时喉部应帮助起到"叼字"的作用，即在韵母前加一个喉塞音 $[ʔ]$。实际发音过程是喉部微闭，随韵母音发出一起打开，气流冲出，喉部呈爆破状态，有点像咳嗽前喉部紧张的感觉，否则就会混淆音节间的界限，导致语意不清，出现像"xīyiáng 夕阳"成"xiǎng 想"的二合一现象。

播音主持工作话筒的使用距离较近，由于电波对声音质量有影响，叼字过轻、过重都会削减字音的清晰度，所以出字力度的掌握对一个人话筒前发音状态的驾驭至关重要。因此要做到叼而不拙，弹而不浑，轻而不松，快而有力。

(二）立字

立字是字音圆润、饱满、响亮的关键，是指吐字归音过程中对字腹的处理。要求做到字腹饱满，拉开立起。

字腹是一个音节在发音中口腔开度最大、泛音共鸣最丰富，声音最响亮，时值最长的发音阶段。发音时要在口腔的静态控制下，充分利用语音制造场的空间环境，根据前面一个音素（声母或韵头）的唇舌控制（除阻）状态，进行唇的圆展变化和舌位前后、上下的移动。由于充当韵腹的元音在发音时的口腔开度并不是一成不变的，作为高元音的韵腹就要特别注意发音时尽量使后声腔打开。例如，元音 i 和 ü 承担字腹职责时，由于发音时舌面已接近上腭，口腔内空间很小，如果 i 和 ü 后还跟有字尾 n 或 ng，那么，发完字腹 i 或 ü 后，舌体要先放下来，再抬舌尖或舌根，即在 i 到 ng 的发音之间有一个放下的过程（前鼻音 in 也是如此），这样字音就会更加准确，也加大了口腔空间，既做到窄音宽发，又使音素之间过渡流畅，字腹相对饱满。

所谓立字并不是绝对的。在音节中出现频率最高的 a 元音在担任韵腹时，由于发音时受前后音素的影响，a 的发音在不改变性质的前提下产生音位变体。前 a 只在舌体前部用力，后 a 舌体后部用力即可，所以 a 的口腔开度就要随之变化。例如：yan 和 wang 等。另外，要根据所处的位置，做相对的"宽音窄发"。例如"ao、ang"等"后 a"发音时就要注意在保证舌位动程到位的前提下，尽量控制口腔的开度，不能太大，并做到后音前发。

立字切忌为了音素过渡清晰，在发音中出现一个音和另一个元音的生硬相加。各音素间的变化应不露痕迹，呈现逐渐变化的过程，体现出流畅、柔和、有滑动感。不论充当韵腹的这个元音的舌位高与低，都要尽量拉大舌体活动的过程，但"拉开立起"并不是没有限度，口腔过开、动程过大会造成字音空、散、咧。所以，为确保韵腹的响亮、饱满，就要立而不撑，拉而不咧，开而有度，圆而如珠。

（三）归音

归音是对字尾的处理，归音也是保证字音圆润完整不可忽视的一个重要步骤。要求做到尾音轻短，弱收到位。

弱收是相对强收而言，圆润从声音角度分析是音量与音色的体现。要使字音圆润，在字音结束时音量应相对渐小，音强渐弱，发音有结束感。无论元音 a、o、e、i、u、ü，还是辅音 n、ng，实际发音并不像充当元音或单发时那样完整、响亮，只需点到即可，否则为了追求完整而拖长了发音时间，就会造成每个音节不是归得过重、过死，就是拖个小尾巴，使字音达不到圆润的效果。到位指的是唇舌的动作过程要完整。虽然归音时音量随着字腹到字尾的过渡，由大变小，由强变弱，但不能因为音量强弱的变化而放松了唇舌的归音力度，即声音不结束，唇舌不能松动。

比如，ai 字尾归音由 a 到 i，音量由大到小，但舌体力度应保持相对不变，归到 i 的舌体力度虽然不像元音那样紧张并完全闭合，但舌体动作应该趋向鲜明；有些前鼻音在发音中舌尖归音由于受到后一个音节舌根声母音的影响，舌尖归音并没有到位。比如，勤恳 qín kěn 一词，如果用慢速发音每一个音节归音时舌尖还可以抵到上齿龈，但如果放在正常语速中，由于速度快，舌尖就不一定能抵到位了，但是要指出的是，不能因为舌尖抵不到上齿龈舌尖就不动，舌尖仍必须要有一个趋向性的动作，保持一定上翘的力度，否则就成半个字了。后鼻音 ng 在归音时，要注意声音位置的统一性，舌根应尽量向上前方抬，做到后音前发。

由于字尾发音状态正处在下降的阶段，尤其是没有韵尾的音节，更要注意防止唇舌松懈，归音时与出字时没有声母或韵头的发音一样，在韵腹结束前喉头肌肉微紧，附加一个喉塞音 [ʔ]，即可起到一个归音的作用。比如 wa、ia、ie、ue、bo 等音节。同时，还应有唇舌的配合，从听觉上表现出完整的归音。

因为音节的韵尾音素多为高元音，开口度小，加之又处于一个弱化的位置，所以生活中大多数人发音时舌体并不是积极运动的，甚至用元音鼻化归音。这样发音的现象很普遍，但作为播音员、主持人要克服这种现象，做到弱而不没，收而不拖。

结合中国传媒大学播音主持艺术学院多年教学实践，对于吐字归音三阶段总结以下要领：

出字要做到：气息饱满　部位准确　叼住弹出　力度适中
　　　　　　圆唇扁发　扁唇圆发　短暂敏捷　清晰自如
立字要做到：气息均匀　音长音响　拉开立起　饱满圆润
　　　　　　窄韵宽发　宽韵窄发　前音后发　后音前发
　　　　　　舌行远程　唇走近路　承上启下　过渡流畅
归音要做到：尾音轻短　完整自然　避免生硬　突然弱收
　　　　　　归音到位　送气到家　干净利落　趋向鲜明

三、灵活把握"枣核形"

吐字、立字、归音三个阶段的有机联系和相对独立的发音状态，就像一个两头尖中间胖的"枣核儿"，充分把握吐字和归音的发音要领，就是体现枣核的两个尖儿，而立字正是体现"枣核儿"的中间部位。如图9-9所示。

在播音发声的训练过程中，单音节词的训练，要求字字如"核"，这是使发音规范化的必经阶段。应当注意的是，发音中不能为了体现"枣核儿"形而把拼合而成的音节读成各音素的生硬相加，例如："广g-u-a-ng"。当然，语音面貌有限的人在最初的学习阶段需要了解每个音节的音素拼合关系，明确舌位及唇的动程，唇舌的变化也可以适当进行必要的分解把握，不过一定要正确处理个体分解训练与整体把握的关系，要清楚音节间的拼合关系是逐渐过渡的，发音过程要体现"字圆玉润"。即使没有声母的零声母音节和没有韵尾的后响复韵母音节，在发音中都应遵循吐字归音的要领，完整体现出"枣核儿"形来。

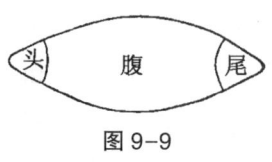

图9-9

"枣核儿"形的大小在句子中也是有变化的。例如巴金老人的《海上日出》里的一句话："我知道，太阳就要从天边升起来了。"由于语言目的及约定俗成的词的轻重格式的关系，这句话里的"知""太""升"在表达中"枣核儿"就比"道""阳""起""来了"等音节的"枣核儿"要大、要饱满、"核形"要长，即字腹拉得长。

一般情况下，关联词、语气词、连词、助词等轻声词及补语和介词等，还有在句子里不作为主要词语出现的音节，在发音时"枣核儿"都相对较小。但是不论大小，"枣核儿"的形状一定不能变。例如，在任何句子里出现，都必须轻读的"的""得""地"等助词，发音中也要保持相应的口腔开度，不能因为是轻声词就不开口腔。发元音"e"依然要打开后槽牙，但又不像发动词"得到"的"得"那样饱满。这样，在语流中就会形成"大珠小珠落玉盘"的艺术效果。所以对"枣核儿"的理解要灵活，首先要服从内容的需要，要把握好初期训练和应用的关系，要避免一成不变的字化、词化的僵化现象。

总之，吐字归音的综合感觉应表现为"拢、弹、滑、挂、流"。

第四节 吐字归音训练

"控制"即掌握，支配，使之不越出一定范围。对于一个社会人，控制可理解为行为规范，而对于一个创作者，控制则是完成每一个艺术作品时行为所需要的专业技能和所遵循的法则。口腔控制训练亦是学习语言艺术的主要内容，唇舌力度的加强是进行口腔控制及吐字准确、清晰训练的重中之重，一定要运用正确的训练方法才行。口腔控制训练和语音密切相关，它离不开各种感觉器官的密切配合，要在听觉器官灵敏反应的"监督"下，回忆感受发音中咬字器官的动觉过程，尽量缩短学习过程。

发声训练是在语音标准基础上的一种对美追求的训练，本节中的"提示"内容在前面的语音训练里已有涉及，只是观察与训练角度不同而已，要学会融会贯通，综合运用。

一、唇舌训练

普通话播音发声中，唇舌的作用直接关系到吐字归音的力度，生活语言中有些人唇舌无力，说话时咬字器官根本不活动或者说不用力，以为张大嘴就能增加音量，结果"满口是舌"，靠"声音"说话，而有些人虽然唇舌有力但不集中，发音"满脸跑嘴"，所以刚入门的初学者必须经过强化训练才能越过此关。

（一）舌体训练

在不参与发音的情况下，舌体力度、灵活度的训练主要采用以下几种方式来完成。

1. 伸舌训练

伸舌主要训练舌体的收束感。在保持打开口腔做到提颧肌、打牙关、挺软腭、松下巴的前提下，上齿离开舌面，让舌体尽量向外、向前（镜子内，意念让舌尖穿过镜子）伸，伸得越瘦、越长、越尖、越稳定越好。如图9-10、图9-1所示。

然后用力向上够鼻尖，用力向下够下巴（不要求非得够得着）。

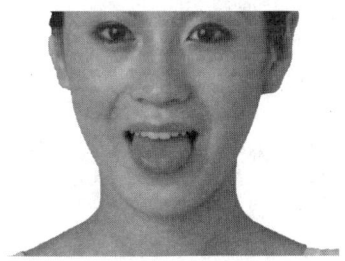
图9-10 伸舌反例

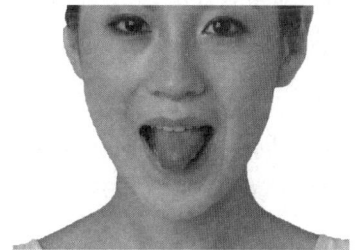
图9-11 伸舌正例

2. 探舌

探舌主要训炼舌中纵线（舌正中沟）及舌根的力度，利于束舌和发后鼻音。尽量保持打开口腔做到提颧肌、打牙关、挺软腭、松下巴；舌尖抵住下齿龈，上齿不要接触舌面，让舌后部尽量向外探，力量集中在舌的中纵线上，由"舌沟"变为"舌脊"，并呈"跪式"；舌体两侧自然内收呈"峭壁"状，探得越多越好。如图9-12、图9-13所示。

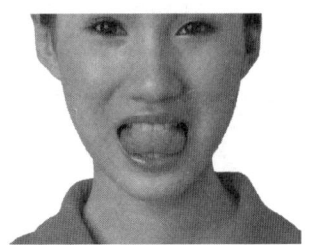
图 9-12 探舌反例

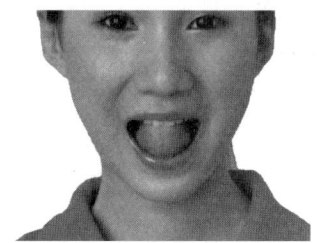
图 9-13 探舌正例

3. 立舌

这个训练内容比较难完成，主要锻炼舌体的灵活性。在尽量保持打开口腔，做到提颧肌、打牙关、挺软腭、松下巴的前提下，要求舌尖相对控制在下齿龈上，舌体收束呈垂直立起。在舌体左右反转垂直立起的同时，下巴尽量做到不动。刚开始练习，大脑指挥不了舌体，甚至需要外力帮助解决，但随着控制意识的提高，逐渐会灵活起来的。

4. 弹舌

弹舌主要训练舌尖的力度，利于舌尖音发音清晰、灵活。在尽量保持打开口腔，做到提颧肌、打牙关、挺软腭、松下巴，舌尖抵住上齿龈，声带打开不要闭合，气流蓄满口腔并冲击舌尖与上齿龈构成阻碍的部位，弹发打响，舌尖落在下齿龈，舌体呈发"da"的运动状态，由于声带没有闭合，所以不产生乐音。

5. 绕舌

绕舌同样训练舌体的灵活性。闭唇提肌，保持口腔的静态控制，舌尖抵住上下唇内侧，做顺时针或逆时针的 360 度环绕，并交替进行。

6. 提示

（1）训练舌体力度的目的是要使舌体随吐字归音的要求能灵活变化，所以控制意识的培养是前提条件，其次要加大训练量。

（2）训练过程中切不可忽视小镜子的使用，通过意识对照调整会起到意想不到的效果。

（二）唇部训练

唇是吐字归音的第一道大门，唇的力度不够不仅影响发音、影响共鸣，而且还会"跑、漏"气息（甚至影响表情及形象）。

采用以下方法，可起到加强唇部力量的作用。

1. 聚唇

聚唇主要训练双唇力量的集中度。训练时闭唇提肌，尽量打开牙关，舌尖抵住下齿龈，挺起软腭，双唇肌肉集中于唇中央的三分之一处，形成一紧一松的控制状态，反复进行……

2. 转唇

转唇主要训练双唇的灵活性，增加唇部的肌肉紧张度。首先闭唇提肌，尽量打开牙关，挺起软腭，双唇拢起顺时针转360度，逆时针转360度，反复进行……

3. "喷"唇

喷唇同样训练双唇的弹发力度，增加双唇音的发音力度。首先闭唇提肌，尽量打开牙关，挺起软腭，舌尖抵住下齿龈，声带打开不要闭合，气流蓄满口腔并冲击双唇成阻的部位弹发打响，舌体呈发"ba"的运动状态，反复进行……

4. 提示

（1）在进行视觉调整、听觉判断的同时，也可采用触觉感受的方式，即用手指感觉双唇的瞬间变化，以促进唇中部力度的加强。

（2）转唇时要注意力量集中，要防止"散唇"；聚唇练习在"松唇"时唇角不要过于"开咧"，自然放松即可。

（3）在练习时尽量使唇与齿相依靠，保持发音的状态，开口腔正例，防止唇齿分家。

二、口腔"静态"训练

长期的口腔发音状态习惯早已养成，要想尽快矫正，并不能以人的主观意志为转移一蹴而就，需要循序渐进。前面讲过"a"的口腔开度是元音里最饱满的一个，为了改善和提高吐字归音的口腔环境，静态控制可先用规范"a"音和其他5个舌面元音的口腔状态来进行调整，起到触类旁通的作用。

（一）被动调整训练

为了在无须顾及气息、发声的状态下寻找正确的口腔控制状态，可先采用被动的、强制性的调整办法促开口腔正例进技巧的把握。

1. 视觉判断情境训练

刚开始训练，如果不好把握口腔的静态控制，可先用一面小镜子对照进行（如图9-14、图9-15），通过观察口腔的上口盖等唇舌变化，调整并掌握口腔的静态控制。如图9-17，既没有提颧肌，还掉下巴；图9-19虽然颧肌提起了，但是下巴仍在主动下掉。

图 9-14　开口腔正例

图 9-15　开口腔正例

2. 触觉感受情境训练

训练时如果没有桌子，可采用手背抵住下颌的办法体会在开口腔时，手背的浮动感，以此判断下巴的被动与否，并予以调整。这样可强迫下巴不动，结合"开口如半打哈欠，闭口如肯苹果"的方法，反复进行（上口盖平行上提开与合）（如图 9-16）。切忌以抬头的方式开口腔，因为谁也不会以这样的方式张口说话的（如图 9-17）。

图 9-16　开口腔正例

图 9-17　开口腔反例

在训练时如果前面有桌子，可采用双臂肘关节支撑在桌子上，双手支撑住下颌，平视前方做口腔开合的训练；也可采用双手食指按在耳屏前，感受开口腔的上下颌动作。如果是上口盖平行上提，食指感受下颌骨动作不大，其口腔开度是正确的（如图 9-18）；如果是下颌动作，其食指感受下颌骨运动幅度就会很大，那么，就说明下巴用力了，口腔开度是不正确的（如图 9-19）。

图 9-18　开口腔正例

图 9-19　开口腔反例

3. 生理反应情境训练

体会打哈欠快结束的感觉，气息还没吐尽，下颌已经有所回收，但牙关还没完全闭合。此时后声腔打开的状态较符合吐字归音对开口腔的要求，保持住这样的状态，在闭合的过程中再体会用"啃苹果"的方法进行闭唇，即上口盖积极地进行咬字运动。

4. 提示

（1）采用被动训练是为了避免初期训练阶段的顾此失彼现象。训练时在通过视觉调整的过程中，要注意掌握控制要领，学会"透视"，用心感受。

（2）根据声音的物理性特点，口腔腔壁及咬字器官的力度决定了声音的亮度，所以要在迅速调动情感的基础上，以情束舌、以情开腔，并通过视觉与触觉，敏锐判断下颌的主动与从动的活动能力。

（3）有的初学者开始训练前没有正确理解开口腔的要领，用抬头、张嘴的方式练习，这样只能导致事倍功半的后果。因为嘴张得越大，后声腔就会越小，口腔形状的"喇叭口"就越明显，离吐字归音的口腔控制要求也就越远（如图9-19）。所以，掌握正确的开口腔（内开外小）训练方法非常重要。

（二）"触类旁通"训练

可利用生活常态设计一个语境，结合气息、发声，以发"啊"的方式进行各种感情的调动与抒发，所有的语意和语气都以"啊"的形式来表达，带动提颧肌、打牙关、挺软腭、松下巴，以达到训练口腔静态控制的目的。

1. "啊"音"叹词"情境训练

想象自己看到或听到一件非常感人或非常惊讶的事情，用不同声调、不同的语气（叹词）发出一个"啊"的音，采用积极、兴奋、激动、感动、赞叹、催促、嘱咐等情绪发"啊"音。随着情绪的变化，口腔逐渐闭合。在"啊"的过程中用小镜子观察口腔内舌体的变化和唇的控制。如图9-20、图9-21所示。反复练习……

啊？（你说什么？你再说！），疑问或反问。

啊？（这是怎么回事？）疑惑不解的。

啊！（这花多好哇！）赞叹或惊异的。

啊！（真伟大呀！）赞叹的。

啊ā（是啊！）应诺或醒悟。

啊á（什么？）没听明白。

啊ǎ（原来是这样啊！）原来如此。

啊à（总算结束了！）松了一口气。

图 9-20　情景对话训练

图 9-21　视觉判断训练

2. "啊"音"对话"情境训练

对熟悉的一段散文或诗歌进行发"啊"音背诵，例如《春》《第一场雪》等容易调动感情的歌颂大自然的段子。想象眼前一片春的景象或雪的景色，用万分激动的心情以"啊"的状态抒发对大自然的热爱……就像一个情绪激动的聋哑人，但是有声音及声调的变化，没有唇舌动作，保持发"啊"音的口腔状态。以此带动提颧肌、打牙关、挺软腭、松下巴的口腔控制。

3. 提示

（1）要迅速捕捉在设计情境后发"啊"时，口腔和口腔内舌体的刹那间变化，并尽量保持控制。

（2）以上几种口腔静态控制的训练方法，并不是只有这几种，也不是这几种方法只适合训练口腔的静态控制，训练时一定要注意所学知识的综合运用。例如，前面学到的气息和语音知识，训练中缺一不可。

（三）元音"立腔"训练

由于元音中的 a、o、e、i、ü、u 在普通话语音中的特殊位置及作用，6 个元音被称为有声语言艺术发声训练中的"六根柱子"。因此，以 6 个元音为基础进行口腔的静态控制训练，是学习有声语言艺术发声的必经阶段，甚至成为专业学习乃至专业工作前的"口头禅"。

后面的提示里主要根据元音的发音要领，把 6 个元音在发音过程中口腔开度及舌位变化用具体、形象甚至量化的方式予以规定，以便指导唇舌力度及发每个元音时口腔的静态控制。

1. 元音"语气词"情境训练（如图 9-22 所示）

情境设计：利用 6 个零声母音节进行疑问与感叹的语气词训练，反复进行……

啊？——啊！——

喔？——喔！——

哦？——哦！——

咦？——咦！——

吁？——吁！——

唔？——唔！——

情境设计：6个元音单发练习。平视前方寻找一个固定的物体，发音时想象此物体是有生命的动物或自己的好朋友，通过发元音与之交流。要状态积极，情绪饱满，满怀热情。结合气息、口腔的静态控制，发1个元音用一口气，并想象发1个元音与"朋友"说一段话，反复练习……

图9-22 情景"立腔"训练

（吸气）a……　（换气）o……　（换气）e……

（换气）i……　（换气）ü……　（换气）u……

2. 元音"对话"情境训练（如图9-23所示）

情境设计：6个元音连发练习。方法与情境训练二相同，只是将一口气发1个元音改为一口气连发6个元音。想象这个"故事"讲得比上一个更丰富、更生动，反复练习……

（吸气）a……o……e……i……ü……u……

（换气）a……o……e……i……ü……u……

情境设计：利用6个舌面元音配合四声进行情境对话，反复练习……

ā 啊，下雨了！　　　阿嚏！好凉啊！

á 啊，你说什么？　　啊，什么，下雨了？

ǎ 啊，这是怎么啦？　啊，你是记者？

à 啊，好吧，你走吧。啊，原来是你！

ō 哦，就是他呀！　　哦唷，真了不起！

ó 哦，是他吗？　　　哦，你决定不去啦？

ǒ 哦，原来是你啊！　哦，我早就知道了。

ò 哦，我就来。　　　哦，我知道了。

ē 哦，真是阿谀奉承。她好婀娜多姿啊！

é 哦，多大的鹅毛大雪啊！又一笔额外收获。

ě 哦，你恶心不恶心？恶心死了！

è 哦，他们扼守要塞顽强战斗，挡住了饿虎扑食般的敌军。

ī 一二三四五六七……数来数去依依不舍。

í 咦，你什么时候来的？这么怡然自得。

图9-23 情景设计训练

ī 椅子坏了，那以身作则去修呗。
ì 意见不一，难以行动。最后一拍即合，真是异口同声。
ū 迂回曲折的山路，淤泥满地，无法行走。
ú 鱼米之乡的江南，娱乐场所真不少。
ǔ 语重心长得劝说：雨季已经过去了，快行动吧！
ù 欲说还休的表情，她经常郁郁寡欢。
ū 污染环境，影响卫生，真是乌烟瘴气！
ú 蜈蚣能做药哇！无论如何要去捉它啊。
ǔ 五十步笑百步啊！捂也捂不住啊！
ù 误差不能太大。物以类聚，人以群分，植物、动物物物分。

图 9-24　发 i 时舌体松软图

3. 提示

（1）6个元音的发音练习一定要结合前面学过的发音要领进行。在播音发声训练初期，建议最好以发零声母音的发音力度进行练习，以便于在训练开口腔的同时增强唇舌力度。

（2）由于提颧肌的动作，面部肌肉向上运动，所以发 a、e、i 音时，上唇呈"一"字形，发音时唇齿相依。但要防止为了使上唇呈"一"字形而故意使嘴角使劲而影响形象和发音，因此要注意把握面部肌肉在提颧肌情况下吐字归音的相对运动。

（3）把手指横放在上唇处，用触觉感受发 o、u、ü 等元音时唇的肌肉动作是否集中在唇的中央三分之一处。发 u 音时，唇中央的力度较之 ü 音要大一些（唇角相对放松），由于 ü 音的舌位是前高，所以唇角的力度较之 u 元音要稍大一些。视觉观察双唇是否出现褶皱，由于颧肌要保持上提，面部肌肉要呈反方向运动。发 o 音时，由于受不良发音习惯的影响，开始控制会出现抖唇的现象，尤其在发音即将结束时，容易松唇、咧唇，一定要做到发音不结束双唇不能松动。开始训练时，即使声音结束，双唇也有要意保持一段时间不要松动，以便体会唇部的控制力量。

（4）发任何音，舌体都要收束在上下槽牙内侧，舌尖都要抵住下齿龈。由于 u 音舌位高，所以发音时舌尖要稍稍离开下齿龈，但在最初的个体训练时，一定要注意舌尖要有意抵在下齿龈（甚至更下方），尽量使舌体保持收束的状态。

（5）尤其要注意高元音 i、ü 和后高、半高元音 u、e、o 的牙关开度。i 与 ü 舌位着力点、口腔开度相同，o 与 e 舌位着力点、口腔开度相同，u 的口腔开度与 o、e 基本相同。但要特别注意不能为了打牙关、开口腔，却放松了舌体着力点的力度，比如"i"的发音，舌面前部的着力点离上腭的空间大、力度不够，反而影响发音质量。如图 9-24 所示，发 i 时舌体松软，以至于舌体两边"溢"出牙齿外侧。

（6）u元音的音色比其他元音暗淡，发音时要注意声音往外送，力求做到后音前发。用听觉判断声音是否通畅、明亮，声位是否在"硬腭前部"。

三、口腔"动态"训练

建立了规范的语音制造场地，为吐字归音——口腔的动态控制提供了便利条件。首先必须具备良好的心理素质；其次，要甘于忍耐枯燥的、无限重复的训练；最后，要树立科学训练观，在掌握语音知识的基础上进行唇舌动程、力度的强化训练。

（一）吐字力度训练

声母是字音准确的关键。成阻部位的点状接触，需要经过大量的有意控制、强化训练才能符合艺术语言的要求，否则只有口腔开度却没有唇舌力度，声音空、浑，势必影响字音的清晰度。下面结合前面声母的发音部位及方法，针对每一个辅音声母与元音a的拼合、"呼读音"的发音进行"对话"练习，掌握"提、打、挺、松"的控制要领。

1. 声母拼a情境训练

ba、pa、ma、fa——爸爸怕妈妈发福！
da、ta、na、la——是拉她！哪是打他？
ga、ka、ha——嘎哥去喀什买哈密瓜！
jia、qia、xia——佳佳、恰恰瞎画画儿！
zha、cha、sha——扎一个冰碴冷煞人！
za、ca、sa——洒了水，擦了地，杂物一会儿全扫尽。

2. "呼读音"情境训练

bo、po、mo、fo——伯伯、婆婆拿馍馍去献佛！
de、te、ne、le——得到就特别乐和。
ge、ke、he——哥哥渴了，喝！
ji、qi、xi——哎呀！一记起就喜！
zhi、chi、shi、ri——支持你可时日久了！
zi、ci、si——他叼字、吐词太死了！

图9-25　双唇音成阻示意图

3. "一声多韵"情境训练

b：卞兵喝了半杯八宝粥并不饱。

p：胖胖碰破盆陪婆婆爬琵琶坡。

m：有眉毛的猫比没眉毛的猫美。

f：芳芳吩咐把蜜蜂放飞出蜂房。

d：调度员拿到了低档电灯订单。

t：唐太太陶太太在跳台上谈天。

n：倪奶奶聂奶奶爱喝南宁牛奶。

l：李老汉连拉了六车梨有点累。

g：观光团的郭冠贵到故乡观光。

k：康昆常开口常口渴常喝"可口"。

h：红火花不是花红荷花才是花。

j：贾将军在军舰上接见季键金。

q：仇强的亲戚欠群琼七千块钱。

x：霞霞香香去戏校学习很新鲜。

zh：养殖站站长主张养殖真珍珠。

ch：长春生产出长城牌除尘橱窗。

sh：申硕士上身烧伤十时做手术。

r：人嚷我让不是软弱而是忍让。

z：邹藏赞说早做完作业早洗澡。

c：蔡村的曹操常在草丛里栽葱。

s：孙嫂送给宋嫂三把桑丝雨伞。

y：严远要杨雨用上牙咬住下牙。

w：我问王伟文屋外好玩不好玩。

a：阿姨安逸坐摇椅夜熬昂贵药。

图 9-26　户外情境训练

4. 提示

（1）无论发"呼读音"还是声母音与其他元音拼合练习，要注意元音发音结束时的唇舌控制。

（2）在发 ba、pa、ma、fa 音时，成阻与持阻时的双唇力量集中至呈现褶皱状（如图 9-21），a 的舌体力度要保持在央 a 的状态，除阻后双唇的力度仍不要完全放松，只是成阻与持阻时发音部位的力度要比除阻时的力度大。

（3）在发 da、ta、na、la、zha、cha、sha 这两组音时，由于声母发音时，舌尖上抵在上齿龈或上齿龈后部，容易造成声母音结束后，发 a 音舌尖无意识自然后缩（没有着落）的现象，所以要特别注意舌尖在不参与发音时的"栖息"位置（下齿龈）。

（4）bo、po、mo、fo、zhi、chi、shi、ri、zi、ci、si 在归音时，要注意声音不结束，双唇和舌尖不能松动，bo、po、mo、fo 的归音要有单发 o 音时唇的控制意识。zhi、chi、shi、ri 翘舌音在生活中不归音的问题也比较普遍，并且在发音时由于舌尖力度不够，双唇容易用力，就像个"嗷嗷待哺的小鸟"，注意运用视、听、触觉进行综合判断与纠正。

（5）de、te、ne、le 与 ge、ke、he 在发音时要注意牙关开度和声音的统一，做到后音前发。

（6）无论是 jia、qia、xia、zha、cha、sha、za、ca、sa 还是 ji、qi、xi、zhi、chi、shi、zi、ci、si，发这几组音时，下巴最容易像"铲子"一样使劲儿"向前铲"，原因是舌体力度不够，下巴帮倒忙。发音时用一面小镜子侧视对照，注意上齿保持在下齿的前面，并有一定空隙。

（7）在发 ga、ka、ha 音时要注意舌根的力度及动程，即舌根先上后下，尤其是 ha 音，有许多人 h 擦音太轻，发音不清晰，可先用感觉鱼刺扎喉后往外咳的方法体会舌根的着力程度，以此寻找并加强舌根发 h 音的力量。找到感觉再适度把握，要防止过头。

（8）声母发音的三个阶段中构成阻碍时要有力度，但是解除阻碍不能违背声母要"叼住弹出"的"弹"的发音要求，尤其是对于不送气声母音的适度把握非常重要，否则听觉感受会显得生硬。在以后的训练中都要注意控制，这是初学者在训练中普遍存在的一个问题。

（二）归音"动程"训练

歌唱与说话发音都要求时长以韵腹为主，但由于歌唱在归音时比说话的时值长（节拍长），因此就能很好地体会字腹拉开立起、归音趋向鲜明的过程，尤其是前、后鼻音等韵尾的归音，只有在较长的乐拍或乐句结束时唇舌才会归位。本阶段训练除了结合前面语音练习里的词组、绕口令进行外，还可以采用中低音（或找自己合适的中声区）的校园民谣和通俗歌曲，以"说唱"的方式体会相同时间单位内，字腹拉长的情况下，吐字归音时的唇舌变化。例如，演唱《我和你》与《同一个世界，同一个梦想》，虽然都是奥运歌曲，但是基调有所不同，前者体现出人与人共处地球家园中的真诚、和谐与温馨，后者表现出中国人民愿与世界各国友人共有美好家园，共享文明成果，和平进步，和谐发展的共同理想。《中国功夫》要唱出作品中对中国功夫的理解并融入吐字发音中。

1. 奥运歌曲情境训练

我 和 你

（北京奥运会主题歌）

（刘欢、莎拉布莱曼 演唱）

陈其钢 词曲

$1=\flat B$ 转 A 4/4

```
0  0  0  0  | 0  0  0  0  | 3̇  5  1̇  -  | 2̇  3̇  5  -  |
                            我 和 你       心 连 心

1̇  2̇  3̇  5  | 2̇  -  -  -  | 3̇  5  1̇  -  | 2̇  3̇  6  -  |
同 住 地 球   村              为 梦 想      千 里 行

2̇  5  2̇  3̇  | 1̇  -  -  -  | 6  -  5  -  | 6  -  1̇  -  |
相 会 在 北   京              来    吧      朋    友

3̇  6  3̇  5̇  | 2̇  -  -  -  | 3̇  5  1̇  -  | 2̇  3̇  6  -  |
伸 出 你 的   手              我 和 你      心 连 心

2̇  5  2̇  3̇  | 1̇  -  -  -  | 0  0  0  0  | 3̇  5  1̇  -  |
永 远 一 家   人                              you and me

2̇  3̇  5  -  | 1̇  2̇  3̇  5  | 2̇  -  -  -  | 3̇  5  1̇  -  |
from one world  we are fa- mi-  ly           tra- vel dream a

2̇  3̇  6  -  | 2̇  5  2̇  3̇  | 1̇  -  -  -  | 6  -  5  -  |
thou sand miles  meet- ing in bei- jing      come  to-

6  -  1̇  -  | 3̇  6  3̇  5̇  | 2̇  -  -  -  | 3̇  5  1̇  -  |
ge-   ther    put your hand in  mine         you and me

2̇  3̇  6  -  | 2̇  5  2̇  3̇  | 1̇  -  -  -  | 0  0  0  0  ‖
from one world  we are fa- mi-  ly
```

同一个世界 同一个梦想

刘欢 词曲
蒋利平 记谱

$1=\flat A$ 4/4

```
0 0 0 1 | 6 - - 0 6 | 1. 7 7 6 2. 1 1 7 | 3. 2 2 1 4. 3 3 2 |
   1. 梦   想        是 无 边 的 沙 漠 被 海 浪 一 夜 间 溅
   2. 梦   想        是 冰 冷 的 枪 弹 都 散 落 在 花 瓣 翻

2 7 7 - 3 | 1 - - 0 1 | 3. 2 2 1 4. 3 3 2 | 5. 4 4 3 6. 5 5 4 |
绿，  世   界        上 所 有 的 哭 泣 都 回 放 成 快 乐 歌
飞，  世   界        上 所 有 的 角 落 都 同 时 阳 光 明

4 3 3 - 6 | 3 - - 0 3 | 4. 4 4 4 4. 5 5 6 | 7. 7 7 7 7. 6 6 6 |
曲， 梦 想       是 古 老 的 文 字 舞 动 在 北 京 的 天
媚， 梦 想       是 我 们 都 一 日 千 里 一 跃 上 蓝

7 - - i | 6 - - 0 3 | 6. 6 6 6 6. 5 5 4 | 4. 5 5 6 i. 7 7 6 |
空， 世 界        上 所 有 的 语 言 都 传 说 着 一 次 欢
天， 世 界        上 所 有 的 生 命 都
```

$1=F$（前 #1=后3）　　　　　　　　　　　$1=\flat E$（前4=后5）

```
7 - - 3 ‖ 1 - - 3 | 5 - - 5 5 | 5 4 4 5 4 1 |
聚。   one  world   one  deram   同 一  个  世 界,同 一 个
```

$1=F$（前6=后5）　　　　$1=\flat B$（前1=后5）　　$1=\flat A$（前4=后5）

```
3 4 3 2 3 - | 3 - - 5 | 7 - - 5 5 | 5 4 4 5 4 1 |
梦    想。 one  world   one  dream   同 一  个 世 界,同 一 个
```

　　　　　　　　　　　　　　　　　　　　$1=F$（前 #1=后3）

```
3 4 3 2 3 - ‖ 4. 5 5 6 i. 7 7 i | 2 - - 3 ‖ 1 - - 3 | 5 - - 5 5 |
梦    想。    为 自 己 欢 呼 助 威。       one  world    one  dream   同 一
```

$1=\flat E$（前4=后5）　　　$1=F$（前6=后5）　　　　　　　　$1=\flat B$（前1=后5）

```
5 4 4 5 4 1 | 3 4 3 2 3 ∨ 5 | 3 - - 5 | 7 - - 5 5 |
个 世 界,同 一 个   梦    想。 one  world   one  dream   同 一
```

$1=\flat A$（前4=后5）　　　$1=F$（前 #1=后3）

```
5 4 4 5 4 1 | 3 4 3 2 3 ∨ 3 | 1 - - 5 | i - - - | i - - - |
个 世 界,同 一 个   梦    想。 one  world   one  dream.
```

2. "中国"歌曲情境训练

中国 功夫

宋小明 词
伍嘉翼 曲

1=G 4/4

6̇ 1̇ 5 6 1̇ 7 | 6 - - - | 6̇ 1̇ 5 6 4 5 | ⁵3 - 0 0 | 3 3 2 5 5 6 |
卧似一张弓，　　　　站似一棵松，　　　　　不动 不摇
南拳和北腿，　　　　少林武当功，　　　　　太极 八卦
东方一条龙，　　　　儿女似英雄，　　　　　天高 地远

3 4 3 2 1 - | 2. 3 5 6 1 7 | 6̇ - - - | 2. 3 5 6 1 7 | 6 - - - |
坐 如 钟，走路一阵 风。　　　　　中华有神 功。
连 环 掌，
八 面 风，

6̇ 1̇ 5 3 6 0 | 6̇ 1̇ 5 4 3 0 | 3. 2 5 6 3 2 1 | 2. 3 5 6 1 7 6 0 |
卧似一张弓，站似一棵松，不动不摇坐如钟 走路一阵风。

6̇ 1̇ 5 3 6 0 | 6̇ 1̇ 5 4 3 0 | 3. 2 5 6 3 2 1 | 2. 3 5 6 7 6 - |
南拳和北腿　少林武当功，太极八卦连环掌 中华有神功。

‖: X X X - X X 0 | X X X X X X 0 | X X X X X X X X | X X X X X X 0 :‖
棍扫一大片，　枪挑 一条线，　身轻好似云中燕，豪气冲云 天。
外练筋骨皮，　内练 一口气，　刚柔并济不低头，心中有天 地。
清风剑在手，　双刀 就看走，　行家功夫一出手，就知有没 有。
手是两扇门，　脚下是一条根，四方水土养育了，中华武术 魂。

|3
2. 3 5 6 1 7 | 6 - - - | 6 - - 0 ‖
中华有神 功。

（选自《永具魅力的经典老歌》，银声音像出版社，第342页。）

今天是你的生日，中国

韩静霆 词
谷建芬 曲

1=C 或 ♭B 4/4

(1 1232 35 5321 | 2 2163 2 - | 3. 5 5 6.5 65 321 | 6 6276 5 -)

5 5 5 3 5 6. 3 3 | 2 3 2. 6 5. 5. | 1 1 1 2 3 5. | 6 6 3 2 2 -
1－3. 今天是你的生日　我的中国，清晨我放飞　一群白鸽，

5. 5 3 5 6 5̲6. | 3 2 1 5 6. - | 6. 5 5 5 2. | 2 3 2 1 6 1 - | 2/4 1 -
为你衔来一枚　橄榄　　叶，鸽子在崇山　峻　岭飞　过。
为你带回远方　儿女的思念，鸽子在茫茫　海　天飞　过。
为你衔来一棵　金色的麦穗，鸽子在风风　雨雨中飞　过。

4/4 1 1 1 1 1 2 3. 2 1 | 2 2 6 5 5 - | 1 1 1 1 2 3 2 3 2 1 | 7 7 7 2 6 5 5 -
　我们祝福你的生　日我的中　国，愿你永远没有忧　患永远　宁静，
%　我们祝福你的生　日我的中　国，愿你月儿常圆儿　女永远　欢乐，
‖ 我们祝福你的生　日我的中　国，愿你逆风起飞雨　中获得　收获，

5 5 5 5 5 6 1 3 | 4 3 2 1 2. 2 3 | 5 5 6 6 5 3 | 2 3 2 1 1 - :‖
我们祝福你的生日　我的中　国，这是儿女们心　中期望的歌。
我们祝福你的生日　我的中　国，这是儿女在远　方爱的诉说。
我们祝福你的生日　我的中　国，这是儿女们心　中希望的歌。
　　　　　　　　　　　　　　　　　　　　　　　　　D. S.

结束句
2 3. 3 2 1 | 1 - - - | 1 - - - | 1 0 0 0 ‖
希望 的　歌。

3. 提示

（1）选择歌曲应有针对性，可以舒缓、抒情唱法的曲目为主。选择美声、通俗这两种唱法的曲子要慎重，在通俗歌曲的演唱中，许多歌手的吐字归音都不准确，如果单纯模仿"形似"，可能会造成吐字含混不清；演唱美声歌曲，容易在盲目模仿后，造成声音位置靠后的问题。总之，一定要避免造成"声包字"现象。

（2）要明确采用歌唱的方式是为了吐字归音，开始训练关注点不要放在旋律上，以拉开字腹为主。

（三）综合控制训练

语言的社会性使得书面语言通过视觉上的感性认识，产生联想，可激发此语言与自己生活经验相关的情景联想，调动起与其词语相关的人、事、物，并生发对这个词语的阅读兴趣，从而达到以情带气、以情束舌、以情立腔、以情吐字的目的。

下面分别运用亲情、友情、新闻、电视节目等词语启发并调动情感，结合气息、口腔的静态控制进行吐字归音的情境训练。

1. 亲情词组情境训练

情境设计：每一组词都能联想到自己的亲人或身边较熟悉的人，并由此调动情感，以情带声……

妈妈	爸爸	哥哥	姐姐	弟弟	妹妹	爱人	丈夫	妻子	奶奶	爷爷	姥姥
姥爷	姑姑	舅舅	伯伯	叔叔	外婆	外甥	侄儿	表妹	堂弟	表叔	表姨
宝贝	孩子	女儿	亲戚	朋友	阿姨	姊妹	舅妈	姑夫	大叔	大爷	媳妇
爱人	老婆	老公	姨夫	姐妹	兄弟	手足	发小	密友	儿子	孙子	孙女
外孙	七舅	姥爷	大伯	大姐	大哥	大婶	大嫂	妯娌	叔嫂	公婆	婆婆
外公	岳父	岳母	娘子	连襟	妗子	大娘	大伯	老丈人	丈母娘	小叔子
小舅子	小姑子	家里的	甜心儿	男孩儿

情境设计：通过四字词描写的亲情、友情和爱情，来调动自己相应的真情感受，调动口腔、气息等技巧，进行发音训练……

亲亲热热	恩恩爱爱	拥拥抱抱	团团圆圆	和和美美	花好月圆	天长地久
幸福美满	千里姻缘	互相帮助	团结友爱	乐于助人	善解人意	宽容大度
爱心奉献	寸草春晖	天伦之乐	刎颈之交	生死之交	骨肉至亲	骨肉相连
舐犊情深	患难之交	情同骨肉	老牛舐犊	情投意合	莫逆之交	志同道合
忘年之交	贫贱之交	深情厚谊	推心置腹	肝胆相照	情同手足	风雨同舟
荣辱与共	同甘共苦	关怀备至	心心相印	海誓山盟	拔刀相助

2. 电视节目情境训练

情境设计：每一组两音节词，都隐含了许多的故事，根据生活积累，在故事的启发下进行发音训练，达到吐字归音的目的……

广播　电影　电视　大会　通过　采访　新闻　节目　现场　出镜　化妆　代表
讨论　主任　委员　对话　人物　访谈　交流　大家　今晚　本周　生活　观察
审查　编辑　幕后　制片　舞美　灯光　电台　沟通　名人　昨日　周刊　评委
商议　评论　访谈　编导　记者　剧务　制作　编排　新华社　电视台

情境设计：通过视觉提示，回忆以下每个节目的形态、内容、主持人等，并根据节目定位及宗旨，激发调动相应情感，体会发音时口腔控制的综合感觉……

本台消息　广播电台　新华社报　新闻联播　新闻快车　新闻快报　非常6+1
媒体广场　媒体聚焦　第一时间　晚间新闻　今日说法　焦点访谈　实话实说
开心词典　感动中国　艺术人生　希望英语　百家讲坛　当代教育　超级女声
科技之光　绿色空间　央视论坛　正大综艺　曲苑杂坛　为您服务　梦想中国
科技博览　交换空间　为您服务　综艺大观　正大综艺　梦想剧场　朝闻天下
新闻30分　幸运52　中国创意星

3. 提示

（1）最初阶段的学习者尤其是语音基础有限的学习者，在吐字归音时，脑海里必须有几个转换过程，看到一个词语在通过字形引发情绪的同时，要有立即产生音节背后所提供给听觉效果的具体音素的排列组合，以便迅速指导咬字器官的活动程序。例如："新闻"一词，除了反映消息、事件、故事、有新鲜感、好奇、正在发生、刚刚发生等这些含义外，还应透过音节眼前出现"xīn、wen"的声韵形状，以便快速调整和掌握唇舌的动程。

（2）注意在前面语音里谈到的声调与舌位动程的关系，有选择性的结合语音章节里的绕口令进行训练。

（3）正确认识和处理个体训练与整体应用的关系，善于运用各种感觉器官帮助训练，把握好动、静态的关系，在双唇参与发音和稿件需要情绪变化时，都能始终保持面部肌肉的反方向运动，即唇部肌肉向唇中央集中，颧肌等面部肌肉保持上提。做到综合运用，不要顾此失彼。

（4）发音中（舌尖在不参与发音的情况下）唇舌变化不能影响舌尖的稳定性，音节与音节之间只有转换不能松懈！即使换气也不能影响口腔的静态控制！

（5）注意平时生活语言的控制。要防止只有上课或训练时才有意识注意，下课或与朋友、同学交流时又回归"自然"，如果这样，再大的训练量也改变不了十几年甚至几十年的"习惯养成"，口腔控制始终处于一种"拉锯战"状态，训练将会事倍功半。

回顾

播音工作对吐字的要求可以归纳为："准确、清晰、圆润、集中、流畅"。要达到这些目标，就要求初学者在认识吐字器官的基础之上，精确掌握口腔的"静态"和"动态"控制。口腔"静态"控制是"动态"控制的基础。对于"动态"控制，除了了解汉语的音节结构特点，熟练掌握吐字归音的要领之外，更要有意识地寻找"枣核形"的发音状态。通过情境设计训练理解感悟，通过正反例图片对照同时辅以小镜子视觉调整，通过歌唱训练"触类旁通"，感受在单位时间内吐字归音过程，做到"练正确、求稳定"。

思考题

1. 掌握并识记以下概念：
  "提" "打" "挺" "松"　出字 立字 归音 "枣核形"
2. 播音发声对吐字归音的要求有哪些？
3. 口腔的"静态"控制包括哪几方面？具体要求是怎样的？
4. 什么是出字、立字、归音？播音发声中对出字、立字和归音的要求分别是怎样的？
5. 结合情境练习有助于大家更好地找到气息。仔细体会，结合书上给出的情境和自己的日常训练，分析自身存在的问题。

第十章 喉部——声音的『发源地』

喉是声音产生的源头，通常人们称为"嗓子"，它的部位虽然"狭窄细小"，但对于发声却起着很重要的作用。自身的生理条件对声音的质量有着不可逾越的限制。每个人的嗓音条件不尽相同，男性、女性，成人、儿童等各具特色，音色、音质也会大相径庭。在日常生活中，由于社会经验的积累，人们养成了一定的审美趋向与习惯，评价一个人声音的优劣，通常以"粗、亮、大、好、尖、细、低、暗"等词语来界定。其实，声音的变化除了先天条件的制约外，还取决于声音产生时，生理器官的不同活动状态。播音发声时，声音的虚实变化就是通过喉部的控制来实现的。

没有经过专门训练或不会使用嗓音的人，由于用声习惯的养成，发声时挤、压喉部，不仅听觉效果不佳，也因此造成喉部受力过大，引起病变。而一个有经验的用声者会根据自身的生理条件，运用恰当的方法，合理协调地提高用声能力。可以说，一个人的音色由于生理限制虽然不能改变，但是在合理用气、规范发音、调整共鸣的基础上，科学规范的发音用声可以将其声音进行改善与美化，并且能够延缓嗓音的使用寿命，防止弊病，保证声带健康。

第一节 喉部的生理构造

要想科学地使用声音，首先要对喉部的生理构造及活动状态有所认识与了解。喉位于咽腔和气管的连接处，就像一个瓶颈或要塞。解剖后分析认为，喉上接咽部，下连气管，被置于一个狭窄的室内。由于受呼吸、吞咽、发声等作用的影响，使其成为一个活动的小室。这个室内的家庭成员各司其职，下面我们来一一阐述。

一、喉部软骨

喉部软骨主要有五块：甲状软骨、环状软骨、杓状软骨（一对）及会厌软骨。如图10-1所示。

1. 甲状软骨是喉软骨中最大的一块，外形就像一个盾甲，位于环状软骨的前上方，构成了这个活动小室（喉）的前壁。如果用两只手的手掌做一个"捧物状"，双手小拇指与掌心对接处就是甲状软骨角。根据手掌做"捧物状"的开合程度，表现出因性别差异软骨角的大与小。这个软骨角从外形上观察就是我们所指的喉头，也称"喉结"，男性成50°~90°，女性成80°~114°。甲状软骨的下方与环状软骨相接连。如图10-1的1所示。

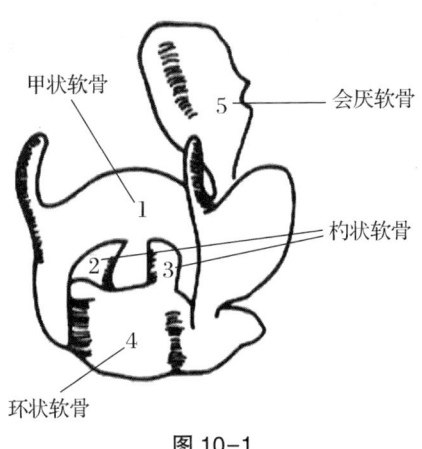

图10-1

2. 杓状软骨是一对，位于环状软骨后上部的喉部支架内，两条声带就附着在杓状软骨的两个底前角处（声带突），也就是两个大拇指根的"虎口"处，在杓状软骨灵活转动的同时，使声门做开闭的运动。如图10-1的2、3所示。

3. 环状软骨在喉的底部，是喉的基础软骨。环状软骨呈环状，下接气管，上接甲状软骨与杓状软骨。为了便于理解，灵活掌握，如果说我们把双手成夹角合拢比做甲状软骨的话，那么双手腕并拢即可理解为环状软骨，两个大拇指就是形象的杓状软骨。如图10-1的4所示。

4. 会厌软骨位于甲状软骨夹角处的上方，由韧带连接，在呼吸发声时是打开的状态，它的主要职责是在吞咽食物时为了避免食物误入气管起遮蔽喉口的作用。如图10-1的5所示。

二、喉部肌肉

喉部肌肉包括：环甲肌、甲杓肌、环杓后肌、环杓侧肌和杓肌五个部分，他们分别负责声门的开合与松紧。两条声带前端相靠，后端呼吸时分开，发声时靠拢。两声带间叫声门。负责声门开合、松紧的是喉部肌肉。从声带作用看，喉部肌肉可分为三组。

（一）声门闭合肌：收缩时，声门闭合。有环杓侧肌和杓肌。

（二）声门外展肌：收缩时，声门开大。它是环杓后肌。

（三）声带张肌：负责声带的长短、松紧。

1. 甲杓肌（声带肌）。甲杓内肌长在声带内，也就是声带的本体，又叫声带肌。前端附在甲状软骨板交角内面，后端附着在杓状软骨声带突处。收缩时，声带缩短并彼此接近，所以也叫声带内张肌。

2. 环甲肌。收缩时，甲状软骨前倾，声带被拉长、拉紧，所以也叫声带外张肌。

三、声带

声带是人声产生的源头，位于喉室中央，是两条长短、宽窄相同，并列对称的富有弹性的纤维质薄膜，性质像韧带，正常情况下呈瓷白色。如前所述，声带的前端一起附着在甲状软骨的内夹角处，不能分开。它的后端分别挂在两个杓状软骨的声带突上，可以灵活转动。当杓状软骨活动时，就会牵动两条声带的相互运动，因此声带即被拉紧、变薄、放松、变厚，在整体振动或部分振动的过程中，使声门做或开或合的运动。

声带中间的通道被称作"声门"，声带的松紧和气流冲击声带所产生的振动频率使声门的大小发生变化，并决定着声音的音色。发音时声门打开，声带不振动，完全是气流摩擦音，即属于气声的发音状态；发音时声门开度略大，气流摩擦音大于声带振动的乐音成分，带来的听觉效果是虚声；发音时声门轻松闭合或半闭合，声带振动以乐音成分为主略带有少部分摩擦音，带来的听觉效果是柔和的虚实声；发音时声门紧闭，声带振动没有气流摩擦音，带来的听觉效果是明亮的实声，也就是行内所谓的"金属声"如图 10-2 所示。

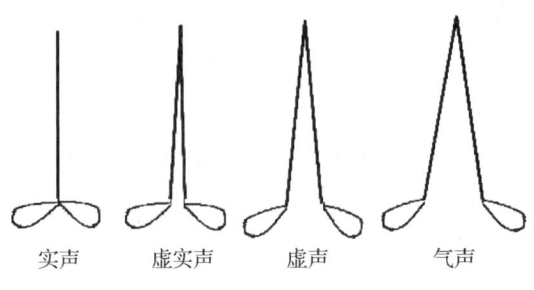

图 10-2

第二节 喉部（声带）的发音控制

作为一名从事有声语言艺术工作的人，怎样在意识的支配下适当地把握与控制每一个发声器官，使其运用得更加科学、规范，在"度"的把握上不超过质的量的范围，进行"相对"的理解与控制就显得尤为重要。

一、喉部的相对放松

无论是相对控制还是相对放松，都是一种控制。从认识论的观点来看，理解与把握任何一个事物都要做到"相对"，用声中，喉部的控制也是如此。如果喉部及声带肌肉过分挤压，那么势必造成产生成倍泛音①的基音因受力过大而损耗，声音干、涩、暗。有的人因为喜欢某人的声音，盲目模仿，为了使声音具有丰富的胸腔共鸣，采用压喉的方法；有的人想使音量加大或音调调高，便捏挤嗓子。学习中要避免这种为追求所谓的"美声"，错误的挤压喉部肌肉造成的声音紧、窄、抖等现象出现，就必须要做到喉部的相对放松，这也是一个从事

---

① 据《新华词典》解释：泛音是指乐音中振幅比基音小、频率比基音高的音。频率是基音整数倍的泛音，也叫谐音。

有声语言艺术工作的人应该具备的基本能力。喉部的相对放松，能使声带在气流冲击下不受过多的压力，在振动发声时充分发挥泛音的作用，使音色丰富明亮。

由于声调具有高低起伏的相对音高的变化，那么声带在不适当振动频率的支配下，就容易引起声带肌不良的反应，即高音挤喉、低音压喉。喉部的相对放松，对于语音中"上声"调值的运用，始终是一个较为普遍的喉部用声控制问题。由于上声调值是先降后升，所以在降到"1"度时，生理与物理产生矛盾，往往容易产生压喉的现象，使声音听起来不舒展（在前面语音章节里已涉及）。其次还有舌位居后的音节，例如"e、ang、ao、ou"等，由于发音时舌位靠后，声音的位置受舌体着力点的影响，也容易造成压喉的现象。因此，相对的放松喉部不仅要从纯粹的发声角度训练，还要注意运用到具体的发音上。

二、喉部的相对控制

相对控制是针对喉部不做任何控制的完全放松而言的，放松喉部并不是声带肌失去应有的张力。无论是实声、虚声还是虚实声，都是气流冲击声带振动的结果，气流冲击越大，声带越紧张，声音就越亮，相反气流冲击越小，声带越松弛，声音也相对较弱。但如果喉部肌肉过于松弛，声带处在懈怠的半闭合、非闭合状态，气流冲击再大，声门也不能产生乐音；如果喉部肌肉过于紧张，声带处在非正常的闭合状态，气流冲击声门受阻，所带来的声响效果也不佳。所以，只有做到喉部的相对控制，才能更好地发挥其作用。

如前所述，播音主持不像歌唱演员的歌唱，单位时间内音节少，听觉艺术的传达主要以旋律为主，而对于从事有声语言艺术工作的人，单位时间内音节多，听觉传达主要以语言为主。所以喉部的相对控制除了个别的整体发声问题外，更多地体现在具体发音时的用声上。最明显的表现，例如发零声母音，为了做到准确、清晰，起头的元音在发音时要比单发时力度大些，此时喉部就要做相对的控制，即有一个喉塞音的感觉［ʔ］，否则会含混不清；对于没有韵尾的后响复韵母来说，在发音中同样需要喉塞音［ʔ］，即喉部的相对控制，以起到韵尾的归音作用（双唇的控制也要相应配合）。

三、喉部与气息、口腔控制关系

其实，无论是喉部的相对放松还是相对控制，喉部肌肉的控制除了平时养成的不良习惯的影响使声带的闭合状态失调外，与气息的合理运用也有很密切的关系。播音发声要求以气托声，气息对声调调值的影响也很大。例如，去声"51"调值，起音"5"时气息送不上，发音就会"劈、嘶、咧"，下到"1"时，气息撑不住，发音就会"噎、挤"；上声"214"

变调"21"也是如此，发到"1"时，气息不稳，声音会"干、涩"等。另外，气息与声带的闭合在时间上如果配合不好，也会影响声音。如果声带先闭合，气流要想冲击声门就会增加压力，致使喉部紧张，发音会"僵、直"。如气流先到再闭声门，造成声带漏气，发音会"杂、沙"，尤其是"送气音"，会产生"嘶"的嘈杂音。

口腔的动态控制也会干扰喉部的控制状态。例如，在前面口腔控制一章"定声位"中讲到的声位与声调相互之间的影响，声位与舌位相互之间的影响，都与喉部、气息控制不无关系。

因此，把握相对的喉部控制与放松，要在气息控制的基础上，结合吐字归音进行科学性的控制训练，才能提高发音质量、丰富声音色彩、延缓声音的使用寿命。

第三节 喉部发音训练

气息和口腔控制内容的训练相对具有共性，喉部训练要因人而异区别对待，不是每一个人都需要喉部的放松训练，也不是每个人都要进行喉部的控制训练。恰恰相反，如果在训练中转移注意力，强调了唇舌力度与腰腹的控制，也就是业内行话："两头紧（口腔与腰腹），中间松（喉部）"，无意识的放松反而会受收到很好的控制效果。因此，应根据具体问题采用具体的方法来训练。

一、喉部放松训练

喉部放松训练是针对喉部过于紧张而言的。一个人从小的语言环境影响和听觉审美习惯、发音习惯是造成喉部紧张的主要原因。喉部放松训练的方法很多，主要分为无声训练和发音训练两种。

（一）无声放松训练

无声训练是指口腔保持静态控制，不进行吐字归音的一种放松训练方法。

1. a 元音"气泡"情境训练

情境设计：想象自己用一只细管子在玩小时候吹泡泡的游戏，只是不用嘴吹，而用喉"吹"。提起上口盖使口腔保持静态控制，用发"a"的状态发气泡音，两条声带微闭，用正确的、少量的气息振动声带，发出的声音就像从口腔里跑出的一个个气泡儿：a……a……a……

2. 六元音"气泡"情境训练

情境设计：状态积极、情绪饱满，在口腔保持静态控制的前提下唇舌变化6个单元音进行发气泡音练习：a…… o…… e…… i…… u…… ü……

3. 提示

（1）发气泡音姿势要正，体态放松，通过"内视"或触觉感受喉头的位移并体会喉部肌肉是否挤压、拥堵。

（2）注意喉部声带闭合状态要保持始终如一，气息和气泡的弹发时间要均匀，大小要一样。如果喉部紧张，气泡音是发不出来的。

（3）如果开始气泡音发不好，可先使声带完全闭合发a音，用乐音带动气泡音的产生即可；或者以训练"绕音"进行到最低音时再寻找气泡音。

（4）发气泡音时，口腔可在静态控制下做各种开合的变化，有意识调节音量的大小，体会在咬字器官活动的情况下喉部的松弛状态。

（二）发音放松训练

上一节谈到不是所有的字音都要进行喉部的放松训练，一般舌位比较靠后的音节在发音时容易压喉，舌位比较高的音又容易挤喉，所以有针对性地结合发音进行放松喉部的训练，体会实际发音时喉部的放松状态，以达到训练的目的。

1. 结合元音情境训练

情境设计：调动情绪，设计"无奈""惊讶""疑惑""不解""不屑"等语气，发带有"ya、ou、ao、ang"等音节的词语。在"后音前发"的基础上体会喉部放松的感觉……

可我牙疼啊！　谁呕吐了？　去欧洲？　又懊恼了？

是红的不是黄的？　嗨！真是太强了！……

情境设计：调动情绪，设计"真诚""惊喜""热情""诚恳""赞扬""感伤"等语气，发带有"i、ü"等音节的词语。在"窄音宽发"的基础上体会喉部放松的感觉……

一定要一心一意！　有件雨衣！　女士请！　一起去吧！

他是一个非常细心的人！　好凄凉啊！……

2. 结合声调情境训练

情境设计：结合前面声调练习的内容设计情境，对每一个上声音节词进行训练。

例如，有一位好友约自己一同去看海，听后特别高兴，说："就你和我？咱俩？去看海？

可刚下起雨呀！我想想！好！我去拿伞！"……

情境设计：结合前面声调练习的训练内容设计情境，进行不同声调的喉部发音训练。

每一组词读两遍，第一遍拉长声调、字腹，用夸张法来体会不同声调在发音时喉部的控制状态，在慢发的过程中及时纠正不正确的喉部状态；第二遍恢复正常速度，但要注意保持慢速发音时的正确状态，调值到位、以情带气，以情带声，决不能心无感受，见字出声，面无表情。

3. 提示

（1）上声声调是四声里最不好发的一个声调。因为调形变化幅度较大，从中音区到低音区又上升至中高区，所以，无论音高把握还是气息控制都有难度。一般容易出现的问题是发声压喉，尤其在低声区，也就是在发到"1"这个值时，由于喉部挤压致使呼吸通道不够通畅，声音紧、挤、干、涩，因此应注意调整，一方面使气息下沉，另一方面用听觉配合，使声音往口腔的前面走（硬腭前部），树立"管子"意识，切忌发成"v"字形，即声调直上直下。

（2）运用比较法调整。如果"上声"音节发不好，注意发其和声调的音节时感觉喉部的控制状态，保持这样的状态来发上声音节。如果"去声"音节下不来，可采用同样的办法，用发得好的声调来调整去声音节。

（3）由于"ya"音的准确发音位置恰好是播音主持语言要求的发声归结点（硬腭前部），因此，通过听觉判断，以"ya"音调整舌位较靠后的词语，也是一种有效的训练办法。

（4）用上声声调和舌位靠后的绕口令进行调整训练。练习时要注意在语音、口腔控制里提到的注意问题：舌尖抵住下齿龈（或更下方），否则舌体后部因发音用力，舌尖又无意识后缩，依然造成喉部挤压。

（5）应有选择性地结合语音章节里的绕口令进行训练，体会情感变化后声音的虚实变化及喉部的控制状态。

以上方法的运用都离不开自身视听等感觉器官的指导，如果听力不具备，听不出自己的发音问题，那么再多量的积累，仍是错误的巩固。

二、喉部控制训练

喉部控制训练也是相对于喉部绝对放松而言的。喉部的控制状态与自身的发音心态有很密切的联系，心理状态作用于生理器官，所以以情带气、以情带声是有声语言艺术的训练原则。因为声调高低的不同变化，使喉头随之做上下移动。未经过训练的人喉头位移较大，而经过训练的人喉头位移相对较小。经实践发现：如果发 a 音时舌体控制好、口腔开度正确，相应的喉头就稳定，如果舌体在口腔内变化大，喉头位移就大。基于舌体与喉部的连带关系，口腔的控制与喉腔的稳定也有着直接的联系。相对的喉部控制不仅能使声带稳定闭合，还可以打开喉腔腔壁，使腔内空间增大。

（一）无声控制训练

对于没有喉部控制意识的人来说，最初的无音练习是必要的，用各感觉器官感受喉部在不同控制状态下的变化效果。

1. 喉头感受情境训练

对照镜子或手摸喉头，打开口腔保持发"a"的口腔状态，设想听到或看到一个令人非常惊喜、惊奇、惊讶、震惊的事情，但是发不出声来，这时感受喉部在一提一放的紧张与松弛的变化中，喉头的上下位移。

2. 喉头敲击情境训练

调动情绪，保持积极的心态，保持口腔的静态控制，并呈发"a"音的状态。用手弹击喉头，通过听觉感受喉腔的"空旷"感，然后再放松口腔与喉腔，弹击喉头判断声音的"闷、暗"，以此体会发音时喉部应保持的控制状态。

3. 提示

（1）喉头的感受不受环境、场地、时间的限制，可随时进行，采用触觉感受的方式帮助掌握，喉部控制能很好地提高训练效果，要注意用心体会。

（2）可采用"喉内感受"的方法，体会喉部各软骨、肌肉之间是否做到了相对互不摩擦，独立"站定"，各负其责而不僵硬。

（二）发音控制训练

喉部的发音控制练习的目的，在于怎样通过结合语音训练使发音中声位与声调、声位与发音的唇舌着力点等相互协调配合，喉部在气息、口腔的带动下控制自如。

1. 零声母情境训练

结合前面语音里的零声母训练内容设计情境，对每一个零声母进行训练。感受喉部的相对控制对零声母音节发音时舌体力度的帮助。

啊？医院？　藕断丝连　一心一意　无缘无故　源源不断

鹅、鹅、鹅，曲项向天歌……

2. 后响复韵母情境训练

结合前面语音里的后响复韵母训练内容及格律诗"发花、波梭、乜斜"等十三辙韵设计情境,对每一个后响复韵母进行训练,感受喉部的相对控制对后响复韵母音节归音时舌体力度的帮助。

妈妈骑马,马慢妈妈骂马。

娃娃画画,画里娃娃画花。

做过不要错过,哥哥过河捉个鸽。

佳佳戴假牙。

啊!下了一夜雪!……

3. 提示

(1) 控制与放松关键在于"相对",要注意过犹不及。

(2) 以上训练也可根据每个人的实际情况,分步骤进行音素、音节、词组、句子等声音虚实的对比训练。

(3) 发声训练的完成、语感的培养,前提条件必须具备"悟性"。对于艺术类专业的学习,有些技能训练不是仅靠言传身教就能完成的,它需要在"意会"的前提下采用各种感官去"悟"。这是因为,"它们"看不见摸不着,仅靠听觉判断,没有一定的语感也是难以调整和驾驭的。就像一个五音不全的人唱歌一样。

(4) 其实,如果吐字归音时唇舌的发音部位精确有力,喉部是会相对放松的,之所以有的学习者喉部过于用力,是因为没有理解或掌握发音要领,喉部就像"口腔控制"内容里所讲的"下巴"——帮倒忙了。因此认识与掌握发音时唇舌的着力点很重要。

第四节 喉部(嗓音)的保健

作为"声源"的喉部,是一切从事有声语言艺术的人的"本钱"。对于如何训练并科学的控制与使用,在前面的章节里已经做了比较详尽的阐述,那么在"停声期"即嗓音在不工作的情况下该如何保养及训练呢?

一、嗓音与心境

有一个良好的心境,是做好任何事情的前提条件。对从事有声语言艺术工作的人而言显得更为重要。声音是心理、生理、物理相互作用的结果，因此心理的不正常反应会引起身体不适，从而引起嗓音病变。所以要尽量保持心情舒畅，切忌大喜大悲，过分喊叫。

二、嗓音与饮食

养成一个良好的饮食习惯，是延长嗓音使用寿命的必备条件。我们都知道，喉部的任务除了负责呼吸、发声以外，还有一个主要功能是吞咽，虽然每个器官具体分工不同，但有些器官却是身兼两职，它们之间的相互影响会使一些没有嗓音保护意识的人顾此失彼，只考虑味觉享受却忽略了嗓音的使用。经常抽烟、喝酒、吃辛辣食品等，就会导致咽、喉病变并波及嗓音。当然，如果从小受地域环境影响，食用辛辣等食物已习惯养成，生理器官的适应力也已形成，适当的使用也无妨，但切忌过度。

三、嗓音与睡眠

具备充足的睡眠是恢复体力，使用嗓音的保证。发声是全身心的运动，睡眠不好，精神不振，自然嗓音也会疲劳，因此，从事广播影视及新闻工作的人，要尽量调整好工作与休息的时间，以保证旺盛的精力投入创作。

四、嗓音与健康

如果说心境、饮食、睡眠与嗓音的使用有直接利害关系的话，那么，平时身体抗病能力的强弱也是影响练声的一个重要因素。假如身体素质差，容易得感冒，就会导致上呼吸道感染，并引起咽炎以及声带充血等病症，比如人在咳嗽时，声带闭合过紧，形成的高气压气流冲击声带，对声带的损伤会很大。如果带病仍要坚持用声还会导致声带小结等。女性在生理周期有不良反应时也不适宜练声。所以，加强运动量，注意各方面的保养及预防感冒，提高身体抗病能力，是从事一切事情的基础。

五、嗓音与训练

嗓音的保养除了使用科学的发声方法及遵守以上注意事项外，与户外练声的环境、时间也不无关系。从事用声工作的人习惯早起"晨练"，这样有利于嗓音在经过一夜休眠后保证一整天的清晰、明亮。我国戏曲界的老艺术家们在练声上讲究"夏练三伏、冬练三九"。户外练声温度的高低极限，是对人的生理适应能力的锻炼、意志力的考验，但要注意夏防暑、冬防寒，尤其不能"迎风"，练声时要注意"背风"训练。这是因为嗓音的适应能力是有限的，迎风练习会在发声时因吸入过多的气流及灰尘，会对发热的咽、喉带来不小的伤害。

回顾

喉部发音训练主要分为喉部的放松训练和喉部的控制训练。喉部的相对放松，能使声带在气流冲击下不受过多的压力，在振动发声时充分发挥泛音的作用，使音色丰富明亮。但是放松喉部并不是声带肌失去应有的张力，还应该对喉部有相对的控制，才可以使二者相得益彰。本章的内容不仅对播音主持的从业人员有作用，特别是第四节的喉部保健知识，对所有的用嗓过度的职业从业者如教师、演员、导游、话务员等都有帮助。只有我们"了解"喉部，有意识地用科学的方法训练喉部发声，它才能更好扮演好声音"发源地"的角色。

思考题

1. 掌握并识记以下概念：
   喉塞音　声带
2. 熟悉人体喉部结构，并了解其在发音中的作用。
3. 喉部控制的要领有哪些？
4. 结合自己学习发声的过程，论述喉部的相对控制与放松。
5. 如何保护自己的嗓音？

第十一章 共鸣——声音的"扩大器"

大自然中，生活里的共鸣现象随处可见，随声可听。声学上讲，共鸣是几个振动频率相同的物体，其中一个发生振动时，引起其他物体振动，这种现象也叫共振。在人际交流中，双方经过思想碰撞达成的共识并引起了情感上的激荡与共振，也叫产生共鸣。想要拥有富于变化的声音，除了坚持不懈地练习口腔控制、呼吸控制，还要通过共鸣练习调整自己的声音。共鸣不仅有对声音的扩大和美化的作用，而且共鸣腔在调解过程中形成的不同的语言，完成不同感情色彩的表情达意。

第一节 对共鸣的认识

播音主持是一个用声的过程，声音运用如何，直接影响到受众的收听效果。首先带学习者了解什么是人声共鸣。

一、什么是人声共鸣

作为人的发音体所产生的共鸣，是指声带振动时影响到其他临近的器官或器官内部的空间所产生的音响效果。喉室内声带振动发出的喉原音很微弱，只有经过骨骼、肌肉运动及临近腔体的共振后才能得到扩大。试想如果没有共鸣作用，仅靠气息和声带振动，吐字归音将会是怎样的效果？就像一个歌唱者对着千人演唱，却没有麦克风和扩大器。可见共鸣是播音发声过程的呼吸、振动、吐字之后的集大成者。

如果产生共振腔体的形状、容积、腔壁的弹性等在运用过程中不能科学、灵活地发挥作用，那么喉原音经过扩大形成的不同语音音色和声音色彩将不会得到很好的扩大，更谈不上美化。有经验的用声者发音不费力，声音优美动听，并且能变化自如，这与他们调节共鸣的方式有直接的关系。一个人的发音器官及共鸣腔体是天生的，无法改变的，但是经过科学的训练、规范地掌握，音色却是可以改善的。因此，掌握共鸣调节方式是提高发声效率，改善声音质量的重要途径。

二、共鸣腔的认识

语音的制造场在口腔，但是喉腔、咽腔、鼻腔、胸腔在播音发声中同样是可以利用的共鸣腔体。只是由于它们所处的位置不同，发挥的作用不尽相同而已。一般把固定容积的鼻腔称为上部共鸣腔体。把其形状容积可在有些器官的牵动下随意调节变化的口腔、咽腔、喉腔、胸腔称为下部共鸣腔体。下部共鸣腔体恰是语音发声的共鸣使用区。

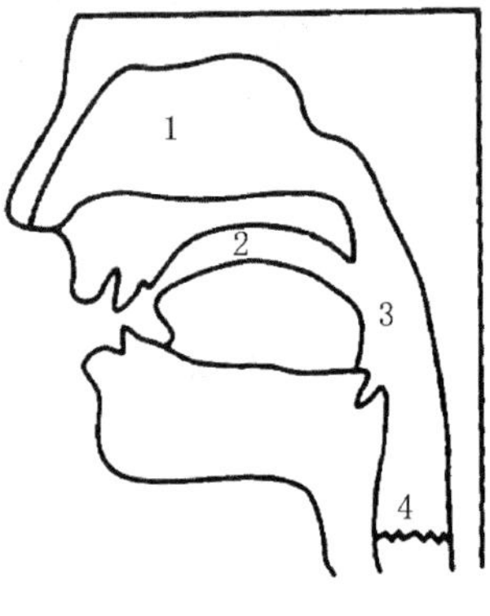

1. 鼻腔 2. 口腔 3. 咽腔 4. 喉腔

图 11-1 部分共鸣器官图

(一) 鼻腔

鼻腔属于上部共鸣腔体,也是容积较大不可调节的固定腔体。鼻腔后面通向鼻咽腔,底部是硬腭。所以,丰富的口腔、咽腔共鸣波及到临近腔体时,同样会引起"楼上"鼻腔共振,发音就带有了鼻腔色彩;普通话语音中的鼻辅音就是运用鼻腔共鸣的方式发音的。还有一种发音情况采用鼻腔共鸣,那就是带鼻尾音韵母的音节需要儿化时,承担韵腹的主要元音发音时需带有鼻化色彩,鼻化元音由"~"表示,也就区别了与不带鼻辅音的儿化音所产生的音变相混淆的现象。在发音时口腔的静态控制要求挺软腭,并非完全阻塞鼻腔通路(那样发音会僵、空、混),有一小部分气流从鼻腔透出,产生了鼻腔共鸣。因此,发音中不要有意寻找鼻腔共鸣,否则过量会造成鼻音现象(当然也不排除有些广播电视节目需要运用鼻腔共鸣以适应环境、角色、歌唱等丰富节目内容)。如图11-2所示。

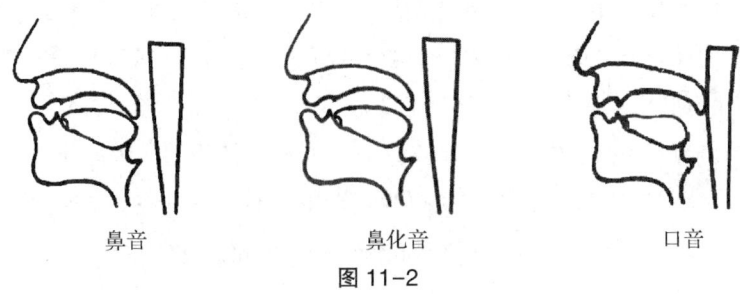

鼻音　　　　　鼻化音　　　　　口音

图11-2

(二) 口腔

口腔是所有共鸣器官里最灵活的一个腔体,它根据吐字归音时的唇舌变化随时改变着腔体;它也是一个最复杂的腔体,并依附吐字归音而存在,既充当共鸣器官又担负咬字器官的职能。口腔分上腭、下腭两部分(具体器官前面口腔章节里已讲,此略),在唇舌的积极活动中,口腔上部的"提、打、挺"状态对字音的共鸣起着重要的作用。

(三) 咽腔

咽腔,上通鼻腔(称鼻咽),前通口腔(称口咽),下通喉腔(称喉咽),形状似一个前后略扁的漏斗状肌管,既像个交叉路口,又像一个水管的"三通"。由于各个共鸣腔体肌肉间的连带作用,加之咽腔又处于"交通路口",可以说口腔、喉腔器官的细微变化都会影响咽腔发生改变(所谓的打开后声腔即指口腔后部和咽腔)。例如,在口腔一节里强调发音时舌尖要抵住下齿龈(甚至更下),否则舌尖后缩,舌体在口腔里发音动作没有依靠,会导致舌体后退堵塞咽腔通向口腔的通路,并使咽腔垂直管道变窄,妨碍声波前行;挺软腭可以保证口咽弯道通畅适中；松下巴可以放低舌体后部，使得声波顺利流向口腔。喉部如果不能做到相对放松，咽腔的腔体也会受影响。总之，咽腔的腔体除了自身的积极调整外，也与周边腔体紧密相连。

（四）喉腔

喉腔是所有共鸣腔体中腔内空间最小的一个，但却是声带振动后音波形成的第一个共鸣腔体。我们在喉部控制一章里已经分析，无论喉部的紧张与松懈都会对喉腔共鸣造成影响，甚至挤压声带损失泛音。因此，学习喉部的相对控制与放松，并保持喉头的相对稳定是丰富喉腔共鸣的关键。

（五）胸腔

胸腔，从外形上看是所有共鸣腔体积最大的一个，上接（气管、支气管）喉部，下接收缩自如的腹腔，构成一个"低音共鸣区"。这个低音区不参与吐字归音，是一个纯粹的"美声区"，合理使用有利于声音浑厚、结实、有力。

如果把人的声音分为高、中、低三个声区，不同声区使用的共鸣腔不一样。发高音时，以头腔共鸣为主，口腔、咽腔少，胸腔就更少。发中音时，以口腔、咽腔共鸣为主，头腔、胸腔较少。发低音时，以胸腔共鸣为主，口腔较少些，头腔会更少。

第二节 播音主持艺术发声的共鸣要求

播音发声的共鸣要求与其他艺术形式的共鸣方式相比，因受其工作环境和条件的影响，有其独特之处。本节对播音发声的共鸣方式和影响共鸣的物理要素一一进行阐述。

一、播音发声的共鸣方式

艺术语言采用以口腔共鸣为主、以胸腔共鸣为基础的声道共鸣方式。对于播音主持语言的声道运用来说，也是如此，但是具体的声位要求相对于其他语言艺术的声区运用，更加精细、规整和统一。由于"我就在"这个特定角色的规定性，从听觉美感的角度，声束要打在

"硬腭前部"。这个比喻既形象又抽象地指出了播音员在表达过程中对声位的严格要求。从感觉上有一根弹性声音柱，又像一股清泉从小腹抽出来，经胸部垂直向上，又通过口咽转而向前，沿着上腭的中纵线流动，"挂于"硬腭前部并透出口外。

（一）播音发声的声道共鸣

人的言语发声声道就像一个主管道并配有"三通"、阀门和风箱等的动力装置。肺，为气息这个匆匆过客提供着歇脚的"驿站"，同时又是个守职的风箱；气管就是通气的管子，又像是匆匆过客的行动路线；双唇、舌、软腭、声带都像是可以随时开关的阀门，又像几个形状不同的要塞。各个共鸣腔体就像一个个粗细不均的管道，又像各司其职的"三通"。

（二）以口腔共鸣为主

如果说我们把各共鸣腔体比做言语发声的扩大器，那么口腔共鸣的扩大作用则举足轻重。艺术语言发音要求口腔的控制要做到提颧肌、打牙关、挺软腭、松下巴，就是为了在吐字归音的过程中提供一个良好的口腔静态环境，保证舌体的最大活动空间，并更好地发挥口腔共鸣的作用。假如口腔的静态控制不好，腔壁肌肉紧张度不大、力度不够，声音流入口腔后将会被松软的肌肉吸收，共鸣也就无从谈起，字音也将失去色彩。

口腔是语音的制造场，也是声音的集散地。喉原音通过各腔体的共振使声束聚集在口腔内，打在被称为声音敏感区的"硬腭前部"，以便发挥最佳的共鸣效果。而良好的口腔共鸣的获得是静态控制与动态控制共同参与的结果。如果舌体肌肉收束紧张度不够，在口腔内占有空间太大，即使口腔的静态控制再好，字音也会含混不清，将造成"声包字"现象。同样双唇松软、力度不能集中控制在唇的中央三分之一处，口腔腔口太大，字音也就不会圆润。

（三）以胸腔共鸣为基础

《中国播音学》里把经过训练的个人嗓音的自如声区确定在"两个八度（即24个半音），从下一个八度的下四分之一高点开始，至上一个八度的上四分之一低点为止"。胸腔共鸣是声音扩大器里最大，也是最低的扬声器，对于美化"代言人"的声音形象，起着主要的作用。播音主持所使用的中声区与歌唱者所训练的中音区有所不同，播音（言语）发声中声区是相对的，要因人而异。有些初学者，甚至有些已走向工作岗位的播音员、主持人，播音主持时把握不住声区，听觉调整能力或自身的审美能力相对有限，胸腔共鸣用不上，声音听起来窄细、单薄甚至虚、飘，与播音员、主持人应有的庄重、朴实、自然的语言特点相去甚远。

正确的胸腔共鸣的产生是参与发声的生理机能保持在一个相对上下粗细一致、通畅的

"管子"状的意识下完成的。如果这个"管子"以胸部共振为主,那么就是胸腔共鸣,学界把发音时这个胸部的振点称为胸部支点。用触觉带动听觉感受比较明显。把手放在胸前会感觉到,随着声音由高到低,胸腔的振动感从无到有的变化,声音越低胸腔振动越明显。如果结合前面语音部分所掌握的声调发音,把五度标记图设想竖放在喉部以下的胸腔内寻找共鸣,发音时,随着四声调调值的不同,胸腔共鸣会产生明显的上下起伏变化。

二、影响共鸣的物理要素

发声是声音的物理性表现,怎样在训练中正确把握与调整音量、音调等因素的关系,直接影响声道共鸣的科学使用。以下针对训练初期较容易出现的声音物理要素混淆的问题做具体的比较与分析。

(一)音量与音调

有些人总是容易用音调的高低来调节音量的大小,音量需大时音调就提高,音量变小时,音调才下降,所以经常出现"唱高调"的现象。究其原因,除了气息发声通道控制不好外,大多是由于掌握不好音调与音量之间的关系,不会使用胸腔共鸣所致。当然,音量的变化相应会引起音调的起伏,但二者有一个相对性和主辅性的关系问题。

从语音的物理属性来说,音调是声音的高低,它与振频有关,频率越高,音调越高,反之就越低;而音量是声音的大小,它与振幅有关,振幅越大音量越大,反之越小。形象地理解,它们的音区拓展方向有纵向与横向的区别,这里所说的振幅与胸腔共鸣的利用有直接的关系。就拿峻青的《第一场雪》里的一段话来举例说明。"大雪整整下了一夜。今天早晨,天放晴了,太阳出来了……"根据文章内容结合语境本句应该是音量上的由小到大,即气息与胸腔共鸣的运用、配合程度,而不是音调的由低到高,如图11-3、图11-4所示:

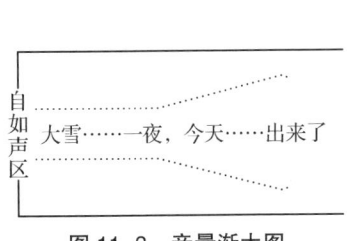

图 11-3 音量渐大图　　　　　图 11-4 音调渐高图

由于去声、阴平声调起音都高，许多初学者便容易在这两个声调发音时"冒调"，致使气息上浮，声音虚飘。

（二）音量与情绪

主观上的积极主动是表达者必备的素质之一，不论是热情赞扬还是沉痛悼念，这个"说"的愿望应该是贯穿于稿件或节目的自始至终。而有些初学者不能很好地调动情绪，状态的把握就会受到音量的制约。音量增大时，不仅情绪饱满，状态积极，而且唇舌有力，归音到位；音量减小（弱）时，则精气神无影无踪，口腔塌陷无控制。例如，朱自清《春》里的一段："小草偷偷地从土里钻出来，嫩嫩的，绿绿的。园子里、田野里、瞧去，一大片、一大片满是的。"这一段是对小草的描写。根据内容，前面为表现作者形象的描述"偷偷地"，所以声音形式需要音量较小，共鸣运用较弱，随着小草的破土生长音量逐渐加大，共鸣加强。而这时，我们不能因为前面音量需要轻、小就放松口腔的控制状态。二者比较，状态是一个相对固定的，情绪上（心理状态）和技巧上（静态控制，即生理状态）应具有的一种持续性，而音量较之有相对的可变性，所以在表达中不应因音量大小的调节影响状态上的松紧变化，也就是音量要随内容而起伏，状态却不应因音量而改变。否则播音主持的主要共鸣区——口腔共鸣将会大大受损。

随着广播电视频道的专业化，节目的针对性越来越强，节目内容丰富，形式多样，有的节目制作、播出场地变动频繁，从事有声语言艺术的人对共鸣区的运用在不违背个性特点的前提下，更需要灵活掌握。我们反对千人一声的呆、僵之声，但是科学的、规范的、具有一定审美共性的用声状态应该在各种素质提高的同时努力追求。

所以，共鸣腔体的合理运用，不单单是腔体本身的控制问题，它需要情感的调动、吐字的配合、气息的支撑，甚至良好的听觉意识和判断能力。因此共鸣控制与前面所学过的每一章节内容都有必然的联系，他们相互影响与制约。综合调整与运用是完成共鸣训练的前提。

第三节　共鸣控制训练

有气息才有动力，有动力才有声音，声音只有经过咬字器官加工形成音、词、句、言才富有意义，而若具有意义的音、词、句、言但没有情感的调动也不能做到传情达意。共鸣控制训练要注意结合前面所学过的所有内容从生理、心理、物理几个方面综合进行。

由于强调训练的综合性，前面曾经进行过的训练内容及方法同样适合共鸣训练，要注意每一个内容的不同训练角度。

一、基本共鸣训练

以下着重围绕胸腔共鸣的寻找和音域的拓展来进行。用"啊"音作为共鸣训练的基本音，以达到寻找并完善最佳声区的目的。

（一）寻声训练

想象自己站在辽阔的草原上，眼前蓝天、白云、绿草、清水，所有一切令你心旷神怡，因此以发"啊"来抒发此刻的心情。用高、中、低不同声区进行"分声区"练习，由低到高或由高到低，认真体会声区的变化。

1. "绕音"情境训练

状态积极，发声通道畅通，想象声音像一条从下往上或从上往下爬行的蛇，围绕着一个上下粗细一致的柱子做高低起伏的"绕音"训练，随着声音的起伏想象自己的身体也由高到低再由低到高，或头顶蓝天或脚踏实地，有一种延伸感。（反复训练）

2. "滑音"情境训练

状态积极，发声通道畅通，想象"啊"（声音）像个有弹性的带子在气息的支撑下被拽得很长，并由低到高由高到低做45°的爬坡练习。或者想象自己的声音就像脚底的滑板在光滑的有坡度的高速路上，上来下去畅通无阻。（反复训练）

3. 提示

（1）要有丰富的想象力和设计情境的能力，帮助共鸣训练。如果说"分声区"练习就像一个人在上下台阶，而"绕音"练习又像一个人在走有规则的盘山道，那么"滑音"练习就像个消防演习，随着警报器的鸣响，心理状态和生理控制紧张而有序。

（2）一定要有综合控制的意识。声音要保持上下通畅，不能因高低变化而粗细不均，所以还要保证喉部的相对放松与紧张；口腔要保持静态控制，不能因为声音高低的变化做开合的动作；气息要正确、稳劲、持久，不能因为声音高低的变化而使气息上浮。

（3）把手放在胸前体会声音的高低起伏所引起的胸腔共振的变化，声音越低振动越大。如图11-5所示。

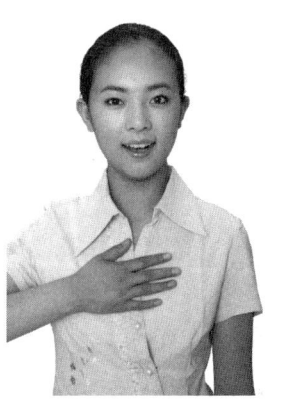

图11-5

（二）旋律训练

优美的旋律，尤其是较抒情的中低音歌曲，可避免训练初期由于较强的技巧性所带来的枯燥感，同时结合气息又很好地训练了声音共鸣。可使所有可抒发的语意和语气都以发"啊"的形式歌唱出来。

1. "啊"音音阶训练

情境设计：在所站位置的正前方找到一个交流点，以发"啊"及六个元音进行口腔有控制状态的音阶练习。

$$1\ 2\ 3\ 4\ |\ 5\ -\ -\ -\ |\ 5\ 4\ 3\ 2\ |\ 1\ -\ -\ -\ ||$$
啊　　　　　　　　　　　啊

$$1\ 3\ 5\ \dot{1}\ |\ 5\ 3\ 1\ -\ ||\ 1\ 3\ 5\ \dot{1}\ |\ 5\ 3\ 1\ -\ ||$$
啊　　　　　　　　　　　啊

$$1\ 2\ 3\ 2\ |\ 1\ 2\ 3\ 2\ |\ 1\ -\ ||\ 1\ 3\ 5\ 3\ |\ 1\ -\ ||$$
　m　　　　　　　　　　　　m
啊　　　　　　　　　　　啊

$$1\ 2\ 3\ 4\ |\ 5\ 4\ 3\ 2\ |\ 1\ -\ ||\ 1\ 2\ 3\ 4\ |\ 5\ 4\ 3\ 2\ |\ 1234\ 5432\ |\ 1\ -\ ||$$
　m　　　　　　　　　　　　m
啊　　　　　　　　　　　啊

$$3\ 2\ 1\ |\ 3\ 2\ 1\ ||\ 5\ 4\ 3\ 2\ |\ 1234\ 5432\ |\ 1\ -\ ||$$
　m　　　　　　　m
啊　　　　　　　啊

$$5\ 4\ |\ 3\ 2\ |\ 1\ -\ ||\ 5\ 3\ 4\ 2\ |\ 1234\ |\ 54321\ -\ ||$$
　m　　　　　　　m
啊　　　　　　　啊

2. "啊"音旋律训练

情境设计：选择自己喜欢的中低音歌曲，调整好口腔状态，进行发"啊"及六个元音的歌唱练习（先不要唱歌词）。

军港之夜

1=C 2/4

马金星 词
刘诗召 曲

中速稍慢　宁静抒情地

军港的夜啊静悄悄，海浪把战舰轻轻地摇，年轻的水兵，头枕着波涛，睡梦中露出幸福的微笑。

海风你轻轻地吹，海浪你轻轻地摇，水兵远航多么辛劳，回到了祖国母亲的怀抱，让我们的水兵好好睡觉。

待到朝霞映红了海面，看我们的战航又要起锚。

嗯　　嗯

（选自《往事如歌——中国经典歌曲》，湖南文艺出版社，第327页。）

大海啊故乡

王立平　词曲

1=F 3/4 4/4

```
1 2  1. 7 6 | 5 3  3  - | 3 4 3. 2 1 | 6 2 2 - | 7 1 7. 6 5 |
小时 候 妈妈 对我 讲，      大  海 就是 我故 乡，    海 边

5 2  2 - | 4.  3 1 6 | 1 - - | 5 6 5. 3 | 5 6 5 - |
出 生，     海里 成 长。      大海啊大海，

6 5 4 1 1 6 5 | 5 - - | 3 4 3. 2 1 | 6 2 2 - | 4 5 4 3 1 6 |
是我生长的地 方。          海风吹，     海浪涌，    随我漂流四

1 - - | 5 6 5. 3 | 5 6 5 - | 6 5 4 1 6 5 | 5 - - |
方。     大海啊大海，     就像妈妈一样，

3 4 3. 2 1 | 6 2 2 - | 4 5 4 3 1 6 | 1 - - | 3 3. 1 |
走遍天涯海角，    总在我的身旁。      大海啊

5 6 5 - | 1 1. 6 | 3 2 3 - | 7 7 6 7 6 5 | 6 - - |
故 乡，   大海啊故 乡，    我的故 乡，

5 - - 5 | 4 - 6 5 | 5 - - - | 5 - - - | 5 0 0 0 ||
我     的 故       乡。
```

（选自《歌声中的20世纪——百年中国歌曲精选》，中国国际广播出版社，第568页。）

3. 提示

(1) 旋律训练要切记播音主持共鸣训练的目的与要求，要以口腔共鸣为主，以胸腔共鸣为基础，寻找自己合适的自如声区，千万不要纯粹模仿原演唱者的调和声区运用，要确定一个适合自己演唱的调子，防止声音走向偏低、偏高。

(2) 体会在旋律的起伏中，共鸣的高低变化和气息的控制关系。

二、发音共鸣训练

结合吐字归音采用"对话"的方式，使每一个训练内容都分不同声区进行训练。想象自己胸前有一个记录声调的"五度标记"图，训练时根据声调的高低变化体会在胸腔内的上下起伏，高不要挤喉，低不要压喉。可用歌唱的方式达到共鸣训练的目的。

（一）"对话"训练

根据词语的内容设计情境，分不同声区进行练习。喉部控制训练里主要为了解决喉部发音的舒展问题而进行的声音训练，可称为声音的横向训练。在此，声音由高到低由低到高，层次应划分得越多越好，亦可称为声音的纵向训练。

1. 音节情境训练

情境设计：我们都看过《祝福》，都知道祥林嫂喊"阿毛"的情境。不过在此设计情境是为了借助"阿毛"，训练我们的共鸣和气息，使声音更加响亮、圆润。设计不同的情境及空间距离，把"阿毛"当成自己最要好的朋友，设想距离"阿毛"所处的位置有5米、10米、20米、50米不等。由于心情非常急切，或者非常兴奋，于是大喊一声："阿———毛——"。体会不同距离、不同情绪所用的不同气力、不同的语气及不同音量和共鸣区。也可设想自己是话剧中的一个角色，由于受到角色等舞台虚拟环境的限制，设计情境体会喊"阿毛"时声音的虚实变化。还可以设计成被喊

图 11-6

对象正在休息或他周围有人休息不便打扰，在声音有控制下喊"阿毛"或"阿刚""小芳"等。利用开口度大的元音音节来训练，体会气息、共鸣的控制力度。如图 11-6 所示。

情境设计："ma、mei、mi、mao、mu"是声音训练的传统方法，在训练中可采用一气一音和一气五音的方法，同时也可根据声区进行高低变化，把五个音名理解为容易引起联想的词语进行情景再现式训练：

骂（你）　（明）媚　（甜）蜜　　茂（盛）　（和）睦！

2. 词组情境训练

情境设计：调整心态，放松心情，抒发、歌咏眼前出现的自然美景，在每一组词义的展现过程中，体会其视觉、听觉、触觉甚至嗅觉上的各种感受……

春光明媚	峰峦叠嶂	青山绿水	花红柳绿	高原广阔	山河美丽	花团锦簇
蓝天白云	千山万水	山高水长	山高水低	资源满地	春意盎然	玉宇群楼
湖光山色	崇山峻岭	开渠引灌	峰峦雄伟	青山碧水	万紫千红	五彩缤纷
姹紫嫣红	丹桂飘香	万木争荣	百花齐放	皓月千里	皓月当空	繁花似锦
翠绿欲滴	风和日丽	烈日炎炎	新风细雨	彤云密布	万里无云	风调雨顺
狂风暴雨	巍然耸立	倾盆大雨	天昏地暗	含苞欲放	争奇斗艳	重峦叠嶂
怪石嶙峋	浩浩荡荡	碧空如洗	晴空万里	天然宝藏	蔓草繁茂	绿草如茵
庭草荒芜	花木凋零	寒风萧瑟	夜天如水	美不胜收	山明水秀	桃红柳绿
古木茵森	天色危明	朝霞绮丽	星光闪烁	残月当空	明月清风	枯藤老树
气象幽奇	月明如昼	雪光映目	骤雨滂沱	雷电交作		

情境设计：以下全是描写与动物有关的四字词，在训练中结合平时对各种动物习性、神态等的观察记忆，并根据词义读出语气色彩……

虎视眈眈	狼吞虎咽	贼眉鼠眼	虎背熊腰	虎头虎脑	生龙活虎	鸡飞狗跳
鼠目寸光	呆若木鸡	万马奔腾	狐假虎威	鸡犬不宁	狗血喷头	老马识途
泥牛入海	虎口余生	打草惊蛇	鹤立鸡群	鸡鸣犬吠	飞禽走兽	狗急跳墙
万马齐喑	兔死狐悲	猪羊满圈	龙腾虎跃	画蛇添足		

3. 提示

（1）认真体会因四个声调的调值不同而引起的胸腔共鸣的起伏变化。

（2）前面提到的声音位置与发音时唇舌的着力点的关系在此也要特别注意，防止声音前后游离不统一，还要注意音量与情绪、音量与音调的关系的处理。

（二）歌唱训练

以歌唱的方式训练在前面已进行过，并且在以后的章节里仍会继续运用。只是每次的训练目的及具体方法不尽相同。在口腔控制一章里主要是为了配合吐字归音进行的静态、动态的控制训练，在本节的前面也用了歌唱，但是仅需要保持"啊"的状态歌唱旋律。在此要注意气息、发音、喉腔、胸腔共鸣的综合运用，使声音的"扩大器"发挥到最合理化，配合旋律达到拓展音域的目的。

选择自己近期刚学会的电视、电影歌曲，结合画面再现情景，调动情感，控制气息，打开口腔，体会唇舌变化，寻找自如声区（中低声区）……

1. 校园歌曲情境训练

送　别

李叔同　填词
（美）奥德维　曲

$1=\flat E$　$\frac{4}{4}$

5 3̲5̲ 1̇ - | 6 1̇ 5 - | 5 1̲2̲ 3 3̲1̲ | 2 - 0 0 |
长　亭　外，　　古　道　边，　芳　草　碧　连　天，

5 3̲5̲ 1̇. 7̲ | 6 1̇ 5 - | 5 2̲3̲ 4. 7̲ | 1 - 0 0 |
晚　风　拂　柳　笛　声　残，　夕　阳　山　外　山。

6 1̇ 1̇ - | 7 6̲7̲ 1̇ - | 6̲7̲1̲6̲ 5̲3̲3̲1̲ | 2 - 0 0 |
天　之　涯，　　地　之　角，　知　交　半　零　落，

5 3̲5̲ 1̇. 7̲ | 6 1̇ 5 - | 5 2̲3̲ 4. 7̲ | 1 - 0 0 |
一　瓢　浊　酒　尽　余　欢，　今　宵　别　梦　寒。

5 3̲5̲ 1̇ - | 6 1̇ 5 - | 5 1̲2̲ 3 3̲1̲ | 2 - 0 0 |
长　亭　外，　　古　道　边，　芳　草　碧　连　天，

5 3̲5̲ 1̇. 7̲ | 6 1̇ 5 - | 5 2̲3̲ 4. 7̲ | 1 - 0 0 ‖
晚　风　拂　柳　笛　声　残，　夕　阳　山　外　山。

（选自《歌声中的 20 世纪——百年中国歌曲精选》，中国国际广播出版社，第 7 页。）

校园的早晨

高枫 词
谷建芬 曲

1=G 2/4 4/4

(简谱略)

1.女 沿着校园 熟悉的小路， 清 晨来到 树下读书，
2.男 沿着校园 熟悉的小路， 清 晨来到 树下读书，

初升的太 阳 照在脸上， 也照着身 旁 这棵小树。
初升的太 阳 照在脸上， 也照着身 旁 这棵小树。

合 亲爱的伙伴亲爱的 小 树， 和我 共享阳 光 雨 露，

让我们记住这美好时光， 直到长成 参天大 树。

让我们记住这 美好时光， 直到长成 参 天大

树。 沿 着校园 熟悉的小路， 清晨来到

树下读书， 初升的太 阳 照在脸上， 也照着身 旁

这棵小树。 初升的太 阳 照在脸上， 也照着身 旁

这 棵 小 树。

（选自《中国现代优秀歌曲精粹集成通俗歌曲》，春风文艺出版社，第144页。）

2. 电视歌曲情境训练

我们就是中国
——中央电视台《我们》主题歌

（男中音独唱）

王利芬 词
孟卫东 曲

1=♭B 4/4

♩=74 深情诉说地

(3 1 7 6 1·3 | 4 2 1 7 2·4 | #4 2 #1 7 6 6 ♮5 #4 | #5 - 5 7 1 2 |

3 1 7 6 1·3 | 4 2 1 7 2·4 | #4 1 7 6 ♮5 2 1 7 | 6 - - - ‖

3 1 7 6 1·3 | 4 5 4 3 2 - | 2 7 6 5 7·6 | 5 2 2 1 3 - | 3 1 7 6 1·3 |
我的喜　悦　开　着你的花朵，　你的悲　伤　积　淀我的负荷，　我的欢　笑　飞
我的落　叶　抖　动你的贫弱，　你的步　伐　点　击我的脉博，　我的根　须　盘

4 4　4 5 7 6 6 | 6 4 3 2 4·6 | 2/4 7 1 1 2·7 | 4/4 3 - - - ‖
舞在　你的皱折里，你的泪　水　浸　泡着我的　心　　窝。
绕在　你的土壤里，你的记　忆　生　长在我的　村

3 - - - | 3 - - 3 3 | 3 - 3 2 2·1 | 3 - - 6 3 | 2·1 2 4 2
落。　　　　中　国，　我对　你　说，　我　就　是你，你

1·6 1 6 1 | 7·6 5 6 7 5 | 3 - - 3 3 | 3 - 3 2 2·1 | 3 - - 6 3 |
就　是我,我们　就　是中　　国。　中　国，　我对　你　说，　我

（合唱）
4·3 2 4 2 | 3·2 1 3 1 | 2·2 1·7 | 6 - - 6 6 | 6·5 4 6 4 |
就　是你,你　就　是我,我们　就　是中　　国。　我　就　是你,你

渐慢
5·4 3 3 3 | 2·2 1·7 | 6 - - - | 6 - - 3 1 | 2·2 3 - | 3 - - - |
就　是我,我们　就　是中　　国。　　　　国。　我们　就　是中

6 - - - ‖
国。

新鲜阳光

喻 江 词
徐向荣 曲

(乐谱略)

3. 提示

（1）训练时调的选择一定不要超过自己的用声范围，随着音域的拓展逐步加宽。

（2）共鸣的训练对于初学者来说，建议采取"先放后收"的方式（"收"指口腔开度和音量等），开始要先提高声音（气息）的强控制驾驭能力。一般来说，播音主持话筒前的用声状态取"收势"，但如果在开始训练就养成一个"收"的声音状态，遇到需要"放"的节目时会导致音量使用有限，影响节目的基调及质量，甚至破坏气氛，所以要特别注意。

（3）再次提醒学习者歌唱时切忌"声包字"，不要为了旋律或追求原唱形似，丢了吐字归音。

回顾

共鸣调节方式是提高发声效率，改善声音质量的重要环节。艺术语言采用以口腔共鸣为主、以胸腔共鸣为基础的声道共鸣方式。要掌握共鸣就要做到鼻腔、口腔、喉腔、咽腔、胸腔等协调控制。共鸣控制训练要注意结合前面学过的所有内容从生理、心理、物理几个方面综合进行，尤其不能丢失情感的依托。采用中低声部歌曲进行训练，借用优美的旋律可以增加发声训练的美感，能达到"寓学于乐"的学习效果。

思考题

1. 掌握并识记以下概念：

   共鸣 胸腔共鸣 口腔共鸣 鼻腔共鸣 咽腔共鸣 喉腔共鸣

2. 科学的播音发声的共鸣方式是什么样的？
3. 结合实践，说明影响发声的物理要素，应该如何进行综合调整。
4. 依据所学喉部控制和共鸣控制理论内容试分析自己嗓音的特点，结合自己声音的特点制定训练计划。

第十二章 弹性——声音的『万花筒』

弹性，是指物体在外力作用下发生的形变，又在外力去掉时恢复原状的性质。弹性也可比喻事物可大可小的伸缩性。那么，什么是声音的弹性呢？不同的物质条件、不同的外力作用产生不同的声音弹性。例如，打击乐器、键盘乐器与弦乐等，它们各自的材质、柔韧度及外力作用不同，因此表现出的弹性不同，声音音色也不同，既是主、客观作用的结果，也是物理作用的表现。这里所说的是人的声音弹性，它是指声音对于人们变化着的思想感情的适应能力，或者说声音随着感情变化而出现的伸缩性、可变性。

第一节 什么是声音弹性

了解声音弹性，认识声音的"万花筒"，首先要了解声音弹性都具有哪些特点。

一、声音弹性的特点

声音弹性的特点大致分为以下几点：

（一）声音弹性首先以播音主持的稿件内容为依据

声音只是情感表达的形式，是手段，艺术语言的表达过程就是根据内容进行理解，产生具体的感受并外化成相应的声音形式的过程。例如，同样是新闻播音主持，时政新闻与社区新闻尤其是"菜篮子"新闻，声音形式的表现有所不同，所运用的声音弹性也不一。例如《春节联欢晚会》与《新闻会客厅》在内容上大相径庭，主持人声音弹性的运用也有较大的区别。

（二）声音弹性所反映的声音变化体现在音强、音高、音长、音色这四个物理要素上

有声语言的运用是思想感情支配下声音形式产生变化的结果。节目内容不同、语言传播目的不同、语言环境不同、表达的方式、声音物理性的运用、弹性的实现都会不一。当然，还有户外、室内的区别，人数多少的区别等。

（三）声音弹性所反映的声音变化又是通过比较呈现出来的

有高才有低，有实才有虚，有明才有暗，有慢才有快。中央电视台主持人李咏在主持过程中能根据节目内容充分发挥有声语言的节奏特点，较好地体现声音弹性的对比色彩。

（四）声音弹性所反映的声音变化还体现在声音运用的丰富性上

声音的高低、强弱、明暗、虚实、快慢的变化并不是单一的。由于节目内容的丰富性决定了外化稿件内容的声音形式会体现出多层次、多变化的细腻的声音弹性来。例如一直从事

新闻播音的中央电视台主播康辉、贺红梅、海霞、任志宏等人,他们能把各种新闻、专题片在相对有限的"话声区"用恰当的表达方式准确的予以解读,其中声音弹性细腻、丰富的运用就发挥了很好的表达作用。

同时,声音弹性与发音过程的各个阶段都有密切联系,每一个环节都对声音弹性产生重要影响。它是气息控制、口腔的静、动态控制及用声状况综合运用的结果。

二、声音弹性的获取条件

如果外力作用于一个没有弹性的物体,主观努力再积极也不会收到理想的效果。声音弹性就像一个万花筒,可以变换出多姿多彩的声音形式,而即使具备制作"万花筒"的技能,却没有良好的材料,"万花筒"也不能成形。例如,演奏人员水平高超,使用的乐器质量不好,同样演奏不出好的曲子;反之,物质条件很好,有柔韧度,但是主观作用不科学,效果依然不佳。正像播音员、主持人的声音一样,先天条件很好,但是"用声"时外力作用不恰当也会造成声音受损或发挥不够。因此,良好的声音弹性的获取仍需具备必要的主观条件。

(一) 获取声音弹性的条件——感情

感情就像"万花筒"的颜色,也是变化声音色彩的内在依据。人的任何社会实践活动都离不开感情的驱使,在情感的支配下通过活动反映自己各种复杂多变的情绪、情感,表达自己的态度。有声语言的表达是思想感情的外化,声音弹性的获取正是为了更好地发挥有声语言传情达意的作用而进行的一种基础性训练。在前面每一节训练中都要求首先设计语境、调动情感,强调以情带声,正是其目的所在。无色之花无以为花,何况"万花"。

(二) 获取声音弹性的动力——气息

气息是"万花筒"的原动力,也是变化声音色彩的基础。没有气息,无从谈生命,更无从谈声音,所谓以气托声。声音也是在喉部、口腔、共鸣控制的情况下变化的。

(三) 获取声音弹性的保证——情、声、气协调

这是"万花筒"变换的机制,也是变化声音色彩的基本要求。三者相互依存、互为制约,情以声和气为手段,气以情为依托,声以情和气为基础。气随情动,声随着情变。

(四) 要提高声音弹性就必须在发声的各个环节上留有余地

漂亮的"万花筒"并不是仅有花色、转动力与机制就能实现的,花瓣儿的形状(吐字)、

枝叶的线条（共鸣）、做花儿的材质（喉部）等色、形、质、型及它们之间的空间感、立体感达到合理组合，在人的意识控制下，才能有"万花之美"。例如吸气时不能过满，呼气时不能太竭，咬字时不能太紧、太松，用声时音量不能太大、太小，声音位置不能太前太后，喉部要相对放松与控制等。弹性是控制的必然，是柔韧的表现，也是发声者情感支配的结果。所以调动情感，用各种感觉器官体会与把握分寸，才能使"万花筒绽放绚烂的万花"。

三、声音色彩与感情色彩

"色彩"一词是从绘画学、色彩学中借用的概念。为了使内心活动形象化，以便于具体细微地深入体验声音形式的丰富变化，并非真的在感情上有"万花筒"式的红、黄、蓝、白等颜色。感情是心理学范畴对情绪、情感的总称。从医学角度来看，有喜、怒、忧、思、悲、惊、恐七情之分；从表达的角度划分，中国传媒大学播音主持艺术学院的张颂老师根据朗读的要求，把人的情感分为五大类，即爱憎、悲喜、惧欲、急冷、怒疑。这些独特的情绪、情感的体验，以人的不同态度为转移，是人对客观事物的态度的一种反映，是人的各种感情色彩在声音上的对等反应。比如：

爱的感情——气徐声柔　　憎的感情——气足声硬
喜的感情——气满声高　　悲的感情——气沉声缓
欲的感情——气多声放　　惧的感情——气提声凝
急的感情——气短声促　　冷的感情——气少声平
怒的感情——气粗声重　　疑的感情——气细声黏

声音像一个万花筒，也像一个调色板，根据创作者的创作思想变换不同的声音形式。因此，人们参与社会活动对不同事物的观察、感受越深刻，情感的反应、判断就越细腻，声音色彩的变化也就越丰富，语言的表现力就越强。

人的情感世界是复杂的、多样的。以"喜、怒"为例，喜有欣喜、欢喜、大喜、狂喜甚至悲喜等；怒有愠怒、愤怒、大怒、暴怒甚至狂怒，等等。这些情绪、情感上的细微变化，使得言语、行为产生反应的同时，声音色彩也随之发生了高与低、明与暗、虚与实、强与弱、刚与柔、厚与薄等丰富的、细微的变化。声音色彩只有在感情色彩的作用下才有可能做到浓淡相宜，并呈现出它的可变性、层次性、对比性。所以，提高"见文生情，情之所至，以情带声，声情并茂"[①]的用声能力，是播音发声训练的终极目标。

---

① 张颂：《朗诵学》，北京广播学院出版社1999年版，第117页。

第二节 播音主持艺术发声与其他语言艺术发声

"任何艺术性的培养和锻炼，都是为了唤起受训者的各方面的艺术潜能，以便使其艺术创造能力健康丰富的成长。"[①] 受训者各方面艺术潜能的唤起不仅需要对本门艺术的培养和锻炼，也应该对其他艺术门类进行了解甚至掌握，才能真正使其艺术创造能力健康丰富的成长。例如，塑造艺术讲色彩、空间和光影等；表演艺术讲情绪、节奏、舞台的布景效果等；综合艺术要体现所有的艺术元素。例如摄影、摄像要对被拍摄的物体进行景别、明暗、远近、大小的划分及设计，体现节奏、情绪、动静变化等。作为语言艺术，尤其是有声语言艺术的创作，同样要通过声音形式传达其他艺术形式所表现的丰富内涵，如此情感、气息、共鸣、吐字等技巧的掌握就有了共通性。因此，认识与学习姊妹艺术对于促进本专业的学习，能起到触类旁通的作用。

一、播音主持艺术发声与歌唱表演发声

播音与歌唱一个是说一个是唱。歌唱在演唱旋律的过程中要把话"说"清楚，"说"得很有感情，在说的基础上增加了旋律性，使普通的人声变成了极富乐器性的人声。我国声乐教育家沈湘在训练体系中强调演唱者"声音向前反射时，有哈气的感觉，声音向后哼唱时，有往后靠的感觉"。歌唱者要有具备"两张嘴"的能力：一张是吐字的嘴，在口腔前部；一张是发声的嘴，在口腔后部，即喉咽腔。吐字的嘴要灵活，发声的嘴要稳定。在保证字音清晰的情况下，要使每一个字都唱在统一的共鸣腔内。不同的唱法有不同的共鸣腔使用要求。歌唱也不是千篇一律的一种模式，嗓子的乐器性要服从那个唱法及行当的艺术风格和语言、音乐上的特点。例如，我国目前进行的歌手大赛，有民族唱法、美声唱法、通俗唱法、原生态唱法几种分类。不同的唱法，形成了它们各自不同的吐字方法和用声技巧。例如男高音、女高音的歌唱声区较高，使用时间一长，说话时声区下不来，"话声区"的音色显得"劈、

[①] 崔文华：《有声语言艺术美学》，东方出版社 1989 年版，第 100 页。

涩"。就戏曲艺术来说吧，就有青衣、老旦、花脸、老生、小生等区别，同样是男、女声，由于角色不同声区运用的方法也不一。而播音发声共鸣区的使用相对统一，虽然在发声中也讲用吸气的感觉发声，但是声音的走向要统一向口腔前反射（硬腭前部），并且播音主持的语流使用音域范围小，不是一种旋律性变化，在"话声区"只有语势的起伏，相对于歌唱声区的运用音域范围有限，一般也不受角色的限制进行声音的特殊处理。

但是二者都诉诸听觉，都是一种听觉艺术，都以传递语言信息为表达的基础，都要吐字归音，都要用声音传情达意，都要在气息的控制中进行声音弹性的使用，同样都有声音的高低、虚实、明暗、强弱等对比变化。

在单位时间内，歌唱时音节发音的相对延长有利于播音发声吐字归音的训练。通过歌唱训练开发并提高各共鸣腔体的利用率，尤其要体会胸腔扩大器的变化。演唱时旋律的美妙、动听更容易激发调动训练者的情绪，此时可通过抒情感受声音的弹性变化。北京地区的曲艺演唱，有利于规范语音，完成调值，开腔立字。也可做适当尝试。

不过一定要注意尽量选择与播音发声声区较接近的中低音歌曲，要注意吐字时口腔的声位控制要服从说话语言的表达需要，规范、清晰，防止顾此失彼。

二、播音主持艺术发声与话剧表演发声

播音与话剧在多数情况下，一个是"解说"一个是"演说"。在话剧表演中，根据舞台、剧场等演出环境的需要，演员的道白为了使现场每一位观众都能够听得一清二楚，所以在舞台上需运用较强的共鸣来夸张说话的音量，夸张发音的时长（字腹拉开）。演员要进行角色扮演，就要根据角色性格进行声音上的特殊处理。例如宋丹丹在《万家灯火》里饰演的老太太一角与在《我爱我家》里扮演的妻子，用声的处理是完全不一样的。所以在道白时，对声音的运用要围绕角色来进行，这种"说"法要具备审美标准，和纯自然生活就有了一些距离。演员的角色体现主要通过"行动"等完成，在舞台上的表演相对于播音主持来说具有整体性、宏观性，从各方面完成"我就是"的美感传递。

播音主持虽然同样属于有声语言艺术的创造，但播音员、主持人在话筒、镜头前展现自我，基本上是属于社会学意义上的"角色调适"、"角色转换"，与角色扮演的身份不同，所以语言的运用及声音的塑造要展现自我；虽然在播音主持过程中根据节目需要，播音员、主持人分别采用坐姿、站姿和走姿主持播音，播音主持过程中仍需要体现"行动"性，但还是以有声语言的传达为主要交流工具，因此，播音主持与表演比较就更具有局部性、微观性（节目时间、内容要有整体性）。例如，针对广播电视交流对象的单一性、个体性，由于电视画面镜头的取景方式，话筒前唇的控制要求严格，音量控制要适宜，声音位置要相对统一等

等，从各方面完成"我就在"的美感传递。

但是话剧发声与播音发声同属于"说话"发声，呼吸控制、声区运用、时间单位内吐字归音基本相同。所以，通过适当的表演元素及道白（独白、对白、旁白等）的训练，有利于增强播音员、主持人对演播空间的处理能力和声音弹性、语言交流感，从而提高语言、体态及表情的表现力。另外，同属于曲艺表演的相声、快板等，同样可以作为训练声音弹性的练习方式。

三、播音主持艺术发声与影视表演发声

播音发声与其他有声语言艺术发声相比，影视表演发声是最接近播音主持发声声区的，同样都是话筒前（镜头前）的音量控制；交流对象大多情况下属于个体交流，不需要像话剧那样夸张，"说白"要求自然，生活化；没有歌唱那样的旋律和音域，也不需要注意声区和共鸣的调整。但是影视表演与话剧一样需要角色创作，同样属于角色扮演，是纯粹的"艺术假定"，都是一个"我就是"的塑造过程。

选择一些经典的影视剧说白、话剧道白（对白、独白、旁白等）、中低音歌曲，甚至各种曲艺说唱，不仅有助于播音主持中声音的塑造，语言表现力的增强，而且对于提高播音员、主持人的艺术素养、丰富主持过程都是极其有益的。

第三节 声音弹性训练

如果说在前面的章节里训练目的主要是"练正确、求稳定"的话，那么，在最后阶段的本节训练中主要解决"练速度、求变化"。声音弹性的物理性、对比性、丰富性等特点，决定了声音弹性的训练应集前面所有章节的训练内容于一体进行综合运用、整体把握。人常说相由心生，内心的感受要善于通过声音尤其是表情、体态外化出来，以此带动声音的丰富表达：情取其高，声取其中，气取其深，音求其正，态求其位；气随情动，声随情变，情声相宜，虚实相间。

一、声音的对比训练

在高低、强弱、虚实、明暗、厚薄、粗细、刚柔分类结合的训练中寻找、体会和增强声

音弹性。采用小散文段子、诗歌或新闻、主持人串联词等不同题材与体裁的内容，进行声音的对比训练，要求站立、背诵并设计语境、调动情感、运用体态语。以下不论哪一个元素训练都不是单一进行的，分解训练是相对的，声音色彩的层次性、丰富性体现了元素运用的交叉性，每一组对比训练既相对独立又相互联系，不要绝对的割裂理解与训练，否则就违背了声音的层次性和丰富性等特点，要用心体会并掌握。

（一）高与低、强与弱训练

高与低是声音的纵向变化，强与弱是声音的横向变化。根据训练内容调动情感，在气息的控制下进行声音的高低起伏、强弱变化的训练，并认真体会在情感的作用下，生理器官随气息运用，进行松紧状态的调整对声音形式的影响。

1. "高与低"情境训练

情境设计：想象初春时节周日与同学们一起去城外大山里春游，看着微风吹拂的新绿，不禁放声朗诵……也可以想象周围环境很安静，在电脑前写作之余，忽见窗外柳枝摇曳，随即低声吟诵……调整好共鸣区，根据语境调动情感，体会声音的高低变化。

柳条青，柳条长，柳条随风在荡漾。摇来了春天，摇来了小鸟，摇得那湖水闪闪亮。

柳条青，柳条长，柳条随风在荡漾。我做支柳笛吹起来，嘀哩哩像鸟儿在歌唱。

柳条青，柳条长，柳条随风在荡漾。请来春姑娘荡秋千，秋千挂在柳条上。

情境设计：想象自己在月色迷人的晚上站在荷塘边上，观赏眼前的一切……

曲曲折折的荷塘上面，弥望的是田田的叶子。叶子出水很高，像亭亭的舞女的裙。层层的叶子中间，零星地点缀着些白花，有袅娜地开着的，有羞涩地打着朵儿的；正如一粒粒的明珠，又如碧天里的星星，又如刚出浴的美人。微风过处，送来缕缕清香，仿佛远处高楼上渺茫的歌声似的。这时候叶子与花也有一丝的颤动，像闪电般，霎时传过荷塘的那边去了。叶子本是肩并肩密密地挨着，这便宛然有了一道凝碧的波痕。叶子底下是脉脉的流水，遮住了，不能见一些颜色，而叶子却更见风致了。

2. "强与弱"情境训练

情境设计：《春》是大家比较熟悉的一篇散文，下面节选的几个自然段，根据内容感受并把握"山、水、太阳"等音量上的渐强变化和"小草、风"等音量上的弱化处理，以及人的不同动态表现所需要的不同声音形式。

盼望着，盼望着，东风来了，春天的脚步近了。

一切都像刚睡醒的样子，欣欣然张开了眼。山朗润起来了，水涨起来了，太阳的脸红起来了。

小草偷偷地从土里钻出来，嫩嫩的，绿绿的。园子里，田野里，瞧去，一大片一大片满是的。坐着，躺着，打两个滚，踢几脚球，赛几趟跑，捉几回迷藏。风轻悄悄的，草软绵绵的。

情境设计：这首小诗比较适合训练声音的高、强变化，注意训练时句尾的归音、调值与气息、音高的控制，要避免呆板与虚飘。

白云飞，白云飘。飘上黄山九重霄。山越高来景越美，最高峰上谁在笑。啊！黄山的云啊！你那样洁白，那样崇高。

白云飞，白云飘。飘上悬崖松树梢。崖越陡来松越俏，最陡的崖上谁在笑。啊！黄山的云啊，你那样美丽，那样骄傲！

3. 提示

（1）注意气息不要随音调上浮。音调上升，气息更要下沉。例如设计"柳条儿青"在户外朗诵，要避免提气高喊。

（2）注意不要因为声音低而影响了积极的表达状态，处理好音量和状态的关系。例如《荷塘月色》的音量控制小，但是状态要积极。

（3）要注意调整音量与音调之间的关系。例如《春》里面的排比句子较多，随着情感递进，应注意音量加大时音调的控制。

（二）刚与柔、放与收训练

刚与柔、放与收两者之间有区别但也有相同点，"柔"就相对要"收"，但"收"并不等于"柔"；"刚"含有"放"的因素，但又不等于"放"，根据内容需要，情感变化，进行气息或强或弱的控制。

1. 刚与柔情境训练

情境设计：这首岳飞的《满江红》可以训练声音的刚强变化，了解历史背景，理解作品内容，体会岳飞词中痛愤国耻、渴望功业的心情，要求声情并茂，慷慨激烈，气息饱满，声位较靠后，口腔控制有力。

怒发冲冠，凭栏处，潇潇雨歇。抬望眼，仰天长啸，壮怀激烈。三十功名尘与土，八千里路云和月。莫等闲、白了少年头，空悲切。靖康耻，犹未雪；臣子恨，何时灭？驾长车，踏破贺兰山缺。壮志饥餐胡虏肉，笑谈渴饮匈奴血。待从头、收拾旧河山，朝天阙。

情境设计：这是选自谢冰莹写的《爱晚亭》里的一小段，想象自己与作者一起在享受"微风、鸟鸣"，同时在"溪水、小草"前思索，体会眼前天籁之音带给你的生活美感。要求气弱、声甜。

萧索的微风，吹动沙沙的树叶，潺潺的溪水，和着婉转的鸟鸣。这是一曲多么美的自然音乐啊！……

溪水总是这样穿过沙石，流过小草，轻轻地响着，它大概是日夜不停的吧？

2. 放与收情境训练

情境设计：高尔基的《海燕》是一篇充满革命浪漫主义的作品，篇中对海燕高傲、自信的描写，可以用来训练声音弹性的收与放。比如下面这一段，前面一句先放下来，用收的、较强且松弛的声音处理，最后一句再使用较强、较高的声音放出去……

这是勇敢的海燕，在闪电之间，在怒吼的大海上高傲地飞翔。这是胜利的预言家在叫喊：——让暴风雨来得更猛烈些吧！……

情境设计：情景再现中央电视台几位主持人的主持状态，调动情绪，模拟训练下面这段户外综艺节目主持人的结束语，设计一个由一人或多人主持的演出现场，体会声音上的收放变化……

……亲爱的朋友们！这次《与您相约》栏目组走进大三峡，相约稻花香，目的就是要在农民兄弟和中央电视台综艺频道之间架起一座五彩的桥梁。在这里让我们共同祝愿我们的友谊长存！祝社会主义新农村的明天更美好！电视和我们农村观众永远手拉手、心连心。亲爱的观众朋友们，让我们下次再见！再见！

情境设计：想象自己正在与感情受挫的朋友谈心，用非常关心的语气，耐心劝慰，让其忘掉痛苦，学会包容伤痛。把握此时声音上的收中带虚。

人也要像珍珠贝一样，养成重塑伤口的本事，转化生命的创伤，使它变成美丽的珍珠。

人生的伤痛就是活的珍珠，能包容，就能焕发青春的光彩；不能转移，就加速了死亡的脚步。

3. 提示

（1）要结合气息控制要领的内容进行，声音形式的"柔"和"弱"，并不等于气息的"松、懈"和声音的"虚、飘"。

（2）体会声音的"放与刚"和音高、音强的联系与区别。

（三）实与虚、明与暗训练

实与虚、明与暗是声音的相对"横向"变化的结果，即音高基本不变，随着情感及语气的变化，在气息控制、声带松紧、用声位置前后的调整中，进行声音色彩的转换。

1. 实与虚情境训练

情境设计：得知朋友对广州为什么被称作"羊城"不太清楚，对本次广州亚运会的吉祥物有什么象征意义概念模糊，甚至以为仅源于《喜羊羊与灰太狼》，你惊讶之余，向朋友讲述了"羊城"由来，并补充了刚从网上看到的一个新闻。情急切、气沉、稳，声平、实……

新华社广州10月8日体育专电（记者赖少芬）

"乐羊羊"带着广州的古老传说，历尽艰险，终于找回自我并成长得自信、坚定、团结

——以第16届亚运会吉祥物为主题的三维系列动画片《祥和如意乐洋洋》8日正式发布,将在亚运会开幕前与广大观众见面。

据《祥和如意乐洋洋》艺术总监陈小清介绍,这部动画片首季为8集,每集片长为13分钟,共104分钟。动画片采用目前流行的全3D动画制作方式,片中亚运会吉祥物五只小羊的卡通形象健康可爱,动感十足;动画中还加入一些全新的角色,使动画片剧情更加丰满,情节更加有趣。

《祥和如意乐洋洋》以广州的古老传说为开端,以五只小羊的冒险故事为主线,通过一个个积极向上的励志故事,传达"吉祥、和谐、幸福、圆满和快乐"的美好祝愿;并通过介绍广州的历史文化、人文风情与名胜,展示这座历史文化名城的活力和魅力。

广州亚组委宣传部有关负责人表示,《祥和如意乐洋洋》以动漫的视觉化形式将广州亚运的理念加以推广,希望这部动画片能让亚运会吉祥物深入到小朋友的心中,让更多的小朋友了解亚运、了解广州。

情境设计:对一只可爱的小鸟进行"描写",认真观察,要求声音体现出心理活动,听觉感受是自言自语似的心声,就像怕声音太大惊吓了小鸟,所以声音、气息均使用弱控制,表现出非常喜爱鸟的感觉……再设计一个有很多围观的人都在看这只可爱的小鸟,自己边观察边介绍,非常惊讶的样子……体会不同情境声音一虚一实的变化。

瞧,它多美丽,娇小的小嘴,啄理着绿色的羽毛,鸭子样的扁脚,呈现出春草的鹅黄……

2. 明与暗情境训练

情境设计:这是辛弃疾的《清平乐·村居》。设想眼前的田园风光让你流连忘返,有一农家的劳作景象更是情趣万分,你情不自禁边欣赏边给身边的朋友描述,声音响亮、清爽。

茅檐低小,溪上青青草。醉里吴音相媚好,白发谁家翁媪。大儿锄豆溪东,中儿正织鸡笼;最喜小儿无赖,溪头卧剥莲蓬。

情境设计:回忆安徒生的童话里一个《卖火柴的小女孩》的画面,进入情境,气沉、声区较低。

天气冷得可怕。正在下雪,黑暗的夜幕开始下垂了。这是这年最后的一夜——新年的前夕。在这样的寒冷和黑暗中,有一个光头赤脚的小女孩正在街上走着。……

情境设计:回忆中央电视台《幸运52》节目,主持人李咏为活跃现场气氛,与观众产生互动,他在读题时的语速,有时像绕口令一般,有时突然娓娓道来,语势起伏时高时低,声音变化忽大忽小,给观众造成一种紧张的期盼心理,具有很强的感染力……

……到了小兴安岭,在松林里可以听到阵阵松涛声,小兴安岭盛产一种名贵的松树,这种松树树干通直、圆满,有茂密发达的树冠,被誉为小兴安岭的象征。请问这种松树是下列哪一个？……

……"舒心的酒，千杯不醉，知心的话，万言不赘……"这是新中国大建设时期传遍大江南北的一首新诗《祝酒歌》。它曾鼓舞了一代建设者们为新生活、新社会充满激情地奋斗。请问这首《祝酒歌》的作者是下列哪位著名诗人？……

3. 提示

（1）把上面一段新闻当作故事来讲，不要想着在"播"新闻，要把内容说清楚，既要避免为找"播"的方式，声音出现呆板、僵硬的情况，又要注意内容的客观传播，避免夸张。

（2）声音的虚实变化还可采用与好朋友或情人说悄悄话的方法训练。

（3）注意不要以挤、压喉部转换声音的"明与暗"，声音的明与暗变化靠用声位置即共鸣区的运用和感情来做调整。也可采用电视节目的开场词，训练声音的明快色彩（可学习中央电视台第二套《第一时间》主持人欧阳夏丹的开场语及播报样态）。

（四）厚与薄、粗与细训练

厚与薄、粗与细的声音变化与声区运用的关系相对密切，训练中应随内容的变化，用触觉感受体会胸腔共鸣和口腔共鸣的调节对声音的影响。

1. 厚与薄情境训练

情境设计： 刚观看完一部有关二战题材的影片，有一个画面让人非常震撼，情绪仍沉浸在影片之中，回来向家人诉说……体会"旁白"和小女孩儿声音的厚、薄处理。

人们一个接一个地被纳粹士兵残酷地推下深坑。

当一个纳粹士兵走到一个小女孩跟前，伸手要将她推进深坑中去的时候，小女孩睁大漂亮的眼睛对纳粹士兵说："刽子手叔叔，请你把我埋得浅一点好吗？要不，等我妈妈来找我的时候，就找不到我了。"

纳粹士兵伸出的手僵在那里……

情境设计： 突然看到几年没见的小妹妹，自己又惊又喜，对她仔细端详，觉得既陌生又熟悉……

一个六七岁的姑娘，活灵活现地站在我的眼前了。她疏眉细眼，故意眯缝着瞧我，小鼻子微微地朝上翘着，薄薄的两片小嘴唇因为要忍住笑而紧闭着，两颗小酒窝儿，在那又红又结实的腮上陷得很深。

2. 粗与细情境训练

情境设计： 周恩来是大家最爱戴的伟人之一。他去世后，百万群众怀着沉痛的心情到十里长街为他送行……

总理的灵车徐徐开来。灵车四周挂着黑黄两色的挽幛，上面佩着大白花，庄重、肃穆。

人们怀着沉痛的心情，尾随着灵车移动。灵车所到之处，像是有一个无声的指挥，老人、孩子、青年都不约而同地站直了身体，摘下了帽子，向灵车致敬。哭泣着，顾不上擦去腮边的泪水，舍不得眨一眨眼睛。

情境设计：设计一个《祖国各地》的广播节目，以主持人的身份向听众朋友介绍台湾的日月潭，想象自己的声音就像潭水一样清澈透明。以口腔前部共鸣为主，吐字力度适中，亲切自然。

听众朋友，您好，今天的《祖国各地》节目给您介绍我国台湾省的日月潭。

日月潭是我国台湾省的一个大湖。日月潭里有个小岛，把潭分成两半儿。一边像圆圆的太阳，叫日潭；一边像弯弯的月亮，叫月潭。两边湖水相连像碧绿的大玉盘，小岛就像玉盘中的明珠。日月潭在台中附近的高山上，四周是密密的树林。日月潭的水很深，山林倒映在潭里，湖光山色非常美丽……

3. 提示

（1）声音的各种色彩的变化关键在于节目基调和稿件内容，并由此引发播、说、讲、评的态度和语气。因此，理解稿件和节目内容是关键，而技巧是手段，二者要有机结合，缺一不可。

（2）在追求薄、细的声音形式时，注意口腔后部及喉部不要捏挤；在表现低、粗、厚、刚的声音形式时，要防止压喉的现象。

（3）在面对面交流时，传递信息大部分都要靠体态语来完成，情感调动、声音弹性没有体态语的配合，就会显得僵、呆、死，所以要注意运用体态语帮助调动情感和变化声音。

二、其他语言艺术发声训练

前面几个章节里都分别从不同角度采用歌唱的方式进行了不同阶段的发声训练，以寻求达到提高本章节的训练目的，比如在口腔控制和共鸣控制的歌唱训练中以吐字归音、气息、共鸣等训练为主，对旋律及表现力的要求相对低些，其训练目的是有针对性的、局部的、单一的。以下训练目的及要求相对综合性较强。运用话剧、影视剧道白、歌唱、曲艺等艺术表现形式，通过姊妹艺术的学习与表现，触类旁通美化"万花筒"，提高播音发声能力，进一步提高声音的艺术创造力，增强声音的艺术表现力。

（一）话剧、影视剧道白训练

为了配合播音发声的声音训练，在选择话剧、影视剧道白时，要考虑到本专业特点，人物语言的声音运用不能太特殊，应多选用正剧里正面人物的道白。熟背并尝试运用环境和体态来表达。借此明确话剧、影视剧道白与播音主持的声音运用特点,挖掘情感,增强语言的表现力。

1. 话剧道白情境训练

情境设计:观看北京人艺演出的《万家灯火》话剧,熟背由宋丹丹扮演的何老太太这一角色里的一段独白,体会因年龄、性格、时代、家境等因素引起的人物声音、语速、语气等方面的相应变化。字腹拉长、语速较慢、气随情动……

何老太太:(何老太太仍在诉说)最难受的时候,是你爸爸死的那阵儿,临死前,他撂下了话,让把他送回老家去……那么容易?人都是势利眼,你爸爸一没了,人们一看何家败落了,就没人伸手了。我一个寡妇,带着七个孩子……可是(眼睛转向照片)甭管多难,我还是把你送回去了……明儿,我要是到了你那一步,我可不像你那么为难孩子们。(眼里再次闪烁出异样的光彩)宗祁!我可对得住你们何家了!七个孩子,我都替你拉扯起来了!我一个人儿!仨儿子、四个姑娘,都让我给培养成人了……(突然抬起头,手指着相片)老东西!我知道你那点心事。你想接我走!……

情境设计:观看《恋爱的犀牛》剧本或话剧,体会主人公马路的性格特征及内心世界……

马路:对呀!人们对于眼睛和耳朵都有统一的检验标准,没有达到这个标准,就会被视为某种残疾,影响你的工作、升学,甚至人生态度。关于这个有许多带有歧视的色彩的形容词——眼瞎、耳聋、色盲,而对鼻子却完全没有要求。鼻塞,这仅仅被作为一种感冒的症状,几粒康泰克就可以解决问题。一个称职的优秀的鼻子,从来无人理睬。

2. 影视剧道白情境训练

情境设计:观看《哈姆雷特》电影,理解片中主人翁哈姆雷特在此段"独白"《生存还是死亡》中的心理状态,体会人物内心的矛盾冲突,寻找声区,调动情感尝试表演……

哈姆雷特:生存还是死亡,这是一个值得考虑的问题。默然忍受命运的暴虐的毒箭,或是挺身反抗人世的无涯的苦难,通过斗争把它们扫清,这两种行为,哪一种更高贵?死了,睡着了,什么都完了。要是在这一种睡眠之中,我们心头的创痛,以及其他无数血肉之躯所不能避免的打击,都可以从此消失,那正是我们求之不得的结局。死了,睡着了,睡着了也许还会做梦,嗯,阻碍就在这儿:因为当我们摆脱了这一具朽腐的皮囊以后,在那死的睡眠里,究竟将要做些什么梦,那不能不使我们踌躇顾虑。人们甘心久困于患难之中,也就是为了这个缘故;谁愿意忍受人世的鞭挞和讥讽、压迫者的凌辱、傲慢者的冷眼、被轻蔑的爱情的惨痛、法律的迁延、官吏的横暴和费尽辛勤所换来的小人的逼视,要是他只要用一柄小小的刀子,就可以清算他自己的一生?谁愿意负着这样的重担,在烦劳的生命的压迫下呻吟流汗,倘不是因为惧怕不可知的死后,惧怕那不曾有一个旅人回来过的神秘之国,是它迷惑了我们的意志，使我们宁愿忍受目前的磨折，不敢向我们所不知道的痛苦飞去？这样，重重的顾虑使我们全变成了懦夫，决心的赤热的光彩，被审慎的思维盖上了一层灰色，伟大的事业在这一种考虑之下，也会逆流而退，失去了行动的意义。

情境设计：观看电视剧或剧本《大明宫词》，挖掘太平公主的心理"独白"……

太平公主：我在离开这个世界之前始终在考虑：我为什么要选择死亡？难道这仅仅是为了让我的侄儿能顺利登基而扫清道义以及情感上的负担？雨停的时候我找到了答案。我意识到，其实对死亡的渴望一直是我的一种向往。我太了解这个世界的规律，因此它在我眼里完全丧失了美感！我怀抱着出生时的激情步入另外一个世界，我凭直觉感到那是一个更优美的地方……我的死亡像我出生那样，终止了长安城漫天的淫雨，并且又一次为大唐带来了太平……

情境设计：《红楼梦》中丫鬟小红在凤姐面前快口利舌的一段表演……

小红："回二奶奶的话，我照奶奶的示下告诉平姐姐：外屋桌上汝窑盘子架儿底下放着一卷银子，那是一百二十两……给绣匠的工钱；等张材家的来，当面秤给他瞧了，再给他拿去。平姐姐说：奶奶刚出来，她就把银子收起来了；张材家的来取，已经当面秤给她拿去了。平姐姐还叫我来回奶奶：刚才旺儿进来讨奶奶示下，好往那家子去，平姐姐就按照奶奶的主意打发他去了。平姐姐叫旺儿对那家子说：我们奶奶问这里奶奶好。我们二爷没在家，虽然迟了两天，只管请奶奶放心。等五奶奶好些儿，我们奶奶还要会了五奶奶来瞧奶奶呢……

情境设计：了解电影《高山下的花环》的故事背景，把握片中雷军长的人物性格，训练以下台词片段……

雷军长："我的大炮就要万炮轰鸣，我的装甲车就要隆隆开进！我的千军万马就要去杀敌！就要去拼！就要去流血！！可刚才，有那么个神通广大的贵妇人，她竟有本事从几千里之外，把电话要到我这前线指挥所！此刻，我指挥所的电话，分分秒秒，千金难买！可那贵妇人来电话干啥？她来电话是让我给她儿子开后门，让我关照关照她的儿子！走后门，竟敢走到我这流血牺牲的战场上！我雷某不管她是老天爷的夫人，还是地老爷的太太，走后门，谁敢把后门走到我这流血牺牲的战场上，没二话，我雷某要让她的儿子第一个扛炸药包，去炸碉堡！去炸碉堡！！……"

情境设计：法国电影《大鼻子情圣》是一部具有喜剧色彩的爱情悲剧，并具有古典悲剧所特有的崇高。片中主人公希哈诺是一个活跃的近卫队军官，同时他还是一位深情的诗人，哲学家和技艺高超的剑客。但他却因为自己丑陋的鼻子而不敢追求美丽的表妹罗克珊……那么希哈诺是怎样面对嘲讽他的鼻子的人呢？……

希哈诺：哦不，短了点，年轻人。可以说，总之用不同的语气能说出许多来。譬如：挑衅的语气：如果我长这么一个鼻子，先生，我就立刻把它给割了。友好的语气：它应该在您的杯子里，喝水的时候，您就做个高角杯。描述的语气：它是坚固的岩石陡峭的山峰，是海角,不是什么海角,它是半岛。好奇的语气:这个窄长的皮囊能够做什么用呢?是墨水瓶还是剪刀盒?亲切的语气:您就这么爱鸟吗?竟然倾注了慈父般的关怀,伸出这么块栖息地来给它们歇脚?粗野的语气:啊,先生,您鼻子里冒出的黑烟就没让哪个邻居喊烟囱失火了吗?警告的语气:小心点,别让你担着重负的脑袋一头栽倒在地。温柔的语气:您给它配把小阳伞,防止它在太阳底下褪色。绝交的语气:只有动物先生艾里斯托芬称之为海马、大象加变色龙,才会在前额底下长出跟骨头外围一样多的肉。悲剧语气:它流血时就是红海。赞赏的语气:这是香水制造商多好的广告。抒情语气:这是海神的号角吗?您是海神吗?天真的语气:您这居屋我们什么时候参观?军人语气:标准骑兵。实用语气:你想拿它来中奖吗?肯定的语气:先生,它肯定中头奖!最后用哭腔来模仿皮拉莫的话,这只鼻子暴露了它主人破坏和谐的行径。它红了,叛徒。我亲爱的,这差不多就是你本该对我说的。如果你还有点学问和智慧的话,可是智慧,哦,可怜的生命啊,您丝毫都不具备。学问嘛。您只认识三个字:傻、瓜、蛋!您能想象自己当着公众对我说出这一整套辛辣的玩笑话吗?恐怕您连一句话的开头几个字都说不清楚,因为这些话只有我自己能说。只要我兴致好,可是我决不准别人说!

3. 提示

(1)注意括号里的提示与相应的情感、动作转换带来的声音上的变化,声音反映出的体态、思想等行动性要强。

(2)要解放身心,善于表现,腼腆羞怯是训练的大敌。

(3)根据自己的性格特点先选择较适合自己声音特点训练的段子(角色)进行,然后再尝试其他段子(角色)。

(4)要注意进入角色后声音的修饰与美化,防止原生态展示。

(二)歌唱、曲艺训练

歌曲要尽量选用中低声区的曲目。为了配合语音训练,曲艺表演要求只采用北京地区的曲艺形式进行。通过训练扩展音域,增强声音弹性,巩固用声技巧。

第十二章 | 弹性——声音的"万花筒"

1. 通俗歌曲情境训练

天 路

（韩红 演唱）

石顺义 词
印青 曲

清晨我站在青青的牧场，
黄昏我站在高高的山岗，
看到神鹰披着那霞光，
看那铁路修到我家乡，
飞过蓝天，为藏家儿女带来吉祥。
翻山越岭，为雪域高原送来安康。
那是一条神奇的天路喂！把人间的温暖
那是一条神奇的天路喂！带我们走进
送到边疆，从此山不再高路不再漫
人间天堂，青稞酒酥油茶会更加香
长，各族儿女欢聚一堂。
甜，幸福的歌声传遍四方。
幸福的歌声传遍四方。

红旗飘飘

（男声独唱）

乔方 词
李杰 曲

1 = ♭E $\frac{4}{4}$

♩ = 90

那是从旭日上
采下的红，没有人不爱你的色彩。一张天下
最美的脸，没有人不留恋你的容颜。你明亮眼睛
牵引着我，让我守在梦乡眺望未来。当我离开家的
时候，你满怀深情吹响号角。五星
红旗你是我的骄傲，五星红旗我为你自豪，为你
欢呼，我为你祝福，你的名字比我生命更重要。红旗
飘呀飘，红旗飘呀飘，腾空的志愿像白云越飞越高。红旗
飘呀飘，红旗飘呀飘，年轻的心不会衰老。
吼。哎也呀咿哟，嘿哎也呀咿哟。
D.S.1.要五星
D.S.2.

注：结束时重复𝄋 2至结尾处的旋律渐稳。

（选自《歌声飘过80年》，人民音乐出版社，第363页。）

2. 京韵大鼓情境训练

重整河山待后生

林汝为 词
雷振邦 温中甲 雷蕾 曲

1=G 4/4

稍慢 高亢、悲壮、自由地

(选自《民族唱法歌曲大全》，山西教育出版社，第162页。)

3. 提示

（1）以感受演唱中情感对声音的调节作用为主，享受旋律的美感，切记不要按照原调进行，找适合自己的声区。

（2）体会北京曲艺形式及表现力对吐字归音及播音主持声音弹性的影响与帮助。

（3）采用歌曲训练吐字归音、共鸣、声音弹性，不仅限于以上几个曲目，也可找自己熟悉的、喜欢的曲子进行。例如《但愿人长久》《我和我的祖国》《吉祥三宝》《爱》，等等。

回顾

声音弹性所反映的声音变化体现在音强、音高、音长、音色这四个物理要素上。要想自己的声音变得更有弹性就需要在感情的捕捉上，气息的控制上，情、声、气的协调上下足功夫。通过"对话训练"，同时也要通过了解播音主持艺术发声与歌唱发声、话剧发声和影视表演发声的异同，通过它们之间的艺术类比，更进一步加深对声音弹性的理解。在进行声音弹性训练时，主要解决"练速度、求变化"。声音弹性的物理性、对比性、丰富性等特点，决定了声音弹性的训练应集前面所有章节的训练内容于一体进行综合运用、整体把握。

思考题

1. 掌握并识记以下概念：

   声音弹性　声音色彩

2. 声音弹性的特点是什么？如何获取声音弹性？
3. 结合实践训练，试分析在播音语言表达过程中情、声、气三者是怎样结合起来的？
4. 举例说明声音弹性各训练要素之间与情感的相互关系？
5. 举例说明播音发声与其他艺术语言声音训练的异同？
6. 谈谈自己声音弹性训练过程中的具体感受。

第十三章 材料——声音的「磨刀石」

理论掌握得再扎实，也必须要通过实践才能把知识升华为能力。我们通过前几章内容，对播音主持艺术发声的基础理论知识进行了系统而翔实的讲解。本章我们精心准备了丰富又有针对性的材料，并按照由易到难，由基础到综合的次序进行有机组合。这些不同层级的训练就是声音的一块优质磨刀石，为掌握本书知识并融会贯通地运用奠定了坚实的基础。

根据学习进度及要求，本章里的内容可以应用于前面各章节的训练中。训练材料内容选择丰富多样，前后安排由易到难；训练过程情感调动自始至终，语速把握循序渐进，声音弹性先"放"后"收"。

第一节

词 组

四字词、世界国名等训练内容，由于没有前后语言环境的干扰，在"练正确、求稳定"的第一阶段训练中，以此作为吐字归音的训练对象，学习者比较容易把握。建议可一个词一换气，也可几个词一换气，做到声、韵、调准确，时值、轻重分配合理，气息控制平稳、均匀。

一、四字词组

单元音韵母

大书特书	地大物博	嗤之以鼻	如饥似渴	势如破竹	路不拾遗	各个击破
顾此失彼	呼之欲出	适可而止	屈指可数	奇耻大辱	饥不择食	举世瞩目
可歌可泣	乐不思蜀	立足之地	夜以继日	熟视无睹	无济于事	无可置疑
亦步亦趋	支吾其词	知己知彼	蛛丝马迹			

单、复韵母

白璧微瑕	百废待举	报仇雪恨	背道而驰	必由之路	博才多学	初出茅庐
出乎意料	摧枯拉朽	蹉跎岁月	大刀阔斧	多事之秋	飞沙走石	扶老携幼
海底捞月	后顾之忧	胡作非为	否极泰来	豁达大度	投机倒把	守株待兔
家喻户晓	交头接耳	矫揉造作	嗟来之食	竭泽而渔	借题发挥	束手无策
就地取材	口诛笔伐	老马识途	力透纸背	历历在目	随波逐流	铁树开花
落花流水	莫逆之交	窃窃私语	如胶似漆	恰到好处	死去活来	四海为家

平翘舌音

寸草春晖	三寸之舌	志大才疏	与世长辞	出生入死	山长水远	手足无措
飞沙走石	真才实学	急中生智	无所适从	不治之症	见出知入	文从字顺
尺短寸长	自知之明	残茶剩饭	水涨船高	灭此朝食	只争朝夕	生存实亡
生死存亡	有志之士	势如破竹	踌躇满志	英姿飒爽	茁壮成长	水落石出
水滴石穿	仗义疏财	出口成章	老成持重	师直为壮	自作自受	砸伤致残

众志成城 再衰三竭 出奇制胜 杀身成仁 自始至终 众所周知 壮志未酬
如坐针毡 折戟沉沙 赤膊上阵 身先士卒 坐吃山空 张皇失措 虚张声势
跋山涉水 损失惨重 杂草丛生 走村串乡 掺杂使假 增产增收 参照执行

二、世界国名

亚 洲

中国、韩国、日本、伊朗、朝鲜、锡金、越南、阿曼、也门、缅甸、约旦、老挝、巴林、蒙古、印度、泰国、文莱、不丹、科威特、卡塔尔、阿联酋、黎巴嫩、叙利亚、伊拉克、阿富汗、土耳其、菲律宾、尼泊尔、柬埔寨、以色列、新加坡、东帝汶、格鲁吉亚、斯里兰卡、孟加拉国、亚美尼亚、塞浦路斯、阿塞拜疆、巴勒斯坦、马来西亚、马尔代夫、巴基斯坦、印度尼西亚、沙特阿拉伯、塔吉克斯坦、哈萨克斯坦、土库曼斯坦、吉尔吉斯斯坦、乌兹别克斯坦。

欧 洲

法国、英国、德国、荷兰、芬兰、瑞典、波黑、捷克、瑞士、丹麦、挪威、波兰、希腊、冰岛、意大利、俄罗斯、奥地利、安道尔、摩纳哥、马耳他、比利时、爱尔兰、匈牙利、西班牙、乌克兰、立陶宛、梵蒂冈、马其顿、葡萄牙、卢森堡、爱沙尼亚、罗马尼亚、南斯拉夫、斯洛伐克、保加利亚、拉脱维亚、克罗地亚、摩尔多瓦、圣马力诺、白俄罗斯、直布罗陀、法罗群岛、阿尔巴尼亚、列支敦士登、斯洛文尼亚。

美 洲

美国、巴西、秘鲁、智利、古巴、海地、加拿大、巴拿马、安圭拉、苏里南、乌拉圭、巴拉圭、墨西哥、牙买加、安提瓜、巴布达、巴哈马、格陵兰、阿根廷、圭亚那、伯利兹、圣基茨、特克斯、多巴哥、凯科斯、尼维斯、阿鲁巴、百慕大、多米尼加、厄瓜多尔、巴巴多斯、玻利维亚、多米尼克、哥伦比亚、格林纳达、洪都拉斯、马提尼克、尼加拉瓜、萨尔瓦多、圣卢西亚、特立尼达、危地马拉、委内瑞拉、波多黎各、瓜德罗普、开曼群岛、圣文森特、哥斯达黎加、蒙特塞拉特、法属圭亚那、格林纳丁斯、荷属安的列斯、圣皮埃尔、密克隆群岛、马尔维纳斯群岛、英属维尔京群岛、美属维尔京群岛。

非 洲

刚果、埃及、贝宁、南非、加蓬、加纳、多哥、马里、苏丹、中非、乍得、刚果（金）、安哥拉、马拉维、卢旺达、布隆迪、圣多美、乌干达、冈比亚、摩洛哥、几内亚、留尼汪、尼日尔、赞比亚、突尼斯、索马里、利比亚、肯尼亚、塞舌尔、喀麦隆、吉布提、佛得角、科摩罗、莱索托、博茨瓦纳、莫桑比克、坦桑尼亚、津巴布韦、斯威士兰、塞内加尔、科特迪瓦、塞拉利昂、尼日利亚、纳米比亚、毛里求斯、利比里亚、西撒哈拉、普林西比、圣赫勒拿、厄立特里亚、马达加斯加、毛里塔尼亚、阿尔及利亚、布基纳法索、赤道几内亚、几内亚比绍、埃塞俄比亚。

大洋洲

汤加、关岛、斐济、瑙鲁、纽埃、帕劳、图瓦卢、托克劳、瓦利斯、萨摩亚、富图纳、新西兰、澳大利亚、基里巴斯、诺福克岛、库克群岛、瓦努阿图、所罗门群岛、马绍尔群岛、美属萨摩亚、皮特凯恩群岛、密克罗尼西亚、新喀里多尼亚、法属波利尼西亚、巴布亚新几内亚。

——以上摘自国家百科全书网

第二节 语　句

在本节里诗、词、曲句、新闻长句等训练内容虽然有词语环境，但训练速度仍不宜过快，应以"记录速度"为宜，即可以书写记录的速度进行吐字归音练习。"记录速度"并不是音节与音节之间放慢速度，而是音节之内各音素之间要"拉开立起"，尤其是承担字腹的音素，时值要长，特别是句中突出语言目的的词内的主要元音更要"拉开立起"。"记录速度"也不是音节与音节之间的等距离（等时间）分配，应根据词、词组、语节等"归堆儿、抱团儿"以不割裂语意为前提（结合在气息一章中关于换气训练的方法进行理解与掌握）。做到"音断意不断"，"音断、气断意不断"，把握好"慢而不断"，还要求做到句中的无声调轻声词一定轻读，例如语气词、助词等，有声调的副词也要把握"一带而过"，以此显现对比、突出重音（关键词）。例如前面章节中提到的关联词、连词、介词等。

在设计语境、拉开字腹的同时，体会气息控制的力度。由于速度较慢，加之句子较长，新闻播报练习应结合前面气息训练要领及提示，在气息不够的情况下应运用补气或偷气的方法完成气息的控制和语意的连贯。诗词曲句练习时，同样不要见标点符号就换气，尽量保持"一意（一句或几句）一口气"，也可采用补气等方式完成表达。

宋词的表现形式在于句子的长短变化，与五言、七言等格律诗比较，表达时会显得相对灵活，听觉感受不那样对称或呆板，但要防止因句子内容与情感的变化引起声调调值的缺陷。在训练诗、词、曲句前，请先找出每一句诗、词、曲的出处与深刻理解作品含义，并了解作者的写作背景及作者简介。

一、诗词名句

五言句

海内存知己,天涯若比邻。

——王勃《送杜少府之任蜀州》

雪暗凋旗画,风多杂鼓声。

——杨炯《从军行》

那堪玄鬓影,来对白头吟。

——骆宾王《在狱咏蝉》

魂随南翥鸟,泪尽北枝花。

——宋之问《度大庾岭》

幽独空林色,朱蕤冒紫茎。

——陈子昂《感遇》

绿树村边合,青山郭外斜。

——孟浩然《过故人庄》

明月松间照,清泉石上流。

——王维《山居秋暝》

柴门闻犬吠,风雪夜归人。

——刘长卿《逢雪宿芙蓉山主人》

春水碧于天,画船听雨眠。

——韦庄《菩萨蛮》

扪膺呼苍天,生死将奈向!

——梅尧臣《汝坟贫女》

无火炙地眠,半夜皆立号。

——孟郊《寒地百姓吟》

只在此山中,云深不知处。

——贾岛《寻隐者不遇》

春种一粒粟,秋收万颗子。

——李绅《悯农》

山前有熟稻,紫穗袭人香。

——皮日休《橡媪叹》

医得眼前疮，剜却心头肉。

——聂夷中《伤田家》

旄尽风霜节，心悬日月光。

——杨维桢《题苏武牧羊图》

白云海色曙，明月天门秋。

——王世贞《登太白楼》

无限河山泪，谁言天地宽？

——夏完淳《别云间》

七言句

棠梨叶落胭脂色，荞麦花开白雪香。

——王禹偁《村行》

无可奈何花落去，似曾相识燕归来。

——晏殊《浣溪沙》

帘虚日薄花竹静，时有乳鸠相对鸣。

——苏舜钦《初晴游沧浪亭》

朱弦已为佳人绝，青眼聊因美酒横。

——黄庭坚《登快阁》

风翻蛛网开三面，雷动蜂窠趁两衙。

——陈师道《春怀示邻里》

孤臣霜发三千丈，每岁烟花一万重。

——陈与义《伤春》

但知绕树如飞鹊，不解营巢似拙鸠。

——曾几《寓居吴兴》

何必桑乾方是远，中流以北即天涯。

——杨万里《初入淮河》

蝴蝶双双入菜花，日长无客到田家。

——范成大《四时田园杂兴》

楼船夜雪瓜洲渡，铁马秋风大散关。

——陆游《书愤》

绿遍山原白满川，子规声里雨如烟。

——翁卷《乡村四月》

黄梅时节家家雨，青草池塘处处蛙。

——赵师秀《约客》

池塘水满蛙成市，门巷春深燕做家。

——方岳《农谣》

绢未脱轴拟输官，丝未落车图赎典。

——戴复古《织妇叹》

草合离宫转夕晖，孤云飘泊复何依！

——文天祥《金陵驿》

夕阳一片寒鸦外，目断东南四百州。

——汪元量《湖州歌》

郁郁秋梧动晚烟，一夜风露觉秋偏。

——元好问《外家南寺》

只恐江南春意减，此心元不为梅花。

——刘因《观梅有感》

南渡君臣轻社稷，中原父老望旌旗。

——赵孟頫《岳鄂王墓》

山舍墓田同水曲，不堪梦觉听啼鹃。

——虞集《至正改元辛巳寒食日示弟及诸子侄》

中原地古多劲草，节如箭竹花如稻。

——王冕《劲草行》

紫塞风高弓力强，王孙走马猎沙场。

——萨都剌《上京即事》

共抓短笛与长鞭，南陇东冈去相逐。

——高启《牧牛词》

但愿苍生俱饱暖，不辞辛苦出山林。

——于谦《咏煤炭》

幕府高临碣石开，蓟门丹旐重徘徊。

——李攀龙《挽王中丞》

剑分胡饼从人后，手掬流泉已自多。

——戚继光《登舍身台》

叩门无人室无釜，踯躅空巷泪如雨。

——陈子龙《小车行》

鼎湖当日弃人间,破敌收京下玉关。

——吴伟业《圆圆曲》

落红不是无情物,化作春泥更护花。

——龚自珍《己亥杂诗》

晴空骤雨忽倾盆,凶夷无所施其暴

——张维屏《三元里》

万里乘风去复来,只身东海挟春雷。

——秋瑾《黄海舟中日人索句并见日俄战争地图》

长短句

叶上初阳干宿雨,水面清圆,一一风荷举。

——周邦彦《苏幕遮》

锦瑟华年谁与度?月桥花院,琐窗朱户,只有春知处。

——贺铸《青玉案》

佳节又重阳,玉枕纱厨,半夜凉初透。

——李清照《醉花阴》

目尽青天怀今古,肯儿曹恩怨相尔汝?举大白,听《金缕》。

——张元干《贺新郎》

靖康耻,犹未雪;臣子恨,何时灭?驾长车踏破、贺兰山缺。

——岳飞《满江红》

素月分辉,明河共影,表里俱澄澈。

——张孝祥《念奴娇·过洞庭》

八百里分麾下炙,五十弦翻塞外声,沙场秋点兵。

——辛弃疾《破阵子》

一水横陈,连岗三面,做出争雄势。

——陈亮《念奴娇》

天时地利与人和,"燕可伐欤?"曰:"可。"

——刘过《西江月》

芳径,芹泥雨润。爱贴地争飞,竞夸轻俊。

——史达祖《双双燕》

纵豆蔻词工,青楼梦好,难赋深情。

——姜夔《扬州慢》

应笑书生心胆怯,向车中,闭置如新妇。空目送,塞鸿去。

——刘克庄《贺新郎》

黄蜂频扑秋千索,有当时,纤手香凝。

——吴文英《风入松》

谁知道,断烟禁夜,满城似愁风雨。

——刘辰翁《永遇乐》

渐新痕悬柳,淡彩穿花,依约破初暝。

——王沂孙《眉妩》

暮雨相呼,怕蓦地、玉关重见。未羞他、双燕归来,画帘半卷。

——张炎《解连环》

绿遍山原白满川,子规声里雨如烟。

——翁卷《乡村四月》

倚着栏干,凝望时节,寺宇周回,贼军间列稍宁贴。

——董解元《西厢记诸宫调·白马解围》

顷刻间游魂先赴森罗殿,怎不将天地也生埋怨。

——关汉卿《窦娥冤》

碧云天,黄花地,西风紧,北雁南飞。晓来谁染霜林醉。

——王实甫《西厢记》

今日春来明朝花谢,急罚盏夜阑灯灭。

——马致远《〔双调〕夜行船》

望西都,意踌躇,伤心秦汉经行处。

——张养浩《中吕·山坡羊》

更几个多娇女,一般穿着,一样妆梳。

——睢景臣《〔般涉调〕哨遍》

炷尽沉烟,抛残绣线,恁今春关情似去年。

——汤显祖《牡丹亭》

(书中诗词曲句全部摘自华东师范大学出版社《中国古代文学作品选》。)

二、新闻长句

国内新闻

2008年5月12日下午14时28分,四川省汶川县发生7.8级地震,北京、上海、天津、山西、陕西等全国多个省市有明显震感。地震发生后，胡锦涛总书记指示尽快抢救伤员。温家宝总理赶赴灾区指导救灾。

中新网8月8日电 作为北京奥运会开幕式最具看点之一的文艺表演，今晚揭开她神秘的面纱。张艺谋潜心两年半的力作，不负国人期待。古代与未来，中国与世界，都在这场开幕式上一一得到呈现，炫目焰火与浓厚的中国风格表演轮番上场，给人留下深刻印象。

新华社北京3月13日消息，中国人民政治协商会议第十一届全国委员会第二次会议圆满完成各项议程后，昨天上午在北京人民大会堂胜利闭幕。

新华网北京6月11日体育专电（记者何军、涂超华、王恒志）南非世界杯足球赛在亿万人翘首企盼中隆重开幕，全世界开始进入"南非时间"。在品味足球盛宴之前，一顿清爽欢快的非洲文化大餐首先让广大球迷开胃。

新华社北京7月14日电，我军士官制度将实行重大改革。中央军委颁发了《深化士官制度改革方案》。新的士官制度今年12月1日起正式施行。

新华社北京8月6日电（记者张雷、孙涛）南航新疆分公司今天将派出一架包机飞往巴基斯坦首都伊斯兰堡，将195名受困巴基斯坦洪水的中国工人接回祖国。

中央台消息：由中央人民广播电台"华夏之声"主办的"我看澳门回归十年"征文获奖作品昨天在北京揭晓。由澳门、香港作者撰写的《在"文化沙漠"里尽享文化盛宴》《千帆济渡春无数，万木欣欣各鹏程》《翱翔的，不只是双翼》等3篇征文作品荣获一等奖。《澳门符号之十年回归》等6篇征文作品获二等奖，《"一国两制"让澳门的明天更美好》等12篇征文作品获三等奖。

新华社北京7月14日电，据国家地震台网测定，北京时间今天凌晨2点05分，台湾花莲海域发生6.7级地震，震源深度约6公里，震中距花莲县约60公里，距台北市120公里。4点28分，又发生了5.0级余震。

新华社北京8月3日电（记者张国亮）北京时间昨天下午，吉利集团与福特汽车公司在伦敦举行沃尔沃资产交割仪式。吉利集团宣布，圆满完成对沃尔沃轿车公司的全部股权收购。

新华社北京8月3日电 中央气象台预报：今明两天，华北南部、黄淮大部、江淮、江汉、江南、华南大部、重庆大部、贵州东部、陕西南部等地有35℃~37℃的高温天气，其中，浙江中部、江西中北部、湖南北部等地的部分地区最高气温可达38℃~40℃。

新华社北京8月4日电（记者黄少焕）今天是广州亚运会开幕倒计时100天，广州市副市长、亚组委常务秘书长许瑞生昨天表示，亚运筹备进入冲刺阶段，场馆建设进展顺利。

新华社北京8月5日电（记者毛更伟 张华杰）8月3号到4号，中共中央政治局常委、国务院总理温家宝到吉林省考察指导防汛抗洪工作，看望慰问奋战在抗洪抢险救灾一线的广大军民。

新华社北京8月8日电（记者刘华栋 王伟 林园）青岛市大力推进保障性住房建设，以廉租房、公租房、经济适用房、限价商品房和商品住房并举，努力形成"低端有保障、中端有支持、高端有市场"的良好局面。

新华社北京8月8日消息（记者刘乐）中共中央政治局常委、国务院总理温家宝昨天先后登门看望为我国科技发展和现代化建设事业做出重要贡献的何泽慧、吴文俊、朱光亚、王大珩先生，向他们献上寓意吉祥和祝福的鲜花，致以深情的问候和良好的祝愿。

新华社北京8月8日电（记者傅开强 徐晓羽 刘鹏）代号为"前卫-2010"的济南战区防空部队"单元合成"演练圆满昨天落幕，部队以实兵实弹实射检验了5天来的演练成果。

新华社北京8月8日电（记者黎政祥 欧阳莹）中央批准湖南长株潭城市群为全国"两型"社会建设，即"资源节约型、环境友好型社会"综合配套改革试验区两年多来，试验区先行先试取得实质性进展。今年上半年，长株潭三市对湖南全省经济增长的贡献率达42.6%。

新华社北京8月9日消息（记者吴卓胜 李妍昕），乌鲁木齐启动"社区公益电影放映"工程，将把5000多场电影送进社区，让居民在家门口观看优秀电影。

新华社北京8月9日电（记者赖臻）值北京奥运城市体育文化节期间，9日上午，北京的一家广播频率恢复了工间操的广播时段，而有近4000人参加的工间操大型展演活动也即将在太庙举行。

新华社北京8月9日电，中共中央政治局常委、国务院总理温家宝赶赴甘肃舟曲灾区，并在专机上召集随行的国务院有关部门负责人召开会议，决定成立国务院舟曲抗洪救灾临时指挥部并作出部署。

据中央人民广播电台《新闻和报纸摘要》06时37分报道，中央台消息：为表达全国各族人民对甘肃舟曲特大山洪泥石流遇难同胞的深切哀悼，国务院决定，2010年8月15日举行全国哀悼活动，全国和驻外使领馆下半旗志哀，停止公共娱乐活动。

8月15日，广袤的华夏大地又一次沉浸在无比悲痛中。从天安门广场到舟曲抢险现场，从北国边陲到南海之滨，各地纷纷以降半旗、集体默哀等多种形式，向在舟曲特大山洪泥石流灾害中遇难的同胞表达深切哀悼之情。

今天，由上海世博局及特许商品经营办公室授权发行的"10·1"限量版徽章正式在园区内上架。

由于国庆节当天便是上海世博会中国国家馆日，"10·1"限量版徽章的设计也融入中国馆元素，不仅刻有中国馆外形及"中国国家馆日"字样，还特别标注发行日期，具有一定的收藏价值。据悉，该限量版纪念徽章仅在园区内发行，限量5000枚。

10月7日，上海世博会闭幕歌曲《难说再见》MV在世博园开拍，谭晶、周华健与300名世博志愿者参加拍摄。据MV导演武亚葳透露，世博园内的取景地主要包括中国国家馆、庆典广场、世博轴阳光谷三个部分，园区外则到黄浦公园、公交车站、地铁站等地流动取景，展现世博志愿者风采。

国际新闻

中新社伦敦1月1日电（记者魏群）超过二十万人在新年来临之际，聚集在伦敦泰晤士河畔，倾听一年一度的大本钟撞响午夜新年钟声。而让他们略感失望的是，新年庆典也罩上了经济衰退的影子——伦敦的焰火表演比往年缩短了两分钟。

中新网1月4日电 据法新社报道，法国外交部4日表示，法国驻也门大使馆已经关闭。由于面临"基地"组织的恐怖威胁，美英两国已在3日关闭了驻也门首都萨那的大使馆。

中新网1月4日电 据香港《文汇报》4日报道，世界自然基金会（WWF）日前公布全球十大濒临绝种动物名单，鉴于2010年为中国农历虎年，基金会特别将野生老虎列为名单之首，加强名单的象征意义，以唤醒世人对拯救濒危动物的关注。

中新网1月4日电 据美国媒体报道，印度北部日前异常寒冷，已有30多人因天气原因死亡，其中因大雾笼罩导致的火车事故造成10人死亡。

中新网1月5日电 日本汽车销售协会联合会与全国微型车协会联合会5日公布的2009年日本国内新车销量（包括轻型车）显示，销量连续5年下降，为4609255辆，较上一年下降了9.3%，自1978年来首次跌破500万辆。

中新网1月13日电 综合报道，海地于当地时间1月12日下午，遭遇200多年来最为严重的地震。震后海地首都太子港成为一片废墟，到处是死伤民众，数万人家园被毁，无处可去。驻海地外国援助机构等组织汇总的消息显示，这场海地历史上强度最大的地震造成了数以千计的人遇难。

据法新社13日报道，在海地发生7.0级强烈地震后，美国、法国、加拿大和拉丁美洲多国政府均快速行动起来，加速向灾区提供紧急救援。此次地震导致海底大量建筑倒塌损毁，具体伤亡人数目前尚无准确数字。

中新网曼谷3月11日电（记者 顾时宏）泰国总理阿披实10日主持国家安全会议，副总理素贴、内长操哇腊、国防部长巴逸上将、最高统帅颂吉迪上将、陆海空三军司令、三军总参谋长等出席了会议，代理警总署长也派代表参与了会议。

中新网3月11日电 据外电报道，得益于旗下各种电信资产包括美洲电信的股价大涨，墨西哥电信巨头卡洛斯-斯利姆（Carlos Slim）以535亿美元的财富成为从发展中国家走出的第一位世界首富。

中新网4月21日电 据外电21日报道，俄罗斯第一列高速火车"游隼"号连接了莫斯科和圣彼得堡两座最大的城市。列车开通后，在大大缩短两地间距离的同时，却也引发了沿线民众的抗议。

中新网 5 月 25 日电 据伊通社报道，伊朗总统艾哈迈迪内贾德 23 日对俄罗斯部分官员对于伊朗、巴西、土耳其三方核燃料交换协议的无端指责予以反驳，并警告他们需谨言慎行。

中新网 5 月 25 日电 据外电报道，25 日，泰国政府一名安全部门高官说，泰国政府宣布，将包括首都曼谷市和其他 23 个省在内的宵禁措施延长至少 4 天。

中新网 6 月 12 日电 据新加坡《联合早报》报道，分析人士 11 日表示，英国石油公司（BP）高层预计可能将耗资高达 60 亿美元，用于清理墨西哥湾油污。

中新社曼谷 8 月 9 日电 泰国海军总司令 9 日表示，泰国正准备派出两艘战舰协助联合国在索马里执行打击海盗的任务。他说，海军人员和设备正整装待命，但仍需等待泰内阁的批准。

中新网 8 月 9 日电 据外电报道，俄罗斯官员称，因为森林大火向乌拉尔地区蔓延，威胁到当地"灯塔"核废料加工厂，当局 9 日宣布奥焦尔斯克市进入紧急状态。

第三节 故　　事

采用小故事进行训练，语速仍然不要求快，比记录速度稍快一些即可，以"中速"进行说讲。在规定速度熟练掌握吐字归音的前提下，使气息在有控制的状态下，运用共鸣及声音弹性，根据故事的环境、时间、地点与人物的年龄、性格、性别、身份等特点，分析理解与把握故事中的"对白、旁白与独白"。防止追求形似而忽略神似！有声语言的处理应随内容变化、情节起伏做到故事脉络清晰、流畅，人物语言形象、生动。故事里短句较多，要根据语义合理处理停连。切记，有声语言在表达中不完全受标点符号的限制，例如，一般在文章中并列关系的词、词组、短句之间的顿号或逗号是不做"停顿"或"换气"处理的。同时还要注意不应因为速度稍慢而影响了故事的生动表达。

信任的力量

一位犯人越狱了，在亡命途中，他大肆抢劫钱财，准备逃跑。在抢得足够的钱财后，他乘上开往边境的火车。火车上很挤，他只好站在厕所旁。

这时，一位漂亮的姑娘走进厕所，关门时却发现门扣坏了。她走出来，轻声对他说："先生，你能为我把门吗？"

他一愣，看着姑娘纯洁无邪的眼神，点点头。他像一位忠诚的卫士一样，严严地守着门。

在这一刹那，他突然改变了主意。下一站下车去投案自首。

修建自己的码头

有一个人一直想成功，为此，他做过种种尝试，但到头来都以失败告终。

他非常苦恼，就跑去问他的父亲。他的父亲是一个老船员，他意味深长地对儿子说："要想有船来，就必须修建自己的码头。"儿子听了这话沉思了良久。

这之后，他不再四处尝试，而是静下心来好好读书。后来，他不但上了大学，而且成了令人羡慕的博士后。不少公司现在都请他加盟。

珍珠与沙子

老人从脚下的沙滩上捡起一粒沙子，让年轻人看了看，然后就随便地扔在了地上，对年轻人说："请你把我刚才扔在地上的那粒沙子捡起来。"

"这根本不可能！"年轻人说。

老人没有说话，从口袋里掏出一颗晶莹剔透的珍珠。也随便地扔在了地上，然后说："你能不能把这颗珍珠捡起来？"

"这当然可以！"

"那你应该明白为什么了吧？你应该知道，现在你自己还不是一颗珍珠，所以不能苛求别人立即承认你。"

沙漠玫瑰

一个朋友从以色列来，给我带了一朵沙漠玫瑰。拿在手里，是一蓬干草，真正枯萎、干的、死掉的草。但是他要我看说明书。说明书告诉我，这个沙漠玫瑰其实是一种地衣，有点像松枝的形状。你把它整个泡在水里，第8天它会完全复活；把水拿掉的话，它又会渐渐地干掉，枯干如沙。把它再藏个一年两年，然后哪一天再泡在水里，它又会复活。这就是沙漠玫瑰。

脚边的钻石

一位叫阿利的年轻人，为了寻找钻石，变卖了自己的地产，到很远的地方寻找宝藏去了。而买下阿利地产的人，把骆驼牵到后院小河边喝水，骆驼凑到河边时，这人发现了一块闪光的东西，原来是块钻石。

不久，卖房的那位青年空手而归，来到自己原来的住处，发现在自己原来的地产上，正开掘钻石。

人们往往舍近求远，其实钻石就在你的脚边。

建造自己的房子

一位老木匠准备退休。老板舍不得他的好工人走，问他能否帮忙再建一座房子。

老木匠心不在工作上，消极怠工，建的房子偷工减料。房子盖好的时候，老板却把钥匙交给了他。

"这是你的房子，"老板说，"我送给你的礼物。"

他震惊得目瞪口呆，羞愧得无地自容。如果他早知道是在给自己建房子，他怎么会这样呢？现在他得住在一幢粗制滥造的房子里！

成功需要别人承载

一位年轻人想到爱迪生的实验室去工作。爱迪生问他的志向。年轻人满怀信心地说："我想发明一种万能溶液，它可以溶解一切物品。"

爱迪生听罢惊奇地说："那么，你想用什么器皿放置这种溶液呢？它不是溶解一切物品吗？"

年轻人面红耳赤，哑口无言了。

希 望

一行人在沙漠中考察，迷失了方向，被撂在了茫茫沙漠中，干粮没有了，水也没有了。一位老队员临死时把剩下的人召到一起，留给他们一个满满的水壶。对他们说：我是不行了，这壶水你们带上，记住，不找到新水源，这壶水千万别打开。

剩下的队员背着壶去找水，终于坚持到了那个时刻，他们打开了一直带在身上的那壶水。

结果，倒出来的全是沙子。

美

我到一座花园去参观，看到园中的花正盛开，树都苍翠，忍不住赞叹地说："这些花和树是多么的美呀。"

花园的主人笑起来，说："在这个世界上没有丑的树，也没有丑的花。不要说是这花园，即使是路边的花树也都是很美的。"

花园主人的说法令我感到意外，确实，世上没有一棵树是丑的，也没有一朵花是丑的，我以前怎么没有发现呢？

相对于一棵树或一朵花，作为人的我们就显得有各种分别：是非、善恶、高低、美丑，高尚得像一棵树，完美得如一朵花的人，是多么少见呀。

抉 择

德国有一位扳道工，他接到通知，有两列火车通过。当他准备扳道岔时，突然发现自己的孩子在铁轨中玩耍，全然不知飞驶过来的火车。他如果马上去救孩子，就来不及去扳道岔，这样就使得两辆火车相撞。

危机关头，扳道工对孩子大吼一声："快趴下！"随即迅速扳好道岔，火车呼啸而过。

扳道工瘫倒在地，不敢看对面的铁轨。但是，孩子还活着。

每天给自己一个微笑

一位医生，素以医术高明享誉医学界。在他事业蒸蒸日上时，不幸得了重症。这不啻当头一棒。一度，他情绪低落、消沉。但他后来接受了这个事实，而且心态也变了，变得宽容、谦和。再后来，他变得十分快乐了。病魔也望之却步，他平安地生活着。

有人问他，什么神奇的力量支撑着他，他说："每天给自己一个微笑，一个希望。"

请把脚步放轻些

在北大百年校庆的时候，一部分校友在一天中午去看望他们的师长，著名的"北大三老"季羡林先生、张中行先生、金克木先生。三老的住处地处北大一隅，距离大家的聚会地有一段路程。开始的时候，大家还是有说有笑的，但当接近师长们的住所时，这些已蜚声中外的校友都不由自主地放轻了脚步，相互交换着眼神：师长们是否正在午睡？我们不要惊扰了师长的睡眠啊！

出奇制胜

为推销木梳，某君打探到一个久负盛名、香火极旺的名刹宝寺。找到庙内方丈，向他进言：凡进香朝拜者无一不怀虔诚之心，希望佛光普照，恩泽天下。大师为得道高僧，且书法超群，能否题"积善"二字并刻于木梳之上，赠与进香者，让这些善男信女，梳却三千烦恼丝。

方丈闻听，大喜过望。并拟主持"积善梳"首发仪式。

悲乐之别

有一位记者问萧伯纳先生："请问乐观者与悲观者的区别何在？"

萧伯纳抚摸着胡须想了想说："这很简单，假定桌子上有一瓶只剩下一半的酒。看见这瓶酒的人如果高喊'太好了，还有一半！'这是乐观者。如果对着这瓶酒叹息：'糟糕，只剩下一半了。'那就是悲观者。"

等 待

一位商人把珠宝玉器放在一把竹柄油纸伞中回家。不料在一个叫唐家寺的小镇，雨伞被别人随便拎走。

于是他便住下来，租房子做起了修伞的生意。实际暗中寻伞。最后终于想尽办法，得到了那把伞。

我们由衷感叹商人的沉着、冷静、睿智与大气。

富 有

上帝化作常人来到一个穷人家里，将一袋粮食送给了他。

在穷人家，上帝看到了这样的情景——穷人家里只剩下光秃秃的四壁了，但他们没有烦恼，孩子们的欢笑洋溢其间。

上帝说:"你们这样穷,有什么可高兴的?"

穷人说:"我们穷吗?不,我们并不穷,我们只是没有钱而已。"

顺其自然

俩人相对而坐,桌面上有两堆同样的瓜子,俩人正在埋头嗑着。他们嗑瓜子的方法不同,一人从小到大嗑,一人从大到小嗑。

先嗑小瓜子的那人埋怨说:"真倒霉!而你每次却嗑最大的。"

那人说:"我挑大瓜子嗑,桌面上剩下的越来越小;你则不然,先嗑小的,剩下的越来越大。"

面对生活,你从大到小嗑也好,从小到大嗑也罢,顺其自然就行!

缘

某一天的某一刻,我信步走出房门,来到某一棵树下,这时吹来一阵风,飘来一片落叶,由此引出一首诗。一切都很自然,就好比佛家的"禅",不容细想的。

这就是缘。

很多年前路过一个无名小镇,随便去了一家旅馆,店家的相貌平常得令人过目即忘,但待人不错,那夜我睡得很香,次日天亮,又乘车继续赶路。或许今生我再也不会见到那个小镇、旅馆及店主……这些残缺不全的美好记忆,却构成了我一生中最大的想象空间。

这就是缘。

生命的最后

前不久,大连市公汽联营公司702路422号双层巴士司机黄志全,在行车的途中突然心脏病发作,在生命的最后一分钟里,他做了三件事:

——把车缓缓地停在路边,并用生命的最后力气拉下了手动刹车闸;

——把车门打开,让乘客安全地下了车;

——将发动机熄火,确保了车和乘客的安全。

他做完了这三件事,趴在方向盘上停止了呼吸。

这只是一名平凡的公汽司机,他在生命最后一分钟里所做的一切也并不惊天动地,然而许多人却牢牢地记住了他的名字——黄志全。

寻找快乐

一群年轻人到处寻找快乐,却遇到许多烦恼、忧愁和痛苦。

他们向苏格拉底请教,快乐到底在哪里?

苏格拉底说:"你们还是先帮我造一条船吧!"

这帮年轻人暂时把寻找快乐的事放到一边,找来造船的工具,用了七七四十九天,锯倒了一棵又高又大的树,挖空树心,造出一条独木船。

独木船下水了，他们把苏格拉底请上船，一边合力荡桨，一边齐声唱起歌来。苏格拉底问："孩子们，你们快乐吗？"

他们齐声回答："快乐极了！"

苏格拉底道："快乐就是这样，它往往在你为着一个明确的目的忙得无暇顾及其他的时候突然来访。"

美丽的心

在一个演讲会上，一位听众问我："林先生，我发现来听你演讲的人，不论男女都长得很美丽。我想请问你，是美丽的人特别喜欢读你的书呢，还是读了你的书会变得美丽？"

由于他的问题如此突兀，引起一阵哄堂大笑。

我说："你看到这些人这么美丽，那是因为你有美丽的心来看他们，就像现在我们看着你，觉得你也十分美丽呀！"

演讲完后，我沿着夜黯的公园走回家，发现在月色中的公园也非常的美丽，花树温婉，池水浮金，空气中流着花香，是呀！这世界如此美丽，有的人特别容易看见，是缘于他们有美丽的心。

价　值

每到一个地方，我总会捡一些当地的石头回来作纪念，有些朋友无法理解，会问我："石头究竟有什么价值呢？"

"石头并没有真正的价值，它是一个地方最好的纪念，是金钱也不能买到的。"我说。

在我们的世界，所有的事物都有存在的理由，一块石头、一朵野花、一株小草都是在诉说自己的价值。

姻　缘

我坐在院子里，正欣赏着一朵刚开放的木槿花，正是清晨，木槿花还带着昨夜的露水，在晨曦中微笑。

这时候，一只蜜蜂从阳光里穿行而来，它几乎毫不犹豫的，就停在那一朵木槿花上，那样投入、专注而忘情地吸着花蜜。

微笑、带着露水的木槿花；专注、浑然忘我的蜜蜂，看起来就如同在亲吻一样。

但是，木槿花与采花蜂是带着什么爱情而在城市的阳台上会合的呢？这时空的无限与广大，使我感到一只蜜蜂找到一朵木槿花就是奇迹！连接着它们姻缘的线不是偶然的！

花究竟有什么好吃，使蜜蜂穿越城市来寻找和吸取呢？

等蜜蜂飞走了，我摘下那朵木槿花来吸，发现花中果然有着清香甜美的汁液。

乡　情

第一次出国，妈妈帮我整理行李，行李整得差不多的时候，她突然拿出一个透明的小瓶子，里面装着黑色的东西。

"把这个带在行李箱里，保佑旅行平安。"妈妈说。

"这是什么密件？"

妈妈说："这是我们庭门口抓的泥土和家里的水。你没听说旅行如果会生病，就是因为水土不服，带着一瓶水土，你走到哪里，哪里就是故乡，就不会水土不服了。"

温情的钥匙

一位烦恼的妇人来找我，说她正为孩子的功课烦恼。

我说："孩子的功课应该由孩子自己烦恼才对呀！"

她说："林先生，你不知道，我的孩子考试考第四十名，可是他们班上只有四十个学生。"

我开玩笑地说："如果我是你，我一定会很高兴！"

"为什么呢？"

"因为你想想看，从今天开始，你的孩子不会再退步了，他绝对不会落到第四十一名呀！"我说。

妇人听了展颜而笑。

我继续说："这就好像爬山一样，你的孩子现在是山谷底部的人，唯一的路就是往上走，只要你停止烦恼，鼓励他，陪他一起走，他一定会走出来。"

未雨绸缪

某日我有急事要上峨眉山，就在路旁叫了一辆计程车坐上去，没想到司机听说我要到峨眉山，马上又把车子停了下来。我吃惊地问："你为什么停车啊？是不是不想去？"

"对不起！先生！我只是要检查一下，马上就好。"司机笑着说。

等他检查完毕，车子发动之后，我半开玩笑地问："你刚才在检查什么？是不是怕力量不够，爬不上去啊？"

"我是检查刹车系统，如果到下山的时候，才发现刹车失灵，岂不就晚了吗？所以我不怕没有力量冲，只恐没有力量停。不能发，还没有什么；不知收，危险可就大了。未发之前，先得考虑收啊！"

开车与做人的道理岂不是一样的吗？

悟

朋友带我去看他的花园，里面遍植茶花和杜鹃，由于不断培种、育种、接枝的试验，他的花园中五彩斑斓，几乎到了难思难议的地步。朋友说："一个种子埋在土里，基因虽不改变，只要我们在培育、接枝上努力，可以开出完全不同的花！"

我在心里惊呼起来：这不就是觉悟吗！一个人在觉悟的当念，并不是去改变它的种子，而是去嫁接，希望在俗世的种子上开出清净的花来。

学无止境

日语学习班新一期开学报名时，来了一位老者。"给孩子报名？"接待员问。"不，自己。"老人回答，小姐愕然。老人解释："儿子在日本找了个媳妇，他们每次回来，说话叽里咕噜，我听着着急。我想能够同他们交流。""您今年高寿？"小姐问。"六十八。""您想听懂他们的话，最少要学两年。可两年以后您都七十了！"老人笑吟吟地反问："姑娘，你以为我如果不学，两年以后就是六十六吗？"

忙 碌

我对儿子说："如果能像树那么悠闲，整天让凉风吹拂，也是很好的事呀！"

儿子说："爸爸，你错了，树其实是非常忙碌的。"

"怎么说？"

儿子说："树的根要深入地里，吸收水分；树的叶子要和阳光进行光合作用；整棵树都要不断地吸入二氧化碳，吐出氧气；树是很忙的呀！"

香从心散

朋友从印度回来，送给我一块沉香木，外形如陡峭的山，颜色黑得像黑釉。有一种极素朴悠远的香，连绵不绝地从沉香木中渗出，飘在空气里。

最特别的是，那沉香木非常沉重，远非一般的木石可比。

朋友说："这是最上等的乌沉香，由于它的心很坚实，丢到水中会沉到水底，所以也叫沉水香。而且，它的香味是不断从内部散出来，永远也不会消失，这一块已经有几百年的历史，还是和它从前在森林里时一样的香呀！"

现实与浪漫

有两个人结伴到山里去露营。晚上睡觉的时候，一个人问另一个人："你看到什么呀？"

另一个人回答："我看到满天的星星，深深感觉到宇宙的浩瀚，造物主的伟大，我们的生命是多少的渺小和短暂……那你又看到什么了？"

那个先开口说话的人冷冷地说："我看见有人把我们的帐篷偷走了。"

只看星星不顾眼前的纯浪漫主义者可能会冻死饿死，而完全埋头于事务中没有想象力的现实主义者又是多么枯燥乏味。生活需要二者的结合。

浴着光辉的母亲

在我的衣柜里，有一件父亲生前送我的毛衣，这毛衣已经穿了五十年，更可贵的是，这毛衣乃是我母亲新婚不久织给父亲的。

这世界虽然浮华短暂，但只要我们愿意坚持一些更持久的价值，就会发现还是有许多事物愈久愈醇、愈陈愈香。

迎接风雨

我曾经因为有几个大学生登山迷途丧生，而访问某位登山专家。其中一个问题是："如果我们在半山腰，突然遇到大雨，应该怎么办？"

登山专家说："你应该向山顶走。"

"为什么不往山下跑？山顶风雨不是更大吗？"我怀疑地问。

"往山顶走，固然风雨可能更大，却不足以威胁你的生命。至于向山下跑，看来风雨小些，似乎比较安全，但却可能遇到爆发的山洪而被活活淹死。"登山专家严肃地说："对于风雨，躲避它，你只有被卷入洪流；迎向它，你却能获得生存！"

除了登山，在人生的战场上，不也是如此吗？

归乡

"到秋天的时候来看，这条河整个变成红色，所以本地人也叫作血河。"朋友说。

原来，到每年九月的时候，海里的鲑鱼开始溯河而上，奋力游到河的上游产卵。鲑鱼的头是翠绿色，背部是蓝灰色，腹部是银白色，但是一到产卵季溯溪上游的时候，全身都会转变成红色，愈来愈红，红得就像秋天飘落的枫叶一样。

在拥挤向上游的过程中，一些鲑鱼会力尽而死在半途；一些会皮肤破裂，露出血红的肉来；还有一些会被沿途鸟兽吃掉；最终能到上游产卵的只是极少数。

鲑鱼为什么从大海溯溪洄游？至今科学家还不能完全解开其中的谜。

但是，我的朋友却有一个浪漫感性的说法，他说："鲑鱼是在回故乡。所以鲑鱼也可以说是归鱼。"

爱

一个发生在一位游子与母亲之间的故事。游子探亲期满离开故乡，母亲送他去车站。在车站，儿子旅行包的拎带突然被挤断，眼看就要到发车时间，母亲急忙从身上解下裤腰带，把儿子的旅行包扎好。解裤腰带时，由于心急又用力，她把脸都涨红了。儿子问母亲怎么回家呢，母亲说不要紧，慢慢走。多少年来，儿子一直把母亲这根裤腰带珍藏在身边。多少年来，儿子一直在想，他母亲没有裤腰带是怎样走回几里地外的家的。

心药

我想到石头希迁禅师曾开过一帖"心药方"，其中有十味妙药。

好肚肠一条、慈悲心一片、温柔半两、道理三分、信行要紧、中直一块、孝顺十分、老实一个。阴骘全用，方便不拘多少。

他说这一味药应该放在"宽心锅"里炒，不要炒焦躁了，然后放在"平等盆"里研碎。再以"三思"为末，以"六波罗蜜"为丸，做成菩提子大小的药丸，不拘时间每天吃三次，用"和气汤"吞下去。

"果能依此服之，无病不瘥。"禅师说。

这真是一味好药，但愿身心不适的人都可以来试用！

用人之道

奥吉瓦尼·玛斯广告公司的创始人大卫．奥吉瓦尼，每当公司新进一位高层管理人时，他都要赠送给这位管理人员一套俄罗斯套娃。收到这种礼品的员工刚开始都不解其意：老板为什么要送这个呢？

这组套娃是五个由大到小的木娃娃套在一起的，旋开最外边的大的，发现里边还套着一个小一号的，再打开，又是一个更小的，及至第五个，里边放着奥吉瓦尼写的一张纸条：

倘若我们每个人所重用的人都比我们矮，我们的公司就会变成小矮人公司；倘若每个人所重用的人都比我们高，我们公司就会成为巨人公司。

（注：以上大部分摘自《智慧背囊》南方出版社。）

第四节 "快口"

"快口"练习应遵循第二阶段"练速度、求变化"的训练原则，首先在气息、吐字归音正确的前提下提高速度。为了加强气息的控制意识，应严格按照规定"气口"换气。由于语速较快，"气口"间隔不能过长（更不能出声，这是气息一章中吸气的控制要领），否则会破坏"快口"的整体感。发声及呼吸通道要始终保持积极、通畅，"快而不乱"。其次要把每一个"快口"段子当作一个故事来讲，生动、活泼、趣味盎然，尝试在情绪、气息等不同控制进行声音及语势上的起伏变化。

以下每一个"快口"内容都有发音与表达方面的特点，同时也存在学习者容易出现的一些共性问题，例如"刘老六"里的"ou、iou、wei"舌位动程及上声音较容易被忽略，"满天星"里的后鼻音"ing"和句尾的阴平声往往不到位，"十道黑"的心里节奏与谐音数词、动词多数学习者强调不够，平铺直叙有余，风趣幽默不足，又如"报花名"、"报菜名儿"什么花儿、什么菜往往被忽略……练习时要注意。

一、故事"快口"

刘老六

六十六岁的刘老六,修了六十六座走马楼,楼上摆了六十六瓶苏合油,门前栽了六十六棵垂杨柳,垂杨柳上栓了六十六匹大马猴。忽然一阵儿狂风起,吹倒了六十六座走马楼,打翻了六十六瓶苏合油,压倒了六十六棵垂杨柳,跑掉了六十六匹大马猴,气坏了六十六岁的刘老六。

满天星

天上看,满天星,地下看,有个坑,坑里看,有盘冰。坑外长着一老松,松上落着一架鹰,鹰下坐着一老僧,僧前点着一盏灯,灯前搁着一部经,墙上钉着一根钉,钉上挂着一张弓。说刮风,就刮风,刮得那男女老少难把眼睛睁。刮散了天上的星,刮平了地上的坑,刮化了坑里的冰,刮断了坑外的松,刮飞了松上的鹰,刮走了松下的僧,刮灭了僧前的灯,刮乱了灯前的经,刮掉了墙上的钉,刮翻了钉上的弓。只刮得:星散、坑平、冰化、松倒、鹰飞、僧走、灯灭、经乱、钉掉、弓翻的一个绕口令。

十道黑

一道黑,两道黑,三四五六七道黑,八道九道十道黑。我买了一个烟袋乌木杆儿,我是掐着它的两头那么一道黑;二兄弟描眉来演戏,瞧着他的镜子那么两道黑;粉皮儿墙上写川字儿,横瞧竖瞧三道黑;象牙桌子乌木腿儿,把它放着在那炕上那么四道黑;我买了一只母鸡不下蛋,把它搁着在那笼里那么捂到黑;挺好的骡子不吃草,把它牵着在那街上那么遛到黑;买了一只小驴儿不套磨,让它背上它的鞍鞴那么骑到黑;二姑娘南洼去割菜,丢了她的镰刀那么拔到黑;月窠儿的小孩儿得了病,团几个艾球灸到黑;卖瓜子儿的打瞌睡,哗啦啦撒了这么一大堆,他的笤帚簸箕不凑手那么一个一个拾到黑。

喇嘛和哑巴

打南边来了个喇嘛,手里提拉着五斤鳎目;打北边来了个哑巴,腰里别着个喇叭。边提拉鳎目的喇嘛要拿鳎目换北边儿别喇叭的哑巴的喇叭,别喇叭的哑巴不愿意拿喇叭换提拉鳎目的喇嘛的鳎目,提塔鳎目的喇嘛非要拿鳎目换别喇叭的哑巴的喇叭。提塔鳎目的喇嘛急了抡起鳎目打了别喇叭的喇嘛一鳎目,别喇叭的哑巴也急了摘下喇叭打了提塔鳎目的喇嘛一喇叭。也不知是提拉鳎目的喇嘛打了别喇叭的哑巴一鳎目,还是别喇叭的哑巴打了提拉鳎目的喇嘛一喇叭。结果是,喇嘛回家炖鳎目,哑巴站在那嘀嘀嗒嗒吹喇叭。

三国人物歌

一杯酒,刘关张,桃园结义情义长。虎牢关前战吕布,杀退董卓离洛阳。

二杯酒，关云长，力斩华雄酒未凉。华容道上放曹操，忠义二字万古扬。
三杯酒，张桓侯，威镇华夏鞭督邮。大喝一声曹兵退，当阳桥断水倒流。
四杯酒，赵子龙，交城大战称英雄。长坂坡前救阿斗，东吴招婿保主公。
五杯酒，诸葛亮，初出茅庐烧博望。东吴巧舌战群儒，草船借箭助周郎。
六杯酒，黄汉升，年过七十立奇功。巧设计谋烧粮草，定军山下称英雄。
七杯酒，周公瑾，赤壁大战烧曹军。合肥再战张文远，孙权马跳逍遥津。
八杯酒，数马超，西凉起兵反曹操。扶助刘备兴汉室，五虎上将称英豪。
九杯酒，庞凤雏，隐居高山读兵书。蒋干盗书曹营去，巧使连环助东吴。
十杯酒，姜伯约，天水关前拜诸葛。九伐中原军威振，智勇双全事迹多。

（选自《中国绕口令》上海文艺出版社）

二、名词"快口"

报山名

河北狼牙山、山西太行山、内蒙古阴山、黑龙江黑山、吉林长白山、辽宁千山、山东泰山、江苏紫金山、安徽黄山、浙江雁荡山、江西庐山、福建黄岗山、台湾阿里山、河南嵩山、湖北大巴山、湖南衡山、广东白云山、广西象鼻山、海南五指山、香港太平山、澳门石塘山、陕西华山、宁夏六盘山、甘肃祁连山、青海昆仑山、新疆天山、四川峨眉山、贵州苗岭山、云南横断山、西藏喜马拉雅山。

报花名

红牡丹、白牡丹、粉红牡丹、芍药、玫瑰、蔷薇、朱槿、米兰、昙花、樱花、桂花、茶花、金银花、金芙蓉、金乌花、月光花、鸡冠花、凤仙花、杜鹃花、喇叭花、玉簪花、玉兰花、玉蝉花、燕子花、蝴蝶花、天女花、八仙花、海棠花、海桐花、腊梅花、石榴花、石楠花、石菖蒲、十样锦、夹竹桃、美人蕉、虞美人、洋绣球、晚香玉、百里香、满天星、一品红、千日红、月月红、满堂红、紫丁香、紫茉莉、紫罗兰、紫藤罗、水浮莲、子午莲、菖蒲莲、并蒂莲、西番莲、半支莲、半边莲、仙人掌、仙人鞭、仙人球、仙客来、春兰、蕙兰、剑兰、珠兰、君子兰、一叶兰、夏菊、翠菊、洋菊、墨菊、藤菊、千日菊、金鸡菊、佛头菊、延命菊、万寿菊……

报菜名

蒸羊羔、蒸熊掌、蒸鹿尾儿、烧花鸭、烧子鹅、卤煮野鸭、酱鸡、腊肉、松花、小肚儿、凉肉、香肠、什锦酥盘、熏鸡、白肚儿、清蒸八宝鸭、江米酿鸭子、罐儿焖鸡、罐儿焖鸭、山鸡兔脯儿、菜蟒银鱼、清蒸哈什蚂、烩鸭丝儿、烩鸭腰、烩鸭条儿、清拌鸭丝儿、焖黄鳝、焖白鳝、豆腐鲶鱼、锅烧鲤鱼、清蒸甲鱼、抓炒鲤鱼、抓炒面鱼、软炸虾腰、软炸鸡、炸白虾、炝青虾、炸面鱼、炝竹笋、氽银鱼、溜黄菜、芙蓉燕菜、炒虾仁儿、烩虾仁儿、烩银丝儿、烩海参、烩鸽蛋、炒蹄筋儿、蒸南瓜、酿冬瓜、炒丝瓜、酿倭瓜、焖鸡掌、焖鸭掌、熘鲜蘑、熘鱼肚儿、熘鱼骨儿、醋熘鱼片儿、三鲜苜蓿汤、红丸子、白丸子、苏造丸子、南煎丸子、干炸丸子、三鲜丸子、四喜丸子、葱花丸子、豆腐丸子、一品肉、马牙肉、红焖肉、白片肉、樱桃肉、米粉肉、坛子肉、炖肉、大肉、松肉、烤肉、酱肉、酱豆腐肉、烧羊肉、烤羊肉、涮羊肉、五香羊肉、煨羊肉、氽三样儿、爆三样儿、清炒三样儿、白煨杂碎儿、三鲜鱼翅、栗子鸡、红烧活鲤鱼、板鸭、童子鸡。

第五节 片　段

在本节里散文、小说片段应完全进入声音弹性的训练状态，逐步忘记用气、发音、调声、寻找共鸣的"有意"控制。内容选择应本着"先放后收"的训练原则，先训练情感起伏较大的段子，尽量使声音的物理量发挥到最大限度，然后再选择情感较细腻、层次较丰富的段子，使前期声音训练的各个元素综合运用到作品当中。由衷欣赏"自然篇"内气象万千的变化过程以及植物、动物与生物的"万种风情"，认真体会"感受篇"里相对独立的一段内容给人带来的视、听、味、触、嗅等生理反应后引起的心理感受，仔细品味"感悟篇"中咏物言志、由此及彼使人产生的心灵启迪与升华！进入播音创作的初步尝试，实现"情、声、气、音、态、义"的总体把握。

一、自然篇

气球上的五星期（节选）

[法] 儒勒·凡尔纳

热带的雷雨爆发的速度，和它的力量同等惊人。又一道闪电划开了乌云；紧跟着，又打了二十来个闪。像冰雹一样夹在大雨点里的火花，在天幕上画出了许多道五光十色的斑纹……

新儿女英雄转（节选）

袁 静　孔 厥

风吼着，雨又下起来，越下越大。雷，隆隆的滚过。疾风暴雨把苇子都快按到水里了。雨点儿打在荷叶上，像珠子一样乱转。平静的水面，起了波浪。天连水，水连天，迷迷蒙蒙一大片。

大红宝石（节选）

［美］霍桑

一阵浓密而灰暗的大雾正从下面生起，给广袤的景色挂上了点点黑影，雾霭浓重地集中在一起，好像最高的山峰正在召集它的亲属云朵们来开会似的，最后烟雾又凝聚成一团，像是可以供这两个流浪者拾级而登的阶梯。

李自成（节选）

姚雪垠

夏天来了，如果雨多，黄河便开始涨水，大水灌满了河槽。这时船要过黄河就比较困难了。篙往往不管用，撑不到河底，桨也不能完全管用，因为黄河的水不断打旋，好像没有什么规律可循。于是船夫们只好一面用桨，一面用锚。

村妇（节选）

［保］伐佐夫

夜已经将他那漆黑的翅子，展开在契列毕斯的修道院上面了。伊斯开尔的山谷，阴郁的沉默在昏暗的天空下，河流在深处单调的呻吟、作响，正带着沉重的澎湃，扑倒高高在上的悬崖。对面屹立着乌黑的影子，是石壁……

大地的海（节选）

端木蕻良

风，像撒欢似的，使起野马的性子，挟着黄土和灰尘跳跃，一声呼啸，平原变色了。远远的田舍变得模糊，田野间混淆成迷离恍惚的一片。粗大的树，连根儿拔出土皮来，挣扎的摇晃了两下，又栽倒了。茸房的茅草卷逃了，主人看了苦笑着。用一条绳子将石头缚在两端，挂在掀起的房脊上压着。

历史的回声（节选）

李克异

宽阔的江面上，跑着大块的冰排，在冰排的空隙，露出乌黑的翻腾着的江水，朝着出海口奔去。在有太阳的日子，冰排反射着日光，晃人眼睛。在这些日子里，鞑靼海峡是不能行船的。在冰排之间漂浮着上游带来的枯树、乱草、野兽的尸体、各样破烂东西，向世人显示它的无所不包的广阔胸怀。

秋（节选）
巴金

湖水静静地横在下面。水底现出一个蓝天和一轮皓月。天空嵌着鱼鳞似的一片一片的白云。水面浮起一道月光，月光不停地流动。对面是繁密的绿树，树后隐约地现出来假山和屋脊。这一切都静静地睡了。树丛中只露出几点星子似的灯光。湖水载着月光向前流去。

窥视者（节选）
［法］阿兰·罗布·格里耶

大海继续很有规律地冲击悬崖。每一个浪头冲击了凹凸不平的岩石以后，就响起了像瀑布似的从各处一齐落下来的水声，接着是无数白色的小瀑布从岩石的凹洞里向岩石突出的地方流下来，那种潺潺的声音逐步减轻，一直继续到下一个浪头冲上来为止。

荒漠奇踪（节选）
严 阵

初升的太阳，一旦离开远方沙漠的地平线，便很快地腾空而起。这时，绚丽的彩霞，一时之间，都变得金光灼灼。而那些起起伏伏好像无数金字塔排列起来的沙山，也很快地发生变化：向阳的一面，立刻闪起一片耀眼的金黄；背阴那面，从一抹暗灰的暗影中渐渐浮出一层奇异的金绿色。

红日（节选）
吴 强

这是深秋初冬的时节。高粱、玉米、黄豆已经收割完了，枯黑的山芋藤子，拖延在田里，像是一条长辫子。农场上大大小小的一堆堆高粱秆、豆秸，寂寞地蹲伏在那里。听不到鸡啼，看不到牛群，赶牛打场或者进行冬耕的农民们悠扬响亮的声响，也好几天听不到了。

崩溃（节选）
［法］左拉

一天又一天，十月终于流逝过去了，这是连续灰暗与阴郁的天色，风停止了，只为重新引来更昏黑的密云的飞舞。风已卷去灰白天边之下的树叶，赤裸裸的乡野上，只有深而又长的静寂，这静寂里掠过乌鸦的叫声，报告一个严寒的冬季。

哈尔滨之春（节选）
刘白羽

忽然，我看见一片赤裸的地面上，开满了浅蓝色的野菊花，就像从空中落下一片蓝色的彩霞，我两眼一下明亮如火，不顾两脚陷入泥泞。我采了一束野菊捧在手上。野菊吐出淡淡的、淡淡的芳香，纤细的花瓣、鲜艳的颜色、娇嫩的生命，带来了多么美好的春天呀！

呼兰河传（节选）
萧　红

一到了夏天，蒿草长没大人的腰了，长没我的头顶了，黄狗进去，连个影也看不见了。

夜里一刮起风来，蒿草就唰啦地响着，因为满院子都是蒿草，所以那响声就特别大，成群结队地就响起来了。

下了雨，那蒿草的梢上都冒着烟，雨本来下得不很大，若一看那蒿草好像那雨下得特别大似的。

下了毛毛雨，那蒿草上就弥漫得朦朦胧胧的，像是已经来了大雾，或者像是要变天了，好像下了霜的早晨，混混沌沌的，在蒸腾着白烟。

一生（节选）
[法]莫泊桑

被连绵的秋雨浸湿了，林荫路在颤巍巍的白杨树下伸展着。白杨树几乎已都成光秃秃的了，枯叶落了满地。瘦长的树枝在寒风中摇摆，抖动着那即将飘向空中的残叶。这些黄得和金圆一般尽存的残叶，整日里，像不停的秋雨，凄凄切切，离开枯枝，回旋飘舞，落到地上。

一条鱼顺流而下（节选）
谢　冕

这么清的水：从桥上望去，数十米之遥，可以清晰地看到水下的鹅卵石，还有摇曳的水草，那鱼就在水草和石头间滑动。太阳照着。夏季已经过去，它发出温暖的光晕。河两岸，南方的绿树葱茏。人世的尘嚣顿然消失，人们为周遭的清纯和静谧所迷醉，它在艳阳下，绿荫中，如一条鱼欢呼。

春（节选）
朱自清

桃树、杏树、梨树，你不让我，我不让你，都开满了花赶趟儿。红的像火，粉的像霞，白的像雪。花里带着甜味；闭了眼，树上仿佛已经满是桃儿、杏儿、梨儿。花下成千成百的蜜蜂嗡嗡的闹着，大小的蝴蝶飞来飞去。野花遍地是：杂样儿，有名字的，没名字的，散在草丛里，像星星，还眨呀眨的。

珍珠鸟（节选）
冯骥才

阳光从窗外射入，透过这里，吊兰那些无数指甲状的小叶，一半成了黑影，一半被照透，如同碧玉；斑斑驳驳，生意葱茏。小鸟的影子就在这中间隐约闪动，看不完整，有时连笼子也看不见，却见它们可爱的鲜红小嘴儿从绿叶中伸出来。

阿列霞（节选）
[俄] 库普林

马的名字叫塔兰奇克。我已经迷上这头可爱的牲口了。它有四条矫健锋棱的腿，在乱蓬蓬的鬃毛下一双炯炯发光的小眼睛生气地和怀疑地往上翻着，两片光润的嘴唇紧闭着。它的毛色是很少见的，并且相当滑稽：全身都是鼠灰色，可是臀部长了几溜杂色的、白色的和黑花的斑点。

黄河东流去（节选）
李 准

这头牛有四尺四、五寸高，长小身子大项领。四条又粗又短的腿，前胸脯足有一尺半宽，能放下个粮食斗。看着它个子这么大，其实才长一对牙，还不到四岁口。两只眼睛像铜铃一样大，两只弯角青里透亮，特别是那一身黄膘毛色，像绸子一样光亮，最近才脱罢毛，更显得滚瓜流油，像泥捏面塑一样的漂亮精神。

被开垦的处女地（节选）
[苏] 肖洛霍夫

听到门闭的声音，一条系着锁链的、毛色像狼样的、硕大的狗从谷仓下面冲了出来。它一声不响地奔向他们，用后脚站着，露出它那软毛的白色的肚皮，一会儿，被它的颈环勒得喘不过气来，开始低吠起来。它跳到前面，几度翻转身子，想挣断它的锁链。但是铁太牢了，因此它向马厩冲去，是锁链碰着那直伸到马厩门旁的一根铁丝，叮当地发响。

格兰特船长的儿女（节选）
[法] 儒勒·凡尔纳

鲨鱼忽而沉入水底，忽而飞跃前行，矫健惊人。它那灰黑色的双鳍猛烈地打着波浪，尾巴保持着全身的平衡，沿着一条比直的路线前行。它一面向前游，一面瞪着两个突出的大眼睛，欲火仿佛在眼里燃烧着；翻身时，张开的两腭显出四排白牙。它的头很宽，好像一把双头铁锤安在一个长柄上。

绿色的声音（节选）
刘爱文

大地柔软的喉咙里伸出一只只绿色的有声喇叭，叫醒了山林的小鸟，唤醒沉睡了一冬的青蛙。

一个个绿色的音符，如美丽的蝴蝶，飞舞着，穿过大地的肌肤，越过寂寞的心田，直抵生命的深处。拍打小岸的潮声，是绿叶经脉里奔流不息的血液。搅动情感的声音，柔软地、轻柔地、舒坦地，闪亮地流向一颗颗等待回归的灵魂。所有音乐家创作的旋律，都在一片绿叶的绝唱中黯然失色。

德伯家的苔丝（节选）

[英] 哈代

七月已经过去了，跟着来到的是"暑月"，这仿佛是自然的一方面，看着塔布篱厂里的情人那样热烈，特为和他们争胜斗强似的。这块地方上的空气，在春天和初夏的时候，本来非常清新，现在却变得停滞不动，使人困懒了。浓厚的气息老压在他们上面；正午的时候，一片大地好像都昏昏晕去。草原上较高的山坡，都叫跟埃塞俄比亚那里一样地灼热的太阳晒成黄色，不过这里水声潺潺的地方，却还有鲜明青绿的草色。

逼来的春天（节选）

冯骥才

宽展的湖面上到处浮动着大大小小的冰块。这些冬的残骸被解脱出来的湖水戏弄着，今儿推到湖那边儿，明儿推到湖这边儿。早来的候鸟常常一群群落在浮冰上，像乘载游船，欣赏着日渐稀薄的冬意。这些浮冰不会马上消失，有时还会让一场春寒冻结在一起，霸道地凌驾于湖面上。重温昔日威严的梦。然而，春天的湖水既自信又有耐性。它在这浮冰四周，扬起小小的浪头，好似许许多多温和而透明的小舌头，去舔弄着这些渐软渐松渐小的的冰块………

第一场雪（节选）

峻 青

大雪整整下了一夜。今天早晨，天放晴了，太阳出来了。推开门一看，嗬！好大的雪啊！山川、河流、树木、房屋，全都罩上了一层厚厚的雪，万里江山，变成了粉妆玉砌的世界。落光了叶子的柳树上挂满了毛茸茸亮晶晶的银条儿；而那些冬夏常青的松树和柏树上，则挂满了蓬松松沉甸甸的雪球儿。一阵风吹来，树枝轻轻地摇晃，美丽的银条儿和雪球儿簌簌地落下来，玉屑似的雪末儿随风飘扬，映着清晨的阳光，显出一道道五光十色的彩虹。

二、感受篇

一日的春光（节选）

冰 心

然而这狂风，大雪，冬天的行列，排得意外的长，似乎没有完尽的时候。有一天看见湖上冰软了，我的心顿然欢喜，说"春天来了！"

呼啸山庄（节选）

[英] 艾米莉·勃朗特

她是个最招人喜欢的小东西，给凄凉的家里带来了阳光。她那张脸可真是姣丽——长着厄恩肖家的漂亮的黑眼睛，林顿家的细白的皮肤，纤巧的五官，金黄色的鬈发。

吃瓜子（节选）
丰子恺

然而这挑剔颇不容易，因为壳的碎块的一面也是白色的，与瓜仁无异，我误认为全是瓜仁而舔进口中去嚼，其味虽非嚼蜡，却等于嚼砂。

千年一叹（节选）
余秋雨

今天一早，妻子被一种声音惊醒，仔细一听，判断是马蹄走在石路上，便兴高采烈地起床撩窗帘，但是看了一眼就逃回来说："街上空无一人，就像一下子闯进古代，有点怕人。"……

汤姆叔叔的小屋（节选）
[美] 里特·比彻·斯陀

睡梦中的孩子是那么信赖她，她每碰他一下，或者动弹一下，仿佛都有一股电流将一股股的力量注入她的体内。

度春荒（节选）
孙 犁

到树叶发芽，孩子们就脱光了脚，在手心吐些唾沫，上到树上去。榆叶和榆钱，是最好的菜。柳芽也很好。在大荒之年，我吃过杨花。就是大叶杨春天抽出的那种穗子一样的花。这种东西，是不得已而吃之，并且很费事，要用水浸好几遍，再上锅蒸，味道是很难闻的。

迷人的海（节选）
邓 刚

当温热的肉体一接触冰冷的水时，它的感觉并不是冷，恰恰相反，倒像被火燎一下或是感到一把烧热的刀子在全身狠狠一刮。这个感觉倏地一过，那种透骨的凉意才刷地一下浸过来，紧接着像有千万支冰针穿皮肉而进，在骨头上啃着、锯着、钻着……

在县城后面的山上（节选）
范晓波

我像海狮顶球一样含着一块快要超出口腔容量的冰糖从厨房表情诡秘地出来，又想留意地面又怕融化的糖汁从嘴里溢出，模样因此滑稽至极。

……

天空中的糖也逃不过我们的舌头，它悬挂在冬日枞树细如针丝的发梢，状如露珠，色如松脂，不知道是枞枝的分泌物，还是蜜蜂或其他昆虫的粪便，扯下来放到唇边一抹，比糖还甜，只是有些枞枝的青涩味，麻舌头。

童年（节选）
高尔基著　王健夫译

外祖母正坐在我身旁梳头发，她眉头紧皱，嘴里小声念叨着什么。她头上的头发多得出奇，密密实实地遮盖住她的肩膀、胸脯和膝盖，一直垂到地板上，又黑又亮，泛着蓝光。她用一只手把头发从地板上兜起来，悬空提着，挺费劲地把那个木齿稀疏的木梳子插进厚实的发绺里；她的嘴唇撇歪了，一双乌黑发亮的眼睛闪射着愤怒的光芒，她的脸盘在这大堆的头发里变得又小又可笑。

绝顶（节选）
张海迪

他觉得因寒冷而挛缩在一起的身体一点点松弛了，他挛缩得太久，心都累了，累得不能舒畅得喘一口气。现在这种松弛的感觉很好，好像爬到了一个高处，把手里的绳索松开，让身体落下山崖，轻飘飘的。有一次他从一个山坡上跌落下来，就是这种感觉。一个自由落体，毫无恐惧，什么也不想，一切任其自然，就像天上的飞鸟，那会儿他觉得自己是一只鹰，往下俯冲的鹰，鹰在俯冲时样子是那么轻捷，他很羡慕。

壶口瀑布（节选）
梁　衡

这些如钢似铁的顽物竟被水凿得窟窟窍窍，蜂窝杂陈，更有一些地方被漩出一个个光溜溜的大坑，而整个龙槽就是这样被水齐齐地切下去，切出一道深沟。人常以柔情比水，但至柔至和的水一旦被压迫竟会这样怒不可遏。原来这柔和之中只有宽厚绝无软弱，当她忍耐到一定程度时就会以力相较，奋力抗争。据徐霞客游记中所载，当年壶口的位置还在这下游1500米处。你看，日夜不止，这柔和的水硬将铁硬的石寸寸地剁去。

长城秋雨夕（节选）
贾宝泉

秋雨渐渐地停了，云隙间透出蔚蓝的天光，湿重的云团躲进山谷里养神，轻纱似的云缕还留在长城上擦拭游人的履痕。夕阳已走到山后，它的光芒并不离开，依旧穿过云阵照着八达岭的群山，以及足下、头上的长城。长城两侧的山峦上，最美的是枫，是柿树，一株枫就是一个红火把，一株柿树就是一个黄火把，这千千万万的火把，把塞内外的长城烧得黄中透紫，有如一簇簇温度不等的火焰。长城是伸向云天的旗，枫是它的红缨；长城是万里关山上的万里路，云是它的驿站。

笑傲江湖（节选）
金　庸

突然间后院马蹄声响，那八名汉子一齐站起，抢出大门。只见镖局西侧门中冲出五骑马来,沿着马道冲到大门之前。当先一匹马全身雪白,马勒脚镫都是烂银打就,鞍上一个锦衣少年,约莫十八九岁年纪,左肩上停着一头猎鹰,腰悬宝剑,背负长弓,泼剌剌纵马疾驰。身后跟随四骑,骑者一色青布短衣。一行五人驰到镖局门口,八名汉子中有三个齐声叫了起来:"少镖头又打猎去啦!"那少年哈哈一笑,马鞭在空中啪的一响,虚击声下,胯下白马昂首长嘶,在青石板大路上冲了出去。

南方有嘉木(节选)
王旭峰

眼睛又大又黑,长睫毛,鼻梁笔挺,如果不是那么黑葡萄般的眼眸,这鼻梁,就可以说是几乎过于挺拔了。她的皮肤倒也说不上特别的白皙,但细腻光滑的程度,足可与她家自产的绸缎相匹。也许她的唇并非真的红如樱桃,只是当她微微一启唇,露出一口洁白牙齿时,人们才明白,什么叫真正的唇红齿白。她长得的确不像南国女儿那种袅袅娜娜惹人怜爱的媚样儿。她美得堂堂正正,胆大无忌,照她的婆婆看来,她实在是美得有点张狂。你看她头回做新娘,那不慌不忙,心中有数的样子,她一双大脚,无所顾忌的神情。

穆斯林的葬礼(节选)
霍 达

照片上,妈妈文静、端庄,脸上浮现着温柔、慈爱的笑容,纤细优美的手,一只揽着她的腰,一只拉着她的手;她坐在妈妈的膝上,甜甜地偎依着妈妈,两只不谙世事的大眼睛望着镜头微笑,充满了甜蜜。她那时留着长发,垂到肩上,穿着白色的纱裙,白色的长袜,白色的小皮鞋,就像是妈妈抱着一个玩具小洋娃娃。那时候,她才两岁吧?可是,她的脸型、眉毛、眼睛、鼻子、嘴巴都已经看得出很像妈妈。现在,她长大了,她从镜子里看自己的时候,觉得越长越像妈妈了。但是,后来妈妈再也没有和她合拍过照片,十七年,只留下这么一张。

老家(节选)
史铁生

父亲避开我的目光,不说话,满脸通红,转身走开。我不敢再说什么。我知道那不是因为别的,是因为不能忘记的痛苦。母亲去世十年后的那个清明节,我和妹妹曾跟随父亲一起去给母亲扫墓,但是母亲的墓已经不见,那时父亲就是这样的表情,满脸通红,一言不发,东一头西一头地疾走,满山遍野地找寻着一棵红枫树,母亲就葬在那棵树旁。我曾写过:母亲离开得太突然,且只有四十九岁,那时我们三个都被这突来的厄运吓傻了,十年中谁也不敢提起母亲一个字,不敢说她,不敢想她,连她的照片也收起来不敢看……直到十年后,那个清明节,我们不约而同地说起该去看看母亲的坟了,不约而同——可见谁也没有忘记,一刻都没有忘记。

三、感悟篇

苦夏（节选）
冯骥才

四季是来自于宇宙的最大的拍节。在每一个拍节里，大地的景观便全然变换与更新。四季还赋予地球以诗，故而悟性极强的中国人，在四言绝句中确立的法则是：起，承，转，合。这四个字恰恰就是四季的本质。起始如春，承续似夏，转变若秋，合拢为冬。合在一起，不正是地球生命完整的一轮？

壶口瀑布（节选）
梁衡

……而这一切都隐在湿漉漉水雾中，罩在彩虹中，像一曲交响乐，一幅写意画。我突然间陷入沉思，眼前这个小小的壶口，怎么一下子集纳了海、河、瀑、泉、雾所有的水的形态，兼容了喜、怒、哀、怨、愁——人的各种感情。造物者难道是要在这壶口中浓缩一个世界吗？

生活的门（节选）
罗伟章

八年前的夏天，我去过呼伦贝尔盟，大草原上母羊的眼睛，盛得下湖泊，盛得下天空，也盛得下狂风。我认为，那眼睛就是对幸福的阐释。好几年过去，我就按照草原上的母羊给予我的神圣启示，寻找我的幸福，可是，我却……有些事情，你是知道的，更多的事情，你不知道，别人也不知道……

论文艺的空灵与充实（节选）
宗白华

生命的境界广大，包括着经济、政治、社会、宗教、科学、哲学。这一切都能反映在文艺里。然而文艺不只是一面镜子，映现着世界，且是一个独立的自足的形象创造。它凭着韵律、节奏、形式的和谐、彩色的配合，成立一个自己的有情有相的小宇宙；这宇宙是圆满的、自足的，而内部一切都是必然性的，因此是美的。

水（节选）
乔　木

凡物有三态，思想也有三态。

气体的思想是风。它是人脑中自由的过客，它自由地来而且自由地去，不着一点痕迹也不留一点痕迹。

固体的思想是石块。它在人脑中建筑堂堂的金字塔，堂堂的积蓄着和保护着几千年不变的尸体。

唯有液体的思想它在人脑中开阔有定而无定的河流。它是运转不息万古常新的，从它的不舍昼夜的奔驰中，人是不能和它有两度相识的，所以流水不腐；它的运转是有一定的基础、一定的纪律和一定的方向的，它永远向前看，永远要冲决网罗和荡涤瑕秽，所以流水无情。

谈读书（节选）
朱光潜

读书并不在多，最重要的是选得精，读得彻底。与其读十部无关轻重的书，不如以读十部书的时间和精力去读一部真正值得读的书；与其十部书都只能泛览一遍，不如取一部书精读十遍。"旧书不厌百回读，熟读深思子自如"这两句诗值得每个读书人悬为座右铭。读书原为受用，多读不能算是荣誉，少读也不能算是羞耻。少读如果彻底，必能养成深思熟虑的习惯，涵泳优游，以至于变化气质；多读不求甚解，譬如驰骋十里洋场，虽珍奇满目，徒惹的心花意乱，空手而归。

孝心无价（节选）
毕淑敏

有一些事情，当我们年轻的时候，无法懂得。当我们懂得的时候，已不再年轻。世上有些东西可以弥补，有些东西永无弥补。

"孝"是稍纵即逝的眷恋，"孝"是无法重现的幸福。"孝"是一失足成千古恨的往事，"孝"是生命与生命交接处的链条，一旦断裂，永无连接。

赶快为你的父母尽一份孝心。也许是一处豪宅，也许是一片砖瓦。也许是大洋彼岸的一只鸿雁，也许是近在咫尺的一个口信。也许是一顶纯黑的博士帽，也许是作业簿上的一个红五分。也许是一桌山珍海味，也许是一只野果一朵小花。也许是花团锦簇的盛世华衣，也许是一双洁净的旧鞋。也许是数以万计的金钱，也许只是含着体温的一枚硬币……但"孝"的天平上，它们等值。

只是，天下的儿女们，一定要抓紧啊！趁你父母健在的光阴。

扫帚把上的沉思（节选）
江纳善·斯威夫特

人不也是一根扫帚把吗？当大自然送他入世之初，他是强壮有力的，处于兴旺时期，满头的天生好发；如果比作一株有理性的植物，那就是枝叶齐全。但不久酗酒贪色就像一把斧子砍掉了他的青枝绿叶，只留给他一根枯株。他赶紧求助于人工，戴上了头套，以一束扑满香粉但非他头上所长的假发为荣。要是我们这把扫帚也这样登场，由于把一些别的树条收集到身上而得意洋洋，其实这些条上尽是尘土，即使是最高贵的夫人房里的尘土，我们一定会笑它是如何虚荣吧！我们就是这样偏心的审判官，偏于自己的优点，别人的毛病！

理想树
徐迟

你是一株美丽的树，你是一株智慧的树。并且，你是一株与日月俱增其美丽、智慧与生命，是的，生命的树。我原以为你在我这心的贫瘠的泥土上是不能生长的。我认为你应当是另一个乐园沃土上的理想的树。谁知你竟在我的心上发芽了，生长了。在我心的瘠土上，我植下了一株又一株的树，它们都没有成长起来。我并没有注意你的顽强地存在，你却在那里默默地伸展着，毫无怨言地茂郁地长成起来。我已惊讶地见到你，闪光的你，张开了美丽的华盖，开放了美丽的花朵，结出了智慧的果实，培育着辉耀的理想。我膜拜着你，我的艺术之树，我膜拜着你，我的理想之树。

向日葵（节选）

冯亦代

我特别喜欢他的那幅向日葵，朵朵黄花有如明亮的珍珠，耀人眼目，但孤零零插在花瓶里，配着黄色的背景，给人的是种凄凉的感觉，似乎是盛宴散后，灯烛未灭的那种空荡荡的光景，令人为之心沉。我原是爱看向日葵的，每天清晨看它们缓缓转向阳光，洒着露珠，是那样的楚楚可怜亦复可爱。如今得了这幅画便把它装上镜框，挂在寓所餐室里。向日葵衬在一片明亮亮的黄色阳光里，挂在漆成墨绿色的墙壁上。宛如婷婷伫立在一望无际的原野中。特别怡目，但又显得孤清。每天我就这样坐在这幅画的对面，看到了欢欣，也尝到了寂寞。

笑（节选）

高士期

笑在心脏，血管的肌肉加强了运动，使血液循环加强，淋巴循环加快，使人面色红润，神采奕奕。笑在全身，全身肌肉都动作起来，兴奋之余，使人睡眠充足。精神饱满。笑，也是一种运动，不断地变化发展。笑的声音有大有小；有远有近；有高有低；有粗有细；有快有慢；有真有假；有聪明的，有笨拙的；有柔和的，有粗暴的；有爽朗的，有娇嫩的；有现实的，有浪漫的；有冷笑，有热情的笑，如此等等，不一而足，这是笑的辩证法。

笑有笑的哲学。笑的本质，是精神愉快。笑的现象，是让笑容、笑声伴随着你的生活。笑的形式，多种多样，千姿百态，无时不有，无处不有。笑的内容，丰富多彩，包括人的一生。笑话、笑料的题材，比比皆是，可以汇编成专集。

如果我错了

我们的青年人似乎缺少这样一种声音：它从童心里发出，却是成熟的标记；它所蕴含的善良、高尚、诚挚、谦逊的品格，令人肃然起敬；它不是每一个人都能启口表达，因而成为稀有之物，弥足珍贵，"我错了"。这种质朴的声音不是离我们太远了吗？

人非圣贤，孰能无过？可不知为什么，承认错误，这种自自然然的事情，随年龄和阅历的增长渐渐地和我们疏远了。我们在做错了事时，惧怕在朝夕相处的同事面前，更惧怕在素不相识的生人面前，认认真真的说一句："我错了"。实际上，在社会生活中，我们常常因为欠考虑而误解人，因粗心而做错事，因孤陋寡闻而持有狭隘偏见。人本来不能十全十美，可我们却时常缺乏自知之明，不习惯自我批评。

我喜欢这种质朴的声音："我错了。"我们理应明白，公开承认错误是高尚之举，而承认错误的果断、改正过失的迅速，正表明一个人的聪明睿智。如果我们做错了事，我愿意在任何场合,任何人的面前,郑重地说一句:"我错了。"

松树的风格(节选)
陶 铸

我对松树怀有敬佩之心,不自今日始,自古以来,多少人就歌颂过它,赞美过它,把它作为崇高的品质的象征。

你看它不管是在悬崖的缝隙间也好,不管是在贫瘠的土地上也好,只要有一粒种子——这粒种子也不管是你有意种植的,还是随意丢落的,也不管是风吹来的,还是从飞鸟的嘴里跌落的,总之,只要有一粒种子,它就不择地势,不畏严寒酷热,随处茁壮地生长起来了。它既不需要谁来施肥,也不需要谁来灌溉。狂风吹不倒它,洪水淹不没它,严寒冻不死它,干旱旱不坏它。它只是一味地无忧无虑地生长。松树的生命力可谓强矣!松树要求于人的可谓少矣!这是我每看到松树油然而生敬意的原因之一。

我对松树怀有敬意的更重要的原因却是它那种自我牺牲的精神。你看,松树是用途极广的木材,并且是很好的造纸原料;松树的叶子可以提制挥发油;松树的脂液可制松香、松节油,是很重要的工业原料;松树的根和枝又是很好的燃料。更不用说在夏天,它用自己的枝叶挡住炎炎烈日,叫人们在如盖的绿荫下休憩;在黑夜,它可以劈成碎片做成火把,照亮人们前进的路。总之一句话,为了人类,它的确是做到了"粉身碎骨"的地步。

要求于人的甚少,给予人的甚多,这就是松树的风格。

读书人是幸福人(节选)
谢 冕

我常想读书人是世间幸福人,因为他除了拥有现实的世界之外,还拥有另一个更为浩瀚也更为丰富的世界。现实的世界是人人都有的,而后一个世界却为读书人所独有。由此我想,那些失去或不能阅读的人是多么的不幸,他们的丧失是不可补偿的。世间有诸多的不平等,财富的不平等,权力的不平等,而阅读能力的拥有或丧失却体现为精神的不平等。

一个人的一生,只能经历自己拥有的那一份欣悦,那一份苦难,也许再加上他亲自闻知的那一些关于自身以外的经历和经验。然而,人们通过阅读,却能进入不同时空的诸多他人的世界。这样,具有阅读能力的人,无形间获得了超越有限生命的无限可能性。阅读不仅使他多识了草木虫鱼之名,而且可以上溯远古下及未来,饱览存在的与非存在的奇风异俗。

更为重要的是,读书加惠于人们的不仅是知识的增广,而且还在于精神的感化与陶冶。人们从读书学做人,从那些往哲先贤以及当代才俊的著述中学得他们的人格。人们从《论语》中学得智慧的思考,从《史记》中学得严肃的历史精神,从《正气歌》学得人格的刚烈,从马克思学得人世的激情,从鲁迅学得批判精神,从列夫·托尔斯泰学得道德的执着。歌德的诗句刻写着睿智的人生,拜伦的诗句呼唤着奋斗的热情。一个读书人,一个有机会拥有超乎个人生命体验的幸运人。

提醒幸福（节选）

毕淑敏

享受幸福是需要学习的，当它即将来临的时刻需要提醒。人可以自然而然地学会感官的享乐，却无法天生地掌握幸福的韵律。灵魂的快意同器官的舒适像一对孪生兄弟，时而相傍相依，时而南辕北辙。

幸福是一种心灵的震颤。它像会倾听音乐的耳朵一样，需要不断地训练。

简而言之，幸福就是没有痛苦的时刻。它出现的频率并不像我们想象的那样少。人们常常只是在幸福的金马车已经驶过去很远时，才捡起地上的金鬃毛说，原来我见过它。

人们喜爱回味幸福的标本，却忽略它披着露水散发清香的时刻。那时候我们往往步履匆匆，瞻前顾后不知在忙着什么。

世上有预报台风的，有预报蝗虫的，有预报瘟疫的，有预报地震的。没有人预报幸福。

其实幸福和世界万物一样，有它的征兆。

幸福常常是朦胧的，很有节制地向我们喷洒甘霖。你不要总希望轰轰烈烈的幸福，它多半只是悄悄地扑面而来。你也不要企图把水龙头拧得更大，那样它会很快地流失。你需静静地以平和之心，体验它的真谛。

幸福绝大多数是朴素的。它不会像信号弹似的，在很高的天际闪烁红色的光芒。它披着本色的外衣，亲切温暖地包裹起我们。

幸福不喜欢喧嚣浮华，它常常在暗淡中降临。贫困中相濡以沫的一块糕饼，患难中心心相印的一个眼神，父亲一次粗糙的抚摸，女友一个温馨的字条……这都是千金难买的幸福啊。像一粒粒缀在旧绸子上的红宝石，在凄凉中愈发熠熠夺目。

喜悦（节选）

王 蒙

高兴，这是一种具体的被看得到摸得着的事物所唤起的情绪。它是心理的，更是生理的。它容易来也容易去，谁也不应对它视而不见失之交臂，谁也不应该总是做那些使自己不高兴也使旁人不高兴的事。让我们说一件最容易做也最令人高兴的事吧，尊重你自己，也尊重别人，这是每一个人的权利，我还要说这是每一个人的义务。

快乐，它是一种富有概括性的生存状态、工作状态。它几乎是鲜艳的，它来自生命本身的活力，来自宇宙、地球和人间的吸引，它是世界的丰富、绚丽、阔大、悠久的体现。快乐还是一种力量，是埋在地下的根脉。消灭一个人的快乐比挖掘掉一棵大树的根要难得多。

欢欣，这是一种青春的、诗意的情感。它来自面向着未来伸开双臂奔跑的冲力，它来自一种轻松而又神秘、朦胧而又隐秘的激动，它是激情即将到来的预兆，它又是大雨过后的比下雨还要美妙得多也久远得多的回味……

喜悦，它是一种带有形而上色彩的修养和境界。与其说它是一种情绪，不如说它是一种智慧、一种超拔、一种悲天悯人的宽容和理解，一种饱经沧桑的充实和自信，一种光明的理性，一种坚定的成熟，一种战胜了烦恼和庸俗的清明澄澈。它是一潭清水，它是一抹朝霞，它是无边的平原，它是沉默的地平线。多一点儿、再多一点儿喜悦吧，它是翅膀，也是归巢。它是一杯美酒，也是一朵永远开不败的莲花。

第六节 诗歌、散文

借完整的诗歌、散文作品进行声音训练应该在播音创作基础理论学习之后进行，因为表达中将会涉及整部作品的稿件分析、语气节奏、停连重音与基调把握等一系列技巧性极强的学习、理解、感受与驾驭。此处安排完整作品的目的意在发声课进入到声音弹性训练后有声语言基础训练的一个初步尝试，主要从情、气、音、声、态等方面进行规范的学习与自如处理，在此基础上争取做到传情达意。同时为播音创作基础理论课程的学习打下一个良好的基础。学习时要注意表达中的停连一定不能受诗歌的句式影响，要根据语义进行。押韵的句式要有节奏的起伏变化，不能为了调值忘了感情变化顾此失彼。学习初始模仿是必要的，但是一定注意自身的年龄、声音、阅历等与模仿对象的区别，否则会造成邯郸学步、形而上学、丢失自我的后果。

一、现当代诗歌

卜算子　咏梅

毛泽东

风雨送春归，飞雪迎春到。已是悬崖百丈冰，犹有花枝俏。
俏也不争春，只把春来报。待到山花烂漫时，她在丛中笑。

忆秦娥　娄山关

毛泽东

西风烈，长空雁叫霜晨月。
霜晨月，马蹄声碎，喇叭声咽。
雄关漫道真如铁，而今迈步从头越。
从头越，苍山如海，残阳如血。

十六字令三首
毛泽东

其一

山,快马加鞭未下鞍。
惊回首,离天三尺三。

其二

山,倒海翻江卷巨澜。
奔腾急,万马战犹酣。

其三

山,刺破青天锷未残。
天欲堕,赖以拄其间。

清平乐·六盘山
毛泽东

天高云淡,望断南飞雁。
不到长城非好汉,屈指行程二万。
六盘山上高峰,红旗漫卷西风。
今日长缨在手,何时缚住苍龙?

沁园春·雪
毛泽东

北国风光,千里冰封,万里雪飘。
望长城内外,惟余莽莽;
大河上下,顿失滔滔。
山舞银蛇,原驰蜡象,欲与天公试比高。
须晴日,看红装素裹,分外妖娆。
江山如此多娇,引无数英雄竞折腰。
惜秦皇汉武,略输文采;
唐宗宋祖,稍逊风骚。
一代天骄,成吉思汗,只识弯弓射大雕。
俱往矣,数风流人物,还看今朝。

雨
雷抒雁

五月的雨滴
像熟透了的葡萄,
一颗、一颗

落进大地的怀里!
这是酿造的季节呵!
到处是蜜的气息。
到处是酒的气息。

礁石
艾青

一个浪,一个浪
无休止地扑过来
每一个浪都在它脚下
被打成碎沫、散开……
它的脸上和身上,
像刀砍过一样
但它依然站在那里
含着微笑,看着海洋……

最后的飞翔
宫玺

一只受伤被缚的鹰,
终于挣脱了绳索,
奋力冲上了天空!

然后绳索撕去它一条腿,
鲜血淋漓,
心肝如迸!

为了重获自由,
即使只有片刻,
它也甘愿付出被缚的生命;

为了最后的飞翔,
它聚集起周身的力量,
忍受着难以忍受的剧痛!

盘旋着,盘旋着,
一圈,一圈,一圈,

向大地倾洒无尽的柔情!

啊!……
山河收留了它的毛羽和血肉,
蓝天拥抱了它不死的魂灵!

多一点爱心
汪国真

多一点爱心
少一点嫉妒
我们欠缺的那把鲜花
时光自会弥补

让我们学会爱
学会真诚地祝福
在别人快乐的微笑面前
我们的眼睛　总是清澈如水
只为自己的不幸
有时,才浮出些淡淡的云雾

或许我们会永远平凡
平凡也有宁静的风度

一片向往
汪国真

有一条道路
走过了总会想起
有一种感情
经过了就再也难以忘记

有一个高度
总叫人难以企及
有一片向往
真是让人不能舍弃
就仿佛那

春光可饮 秋色可依

我微笑着走向生活

汪国真

我微笑着走向生活，无论生活以什么方式回敬我。

报我以平坦吗？我是一条欢腾奔流的小河。

报我以崎驱吗？我是一座大山庄严地思索！

报我以幸福吗？我是一只凌空飞翔的燕子。

报我以不幸吗？我是一根劲竹经得起千击万磨！

生活里不能没有笑声，没有笑声的世界该是多么寂寞。

什么也改变不了我对生活的热爱，我微笑着走向火热的生活！

二、古代诗词

过故人庄

孟浩然

故人具鸡黍，邀我至田家。绿树村边合，青山郭外斜。
开轩面场圃，把酒话桑麻。待到重阳日，还来就菊花。

山居秋暝

王 维

空山新雨后，天气晚来秋。明月松间照，清泉石上流。
竹喧归浣女，莲动下渔舟。随意春芳歇，王孙自可留。

闻官军收河南河北

杜 甫

剑外忽传收蓟北，初闻涕泪满衣裳。却看妻子愁何在，漫卷诗书喜欲狂。
白日放歌须纵酒，青春作伴好还乡。即从巴峡穿巫峡，便下襄阳向洛阳。

游子吟

孟 郊

慈母手中线，游子身上衣。临行密密缝，意恐迟迟归，谁言寸草心，报得三春晖。

左迁至蓝关示侄孙湘

韩 愈

一封朝奏九重天，西贬潮州路八千。欲为圣明除弊事，肯将衰朽惜残年！
云横秦岭家何在？雪拥蓝关马不前。知汝远来应有意，好收吾骨瘴江边。

江城子·密州出猎

苏 轼

老夫聊发少年狂，左牵黄，右擎苍。锦帽貂裘，千骑卷平冈。为报倾城随太守，亲射虎，看孙郎。

酒酣胸胆尚开张，鬓微霜，又何妨？持节云中，何日遣冯唐？会挽雕弓如满月，西北望，射天狼。

如梦令
李清照

常记溪亭日暮，沉醉不知归路。兴尽晚回舟，误入藕花深处。争渡，争渡，惊起一滩鸥鹭。

钗头凤
陆 游

红酥手，黄縢酒，满城春色宫墙柳。东风恶，欢情薄，一怀愁绪，几年离索。错，错，错！

春如旧，人空瘦，泪痕红浥鲛绡透。桃花落，闲池阁，山盟虽在，锦书难托。莫，莫，莫！

三、现代散文

桂林山水
陈 淼

人们都说："桂林山水甲天下。"我们乘着木船荡漾在漓江上，来观赏桂林的山水。

我看见过波澜壮阔的大海，玩赏过水平如镜的西湖，却从没看见过漓江这样的水。漓江的水真静啊，静得让你感觉不到它在流动；漓江的水真清啊，清得可以看见江底的沙石；漓江的水真绿啊，绿得仿佛那是一块无瑕的翡翠。船桨激起的微波扩散出一道道水纹，才让你感觉到船在前进，岸在后移。我攀登过峰峦雄伟的泰山，游览过红叶似火的香山，却从没看见过桂林这一带的山。桂林的山真奇啊，一座座拔地而起，各不相连，像老人，像巨象，像骆驼，奇峰罗列，形态万千；桂林的山真秀啊，像翠绿的屏障，像新生的竹笋，色彩明丽，倒映水中；桂林的山真险啊，危峰兀立，怪石嶙峋，好像一不小心就会栽倒下来。

这样的山围绕着这样的水，这样的水倒映着这样的山，再加上空中云雾迷蒙，山间绿树红花，江上竹筏小舟，让你感到像是走进了连绵不断的画卷，真是"舟行碧波上，人在画中游"。

海上日出
巴 金

在船上，为了看日出，我特地起个大早。那时天还没有亮，周围是很寂静的，只有机器房的声音。

天空变成了浅蓝色，很浅很浅的；转眼间天边出现了一道红霞，慢慢儿扩大了它的范围，加强了它的光亮。我知道太阳要从那天际升起来了,便目不转睛地望着那里。

果然,过了一会儿,在那里就出现了太阳的一小半儿,红是红得很,却没有光亮。这太阳像负着什么重担似的,慢慢儿,一步一步地,努力向上面升起来,到了最后,终于冲破了云霞,完全跳出了海面。那颜色真红得可爱。一刹那间,这深红的东西,忽然发出夺目的光亮,射得人眼睛发痛,同时附近的云也添了光彩。

有时太阳走入云里,它的光线却仍从云里透射下来,直射到水面上。这时候,人要分辨出何处是水,何处是天,很不容易,因为只能够看见光亮的一片。

有时天边有黑云,而且云片很厚。太阳出来了,人却不能够看见它。然而太阳在黑云里放射出光芒,透过黑云的周围,替黑云镶了一道光亮的金边,到后来才慢慢儿透出重围,出现在天空,把一片片黑云变成了紫云或红霞。这时候,光亮的不仅仅是太阳、云和海水,连我自己也成了光亮的了。

这不是很伟大的奇观么?

火 烧 云
萧 红

晚饭过后,火烧云上来了,霞光照得小孩子的脸红红的。大白狗变成红的了,红公鸡变成金的了,黑母鸡变成紫檀色的了。喂猪的老头儿在墙根靠着,笑盈盈地看着他的两头小白猪变成小金猪了。他刚想说:"你们也变了……"旁边走来个乘凉的人对他说:"您老人家必要高寿,您老是金胡子了。"

天上的云从西边一直烧到东边,红彤彤的,好像是天空着了火。

这地方的火烧云变化极多。天空中一会儿红彤彤的,一会儿金灿灿的,一会儿半紫半黄,一会儿半灰半百合色。葡萄灰,梨黄,茄子紫,这些颜色天空都有,还有些说也说不出来、见也没见过的颜色。

一会儿,天空出现一匹马,马头向南,马尾向西。马是跪着的,像等人骑上它的背,它才站起来似的。过了两三秒钟,那匹马大起来了,马腿伸开了,脖子也长了,尾巴可不见了。看的人正在寻找马尾巴,那匹马变模糊了。

忽然又来了一条大狗。那条狗十分凶猛,它在前边跑着,后边似乎还跟着好几条小狗。跑着跑着,小狗不知跑到哪里去了,大狗也不见了。

接着又来了一头大狮子,跟庙门前的石头狮子一模一样,也那么大,也那样蹲着,很威武、很镇静地蹲着。可是一转眼就变了。再也找不着了。

一时恍恍惚惚的,天空里又像这个,又像那个,其实什么也不像,什么也看不清了。可是天空偏偏不等待那些爱好它的孩子。一会儿工夫,火烧云下去了。

麻　雀
屠格涅夫

我打猎归来，走在林荫的路上，猎狗跑在我的前面。

突然，我的猎狗放慢脚步，悄悄地向前走，好像前面有什么野物。

风，猛烈地摇晃着路旁的白桦树。我顺着林荫路望去，看见一只小麻雀呆呆地站在地上，无可奈何地拍打着小翅膀。它嘴角嫩黄，头上长着绒毛，分明才出生不久，是从窝里摔下来的。

猎狗慢慢走近小麻雀，嗅了嗅，张开大嘴，露出锋利的牙齿。忽然，一只老麻雀从一棵树上飞下来，像一块石子似的落在猎狗的面前。它蓬起了全身的羽毛，惊恐万状，样子很难看，绝望地尖叫着。

老麻雀用自己的身体掩护着小麻雀，想拯救自己的幼儿，可是因为紧张，它小小的身体发抖了，发出嘶哑的声音，它呆立着不动，准备着一场搏斗！

在它看来，猎狗是个多么庞大的怪物啊！可是，它不能安然地站在高高的没有危险的树枝上。一股强大的力量，使它飞了下来。

猎狗怔住了，它可能没有料到老麻雀会有这么大的勇气，慢慢地、慢慢地向后退。

我急忙唤回我的猎狗，带着它走开了。

是啊，请不要见笑。我崇敬那只小小的、英勇的鸟，我崇敬它那种爱的冲动和力量。

爱，我想，比死和死的恐惧更强大。只有依靠它，依靠这种爱，生命才能维持下去，发展下去。

海　燕
高尔基

在苍茫的大海上，风聚集着乌云。在乌云和大海之间，海燕像黑色的闪电高傲地飞翔。

一会儿翅膀碰着海浪，一会儿箭一般地直冲云霄，它叫喊着，——在这鸟儿勇敢的叫喊声里，乌云听到了欢乐。

在这叫喊声里，充满着对暴风雨的渴望！在这叫喊声里，乌云感到了愤怒的力量、热情的火焰和胜利的信心。

海鸥在暴风雨到来之前呻吟着，——呻吟着，在大海上面飞窜，想把自己对暴风雨的恐惧，掩藏到大海深处。

海鸭也呻吟着，——这些海鸭呀，享受不了生活的战斗的欢乐：轰隆隆的雷声就把它们吓坏了。

愚蠢的企鹅，畏缩地把肥胖的身体躲藏在峭崖底下……只有那高傲的海燕，勇敢地、自由自在地、在翻起白沫的大海上面飞翔。

乌云越来越暗，越来越低，向海面压下来；波浪一边歌唱，一边冲向空中去迎接那雷声。

雷声轰响。波浪在愤怒的飞沫中呼啸着，更狂风争鸣。看吧，狂风紧紧抱起一堆巨浪，恶狠狠地扔到峭崖上，把这大块的翡翠摔成晨雾和水沫。

海燕叫喊着，飞翔着，像黑色的闪电，箭一般地穿过乌云，翅膀刮起波浪的飞沫。

看吧，它飞舞着像个精灵——高傲的、黑色的暴风雨的精灵，——它一边大笑，它一边高叫……它笑那些乌云，它为欢乐而高叫！

这个敏感的精灵，从雷声的震怒里早就听出了困乏，它深信乌云遮不住太阳，——是的，遮不住的！

风在狂吼……雷在轰响……

一堆堆的乌云像青色的火焰，在无底的大海上燃烧。大海抓住金箭似的闪电，把它熄灭在自己的深渊里。闪电的影子，像一条条的火舌，在大海里蜿蜒浮动，一晃就消失了。

——暴风雨！暴风雨就要来啦！

这是勇敢的海燕，在闪电之间，在怒吼的大海上高傲地飞翔。这是胜利的预言家在叫喊：

——让暴风雨来得更猛烈些吧！……

回顾

本章内容丰富，通过词组、语句、故事、快口、片段、诗歌散文以及台词、歌唱等六类材料，从基础的吐字归音到完整篇章的情、气、声、态、义的综合运用，构造了一个完整的训练体系，在着重强调技巧训练的同时，积累知识、提高艺术感悟力。学习者应特别重视词组和语句部分的训练，这些部分是基础，切不可急功近利、舍本逐末。还可以借用本书材料的分类标准，自己收集材料归类填充训练材料。相信通过大量的训练和自己的努力，所有的"磨刀石"都会变成成功路上的"垫脚石"。

参 考 书 目

1. 《播音发声学》，徐恒著，北京广播学院出版社，1985 年 9 月。
2. 《语音学教程》，林焘、王理嘉编著，北京大学出版社，1992 年 11 月。
3. 《中国播音学》，张颂编著，北京广播学院出版社，2003 年 1 月。
4. 《实用播音教程》第 1 册，吴弘毅主编，中国传媒大学出版社，2001 年 9 月。
5. 《朗读学》，张颂著，北京广播学院出版社，1999 年。
6. 《普通话语音与发声》，林鸿编著，浙江大学出版社，2005 年 9 月。
7. 《普通话水平测试实施纲要》，国家语言文字工作委员会普通话培训测试中心编制，商务印书馆，2004 年。
8. 《歌唱学》（沈湘歌唱学体系研究），邹本初著，人民音乐出版社，2000 年 11 月。
9. 《实用普通话》，萧涵编著，中国国际广播出版社，2004 年 7 月。
10. 《舞台影视语言基本技巧》，中央戏剧学院表演系台词教研室编著，中国美术出版社，1994 年 12 月。
11. 《普通话语音训练教材》，潘家懿、文琴主编，山西高校联合出版社，1993 年 9 月。
12. 《实用汉语语音》，刘红梅、武传涛著，安徽教育出版社，2003 年 7 月。

后 记

当提笔准备写这篇后记时,我最想写的竟是:"终于结束了!"心里忽然有种如释重负之感!丝毫感觉不到自己的辛苦即将变为铅字的欣喜与激动,却有一丝忐忑与不安。

回想五年前王铁城老师(我们都亲切地叫他可爱的铁老或铁叔)来学院指导教学,提出一定要根据自己的生源层次编写适合自己的教材时,我当时表现出了惊愕与自卑。虽说对教学的热爱可以让我倾注所有的心力,牺牲所有的时间,但是精力是不能等于能力的。虽说经过十几年的专业基础教学,尤其是面对学生参差不齐的专业水平,在学习前人经验的基础上,也总结出了一些自己认为实用的纠正技巧与训练方法,但是真正要把教学经验整理成规范、系统、具体并且理论性、指导性较强的铅印书,体例上的逻辑性、写作上的严密性,向我提出了严峻的挑战。基于铁老的建议、关心与指导,以及学院发展的要求,加之自我提高的需要,便开始用心积累,积极准备。而繁杂的教学工作及专业建设、评估准备等占去了我几乎所有的有效时间,直至2005年年底才有了可以静心整理的机会。

感谢几年来朝夕相处的合作伙伴符进叶,她对我这个常借工作为由占去她无数休息时间的人,给予了各方面的协作与帮助;感谢她和田奇蕊、赵娅军老师给我"自以为是的句式",以咬文嚼字似的校对;感谢许春风、陈伟、覃晓燕、温建梅、李庆等老师在绘图、拍照、化妆等各方面给予我的许多帮助;还要感谢我的学生们,他们利用休息时间帮助我搜集、整理并校对资料……

真有意思,一本不值一提的小书,竟让我不由自主地落入了俗套,像个"奥斯卡"式的领奖人宣读长长的获奖感言。

提到感谢,当然忘不了把我引进专业大门并给予我专业能力的中国传媒大学(原北京广播学院)的各位专业老师。我想起了为争取入学直闯张颂老师办公室请求特批应试的经历……记得是因为当时的播音系阴差阳错找不到我的考试资料,求学心切的我在情急之下拿着应试稿件,敲开当时系主任张老师办公室的门。当我说明情况后,张老师立即回忆起我考试时的表现,并迅速与其他老师研究通过,才使我有了现在这样一个面对学生虽有一时无奈,却有一生热情的工作机会。

忘不了雷影梅老师在我刚步入教学大门时给予我的帮助;更忘不了在学院发展的这根无形鞭子的催促下,领导在各方面为我提供了进步的平台。

在写作过程中多次打扰请教王克瑞老师,翻阅并借鉴了本专业及语音学等方面的专业老师的书籍，在此表示诚挚的谢意！

由于时间紧张，我的专业修养及写作能力又非常有限，书中的错误在所难免，加之发音、发声问题纠正的复杂性及训练过程的长期性，训练中涉及的难点、重点难免有前后重复与啰嗦之处，还请各位专家老师、同事及读者给予批评与指教。

胡黎娜
2006年6月16日

几年来，我总是在一次又一次的如释重负后获得愉悦，并在一次又一次的愉悦后心存懈怠，却又在一次又一次的"誓言"后无奈"食言"。今年，我又一次放弃暑假与国庆长假的休息时间，硬着头皮对这部教材做了修改，在材料的使用及有些"提示"内容上精心做了调整与增减，对存在的一些校对问题也做了纠正，增加了导读、回顾、思考题与几张图例。为此，彭晓燕、王瑜、赵方、刘嘉等老师帮助我做了许多工作，在此表示感谢。鉴于我能力与时间所限，尽管在写作体例上还有些想法，目前也只能如此了。

其实，万变不离其宗，本学科在理论与实践上早已自成体系，我只是站在前人肩膀上坐享其成地在教法上有了一点自己的看法而已。此书根据前辈们的理论作支撑，除了引用许多名家的文学作品及片段之外，还借用吸收了前辈们的专业成果和专业思想。譬如《如果我错了》一文，便是我在原北京广播学院（现中国传媒大学）播音系读书时所用学习材料上的一篇，还有像"语音学习口诀"与"吐字归音三阶段要领总结"等许多专业内容，都是在中国传媒大学播音主持艺术学院老师已有总结的基础上做了一些调整增补。在此向所有原作者，向所有给予我专业思想启迪的前辈们表示真诚的谢意！也非常感谢为本次修订做了大量份内、份外工作的，认真负责的编辑任逸超先生。

胡黎娜
2018年4月1日